iWork – das Praxisbuch zum Office-Paket von Apple:

Pages, Keynote und Numbers
für Mac, iPad, iPhone und iPod touch

W0011679

Impressum

iWork – das Praxisbuch zum Office-Paket von Apple:
Pages, Keynote und Numbers für Mac, iPad, iPhone und iPod touch
ISBN 978-3-939685-27-2
1. Auflage 2012

MANDL & SCHWARZ

Mandl & Schwarz-Verlag
Edition Digital Lifestyle
Theodor-Storm-Straße 13
D-25813 Husum / Nordsee

Fax 04841 – 770 99 96
iwork12@mandl-schwarz.de

Bibliografische Information der Deutschen Nationalbibliothek
Die Deutsche Nationalbibliothek verzeichnet diese Publikation in der
Deutschen Nationalbibliografie; detaillierte bibliografische Daten
sind im Internet über die Webseite http://dnb.d-nb.de abrufbar.

Copyright © 2012 Mandl & Schwarz-Verlag

Alle Rechte vorbehalten. Das Erstellen und Verbreiten von Kopien auf
Papier, auf Datenträgern oder im Internet – insbesondere als PDF –
ist nur mit ausdrücklicher, schriftlicher Genehmigung des Mandl &
Schwarz-Verlags gestattet und wird widrigenfalls strafrechtlich verfolgt. Die meisten Produktbezeichnungen von Hard- und Software,
sowie Firmennamen und Firmenlogos, die in diesem Werk genannt
werden, sind gleichzeitig auch eingetragene Warenzeichen und sollten als solche betrachtet werden.
Der Verlag folgt bei den Produktbezeichnungen im Wesentlichen den
Schreibweisen der Hersteller.
Der Verlag übernimmt keine Haftung für Folgen, die auf un vollständige oder fehlerhaften Angaben in diesem Buch zurückzuführen
sind. Das Ihnen vorliegende Buch wurde in unzähligen Tages- und
Nachtstunden mit großer Sorgfalt und viel »Herzblut« erstellt. Dennoch finden sich ab und an Fehler, für die wir uns entschuldigen
möchten.
Wir sind Ihnen dankbar für Anregungen und Hinweise!

Wir unterstützen und
empfehlen gern
folgende Initiativen:

www.aerzte-ohne-grenzen.de
Telefon 030 – 700 130 130

Zu Ihrer ersten Übersicht

Texte formatieren, strukturieren und gestalten in Pages 113 **5**

Seitenlayouts in Pages erstellen 159 **6**

Willkommen zu iWork – dem Office-Programm für Mac und iOS

1

Möchten Sie Ihren Mac nutzen, um einfach, schnell und erfolgreich Ihre Aufgaben zu erledigen? Dann ist *iWork* das ideale Werkzeug für Sie. Mit den drei Programmen *Pages*, *Keynote* und *Numbers* im *iWork*-Paket können Sie Textdokumente, Tabellen und Präsentationen ganz Mac-like erstellen.

Dieses Buch zum aktuellen *iWork* zeigt Ihnen, wie Sie Ihre Arbeit mit *iWork* erledigen – während Sie sie erledigen. Es ist besonders übersichtlich aufgebaut und verständlich geschrieben.

Sie müssen es nicht von Anfang bis Ende lesen. Schlagen Sie einfach eine Seite auf, folgen Sie der Anleitung und arbeiten Sie weiter.

Liebe Leserin, lieber Leser!

Vielen Dank für Ihr Interesse am »Praxisbuch zu iWork an Mac und iPad« im *Mandl & Schwarz*-Verlag.

Einfach für Anspruchsvolle

Wenn Sie am Computer arbeiten, ist Ihnen sicher die Zeit zu schade, in verschlüsseltem Technik-Kauderwelsch und Fachprosa die Lösung auf Ihre Anwendungsfragen zu suchen.

Also halten wir uns zurück und behalten überflüssige Wortspielereien für uns. Stattdessen benutzen wir Alltagssprache, vermeiden Fremdwörter und ersetzen missverständliche Fachbegriffe durch eindeutige Wörter, die jeder kennt – ob Anfänger oder Profi. Dabei folgen wir übrigens dem Vorbild Apples. Zum Beispiel schreiben wir in diesem Buch »Zeilenschalter« statt »Return«, wenn wir von der großen Taste mit dem geknickten Pfeil schreiben (↵).

Aufgaben erledigen – Lösungen verstehen

Die beste Möglichkeit, etwas zu verstehen, ist, es zu tun.

Sie haben die *iWork*-Programme auf Ihrem Mac installiert. Dann wollen Sie doch damit arbeiten, oder? Meist haben Sie auch schon eine bestimmte Aufgabe im Kopf, die Sie erledigen müssen. Und die möchten oder müssen Sie auch noch schnell erledigen. Da ist keine Zeit zum Experimentieren und auch nicht zum Lesen langatmiger »Einführungen«. Deshalb haben wir ein ganz einfaches Konzept:

- **Die häufigsten Fragestellungen und Aufgaben**
  iWork hat im Vergleich zu anderen Office-Programmen weniger Funktionen – und das ist gut so. Umso mehr Aufmerksamkeit wurde den vermeintlich »einfachen« Aufgaben gewidmet. Mit der gleichen Sorgfalt haben wir für dieses Buch jene Themen ausgesucht, von denen wir meinen, dass Sie sie am besten gebrauchen können.

- **Zu jeder Aufgabenstellung genau eine Lösung**
  Wir zeigen immer den einfachsten Weg, eine Aufgabe zu lösen – und den unserer Meinung nach elegantesten. Wenn Ihr gesuchtes Thema

im Inhaltsverzeichnis steht, wissen Sie, dass Sie kurze Zeit später Ihre Aufgabe gelöst haben. Wenn Sie eine andere Lösung kennen oder finden, nutzen Sie diese. *iWork* steckt schließlich voller Möglichkeiten.

- **Mit Bild- und Textanleitung und nie länger als zwei Seiten**
  Die Seiten im Buch sind immer gleich aufgebaut. Wenn Sie das Buch aufschlagen, sehen Sie eine Abbildung des Programms, mit dem Sie arbeiten und eine Liste der Schritte, die Sie durchführen müssen, um eine Aufgabe zu erledigen. Übersichtlich und ohne umzublättern.

Das Einfache einfach machen und das Schwierige möglich

Wir möchten Ihnen helfen, Ihren digitalen Alltag zu erledigen – privat, in Schule oder Uni oder im Beruf. Deshalb haben wir die am häufigsten genutzten Funktionen ausgesucht und beschrieben. Das spart Zeit und gibt Ihnen die Freiheit, selbst die Möglichkeiten der Programme zu entdecken.

Falls Sie wirklich ausgefallene Wünsche haben oder eine besonders knifflige Aufgabe lösen müssen, sind die Beschreibungen die beste Grundlage, Ihre eigenen Wege zu finden und Ihre persönlichen Lösungen für Ihre ganz speziellen Aufgaben zu entwickeln. Seien Sie erfinderisch. Mit dem Mac ist vieles möglich.

Für wen ist dieses Buch?

- Wenn Sie Handbücher eigentlich nicht leiden können,
- wenn Sie neu am Mac oder am iPad sind,
- wenn Sie von einem anderen Office-Programm auf *iWork* umsteigen,
- wenn Sie nicht glauben können, dass ein kleines *iWork* große »Office«-Aufgaben erledigen kann,
- wenn Sie schon lange am Mac (oder iPad) arbeiten und einen schnellen Start zu *iWork* suchen,
- wenn Sie ein übersichtliches Nachschlagewerk suchen, das bei Fragen schnell hilft,
- wenn Sie mit wenig Aufwand viel erreichen möchten,
- wenn Sie noch einen Platz freihaben auf dem Schreibtisch,
- wenn Sie gerne von Tipps aus jahrzehntelanger Office- und Mac-Erfahrung profitieren möchten,

- wenn Sie Ihre Freizeit lieber mit anderen Dingen verbringen als dem Lesen von Computerbüchern,

… dann ist dieses Buch das richtige für Sie.

Wie lässt sich das Buch nutzen?

Sie müssen dieses Buch nicht von vorne bis hinten lesen. Sie können auf jeder Seite einsteigen und zwischen Kapiteln und Abschnitten springen.

Grundsätzlich gibt es zwei Möglichkeiten:

- **Sie wissen schon, was Sie wollen:**
  Schlagen Sie das Inhaltsverzeichnis auf, suchen Sie die Aufgabe, die Sie lösen wollen, und gehen Sie direkt dort hin. Wenn Sie im Inhaltsverzeichnis nicht fündig werden, hilft häufig der umfangreiche Index am Ende des Buchs weiter.

- **Sie möchten sehen, was möglich ist:**
  Schlagen Sie einfach ein Kapitel auf, das Sie interessiert. Interessieren Sie die Möglichkeiten, ein Textdokument zu erstellen, gehen Sie zum Kapitel 4 »Texte erstellen und bearbeiten mit *Pages*«. Auf der Startseite finden Sie eine kurze Zusammenfassung des Inhalts und ein Verzeichnis der Seiten.

Auf vielen Seiten finden Sie auch Anmerkungen mit Grundwissen zum Programm oder zum Mac, mit Tipps aus unserem Erfahrungsschatz und mit Hinweisen auf mögliche Fehler und wie Sie sie vermeiden können. Wo es sich anbietet, haben wir Querverweise zu anderen Seiten im Buch angegeben.

Wir wünschen eine anregende Lektüre!

Hans Dorsch
Köln, im Sommer 2012

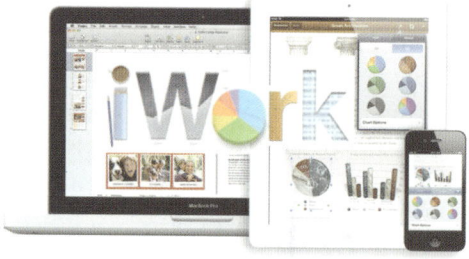

Aufgaben lösen
mit den Mac-Werkzeugen in iWork

2

Mit *iWork* nutzt Apple die Möglichkeit, die Office-Anwendungen nicht neu zu erfinden, sondern sie zeitgemäß neu zu interpretieren – und dazu gehört konsequente Nutzung der Werkzeuge, die das System mitbringt.

Wahrscheinlich wird es Ihnen bei der Arbeit nicht sofort auffallen: aber viele Elemente, die *iWork* nutzt, sind zwar Teil der Programme, werden aber vom Betriebssystems zur Verfügung gestellt. Sie sind Teil von *Cocoa*, dem umfangreichen Programmierbaukasten, oder *Framework*, den Apple allen Programmierern kostenlos zur Verfügung stellt, und den die Firma für die eigene Software ausgiebig verwendet.

Dieses Vorgehen ist sehr schlau von Apple, denn damit schiebt die Firma nicht nur dem Wildwuchs der Benutzeroberflächen einen Riegel vor, sondern sorgt auch dafür, dass viele kreative Programmierer zum Mac strömen, weil sich mit den Mac-Werkzeugen sehr einfach Software für ganz spezielle Bereiche erstellen lässt.

Sie als Benutzer haben den Vorteil, zahlreiche vertraute Funktionen in vielen Programmen wiederzufinden. Sofern Sie den Mac schon kennen, werden Sie sich in *iWork* schnell zurechtfinden. Falls Sie noch neu am Mac oder iPad sind, können Sie mit *iWork* das Arbeiten am Mac/iPad erlernen und in anderen Programmen davon profitieren.

Die aktuelle Version des Mac-Betriebssystems *OS X Mountain Lion* (10.8) bietet viele Neuerungen, die auch die Arbeit mit *iWork* schöner und einfacher machen, Sie können *iWork* aber auch mit älteren Computern ab Version 10.4 (*Tiger*) nutzen.

Auf den nächsten Seiten zeigen wir Ihnen, was Sie mit *iWork* und den Werkzeugen machen können, die der Mac / das iPad zur Verfügung stellt, und wo Sie diese in den Programmen finden können. Wenn Sie doch noch eine Frage haben, nutzen Sie die geniale Hilfe. Auch sie ist Teil des Werkzeugkastens.

Was ist iWork?

Mit den Programmen im Paket von *iWork* können Sie (Text-)Dokumente (*Pages*), Tabellen (*Numbers*) und Präsentationen (*Keynote*) erstellen – also genau wie in anderen Büro-Anwendungen auch. Aber Sie können das ganz Mac-like tun. Denn *iWork* nutzt alle Möglichkeiten, die das Betriebssystem *OS X / iOS* bietet und fügt sich nahtlos in das »Erlebnis iPad / Mac« ein.

Die einzelnen Programme von *iWork* sind – im Gegensatz zu vielen anderen Office-Paketen, also auch den *Open Source*-Varianten – keine Kopien des großen Vorbilds, dem *Office*-Paket von Microsoft. Sondern sie sind eigenständige Entwicklungen mit dem Schwerpunkt auf jene zentralen Aufgaben, die im Büro (Office), zu Hause und in Schule und Studium benötigt werden.

Auf den ersten Blick ist der Funktionsumfang geringer als bei der Konkurrenz. Aber Sie werden sehen, dass alles, was Sie zur täglichen Arbeit brauchen, leicht zu erreichen ist. Und Sonderfälle sind so gut wie immer lösbar.

Gleichzeitig versuchten die Entwickler, die Oberflächen der *iWork*-Programme ruhig und ablenkungsfrei zu gestalten. So wird im Vollbildmodus von *Pages* am Mac nicht einfach das Dokumentenfenster vergrößert, sondern sämtliche Bedienungsobjekte ausgeblendet. Sie sehen das Dokument und sonst nichts.

Texte, Tabellen und Präsentationen auf Apple-Art

- *Pages:* Das anfangs eher seitenorientierte Programm hat sich erfreulich weit zu einer ernsthaften Textverarbeitung entwickelt, die wir selbst für umfangreiche Forschungsarbeiten empfehlen können. Die grafischen Fähigkeiten und die Tabellen sind dabei nicht vernachlässigt worden und machen *Pages* zum richtigen Büro-Allrounder.

- *Numbers:* Die Tabellenkalkulation ist das jüngste Mitglied in Apples Produktfamilie. Wer andere Rechenprogramme kennt, muss sich ein wenig umgewöhnen, kann sich aber dann an der einzigartigen Übersichtlichkeit freuen. Für Neu-Rechner ist der Einstieg – nicht zuletzt durch die hervorragenden Vorlagen – »so einfach wie das Besteigen eines Niederflurbusses«.

- *Keynote:* Dieses Programm hat – ohne Übertreibung – den Spaß zurück in die Präsentation gebracht. Und zwar für die Zuhörer. Nicht durch besonders lustige Vorlagen oder noch mehr Funktionen, sondern durch die Besinnung auf das eigentliche Ziel der Präsentation: Den Vortrag des Redners zu illustrieren und zu unterstreichen. Vergessen Sie lange Punktelisten und vollgestopfte *PowerPoint*-Seiten. Starten Sie mit einer der hochklassigen Vorlage von *Keynote* und folgen Sie der Aufforderung: Langweile nicht!

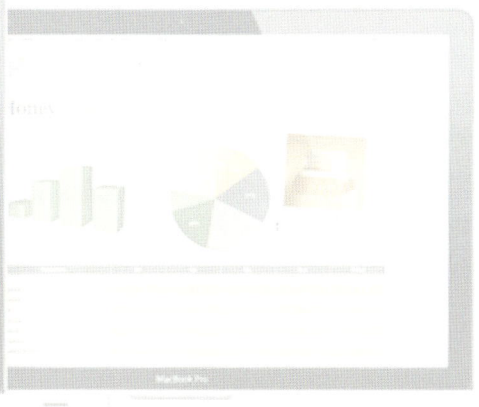

Arbeitstechniken auf Mac (OS X) und iPad (iOS)

Im Jahr 2012 ist der Macintosh schon über 28 Jahre alt. Und praktisch alle Computer, die zu Hause oder im Büro genutzt werden, werden grundsätzlich immer noch so bedient, wie es Apple 1984 vorgegeben hat: Mit der Maus, mit Fenstern und mit Menüs. Dieses System funktioniert so gut, dass es bisher keine nennenswerten Alternativen dazu gibt.

Aber Apple hat mit dem iPhone und iPad bewiesen, dass die Firma nicht um jeden Preis auf festgetretenen Pfaden bleibt, sondern die Computer für die Nutzer weiterentwickelt. Dass dabei auch eigene Regeln manchmal gebrochen werden müssen, bleibt nicht aus. Im Falle von *OS X* erleben langjährige Nutzer die Entwicklung dennoch als stetige Verbesserung; auch Neueinsteiger finden Erleichterung durch die immer noch sehr strengen Funktions- und Gestaltungsrichtlinien. Darüber hinaus verschmelzen mit dem aktuellen *OS X 10.8 Mountain Lion* die Funktionen mit dem mobilen Betriebssystem *iOS,* worauf wir später noch zu sprechen kommen.

Es gibt Arbeitstechniken, die sind so grundlegend, dass es beinahe müßig ist, darüber zu schreiben. Dennoch möchten wir Sie auf einige Techniken hinweisen, die praktisch überall am Mac funktionieren.

Die Grundlage von *OS X* ist ein *Unix*-Betriebssystem (das *Unix*-Derivat »Darwin«). Über das Terminal können Sie das System vollständig über die Kommandozeile steuern; müssen Sie aber nicht. Auch so profitieren Sie vom überaus logischen Aufbau dieses robusten Systems.

Als Beispiel finden Sie hier die »Konventionen« auf dem Mac; die *iOS*-Variante folgt dann später im Buch.

Grundlegende Arbeitstechniken auf dem Mac mit OS X

- *Drag&Drop* (Ziehen und Fallen lassen):
  Probieren Sie es mal aus: Ziehen Sie eine Datei aus dem Finder in ein Programmfenster. Irgendetwas passiert immer. Im Falle von *iWork* wird eine Grafik sofort in das Dokument eingebunden.

- *Copy&Paste* (Kopieren und Einsetzen mit den Tastaturkürzeln *cmd-C / ⌘-C* und dann *cmd-V / ⌘-V):*
  Nichts gegen die Maus, aber häufig ist die Zwischenablage einfach der beste Weg, Inhalte zu transportieren. Ob Dateien im *Finder* oder Text in *Pages* – ganz egal.

- *Widerrufen (cmd-Z / ⌘-Z)* und *Wiederholen (cmd-Y / ⌘-Y):*
  Dieser Befehl ist wie eine kleine Zeitmaschine. Machen Sie Aktionen einfach rückgängig – oder überlegen Sie es sich anders und stellen Sie den letzten Zustand wieder her. In *iWork*-Dokumenten können Sie alle Änderungen, die Sie seit dem Öffnen eines Dokuments durchgeführt haben, rückgängig machen.

  Sie merken schon: Die Bezeichnungen der Tastaturkürzel *cmd* oder ⌘ sind identisch. Daher werden wir im Folgenden immer »⌘« schreiben *(cmd* steht im Übrigen für »command – Befehl«; mit *cmd* oder ⌘ ist also immer die Befehlstaste rechts und links neben der Leertaste gemeint).

 =

Konventionen Ihres Betriebssystems (für Neugierige)

Die folgenden Erklärungen sind für alle interessant, die gern in »Ord-nern herumwühlen«, also auch auf ihrem Mac herumklicken:

1 Das bereits kurz erwähnte *Unix* ist sehr logisch und hierarchisch aufgebaut. Deshalb gibt es auf Ihrer Festplatte viele Einstellungen und Verzeichnisse mehrfach.

2 Alles, was der Mac zum Arbeiten benötigt, liegt auf der obersten Ebene und ist grundsätzlich für alle zugänglich. So sind alle Programme im Ordner *Programme* für alle Benutzer zugänglich. In der *Library* (Bibliothek) speichern System und Programme die globalen Einstellungen (wobei das aktuelle *OS X* diese nicht mehr sofort zeigt; hier hilft nur der Klick auf die Wahl-Taste ⌥ und dann im Finder auf das Menü *Gehe zu*; dann kommen Sie auch an die Benutzer-*Library*). Im Ordner *Benutzer* werden die Benutzer verwaltet. Die Ordner *data, opt* und *System* sind für Normalbenutzer tabu.

3 Ein Mac kann viele Benutzer haben. Dazu wird für jeden Benutzer ein Benutzerordner angelegt. Den gerade angemeldeten *Benutzer* (also Ihren Benutzer) erkennen Sie am Haus.

4 Dateien und Einstellungen in Ihrer *Library* gelten nur für Sie und sind nur für Sie zugänglich. Hier finden Sie zum Beispiel Ihre persönlichen Benutzerwörterbücher oder Ihre Farbpaletten. Wenn Sie mit dem Betriebssystem *Lion* oder aktuell *Mountain Lion* auf Ihrem Mac arbeiten, sehen Sie den Ordner möglicherweise nicht. Um ihn trotzdem zu öffnen, verfahren Sie wie im nächsten Schritt.

5 Öffnen Sie Ordner direkt über den Pfad: Jeder Ordner auf dem Mac besitzt einen eindeutigen Pfad. Für den Pfad zu Ihrem Benutzerverzeichnis verwendet das System intern die Tilde »~« (leicht zu schreiben mit der Tastenkombination ⌥-N). Die Adresse Ihrer *Library* ist demnach `~/Library`. Der Ordner mit den Ihren Benutzerwörterbüchern befindet sich dort im Ordner *Spelling*.

Im Finder können Sie Ordner direkt aufrufen. Wählen Sie ⌘-⇧-G und geben Sie folgende Adresse ein: `~/Library/Spelling/`. Hier finden Sie zum Beispiel Ihre Benutzerwörterbücher.

> **Mehr Tipps zum Betriebssystem finden Sie im »Grundlagenbuch zu OS X Mountain Lion«, das ebenfalls im Verlag *Mandl & Schwarz*** erscheint. www.mandl-schwarz.com/12/mountainlion/

Zurück zur Praxis:
Dokumente bearbeiten und sichern

Wenn Sie mit *iWork* arbeiten, arbeiten Sie mit *Dokumenten*. Das sind abgeschlossene digitale Einheiten, die bestimmte Inhalte enthalten, die zu einem bestimmten Zeitpunkt gespeichert wurden.

Seit der Erfindung des Personal Computers (PC, Mac) mussten Sie Dokumente, an denen Sie arbeiteten, immer dann gesondert abspeichern, um so den Stand Ihrer Arbeit festzuhalten. Waren Sie einmal so tief in Ihrer Arbeit versunken, dass Sie ganz vergaßen, Ihre Änderungen regelmäßig zu sichern, gingen diese nur allzu leicht verloren, falls das Programm abstürzte (kam früher häufiger vor) oder wenn Sie das Dokument versehentlich ohne Speichern schlossen (kommt immer noch häufiger vor, als man denkt).

Seit *Lion,* der Vorversion des aktuellen *Mountain Lion,* und vor allem *iWork* brauchen Sie sich darüber keine Sorgen mehr machen, denn zwei neue Funktionen kümmern sich darum, dass alle Ihre Ideen immer gesichert sind. Sie heißen *Automatische Sicherung* und *Versionen*. Sie finden beide in der Titelleiste Ihrer Dokumente.

Dokumente öffnen, bearbeiten, sichern und schützen

Wenn Sie *iWork*-Dokumente auf einem Computer mit *OS X Mountain Lion* bearbeiten, können Sie sich das Sichern sparen.

1 **Der Mac sichert automatisch alle Änderungen alle fünf Minuten** und immer, wenn Sie **Arbeitspausen** einlegen. Und damit sich Ihre Festplatte nicht mit Kopien Ihrer Dokumente füllt, speichert *Mountain Lion* nur die Änderungen an Ihren Dokumenten. Was Ihnen das bringt? Eine Sorge weniger (Sie verlieren keine ungesicherten Dokumente mehr) und viel mehr Spaß bei der Arbeit (Sie können in Ihren Dokumentenversionen vor- und zurückspringen). Das Dokument wird als »Bearbeitet« markiert.

2 Möchten Sie Ihr Dokument nicht mehr bearbeiten? Dann wählen Sie *Schützen* aus der Titelleiste. Es kann nicht mehr daran »herumgedoktert« werden – außer Sie heben den Schutz auf. Dokumente, an denen Sie länger als zwei Wochen nicht gearbeitet haben, schützt *Mountain Lion* automatisch. Sie können diese Zeitspanne ändern oder ausschalten. Öffnen Sie dazu die Systemeinstellungen von *Time Machine* (siehe auch etwas weiter unten) und klicken Sie auf die Taste *Optionen* …

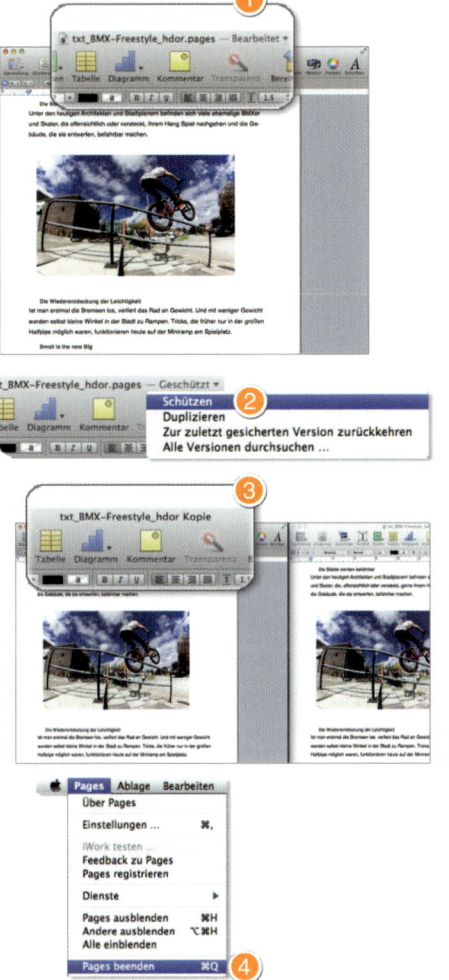

③ Nutzen Sie ein bestehendes Dokument als Vorlage. Öffnen Sie das Dokument und wählen Sie *Duplizieren*. *iWork* erstellt ein neues Dokument (wenn Sie Platz haben, gleich direkt neben dem alten). Sichern Sie dieses Dokument unter einem anderen Namen und arbeiten Sie stante pede weiter.

④ »Ganz schnell beenden geht ganz einfach:« Beim *Beenden* fragen die *iWork*-Programme nicht mehr nach, ob Sie Ihre Dokumente speichern möchten – sie tun es schlicht. Und wenn Sie das Programm wieder starten, finden Sie alle Dokumente so vor, wie Sie sie verlassen haben.

Mit Versionen von Dokumenten arbeiten

Wenn Sie länger an Dokumenten arbeiten oder große Arbeiten erstellen, arbeiten Sie wahrscheinlich schon mit der Funktion *Versionen*. Anstatt Ihr Dokument unter unterschiedlichen Namen zu speichern *(dokument_ a1, dokument_a2 etc.)* überlassen Sie die *Versionierung* jetzt dem Mac.

Versionen erstellen, vergleichen und wiederherstellen

Sobald Sie ein Dokument öffnen, sichert *OS X Mountain Lion* automatisch die aktuelle Version. Außerdem sichert es stündlich eine neue Version, während Sie daran arbeiten. In der Titelzeile sehen Sie – wie gerade schon einmal erwähnt – den Vermerk *Bearbeitet*.

Möchten Sie einen bestimmten Stand Ihres Werkes als Version festhalten, wählen Sie aus dem Menü *Ablage | Eine Version sichern* (⌘-S)**, um einen eigenen Sicherungspunkt zu setzen.**

❶ Klicken Sie auf den Titel Ihres Dokuments, um das Menü zu öffnen.

❷ Wählen Sie *Zur zuletzt gesicherten Version zurückkehren* aus dem Menü – Sie kehren damit eben zur letzten gesicherten Version zurück. Und im Menü erscheint dann die Option *Zuletzt geöffnet*, falls seit dem Öffnen noch keine neue Version erstellt worden ist.

❸ Wählen Sie im Menü *Alle Versionen durchsuchen …,* um die Versionsansicht zu öffnen:

❹ Auf der linken Seite präsentiert sich das aktuelle Dokument, an dem Sie gerade arbeiten.

❺ Rechts sehen Sie den Stapel vorhandener Versionen.

❻ Fahren Sie mit der Maus über die Zeitleiste am rechten Rand. Die Balken zeigen die verfügbaren Versionen mit dem Zeitpunkt der Sicherung an. Klicken Sie auf einen Sicherungspunkt, um die Version auf der rechten Seite anzuzeigen.

❼ Möchten Sie eine alte Version eines Absatzes in Ihrem neuen Dokument verwenden? Wählen Sie den Text rechts aus und kopieren Sie ihn links in das aktuelle Dokument.

8 Um mit der aktuellen Version weiterzuarbeiten, klicken Sie die Taste *Fertig*. Veränderungen, die Sie in der Versionsansicht vorgenommen haben, werden übernommen.

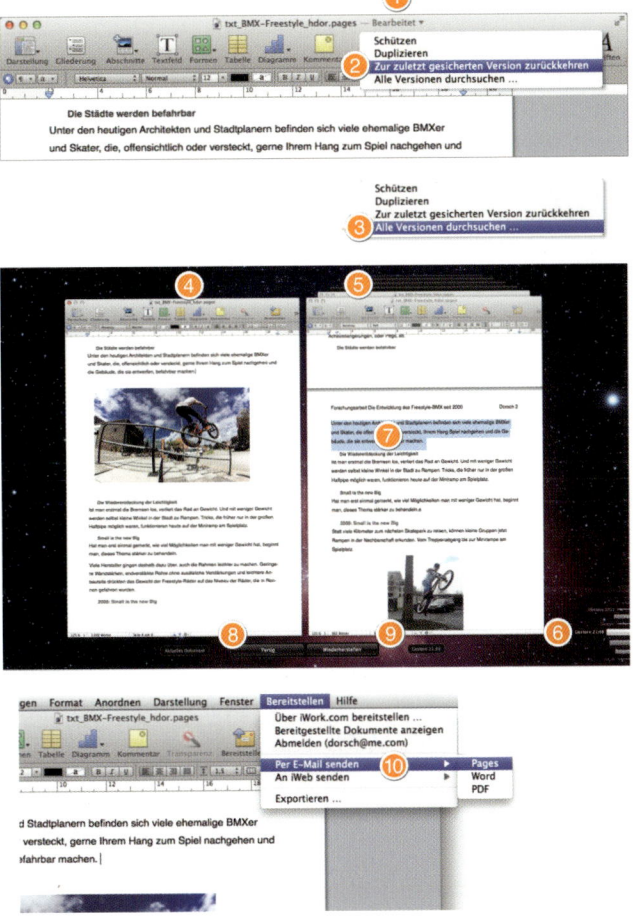

9 Und nochmals einen Schritt weiter gedacht im Reich der Möglichkeiten: Möchten Sie doch wieder zu einer Vorversion zurückkehren? Klicken Sie dafür einfach auf die Taste *Wiederherstellen*.

10 Ein weiterer Tipp: Tauschen Sie Ihr Dokument mit anderen aus. Wählen Sie *Bearbeiten | Per E-Mail senden*. Der Empfänger erhält nur die aktuelle Version. Den Verlauf der Bearbeitung sehen nur Sie.

Mit ⌘-Z (Menü *Einfügen | Eingabe widerrufen*) können Sie schrittweise Ihre Eingaben rückgängig machen – und mit ⌘-⇧-Z (Eingabe wiederholen) wiederherstellen.

Seien Sie mutig! Sichern Sie nicht selbst. Wer so lange wie wir am Mac arbeitet, dem ist das Kürzel ⌘-*S* in die Nerven eingebrannt. Wenn Sie es jedoch nach jedem zweiten Absatz drücken, wird Ihre Versionsliste schnell unübersichtlich. Verlassen Sie sich also auf Ihren Mac und speichern Sie nur wichtige Meilensteine von Hand.

Für die technisch Interessierten unter uns: Die Versionsinformationen zu Ihren Dokumenten speichert *Mountain Lion* nicht im Dokument selbst, sondern in einem versteckten Verzeichnis auf der obersten Ebene Ihrer Festplatte. Es heißt ».DocumentRevisions-V100« und kann nicht geöffnet werden.

Time Machine – der Rettungsschirm für Ihre Dokumente

Haben Sie ein Backup Ihres Computers? Wenn nicht, ist das grob fahrlässig und nicht zu entschuldigen. Vor allem nicht, seit Apple die einfachste und vielleicht sogar schönste Backup-Software fest ins System eingebaut hat.

Mit dem kostenlos mitgelieferten Apple-Dienstprogramm *Time Machine* und einer externen USB-Festplatte (die gibt es für lächerlich wenig Geld), verfügen Sie immer über eine Sicherungskopie Ihres Computers, falls dieser kaputt geht oder gestohlen wird. *Time Machine* hilft aber auch, wenn Sie selbst aus Versehen eine Datei gelöscht oder sonst wie unwiederbringlich zerstört haben.

Datei aus Time Machine-Backup wiederherstellen

Nehmen wir an, Sie haben alte Dateien in einem Ordner löschen wollen, und dabei versehentlich Ihre wichtige Arbeit, an der Sie schon lange arbeiten, ebenfalls gelöscht – und den Papierkorb schon entleert. So holen Sie die Datei zurück:

1 Wechseln Sie in den *Finder* und rufen Sie den Ordner auf, dessen Inhalt Sie gelöscht haben. (Er ist leer).

2 Starten Sie *Time Machine*. Klicken Sie dazu auf das Symbol im Dock.

③ *Time Machine* öffnet einen Sternenhintergrund mit Ihrem leeren Fenster im Vordergrund und einer Reihe weiterer Fenster dahinter. Das sind Ihre Backups.

④ Wählen Sie aus der Zeitachse am rechten Rand ein Datum aus. Wir wählen *Gestern 23:33*, weil wir wissen, dass zu jenem Zeitpunkt die Datei, die wir suchen, noch an Ihrem Platz war. Klicken Sie auf den Zeitpunkt, um ihn aufzurufen.

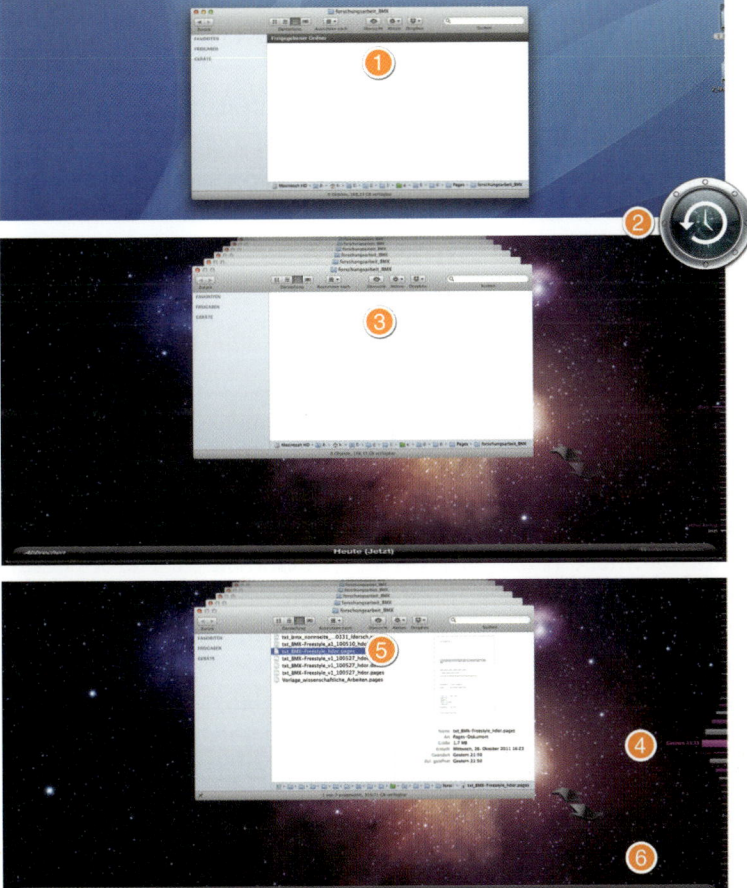

⑤ *Time Machine* ruft jetzt das Fenster mit dem Stand von gestern Abend auf (der Zeitpunkt ist unten am Bildschirm zu sehen). Unsere Datei *txt_BMX-Frestyle_hdor.pages* ist noch da. Klicken Sie auf die Datei, um sie auszuwählen. (Sie können auch mehrere Dateien oder ganze Ordner auswählen.)

⑥ Klicken Sie jetzt die Taste *Wiederherstellen*.

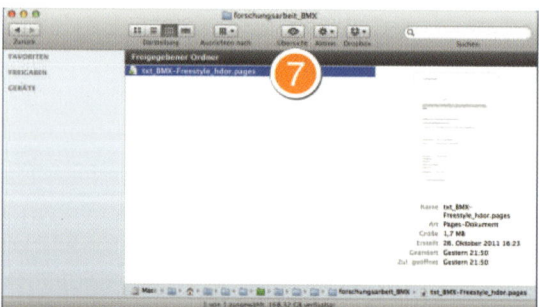

7 *Time Machine* verschwindet und zeigt wieder den *Finder* – mit der wiederhergestellten Datei. Sie können jetzt weiterarbeiten.

Time Machine **erstellt bereits seit dem Vorsystem** *Lion* **auch dann Sicherheitskopien, falls keine externe Platte angeschlossen ist. Diese** *lokalen Backups* **werden in der Zeitleiste** *grau* **angezeigt. Die magentafarbenen Sicherungen befinden sich auf dem externen Gerät.**

Mit iCloud Dokumente im Netz immer auf dem gleichen Stand

Wenn Sie ein *iOS*-Gerät benutzen, kennen und schätzen Sie vielleicht schon die Abwesenheit einer Dateiverwaltung. Dort gibt es keinen Finder und schon gar keinen Explorer. Und, wissen Sie was? Niemand vermisst sie. Stattdessen verwaltet jede Anwendung ihre Dokument selbst in einer eigenen Dokumenten-Bibliothek. Diese Bibliothek wird über *iCloud* mit leistungsfähigen Servern im Internet abgeglichen. Der Effekt: Auf jedem Gerät, mit dem Sie sich bei *iCloud* anmelden, stehen Ihnen alle Ihre Dokumente sofort zur Verfügung. Ohne Kopieren, ohne Synchronisieren. Und mit *Mountain Lion* klappt das Ganze auch am Mac.

iCloud für Dokumente einrichten und Dokumente mit der iCloud verwalten

1 Öffnen Sie *Systemeinstellungen | iCloud* und aktivieren Sie den Punkt *Dokumente & Daten*. (Wir gehen davon aus, dass Sie schon ein *iCloud*-Konto besitzen, über das Sie Mails, Kontakte und Kalender mit Ihrem iPhone abgleichen.)

2 Öffnen Sie jetzt eine *iWork*-App – wir *nehmen* Pages – und wählen Sie *Ablage | Öffnen*. Statt der lokalen Dateiauswahl sehen Sie die *iCloud*-Bibliothek mit den darin gespeicherten Dokumenten. (Wir haben mit der iPad-Version schon eine Menge Dokumente erstellt,

28

die wir sofort überall nutzen können.) Klicken Sie *lokal*, um Dateien von der Festplatte des Computers zu öffnen.

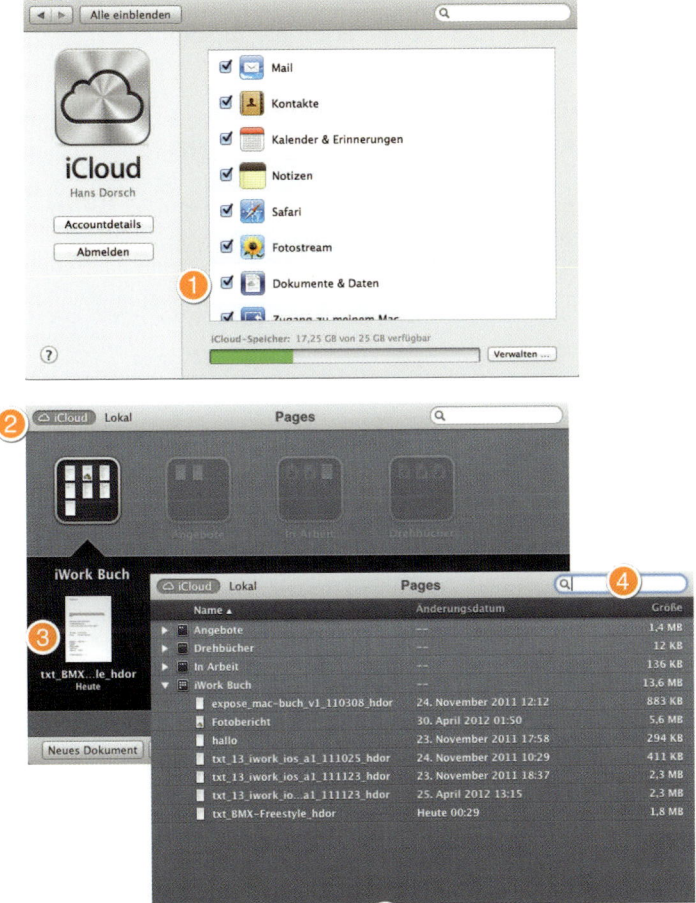

❸ Öffnen Sie eine Datei wie gewohnt per Doppelklick. Das geht im Normalfall sehr schnell, denn alle Dokumente werden auf dem Computer zwischengespeichert und müssen nicht jedes Mal komplett aus dem Netz geladen werden.

❹ Über das Suchfeld können Sie nach Dokumenten suchen, die in der *iCloud* gespeichert sind oder lokal auf dem Mac – Sie können sogar alle Speicherorte auf einmal durchsuchen. Das ist enorm praktisch.

❺ Die Darstellungsmöglichkeiten in der Bibliothek sind bewusst spärlich gehalten. Mit den Tasten am unteren Fensterrand wechseln Sie zwischen der Symbolansicht und der Listenansicht.

Weitere Tipps zum Betriebssystem finden Sie im »Grundlagenbuch zu OS X Mountain Lion«, das ebenfalls im Verlag *Mandl & Schwarz* erscheint. www.mandl-schwarz.com/12/mountainlion/

Mehr zu *iWork* für *iOS*-Geräte lesen Sie in Kapitel 13.

Ein neues Dokument in der iCloud anlegen

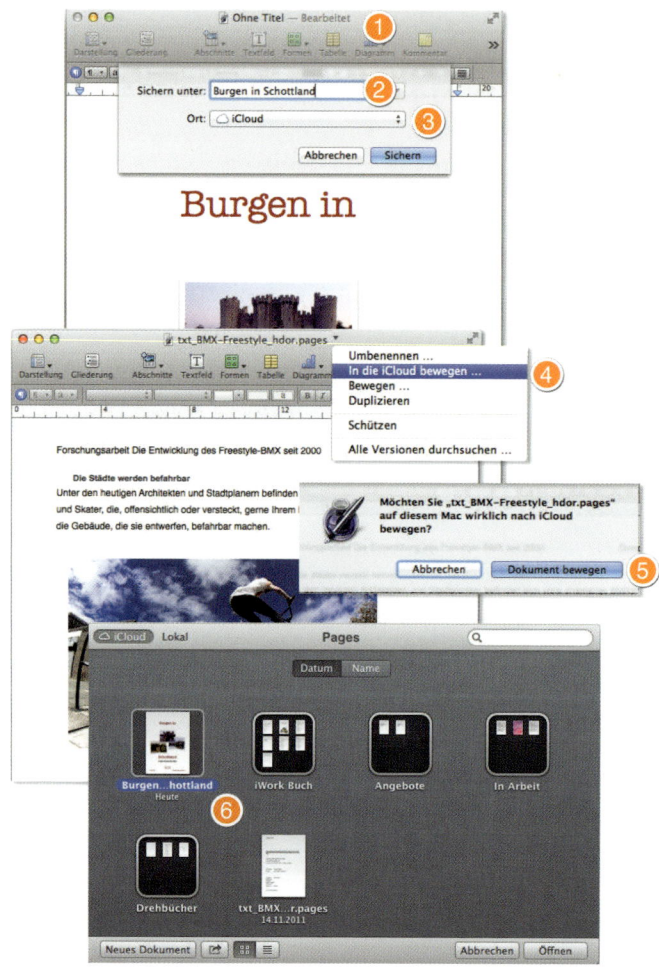

❶ Öffnen Sie *Pages* und wählen Sie *Ablage | Neu*. Wählen Sie dann eine Vorlage oder eine leeres Dokument. Sie können sofort losarbeiten. Um einen Namen für Ihr Dokument kümmern Sie sich später.

❷ Sobald Sie Ihr Dokument von Hand speichern *(cmd-S / c-S)* oder schließen, werden Sie gefragt, wo Sie es ablegen wollen. Wählen Sie einen Namen für Ihr Dokument.

❸ Der Ort ist bereits ausgewählt: er heißt *iCloud.* ber das Menü können Sie *iCloud*-Ordner auswählen oder Ordner auf der Festplatte. Wir wählen *iCloud* und klicken *Sichern*.

Ein Dokument in die iCloud bewegen

❹ Öffnen Sie ein Dokument von Ihrem lokalen Speicher (Festplatte). Fahren Sie mit der Maus über die Titelzeile und wählen Sie aus dem Menü unter dem Dreieck den Punkt *In die iCloud bewegen ….*

❺ Das System fragt noch mal nach, ob Sie das Dokument wirklich bewegen wollen. Und das ist gut so. Denn, sobald Sie die Taste *Dokument bewegen* klicken, wird die Datei von Ihrem lokalen Speicher (Festplatte) entfernt und in die *iCloud* geladen.

❻ Beide neuen Dateien finden Sie jetzt in der *Pages*-Bibliothek in der *iCloud*.

Komisch, oder? Die eigenen liebgewonnenen Daten in die Wolke zu befördern. Nach einer Weile fühlt es sich aber ganz normal an, und Sie fragen sich, wann Apple endlich den Finder abschaffen wird.

Achten Sie auf den Online-Speicher: 5 GB liefert Apple kostenlos mit. Ist der voll, müssen Sie aufräumen oder mehr Speicher dazukaufen. Wir räumen nicht gerne auf, deshalb haben wir die Kaufoption gewählt. Die aktuelle *iCloud*-Auslastung sehen Sie in *Systemeinstellungen | iCloud*.

Eine Rechtschreibung für alle Programme

Die Rechtschreib- und Korrekturfunktionen in den *iWork*-Programmen nutzen die systemweite Rechtschreibprüfung des Mac. Dies hat den Vorteil, dass alle Wörter, die Sie in *Pages* hinzufügen, auch in *Keynote* verfügbar sind – und in allen anderen Programmen, die Text bearbeiten können. Also auch in *TextEdit* und sogar im *Notizzettel*.

Die Hauptmerkmale der Rechtschreibung

① Die *(Mac)* OS X-Rechtschreibung steht in allen Programmen zur Verfügung, die mit *Cocoa* erstellt sind. Das sind die meisten aktuellen Programme.

② Die Rechtschreibung finden Sie immer im Menü *Bearbeiten* unter *Rechtschreibung*.

Alle Wörter und Schreibweisen, die Sie hinzufügen werden als Textdatei in Ihrer Library gespeichert. Sie finden sie in Ihrem Benutzerordner unter `~/Library/Spelling/`**. Die Datei »de« enthält die deutschen Wörter. Verwenden Sie andere Sprachen, legt das System entsprechende Dateien an.**

Falls Sie eigene Wörterbücher importieren möchten, oder versehentlich eingegebene Schreibweisen löschen möchten, können Sie die Wörterbuchdateien mit jedem Texteditor öffnen und bearbeiten.

Wörterbücher am Mac

Der Mac ist ein vielsprachiger Computer. Deshalb bringt er auch ein ganzes Regal mit Wörterbüchern für die Rechtschreibung mit. Zur Zeit sind folgende Sprachen verfügbar:

Alle/Multilingual (für gemischtsprachige Texte)	
Deutsch (Neue reformierte Rechtschreibung)	Italienisch
Dänisch	Niederländisch
Englisch, USA	Portugiesisch
Englisch, Australien	Portugiesisch (Brasilien)
Englisch, Großbritannien	Russisch
Englisch, Kanada	Schwedisch
Französisch	Spanisch

Carbon statt *Cocoa:* Die *Office*-Programme von Microsoft (vor 2011) und alle Anwendungen von Adobe (*Photoshop, Illustrator, Acrobat)* stammen noch aus der Zeit vor *(Mac) OS X.* Deshalb nutzen sie eine Umgebung namens *Carbon* – und können nicht auf die Werkzeuge zugreifen, die *OS X Mountain Lion* bietet. Sonst funktionieren sie aber hervorragend auf dem Mac.

Die Tilde »~« steht in allen Unix-Betriebssystemen für das Benutzerverzeichnis des gerade angemeldeten Benutzers. So ist das auch in *OS X.*

Einzelne Programme können die Rechtschreibfunktionen unterschiedlich darstellen. In *Pages* ist sie für Textarbeiter optimiert. Siehe auch in diesem Kapitel *Rechtschreibung und Grammatik überprüfen und korrigieren.*

Die Hilfe aufrufen und einsetzen

Die Hilfe ist eine der ganz großen Stärken des *OS X*. In keinem anderen System haben wir unterstützende Funktionen so gut gefunden. Und besonders möchten wir Ihnen die einzigartige Suchfunktion ans Herz legen, die wir bei der täglichen Arbeit nicht mehr missen möchten.

Hiermit fordern wir Sie auf: *Nutzen Sie die Hilfe!* Auch wenn wir glauben, in diesem Buch interessante Tipps und Hilfen beschrieben zu haben, wissen wir doch, dass kein Buch auf jede Frage eine Antwort geben kann.

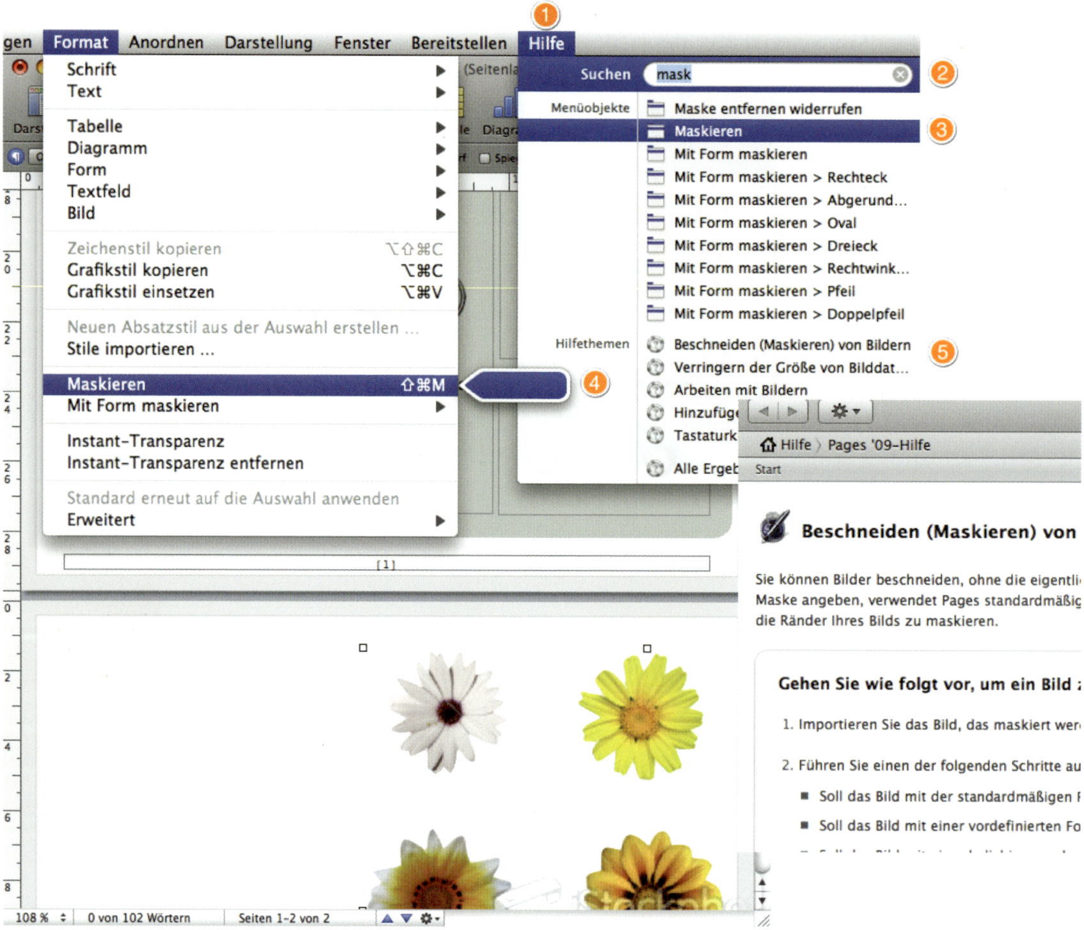

Finden Sie eine Funktion in Pages mit der eingebauten Hilfe

1 Klicken Sie auf das Menü *Hilfe* oder drücken Sie ⌘-/. Das Hilfemenü öffnet sich und die Eingabemarke befindet sich bereits im Suchfeld.

2 Tippen Sie die Funktion, die Sie suchen, zum Beispiel »maskieren«. Noch während Sie tippen, erscheinen im Menü unterhalb die Suchergebnisse. An erster Stelle die Funktionen im Menü und im Anschluss die Einträge in der *Programm-Hilfe*.

3 Mit den Pfeiltasten ↓↑ springen Sie zu den Ergebnissen, ohne die Hand von der Tastatur zu nehmen. Oder Sie fahren mit der Maus zum Eintrag, der Ihrer Suche entspricht.

4 Handelt es sich beim Suchergebnis um einen Menüeintrag, so öffnet sich das Menü, in dem sich der Eintrag befindet, und ein blauer Pfeil zeigt, wo Sie klicken müssen. Auf diese Art finden Sie auch einen eventuell vorhandenen Tastaturkurzbefehl. Klicken Sie auf den ausgewählten Befehl, wenn Sie ihn anwenden möchten.

5 Wählen Sie einen Eintrag aus dem Bereich *Hilfethemen*, öffnet sich das Thema in einem eigenen Fenster. Hier finden Sie umfangreiche Dokumentationen zum Programm, das Sie gerade verwenden.

Das *Hilfe*-Fenster liegt immer über allen anderen Fenstern auf Ihrem Bildschirm. Falls es Sie doch stört, schieben Sie es einfach zur Seite oder legen Sie es mit dem gelben Knopf im Dock ab.

Wenn Sie mögen, können Sie alle Befehle am Mac mit einem Tastaturkurzbefehl aufrufen, nämlich mit ⌘-/. Tippen Sie einfach Ihren Befehl in das Suchfeld, um ihn aufzurufen. Falls Sie das Feld leer lassen, können Sie mit den Pfeiltasten alle Menüs aufrufen und öffnen.

Begriff im Lexikon nachschlagen

Was gehört in die digitale Handbibliothek? Ein Rechtschreibwörterbuch, ein Thesaurus (Sinn- und sachverwandte Ausdrücke) und ein Übersetzungswörterbuch (zumindest für Englisch). Und wäre es nicht auch schön, eine große Enzyklopädie in Griffweite zu haben? Ihr Mac hat ein kleines Programm eingebaut, mit dem Sie aus jedem Programm heraus verschiedene Quellen und Referenzen abfragen können. Es heißt »Lexikon« und bringt genau das mit, was wir wollen: ein Lexikon, einen Thesaurus, ein Übersetzungsprogramm – und es greift direkt auf die weltgrößte gemeinschaftlich erstellte Enzyklopädie zu, die *Wikipedia*.

Leider liefert Apple nur englischsprachige und japanische Wörterbücher mit. Deutsche Quellen gibt es nicht – abgesehen von der *Wikipedia*. Diese lassen sich aber glücklicherweise nachträglich hinzufügen, sodass wir Ihnen zeigen können, wie Sie in jedem Dokument Wörter nachschlagen, übersetzen und überprüfen können.

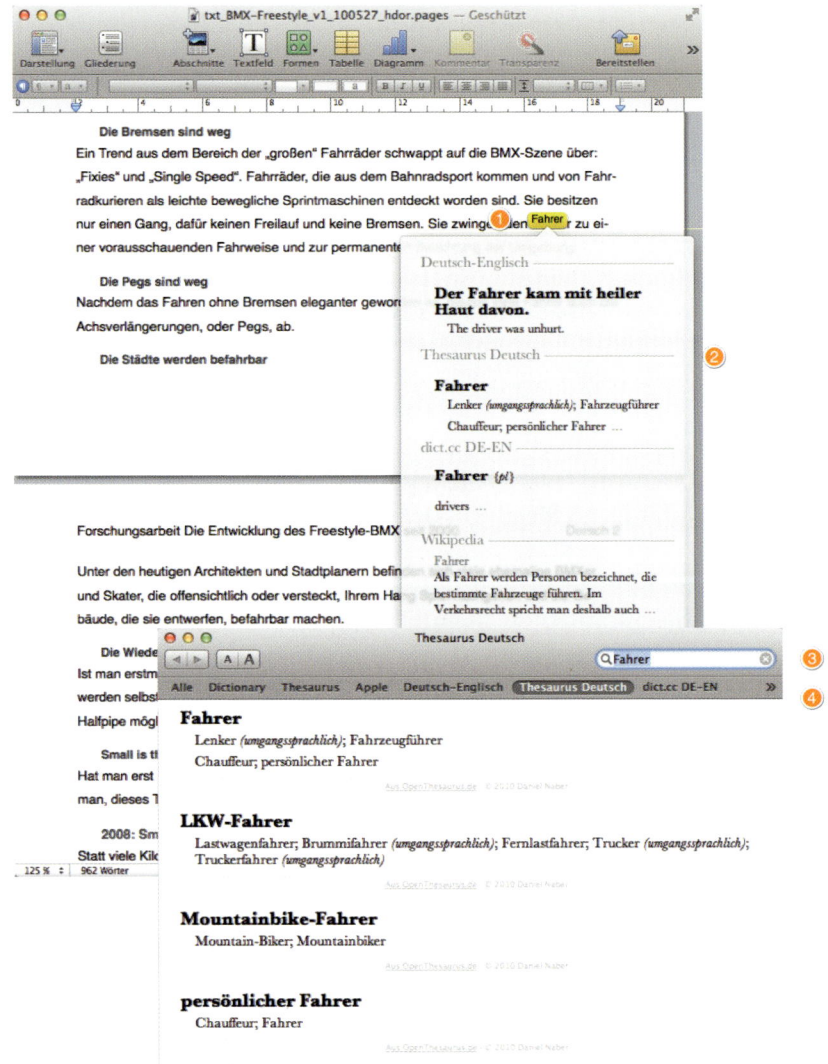

Recherchieren Sie ein Wort im Lexikon

1 Fahren Sie mit der Maus über das Wort, das Sie nachschlagen möchten und drücken Sie ⌘-*ctrl-D*. Ein kleines Fenster zeigt die Ergebnisse an. Hier in der *Wikipedia* und – weil wir zusätzliche Wörterbücher installiert haben – auch im *Deutsch-Englisch*-Wörterbuch, sowie im *Thesaurus*.

2 Klicken Sie auf die Überschrift, um das *Lexikon* als eigenes Programm aufzurufen. Wir haben *Thesaurus Deutsch* bei Textarbeiten eigentlich immer auf.

3 Das Suchfeld ist automatisch mit Ihrem Suchbegriff ausgefüllt und alle Fundstellen werden als Liste angezeigt.

4 Von hier aus können Sie Ihre Recherche verfeinern oder ausweiten. Unterhalb der Symbolleiste sehen Sie alle aktuell verfügbaren Lexika.

Noch schneller geht es mit Multitouch: Haben Sie ein Multitouch-Trackpad (zuerst 2008 im MacBook Air oder nachfolgende Modelle sowie das aktuelle *Magic Trackpad)*, kommen Sie auch mit Gesten an die Begriffsdefinition. Ein Doppeltipp mit drei Fingern auf das Wort öffnet sofort das Fenster mit den Definitionen.

Auf der nächsten Seite zeigen wir Ihnen, wie Sie das *Lexikon* selbst erweitern können. Achtung: Um zusätzliche Lexika installieren zu können, benötigen Sie mindestens *Mac OS X 10.5 (Leopard)*; mit dem *Mountain Lion* sind Sie da schon auf der sicheren Seite.

Tastaturkürzel sind englisch. Viele Kürzel erschließen sich schnell, wenn Sie sie sich mit dem englischen Befehl zusammen vorstellen. Hier steht das »D« für »Dictionary«.

Mehr als eine Möglichkeit: Das *Lexikon* finden Sie auch in den *Schreibhilfen* im Menü *Bearbeiten* oder über das *Kontextmenü*.

Das Lexikon (Dictionary) erweitern

Das *Lexikon* von *OS X* ist wohl eine der am wenigsten bekannten Anwendungen auf dem Mac. Kein Wunder, denn in der Standardausführung können Sie darin zwar in englischsprachigen und japanischen Wörterbüchern nachschlagen, deutsche Quellen gibt es aber nicht – abgesehen von der *Wikipedia*. Aber ab den Versionen beginnend bei *Leopard (Mac OS X 10.5.x)* ist das *Lexikon* über Plugins erweiterbar und einige Leute haben diese Möglichkeit schon genutzt. Wir empfehlen, das Lexikon mit diesen Wörterbüchern zu erweitern:

- *OpenThesaurus Deutsch:* Sinn- und sachverwandte Wörter
- *BeoLingus Deutsch-Englisch:* Übersetzung Deutsch-Englisch
- *dict.cc Dictionary Plugin:* Übersetzung Deutsch-Englisch

Die Installation ist einfach. Das *OpenThesaurus-Plugin* (von Wolfgang Reszel) erlaubt sogar eine Installation nur für einen Benutzer. Am Ende landen die Pakete in der *Library* für alle Benutzer, */Library/Dictionaries* oder im Benutzerordner unter *~/Library/Dictionaries*.

Installieren Sie ein Lexikon-Plugin

1 Laden Sie das gewünschte Lexikon-Plugin auf Ihre Festplatte und starten Sie die Installation mit einem Doppelklick.

2 Passen Sie die verwendeten Lexika in den *Einstellungen* (⌘-,) des *Lexikon* an.

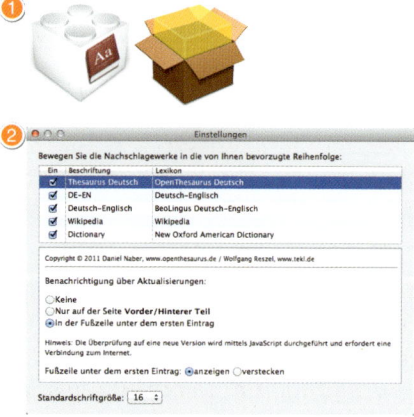

Bildeinstellungen bearbeiten

Mit den Bildeinstellungen können Sie das Aussehen von Bildern in Ihren Dokumenten an Ort und Stelle ändern. Dazu müssen Sie kein Bildbearbeitungsprogramm öffnen. Sie müssen das Bild nicht unter einem anderen Namen speichern. Weil *OS X* die Darstellung von Bildern zur Chefsache gemacht hat, bearbeiten Sie alle Bilder dort, wo Sie sie finden. Also auch in Ihrem *iWork*-Dokument. Wir zeigen Ihnen an einem kleinen Beispiel, wie das funktioniert.

Verringern Sie die Farbsättigung, um ein Bild schwarz-weiß darzustellen

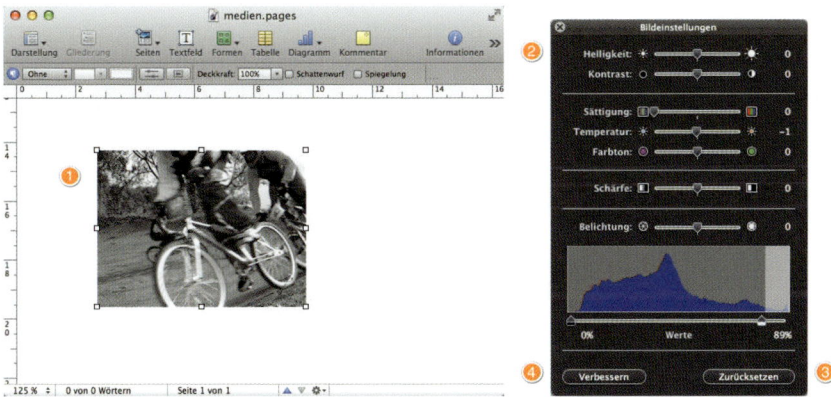

❶ Klicken Sie im Dokument (hier *Pages*) auf das Bild, das Sie verändern wollen und wählen Sie aus dem Menü *Darstellung | Bildeinstellungen einblenden.*

❷ Bewegen Sie den Regler beim Punkt *Sättigung* ganz nach links, um die Farben im Bild zu entfernen.

❸ Klicken Sie auf *Zurücksetzen*, um das Bild zu jeder Zeit in seinen Originalzustand zu versetzen.

❹ Wenn Sie meinen, ein Bild könnte »irgendwie schöner« aussehen, klicken Sie auf *Verbessern*. Ihr Computer wendet dann »ein wenig Apple-Magie« an, die manchmal zu guten und manchmal zu weniger überzeugenden Ergebnissen führt. Oder verwenden Sie die weiteren Regler, um das Bild genau Ihren Vorstellungen anzupassen.

Für Fotografen: Nein, dies ist natürlich nicht mit einem *echten* Schwarz/Weiß-Bild zu vergleichen. Der Effekt reicht uns allerdings aus.

»Nichts passiert«: Alle Änderungen beziehen sich auf die Kopie des Bildes in Ihrem Dokument. Das Original, zum Beispiel in *iPhoto*, wird nicht angetastet.

Bilder, Sounds und Filme aus den iLife-Programmen mit der Medienübersicht nutzen

iPhoto, *iMovie*, *GarageBand* sind Teil-Programme aus dem Multimediapaket *iLife* und auf jedem neuen Mac vorinstalliert. Zusammen mit *iTunes* können Sie praktisch alle Multimediainhalte auf dem Mac verwalten und bearbeiten.

Mit der sogenannten »Medienübersicht«, in der alle Inhalte innerhalb von *iLife* verwaltet werden, können Sie die Sammlungen durchblättern, nach Titeln und Schlagwörtern suchen. Dabei lassen sich die Medien auch gleich in Ihr Dokument einfügen, ohne das jeweilige Programm öffnen zu müssen. Das ist so einleuchtend wie genial – deshalb ist die *Medienübersicht* auch Teil vieler weiterer Mac-Programme.

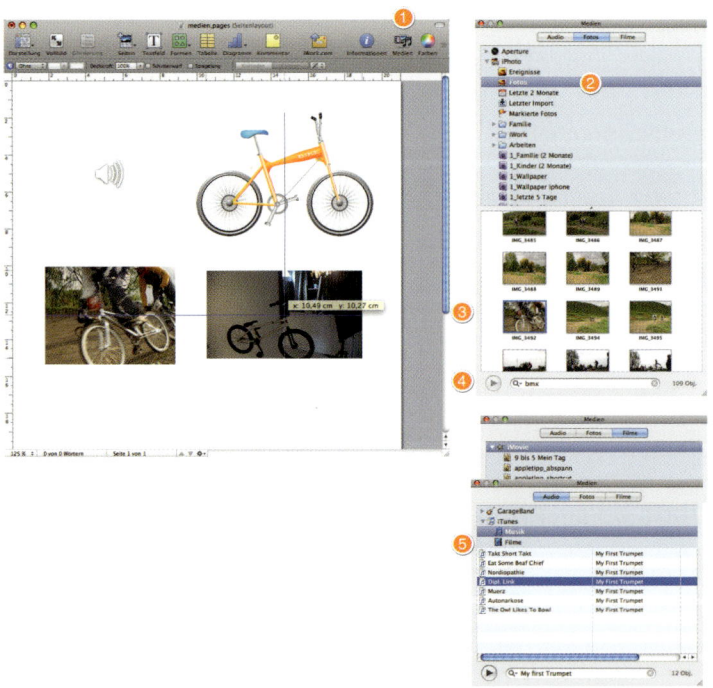

Ein Foto aus iPhoto in ein Pages-Dokument einsetzen

① Klicken Sie in der Symbolleiste (hier bei *Pages*) auf *Medien* oder wählen Sie aus dem Menü *Darstellung | Medienübersicht einblenden*.

② Wählen Sie unter *Fotos* im oberen Bereich *iPhoto* aus. Sie sehen alle Ordner und Alben, die Sie in *iPhoto* angelegt haben.

③ Wählen Sie im unteren Bereich ein Bild aus und ziehen Sie es auf Ihr Dokumentenfenster. Mit einem Doppelklick können Sie das Bild vorher vergrößern.

④ Mit dem Suchfeld schränken Sie die Anzeige ein. Suchen Sie nach Schlagworten, Dateinamen und Titeln.

⑤ *Sounds und Filme einfügen* funktioniert genauso – einfach durch *Drag&Drop (Ziehen und Klicken)*.

Die wichtigsten unterstützten Grafikformate

Für die Darstellung von Grafiken, Audio- und Videoformaten nutzt der Mac *QuickTime*. Allerdings nicht den *QuickTime Player*, den Sie vielleicht kennen, sondern – Sie ahnen es – das übergreifende Framework-Programm gleichen Namens, auf das alle Programme zugreifen können. Zusätzlich unterstützt *iWork* weitere Formate, wie zum Beispiel *EPS*.

Grafikformat (alle Formate, die QuickTime unterstützt)	Eigenschaft	Transparenz
PNG	Unterstützt Transparenz per Alphakanal für echte Schlagschatten und zur Darstellung auf beliebigen Hintergrundfarben. Wird von modernen Webbrowsern unterstützt.	Ja, unterstützt Alphakanäle
TIFF	Bildformat zum Austausch von Bilddateien in verlustfreier Qualität. Quasi-Standard für Bilder in hoher Qualität. Nachteil große Dateien.	Ja, unterstützt Alphakanäle
GIF	Im Web gebräuchliches Grafikformat zur Darstellung von Bildern mit wenigen Farben Ermöglicht Animationen durch mehrere Einzelbilder in einer Datei.	Ja
JPEG	Das am weitesten verbreitete Austauschformat für digitale Bilder. Wird von vielen Digitalkameras erzeugt.	Nein
PDF	Portable Dokument Format. Standardformat für die Bildschirmausgabe von OS X	Ja
PSD	Photoshop Dokument	Ja, unterstützt Alphakanäle
EPS	Vektorgrafikformat zur Darstellung)Encapsulated Postskript) Wird bei der Platzierung in PDF umgewandelt	Ja
PICT	Grafikformat von Mac OS bis Version 9. In OS X von PDF abgelöst	Ja
BMP	Windows Bitmap	Ja

Medienübersicht mit eigenen Ordnern erweitern

Nicht alle Medien sind in *iPhoto*, *iMovie* oder *iTunes* gespeichert. Das müssen sie auch nicht sein. Und häufig möchten Sie das auch gar nicht – zum Beispiel dann, wenn Sie mit fremden Daten arbeiten.

Sie können natürlich jedes Bild und jede Grafik direkt aus dem Ordner im *Finder* in ein *iWork*-Fenster ziehen. Eleganter ist es jedoch, wenn Sie alle verwendeten Dateien in einen Ordner legen und diesen über die *Medienübersicht* dem aktuellen Programm zugänglich machen. So machen wir es.

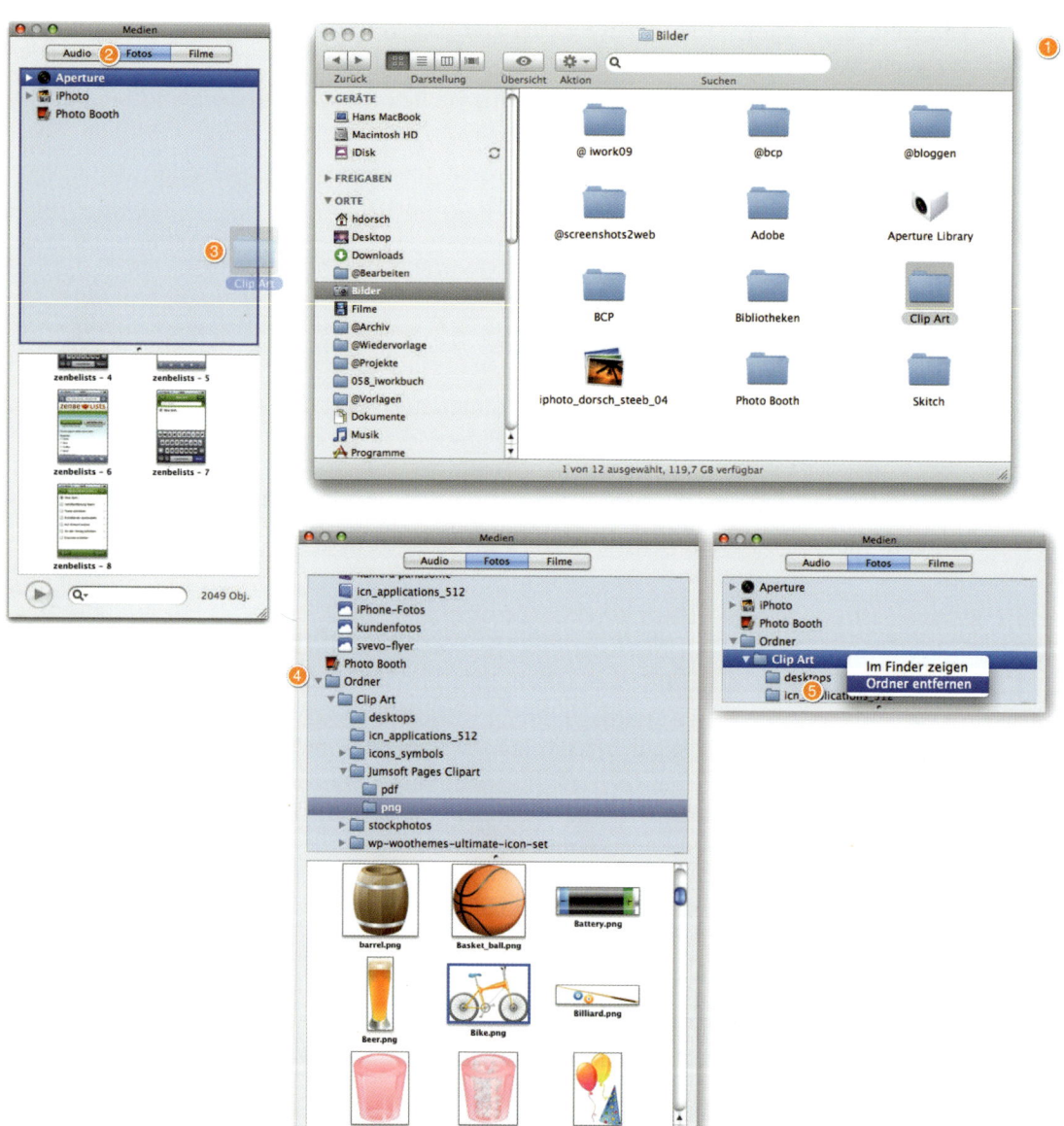

Bringen Sie einen Ordner mit Fotos in die Medienübersicht von Pages

1 Wechseln Sie in den *Finder* und öffnen Sie ein Fenster mit dem Ordner, auf den Sie zugreifen möchten.

2 Wechseln Sie zu *Pages* und öffnen Sie die *Medienübersicht* im Bereich *Fotos*. Achten Sie darauf, dass das Fenster des *Finders* weiterhin zu sehen ist.

3 Klicken Sie auf den Ordner im *Finder* und ziehen Sie ihn in den Quellenbereich des Medienfensters.

4 Ihr Ordner erscheint unter dem Eintrag »Ordner«: Dort können Sie jetzt alle Inhalte sehen, durchsuchen und natürlich die Dateien in Ihr Dokument einsetzen.

5 Mit Rechtsklick auf den Ordner entfernen Sie den Ordner wieder.

Die Medienübersicht ist zwar in allen Programmen gleich, aber die Einstellungen sind für jedes Programm anders – was wahrscheinlich auch Vorteile hat. Richten Sie Ihre Ordner also in jedem Programm erneut ein.

In der Medienübersicht sind nur Verweise gespeichert. Änderungen haben also keine Auswirkung auf die Originaldateien oder -Ordner.

Clip Art zu iWork hinzufügen

Manche Aussagen lassen sich mit ausdrucksfähigen Grafiken einfach besser darstellen, manches eher langweilige Dokument wirkt mit eingestreuten Grafiken einfach frischer.

iWork liefert zwar geniale Vorlagen mit, aber wenn Sie zum Beispiel ein Auto oder ein Fahrrad zur Illustration suchen, werden Sie in den Vorlagen von Apple möglicherweise nicht fündig werden.

»Aber wozu gibt es denn das Internet? Und wozu gibt es Bilddatenbanken und Spezialanbieter für Vorlagen gegen kleines Geld und Grafiker, die ihre Arbeiten kostenlos im Web zur Verfügung stellen? Damit Ihre Wünsche Wirklichkeit werden und die Welt ein klein wenig schöner wird!«

Verzeihen Sie bitte die pathetischen Worte, aber wir haben schlimme Zeiten erlebt, in denen der Begriff *Clip Art* gleichgesetzt war mit einer Software namens *Corel Draw*, die neben unsäglichen Schriften auch noch riesige Mengen billigster Grafiken auf dem Computer des PC-Anwenders ablud. Und weil die Software lange Zeit bei vielen Windows-Computern dabei war, gab es sehr viele Anwender.

Diese Zeiten sind lange vorbei, aber die Hersteller von Flugblättern für Pizzadienste bedienen sich bis heute ausnahmslos aus diesem Fundus. Und die Grafiken, die anderen Office-Programmen als »Illustrationswerk« beiliegen, sind auch keine Perlen des Designs.

Im Internet gibt es Bilder und Grafiken für jeden Zweck und für jeden Anlass. Nicht immer kostenlos, aber häufig von hervorragender Qualität. So bekommen Sie zum Beispiel zu jeder Jahreszeit passende Illustrationen oder Bilder für Ihre Dokumente bei Bilddatenbanken wie `photocase.de`. Suchen Sie doch mal nach »Ostern« oder »Weihnachten« – oder nach »Gänseblümchen« für den Frühling. Für wenige Euro können Sie sich geniale Bilder und Grafiken begabter Fotografen und Grafiker auf Ihren Rechner laden und sofort verwenden.

Internet-Quellen für hochwertige Clip Art

- `www.photocase.de`, `www.istockphoto.com` und `www.fotolia.de`: Diese Agenturen sind sogenannte Microstock-Bildagenturen. Dort bekommen Sie hochwertige Fotos, Grafiken und Videos zu extrem niedrigen Preisen, meist ab einem Euro pro Stück. Das kann sich jeder leisten.

- `www.sxc.hu`: `stock.xchng` bietet Fotos und Grafiken sogar kostenlos an. Hier ist allerdings die Auswahl ein wenig kleiner als bei den kommerziellen Anbietern (wenngleich er flugs von einem dieser Großunternehmen aufgekauft wurde).

- `Jumsoft Clipart`: Für knapp 16 € bekommen Sie im *Mac App Store* ein Paket mit 200 aktuellen Grafiken, die speziell für den Einsatz mit *Pages* vorbereitet sind. Transparenzen inklusive. Auch komplette Vorlagen für *iWork* gibt es vom gleichen Anbieter. Nicht billig, aber stilistisch umwerfend.

Laden Sie Clip Art aus dem Web auf Ihren Computer und in Ihr Dokument

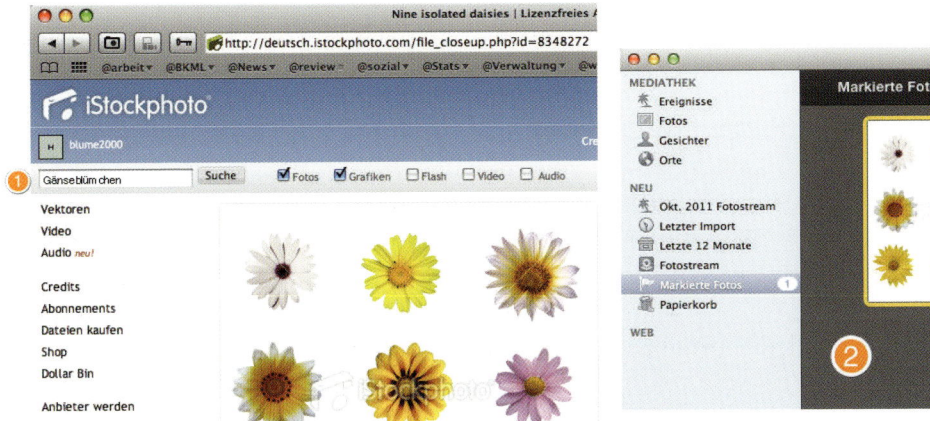

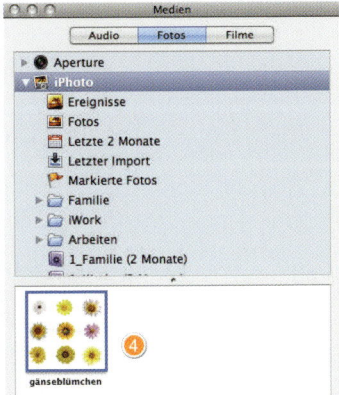

1 Suchen Sie bei `istockphoto.com` nach »Gänseblümchen« und laden Sie eine gefundene Datei auf Ihre Festplatte. Wir geben ihr dort eben den entsprechenden Namen aus der Suche …

2 Speichern Sie die Datei in *iPhoto* oder in einem Ordner Ihrer Wahl (siehe auch die Beiträge zur *Medienübersicht).*

3 Wechseln Sie zu Ihrem Dokument und öffnen Sie die *Medienübersicht.*

4 Suchen Sie nach »Gänseblümchen« und ziehen Sie das gefundene Bild in Ihr Dokument.

5 Ändern Sie das Bild, um es anzupassen – zum Beispiel mit den Funktionen *Maskieren* und *Instant Transparenz.*

Achten Sie auf den Kontext Ihres Bild-Einsatzes. Was auf der Einladung zum Kindergeburtstag geht, kann im Geschäft peinlich wirken. Und verwenden Sie nicht immer *Google:* Klar finden Sie mit der *Google Bildersuche* jede Menge *Clip Art*, aber ein großer Teil davon ist, naja, nicht so schön. Sollten Sie die Grafiken kommerziell verwenden wollen, haben Sie außerdem ein potenzielles Urheberrechtsproblem.

Das beste Format für Grafiken ist PDF oder PNG. Beide Formate können Transparenzen beinhalten und sind gleichzeitig einfach in der Handhabung.

Wie Sie eigene Ordner hinzufügen, sehen Sie im Abschnitt *Medienübersicht mit eigenen Ordnern erweitern.*

Farben auswählen im Farben-Fenster

Wer für den Mac Software schreibt, muss sich keine Gedanken darüber machen, wie man am besten Farben auswählen und zusammenstellen kann. Dazu gibt es das Fenster *Farben*. Er nimmt es einfach wie aus einem Baukasten und baut es in sein Programm ein.

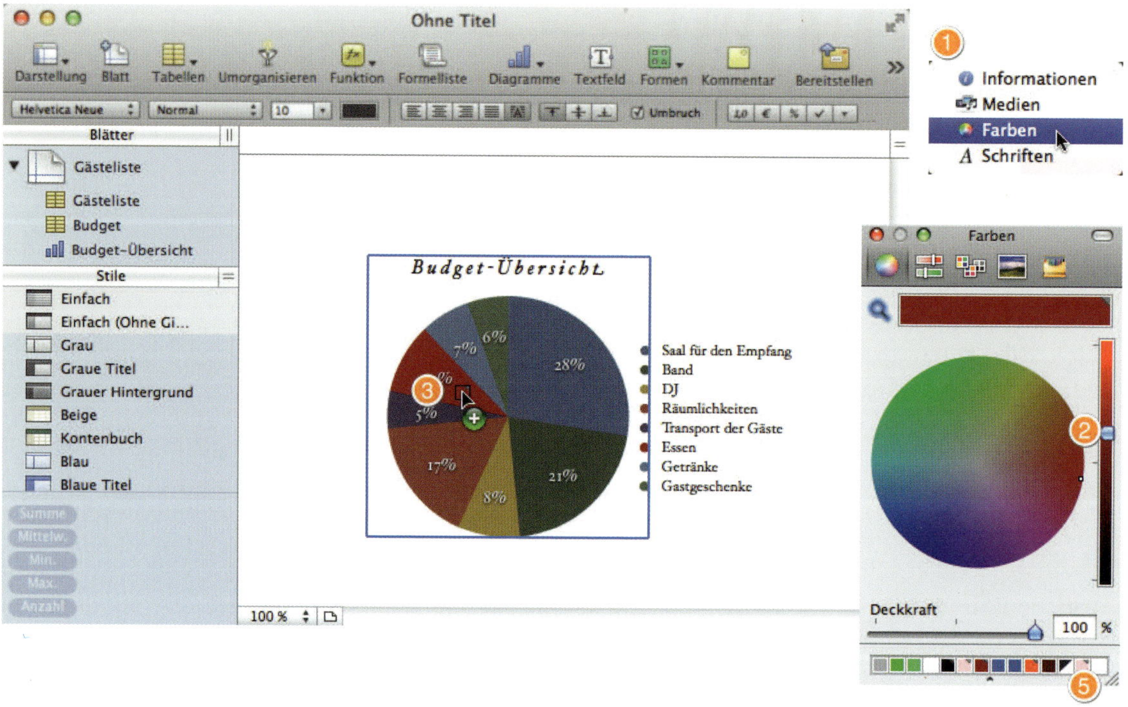

Der angenehme Nebeneffekt für Sie als Benutzer ist, dass Ihnen für bestimmte, grundlegende Aufgaben – wie eben das Auswählen einer Farbe – immer die gleichen Werkzeuge zur Verfügung stehen. Und sagen Sie jetzt nicht, das sei langweilig.

So ändern Sie die Farbe eines Objekts mit dem Fenster »Farben«

1 Öffnen Sie das Fenster *Farben* über das Symbol in der Symbolleiste. Falls das Symbol nicht angezeigt wird, finden Sie es neben den Erweiterungspfeilen am rechten Rand. Oder wählen Sie aus dem Menü *Darstellung | Farben einblenden* (*cmd-Umschalttaste-C* bzw. ⌘-⇧- *C*).

2 Wählen Sie eine Farbe aus dem Farbrad und passen Sie mit den Schiebereglern die Helligkeit und die Deckkraft an. Neben dem Farbrad gibt es noch weitere Auswahlmöglichkeiten. Probieren Sie einfach aus, welche am besten zu Ihren Kenntnissen und Vorlieben passt.

3 Klicken Sie in das Farbfeld und ziehen Sie die Farbe auf das Element, dessen Farbe Sie ändern möchten.

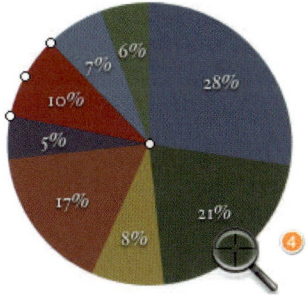

4 Mit der Lupe können Sie die Farbe von beliebigen Elementen auf den Bildschirm übertragen (auch aus anderen Anwendungen im Hintergrund). Klicken Sie auf die Lupe und bewegen Sie sie über den Bildschirm. Klicken Sie dort, wo Sie Ihre Wunschfarbe finden.

5 (siehe wieder links:) Am unteren Rand des Fensters finden Sie die Farbpalette. Ziehen Sie jene Farben, die Sie häufiger verwenden, dort hinein. So stehen Ihnen Ihre Farbfavoriten in allen Programmen zur Verfügung.

Schrift und Schriftstil auswählen mit dem Schriften-Fenster

Mit der Formatierungsleiste der *iWork*-Programme können Sie schnell auf die am häufigsten benötigten Einstellungen für das gerade ausgewählte Objekt zugreifen. Möchten Sie jedoch umfangreichere Einstellungen für Ihren Text festlegen oder hätten Sie gerne ein wenig mehr Übersicht bei der Auswahl der Schriften, ist das Fenster *Schriften* nur einen Klick entfernt. Zusammen mit der Schriftverwaltung (auf der nächsten Seite) haben Sie damit einen zentralen Zugang für alle typografischen Fragen am Mac.

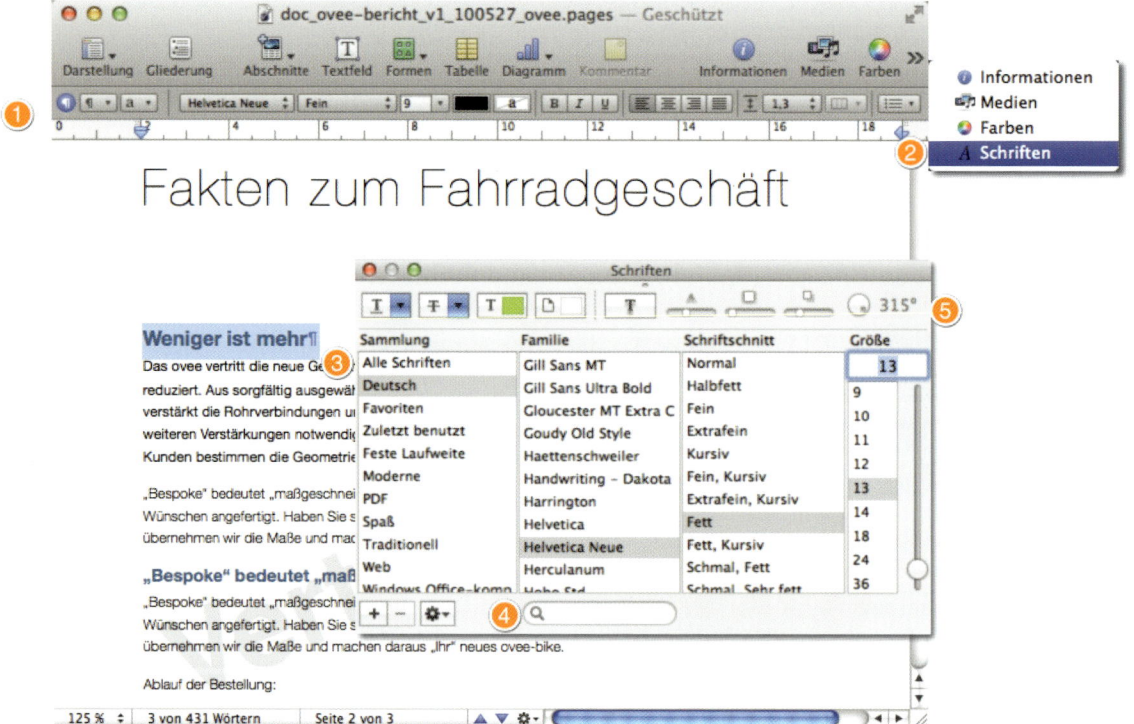

Schriftart und -stil für ausgewählten Text festlegen

1 Für einfache Anpassungen, zum Beispiel in *Pages,* genügt häufig die Formatierungsleiste.

2 Klicken Sie auf das Symbol *Schriften* (hier versteckt im Untermenü) oder drücken Sie *cmd-T* (⌘-T), um das Fenster *Schriften* zu öffnen.

3 Über die *Sammlung* haben Sie Zugriff auf alle »Fonts« – wie Schriften auf Englisch bezeichnet werden – auf Ihrem Computer und können in der Spaltenauswahl von links nach rechts Ihre Wunschschrift genau definieren. Dabei können die Möglichkeiten von Schriftart zu Schriftart wechseln.

4 Im Suchfeld genügt es, die ersten Zeichen des gesuchten Fonts einzutippen, schon schnurrt auch die längste Liste auf ein übersichtliches Maß zusammen und Ihre Lieblingsschrift ist schneller gefunden, als Sie *Helvetica* sagen können.

5 Oberhalb der Schriftauswahl können Sie umfangreiche Effekte festlegen – von der einfachen Unterstreichung bis zum gradgenau ausgerichteten Schlagschatten. Eine Vorschau ist nicht nötig. Sie sehen die Effekte, schon während Sie sie bearbeiten. (Sind die Werkzeuge nicht sichtbar, ziehen Sie das Fenster ein wenig breiter.)

Bei aller Auswahl und bei aller Freiheit, halten Sie sich doch bitte zurück und verwenden Sie so wenig unterschiedliche Schriften wie möglich. Meist reicht genau eine Schriftart (Font), die Sie in verschiedenen Größen, Farben und Stilen (Schnitt) zum Beispiel zur Auszeichnung von Überschriften verwenden können. Unser Dokument nutzt die *Helvetica Neue* in den Stilen *Normal, Fett, Fein* und *Extrafein.* Mehr sollte es nicht sein …

Symbole sollten sich selbst erklären. Tun sie aber nicht immer. Gerade dieses Fenster ist nicht unbedingt ein Muster an Verständlichkeit. Fahren Sie deshalb mit der Maus über die Symbole, um mehr über ihren Zweck zu erfahren.

Das Fenster *Schriften* ist so etwas wie eine Fernbedienung der *Schriftsammlung* Ihres Apple-Betriebssystems. Mehr zur Verwaltung von Schriften zeigen wir auf der nächsten Seite.

Schriften finden und verwalten mit der Schriftsammlung

Das Programm *Schriftsammlung* ist einer dieser kleinen Schätze, der die Arbeit am Mac so schön macht. Falls Sie in Sachen Typografie weniger anspruchsvoll sind, werden Sie nicht so viel damit zu tun haben. Sofern Sie sich als einen Liebhaber schöner Schriften bezeichnen, oder wenn Sie unterschiedliche Schriften für das *Corporate Design* Ihrer eigenen Dokumente oder die Ihrer Kunden benötigen, ist dieses Werkzeug ein Segen.

In einem aufgeräumten Fenster können Sie alle Schriften auf Ihrem Computer ansehen, durchsuchen, organisieren, installieren und entfernen. Für solche Programme mussten Sie noch vor wenigen Jahren recht tief in die Tasche greifen.

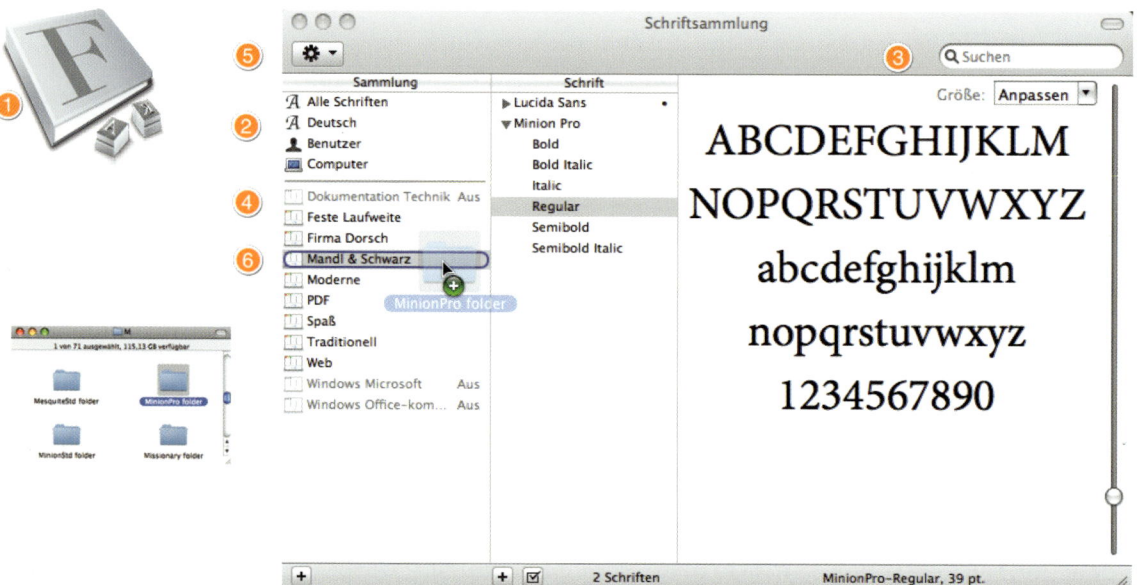

Schriftverwaltung mit dem Apple-Programm Schriftsammlung

1 Öffnen Sie das Programm *Schriftsammlung* über das *Launchpad* oder aus dem Ordner *Programme*. (Das *F* im Programmsymbol steht für *Font Book*, dem englischen Namen.)

2 Über den oberen Bereich der *Sammlung* können Sie einschränken, ob Sie alle Schriften auf dem Computer sehen möchten oder nur die Schriften für Ihr Benutzerkonto (diese sind nur Ihnen zugänglich).

3 Tippen Sie den Namen eines Fonts, um in der ausgewählten Sammlung danach zu suchen.

4 Legen Sie eigene Sammlungen an, um häufig verwendete Schriften zu organisieren – zum Beispiel für Ihre Firma oder für bestimmte Projekte. Auf diese Sammlungen können Sie auch über das Fenster *Schriften* zugreifen. Einige Beispiele sind schon angelegt. Wir haben für den Verlag *Mandl & Schwarz* einen Ordner mit den Hausschriften angelegt.

5 Über das *Aktionsmenü* können Sie neue Sammlungen erstellen, Schriften hinzufügen, löschen und vieles mehr – je nachdem, was Sie gerade ausgewählt haben.

6 Schriften können Sie auch installieren, indem Sie den Ordner mit den Schriftdateien aus dem *Finder* in die Schriftverwaltung ziehen *(Drag&Drop)*. Wenn Sie ihn auf eine Sammlung ziehen, ist die Schrift auch gleich organisiert.

Ausführliche Tipps zur Schriftensammlung und zu Schriften finden Sie im »Grundlagenbuch zu OS X Mountain Lion« von Daniel Mandl.

Sonderzeichen finden und einfügen mit der Zeichenpalette

Genau wie die Schriftverwaltung, so verwaltet das Betriebssystem *OS X* auch Sonderzeichen in einem zentralen Programm. In jedem *echten* Mac-Programm findet sich im Menü *Bearbeiten* der Eintrag *Sonderzeichen*.

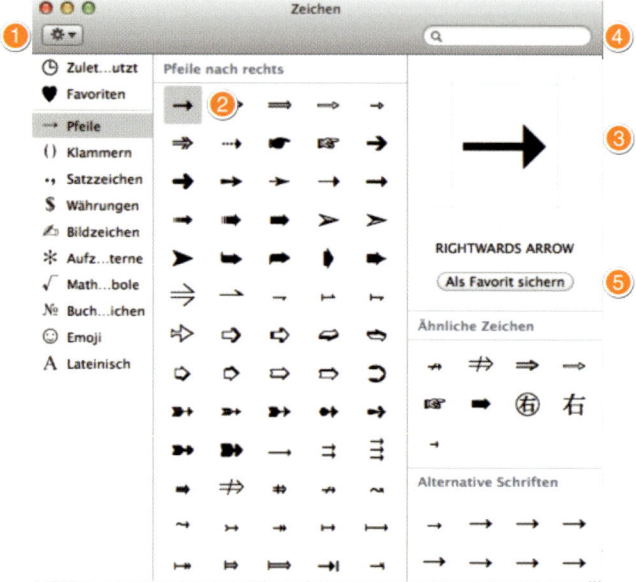

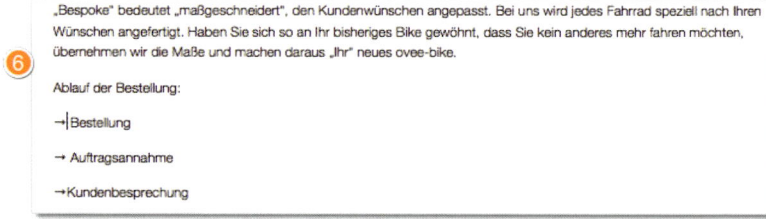

Sonderzeichen anzeigen und einsetzen

1 Wählen Sie aus dem Menü *Bearbeiten | Sonderzeichen* …. Es öffnet sich die *Zeichenpalette*, ähnlich wie auf unserem Bild. Wenn nicht, können Sie im Menü mit dem Rädchen die dargestellten Zeichen und die Darstellungsgröße ändern.

2 Suchen Sie im Fenster nach dem Zeichen, das Sie verwenden möchten. Wechseln Sie zwischen den *Kategorien* in der linken Spalte, um alle verfügbaren Symbole zu sehen.

3 Ein Doppelklick auf das Zeichen setzt in unserem Fall den Rechtspfeil in das Dokument ein.

4 Wenn Sie Zeit haben, testen Sie ruhig die zusätzlichen Möglichkeiten, die die Palette bietet: von der Suche nach Namen bis zur Anzeige von Schriftinformationen und -alternativen.

5 Klicken Sie die Taste *Als Favorit sichern*, um das ausgewählte Zeichen zu Ihren Favoriten hinzufügen. Sie finden diese später immer mit einem Klick auf das Herzchen oben links. Sehr praktisch.

6 Aber vergessen Sie nicht Ihr Dokument. Dieses schmücken jetzt die neuen Sonderzeichen.

Warum finden sich die Sonderzeichen nicht unter *Einfügen*, sondern im Menü *Bearbeiten*? Ganz einfach: Weil jedes Mac-Programm die Menüs *Ablage*, *Bearbeiten* und *Hilfe* besitzt. Das Menü *Einfügen* gibt es aber nicht überall.

Über die »Automatische Korrektur« in den *Einstellungen* von *Pages* können Sie Zeichen, die Sie häufig benutzen, ersetzen lassen. Mehr dazu finden Sie auch auf der Seite »Typografische Anführungszeichen in den Voreinstellungen«.

Die rechte Maustaste am Mac verwenden

Apple hat sich lange geweigert, bei seinen Computern mehr als eine Maustaste zu unterstützen. Dabei war die Idee der zusätzlichen Funktionen – vor allem die der Kontextmenüs, die Microsoft in Windows eingeführt hatte – sehr gut.

Bis zum Jahr 2005 gab es keine Mehrtastenmaus von Apple. Dann kam die »Mighty Mouse« mit zwei unsichtbare Tasten und einen Trackball. Bei der aktuellen »Magic Mouse« hat Apple auch das letzte mechanische Teil entfernt und stattdessen die Maus mit einer *Multitouch*-Oberfläche – ganz ähnlich dem »Magic Trackpad« – ausgestattet. Diese liegt zurzeit dem iMac und dem Mac Pro bei.

Aber auch auf den Trackpad und mit alten Rechnern können Sie den Rechtsklick nutzen. Hier sind drei Alternativen.

Rechtsklicken am Mac auf verschiedenen Wegen

1 Mit der *Apple Magic Mouse:*
Klicken Sie mit dem Mittelfinger auf die rechte Vorderseite der Maus und heben Sie dabei den Zeigefinger an. Lassen Sie nicht den zweiten Finger auf der linken Taste ruhen. Der Sensor erkennt sonst den Rechtsklick nicht.

2 Mit dem *Magic Trackpad:*
Beim MacBook ist es seit jeher eingebaut, seit 2011 auch extern als Magic Trackpad zu haben. Tippen Sie mit zwei Fingern auf das Trackpad. Tippen Sie anschließend mit einem Finger auf die Option, die Sie wünschen.

3 Mit der *Eintastenmaus* und an älteren tragbaren Macs: Klicken Sie und halten Sie die Taste *ctrl* auf der Tastatur gedrückt. Dieses Vorgehen funktioniert immer.

Die alte *Apple Mighty Mouse* (mit der kleinen Kugel vorne dran) funktioniert übrigens genau wie die *Magic Mouse*. Sie können natürlich jede andere Maus verwenden, auch eine mit zwei Tasten.

Kontakte als Personendatenbank nutzen

Die App *Kontakte* ist zentraler Bestandteil des Mac. *Apple Mail* nutzt es zum Speichern und Lesen der E-Mail-Kontaktdaten. Alle anderen Mac-Programme – egal ob von Apple oder nicht – können auf die Adressdaten zugreifen. Das macht es zum Dreh- und Angelpunkt der Kommunikation.

Gut zu wissen: *iWork* nutzt *Kontakte* auf verschiedene Arten:

- *Pages*-Vorlagen füllen Adressfelder mit Ihren Adressdaten. Wählen Sie eine geschäftliche Vorlage, erscheint Ihre Geschäftsadresse, bei einer privaten Ihre private Anschrift.

- *Pages* kann Adressdaten als Grundlage für Serienbriefe verwenden oder für eine *Numbers*-Tabelle.

- *Numbers* kann Adressdaten durch *Drag&Drop* in Tabellen umwandeln.

Richten Sie die Kontakte-App für sich ein

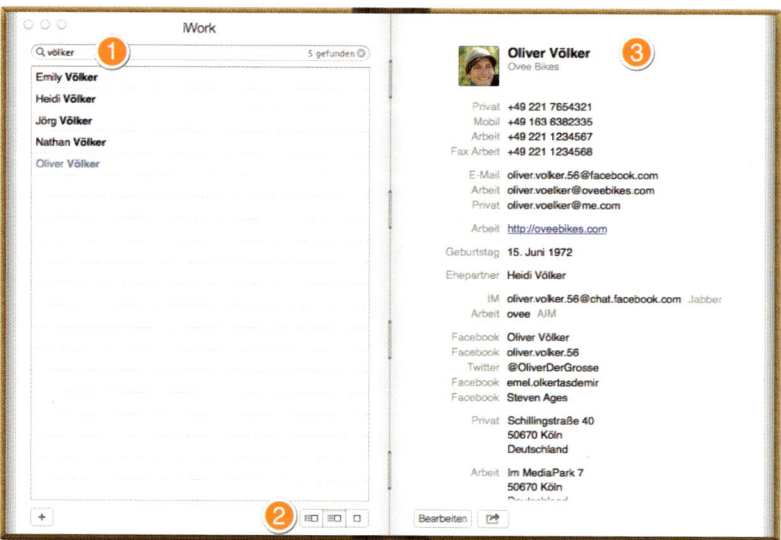

① Mit dem Suchfeld finden Sie schnell jeden Eintrag. Ein Klick in der Ergebnisliste zeigt ihn auf der rechten Seite an.

② Wenn Sie Ihre Kontakte gerne geordnet haben oder mehrere Adressbücher (*iCloud*, *Exchange*, *Google*) verwenden, klicken Sie auf die Darstellungstasten am unteren Fensterrand, um die *Gruppen* anzuzeigen. Links daneben sehen Sie, welche Gruppe gerade ausgewählt ist.

③ Genau eine der Visitenkarten im Adressbuch ist *Ihre Visitenkarte*. In dieser Karte suchen die *iWork*-Programme nach *Ihren* Daten. Achten Sie darauf, dass die wichtigsten Felder korrekt ausgefüllt sind.

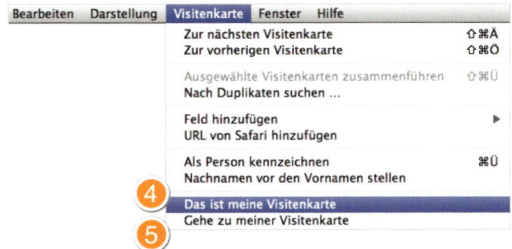

④ Ihre Visitenkarte finden Sie mit dem Befehl *Visitenkarte | Gehe zu meiner Visitenkarte*.

⑤ Mit dem Befehl *Visitenkarte | Das ist meine Visitenkarte* machen Sie jede Karte zu der Ihren.

Noch ein paar Tipps zum Adressbuch:

- Jede neue Adress-Info gehört sofort in die *Kontakte*. So können Sie diese mit allen Kommunikationskanälen am besten nutzen. Wenn Sie fleißig Adressen sammeln und dort eingeben, haben Sie Material, mit dem Sie arbeiten können.

- Geben Sie Adressen gleich im korrekten Format ein. So müssen Sie sie nur einmal anfassen und können in allen Programmen schnell darauf zugreifen.

- Wenn Sie die Möglichkeit haben, eine *vCard* von einem Kontakt zu bekommen, nehmen Sie diese an. Diese elektronische Visitenkarte wird automatisch von der *Kontakte*-App geöffnet und importiert, sobald Sie darauf klicken.

Damit beim Anlegen eines Kontakts auch alle Kontaktdaten schnell eingeben können, sollten Sie sich mal die *Voreinstellungen* ansehen. Die finden Sie – wie immer – unter *Adressbuch | Einstellungen… (cmd-Komma,* also ⌘-,). Klicken Sie dort auf *Vorlage*.

Falls Sie sich wundern: Das Programm »Kontakte« hieß früher »Adressbuch«. Der Name wurde gemeinsam mit dem »Kalender« (iCal) an die Bezeichnungen in *iOS* angeglichen.

Etiketten aus der Kontakte-App drucken

Manche Dinge liegen einfach so nahe, dass man erst einmal drauf kommen muss. Beim Mac sind das Adressetiketten und das Adressbuch.

Am Mac können Sie Adressetiketten über die Druckfunktion des Adressbuchs erstellen (bereits ab *OS X 10.5 Leopard*). Das Programm kennt eine große Anzahl an *Zweckform/Avery*-Etiketten, sodass Sie gleich loslegen können. Sie können eine Adresse auf ein Etikett drucken oder mehrere Adressen in einer Gruppe sammeln, um diese gemeinsam auszugeben.

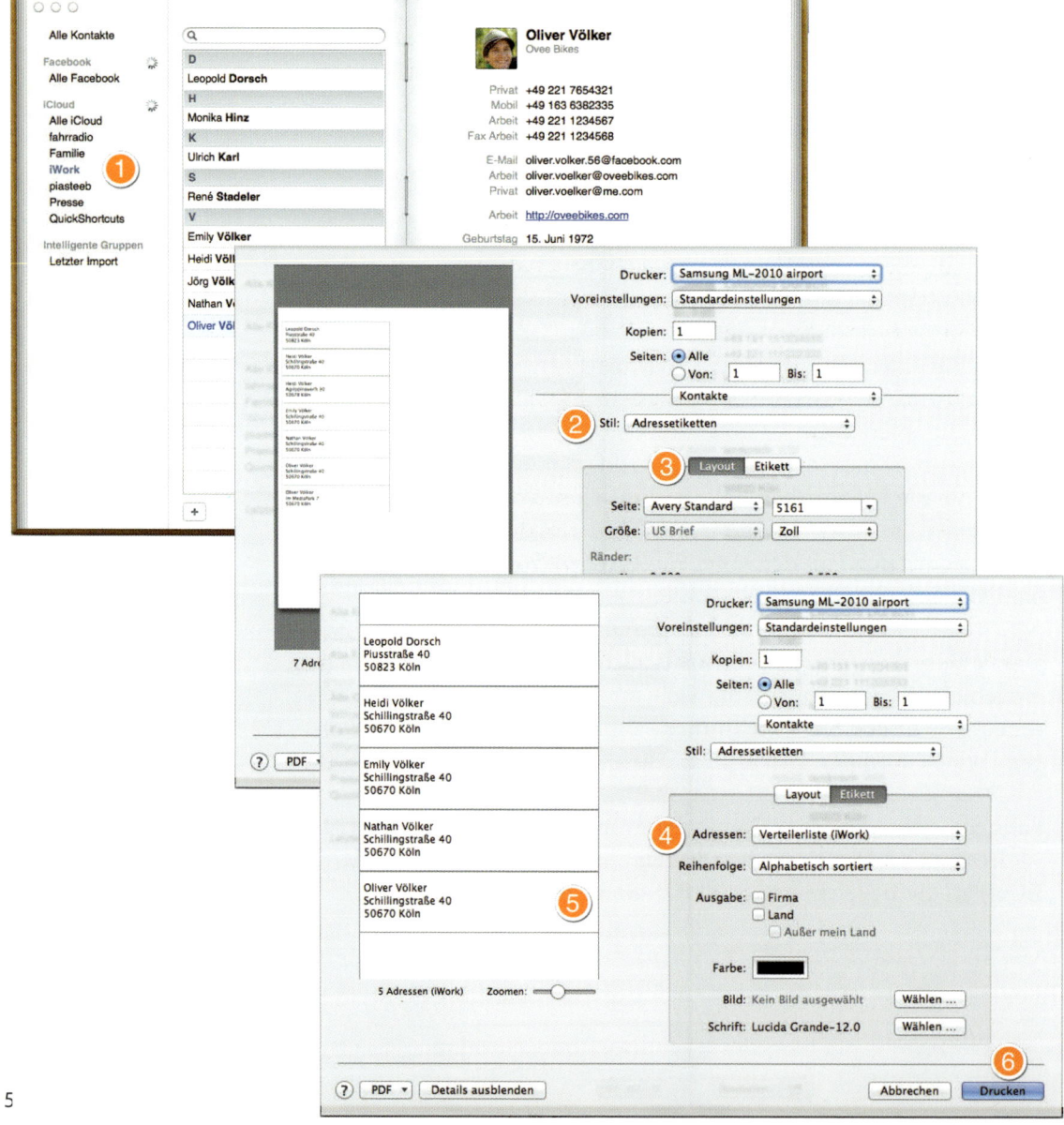

Etiketten für Adressgruppe drucken

1. Öffnen Sie *Kontakte* und wählen Sie eine Gruppe als Verteilerliste aus; sie wird oben im Fenster angezeigt.

2. Wählen Sie *Ablage | Drucken* (oder ganz klassisch per Tastenkombination *cmd-P* bzw. *⌘-P)* und suchen Sie im Menü *Stil* die Adressetiketten aus.

3. Stellen Sie das *Layout* ein. Suchen Sie dazu nach der Nummer Ihres Etiketts (steht mehrfach auf der Packung). Ist Ihre Nummer nicht dabei, lässt sich sehr schnell ein eigenes Format anlegen. *Avery/ Zweckform*-Etiketten liegt dazu immer ein Blatt mit den Maßen bei.

4. Legen Sie unter *Etikett* fest, welche Adressen gedruckt werden sollen – die ausgewählte Adressgruppe erscheint als *Verteilerliste* im Auswahlmenü.

5. Passen Sie die Etiketten noch weiter Ihren Wünschen an (Farbe, Inhalte, eigene Grafik, Druckreihenfolge). In der *Vorschau* können Sie alle Veränderungen *live* sehen.

6. Legen Sie die Etiketten in den Drucker und klicken Sie *Drucken*.

Testen Sie den Ausdruck zuerst mit einfachem Papier. Da kostet ein Fehldruck weniger als mit den richtigen Etiketten.

Wenn Sie Etiketten nicht aus der *Kontakte*-App, sondern aus einer *Numbers*-Tabelle drucken möchten, können Sie sich natürlich auch eine Vorlage in *Pages* anlegen. Einige gibt es schon bei `www. iworkcommunity.com`. Suchen Sie nach »Label«.

Gemeinsame Aufgaben in iWork

3

In diesem Kapitel zeigen wir Ihnen, welche Aufgaben Sie in allen *iWork*-Anwendungen mit den gleichen Werkzeugen lösen können.

Auch wenn Ihre Dokumente noch so unterschiedlich sind und Sie damit unterschiedliche Ziele verfolgen, so verhält es sich doch so, dass sich viele Aufgaben mit den gleichen Werkzeugen lösen lassen. Und häufig ist es so, dass Sie in einem Programm arbeiten und plötzlich den Wunsch verspüren, eine Funktion zu nutzen, die Sie aus einem anderen Programm kennen. Bei *iWork* stehen die Chancen gut, dass Sie das tatsächlich können.

Wir sind ganz erstaunt darüber, mit welcher Ökonomie Apple bei der Gestaltung der Programme vorgegangen ist – und wie leicht es fällt, ein neues Programm zu verwenden, wenn man ein anderes kennt. Wenn Sie als Leser möglicherweise *Keynote* bereits kennen, werden Sie feststellen, dass Sie kaum etwas dazulernen müssen, um mit *Pages* klarzukommen. Uns ist es jedenfalls so passiert.

Wenn Sie in *Keynote* eine geniale Grafik erstellt haben, können Sie diese durch *Kopieren & Einfügen,* also *Copy & Paste* einfach in *Pages* einsetzen und dort weiterbearbeiten. Denn im Hintergrund werkeln die gleichen Progrämmchen.

Das macht natürlich nicht nur Apple so. Aber in keinem anderen *Office*-Paket ist die Integration so verständlich und dabei so selbstverständlich.

Egal also, ob Sie mit *Pages*, *Numbers* oder *Keynote* arbeiten – die Anleitungen in diesem Kapitel sind für alle gleich. Und wenn nicht, weisen wir Sie darauf hin.

Dokumente öffnen

Bis zur Version *iWork 08* hatte Apple ein Dateiformat, das zwar auf dem Mac gut funktionierte, sich aber nur sehr schlecht zum Austausch eignete. Wenn Sie noch Dokumente in diesem Format nutzen, sollten Sie sie am besten im aktuellen Format abspeichern.

Das *iWork*-Format nutzt zwar XML-Dateien – wie alle anderen *Office*-Programme –, es ist aber dennoch »proprietär«: Sie können also *iWork*-Dokument im Normalfall nicht mit anderen Programmen öffnen und bearbeiten. Auch können Sie Dateien aus *Microsoft Office 2007/2008* mit der Endung *.docx, pptx, xlsx* lesen, aber nicht speichern. (Das Format *Office Open XML* ist übrigens nach ISO standardisiert und dokumentiert; gleichzeitig aber so umfangreich und kompliziert, dass es beinahe unmöglich ist, außerhalb von Windows korrekte Dokumente in diesem Format zu erzeugen.)

Die Austauschhürden sind dennoch sehr niedrig, denn alle Office-Programme unterstützen die alten *Microsoft*-Dateiformate (*Office 97 bis 2004*).

Auch für den Austausch mit den Programmen aus dem *OpenOffice*-Paket eignen sich am besten die alten *Microsoft*-Formate als kleinster gemeinsamer Nenner, denn mit den *Open Source*-Formaten wie *.odt, .ods* oder *.odp* kann *iWork* leider nicht umgehen.

Das hört sich nach einer Menge Einschränkungen an. Aber während der Bearbeitung können Sie sich im Normalfall mit Koautoren oder -Bearbeitern auf ein gemeinsames Dateiformat einigen – und zum Publizieren eignet sich schließlich das PDF-Format am besten. Das kann wirklich jeder öffnen.

Dateiformate von iWork

Pages	.pages
Numbers	.numbers
Keynote	.key

Für den Fall, dass Sie eine Datei – aus welchen Gründen auch immer – nicht mit einem Programm auf Ihrem Mac öffnen können, gibt es im Web sehr praktische Online-Konvertierungsdienste. Bei www.zamzar.com können Sie zum Beispiel *.odt*-Dateien problemlos in *.doc* umwandeln und weiterarbeiten.

Formen hinzufügen

Ob als Hintergrund für ein Bild, als Hervorhebung für eine Seite oder als Teil einer Animation: Ein Grundreservoir an grafischen Elementen braucht man in allen Anwendungen. Und genau das finden Sie in allen *iWork*-Programmen. Lassen Sie sich dabei von der simplen Umsetzung nicht täuschen. Die Formen bieten erstaunliche Möglichkeiten.

Form in Dokument einfügen

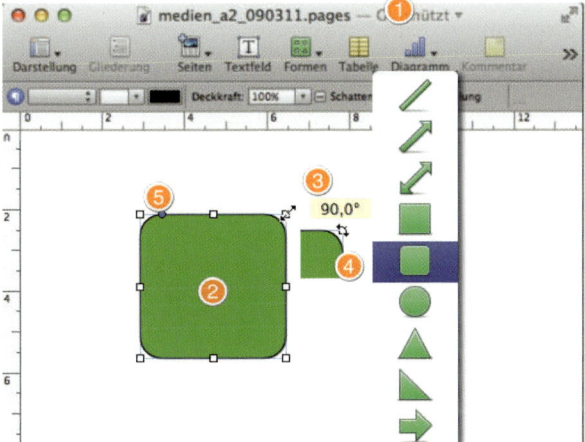

❶ Klicken Sie auf das Symbol *Formen*, und wählen Sie aus dem Menü jenes Objekt aus, das Sie einfügen möchten. Es erscheint in der Mitte des Fensters; in diesem Fall ist es ein abgerundetes Rechteck.

❷ Klicken Sie mit der Maus auf das Rechteck und ziehen Sie es an die Stelle, an der Sie sie haben möchten.

❸ An den Rändern des Objekts finden Sie *Anfasser* oder *Aktivpunkte*. Ziehen Sie nach außen oder nach innen, um die Größe der Form in eine Richtung zu ändern. Halten Sie die Wahltaste *(alt bzw. ⎇)* gedrückt, um das Objekt von seinem Mittelpunkt aus zu verändern.

❹ Mit der Befehlstaste *(cmd bzw. ⌘)* verändert der *Anfasser* seine Form und Sie können das Objekt drehen. Dabei wird der Winkel angezeigt. Das ist zwar sehr praktisch – aber damit alles schön gerade wird, drücken Sie zusätzlich die Umschalttaste (⇧). Jetzt rotiert Ihr Objekt in 45°-Abstufungen.

❺ Verschieben Sie den blauen Bearbeitungspunkt am abgerundeten Rechteck nach links oder rechts, um die Ecken spitzer oder runder zu machen. Das geht bis zur völligen Transformation zum Kreis.

Für Könner: Wenn Sie schon mit Grafikprogrammen gearbeitet haben, kommen Ihnen die Werkzeuge und ihre Handhabung wahrscheinlich bekannt vor. Probieren Sie einfach Ihre Fertigkeiten aus und experimentieren Sie mit den Möglichkeiten.

Alle Möglichkeiten zu zeigen, die Sie mit den Formen haben, ist unmöglich. Dazu reichen weder der Platz in diesem Buch noch unsere grafischen Fähigkeiten aus. Grundsätzlich können wir sagen: »Eine Form ist ein Objekt ist eine Form« – oder so ähnlich. Und selbst mit zwei linken grafischen Händen gelingen mit den *iWork*-Werkzeugen sehr ansehnliche Illustrationen.

Formen bearbeiten

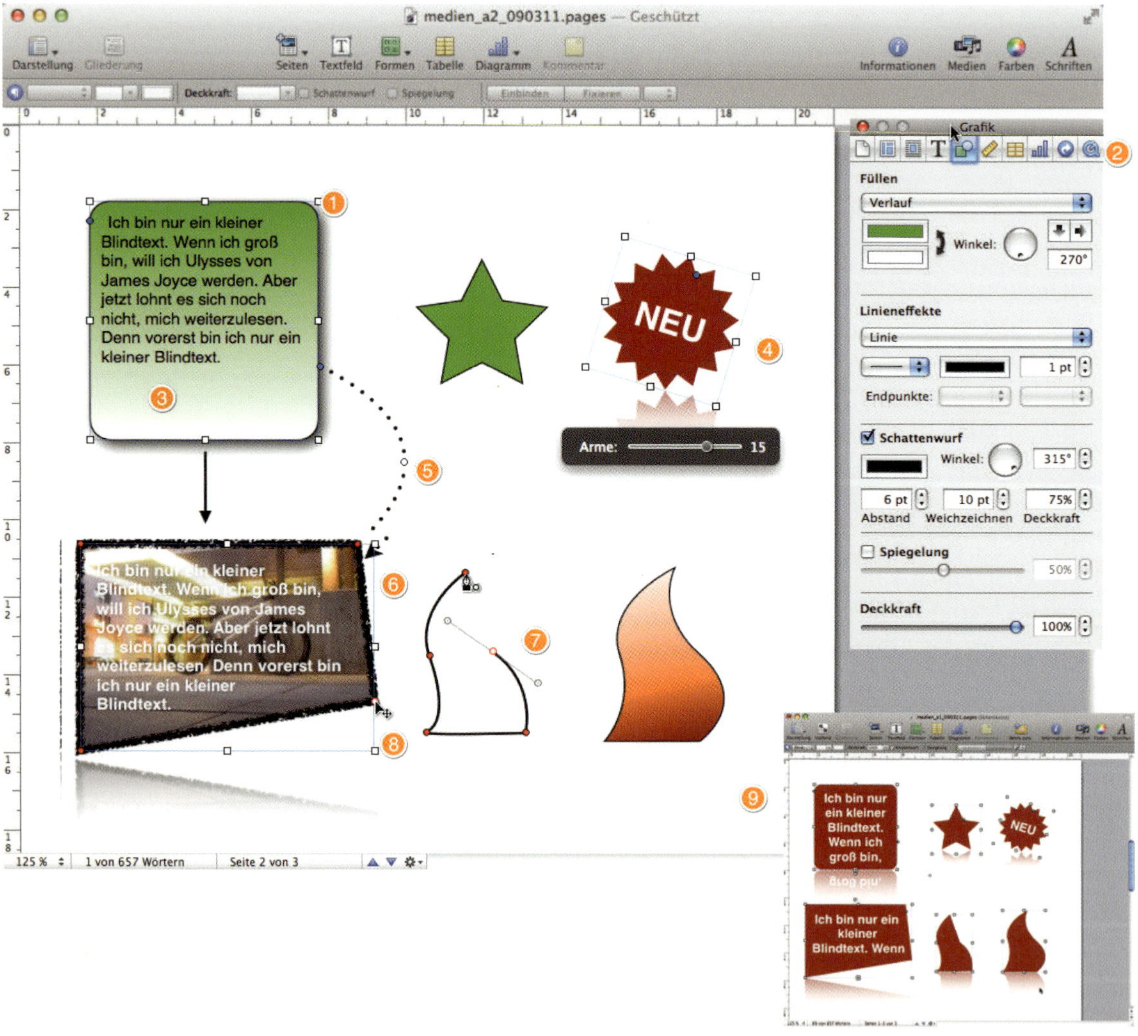

1 Über die Aktivpunkte – so heißen die Punkte, mit denen Sie Objekte verändern können – und die Formatierungsleiste können Sie alle Formen im Dokument bearbeiten.

2 Wenn Ihnen diese Möglichkeiten nicht ausreichen, öffnen Sie den Bereich *Grafik* im *Informationsfenster*. Hier legen aus dem Menü *Füllen* den *Verlauf für den Hintergrund* fest.

3 Doppelklicken Sie in eine Form, um Text hinzuzufügen. Bemerken Sie, dass sich die Formatierungsleiste dem Inhalt anpasst? Sie sehen jetzt Textwerkzeuge. Sie können so gut wie jede Textformatierung anwenden – zum Beispiel Stil, Farbe, Ausrichtung. Nur der Spaltensatz bleibt explizit auf *Rechteck* und *Textfeld* beschränkt.

4 Ändern Sie die Anzahl der Arme beim Stern oder die Anzahl der Ecken beim Polygon mit dem Schieberegler. Drehen Sie den Text mit Ihrem Stern an den weißen Anfassern. Vergrößern oder verkleinern Sie die Spitzen mit dem blauen Aktivpunkt.

5 Platzieren Sie Linien zwanglos in Ihrem Dokument oder verbinden Sie zwei Formen dauerhaft mit einer Linie. Wählen Sie dazu beide Grafiken aus (halten Sie beim Auswählen entweder die Taste *cmd* bzw. ⌘ oder die Umschalt-Taste / ⇧ gedrückt) und wählen dann *Einfügen | Verbindungslinie*. An den weißen und blauen Aktivpunkten können Sie die Linie krümmen und entlang der Kanten verschieben. Auch wenn Sie die Formen noch so viel auf dem Weißraum verschieben, sie hängen aneinander wie an einem Gummiband.

6 Füllen Sie Formen mit allem, was Sie haben: Text, Farben, eigenen Bildern oder allem zusammen. Suchen Sie sich auch einen Linienstil für den Rand – von streng bis extravagant.

7 Zeichnen Sie Ihre eigene Form mit dem Werkzeug *Zeichnen*. Machen Sie mit der kleinen Füllerspitze einen ersten Punkt ins Dokument, und lassen Sie ihm weitere folgen, aus denen Ihre Form entsteht. Jeder Punkt ist gleichzeitig ein Kurvenpunkt. Ziehen Sie entweder schon beim Erstellen oder nachträglich an den Anfassern, um die Krümmung einzustellen. Klicken Sie zum Schluss auf den ersten Punkt, um die Form zu vollenden.

8 Sie können auch die vorgefertigten Formen frei bearbeiten. Klicken Sie dazu auf die Form und wählen Sie *Format | Form | Bearbeitbar machen*.

9 (siehe vorige Seite:) Haben Sie *Ihren* Stil gefunden? Und möchten Sie alle Formen damit übergießen? Tun Sie es. Mit *Format | Grafikstil kopieren* (per Tastatur *cmd-alt-C* bzw. ⌘-⌥-*C)* und *Grafikstil* (per Tastatur *cmd-alt-V* bzw. ⌘-⌥-*V)* übertragen Sie alle Grafikauszeichnungen auf beliebige andere Objekte.

Verdoppeln Sie Formen, denn schließlich sparen Sie so Zeit. Ziehen Sie eine Form mit gedrückter Wahltaste *(alt* bzw. ⌥) oder drücken Sie *cmd-D* bzw. ⌘-*D*.

Wiederum für Könner: Als Grafikarbeiter kennen Sie die Werkzeuge und ihre Handhabung wahrscheinlich schon. Wenn Sie den Umgang mit Beziérkurven beherrschen (wir beneiden Sie darum), können Sie diese Fähigkeit mit den eigenen Formen voll ausnutzen.

Inhalte bearbeiten mit den Fingerspitzen

Das iPhone und das iPad haben die Bedienung von Computern mit Gesten populär gemacht. Viele Menschen, die eines dieser Geräte nutzen, möchten deshalb auch auf dem Mac die Inhalte mit den Fingern drehen, verschieben, vergrößern oder verkleinern – also einfach so, wie sie es schon von den Touchscreens kennen. Mit einem aktuellen Trackpad am MacBook oder als *Magic Trackpad* für jeden Computer können Sie auch *iWork* am Mac mit den Fingern steuern.

Steuern Sie Inhalte mit dem Fingern am Trackpad

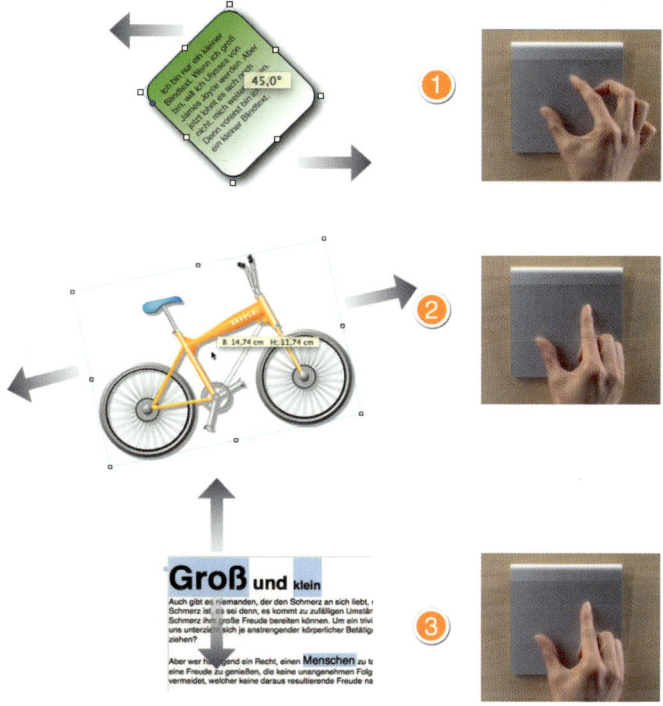

① Aktivieren Sie ein Element und drehen Sie es mit zwei Fingern zum Beispiel hier in Richtung der Pfeile. Halten Sie die Umschalttaste (⇧) beim Drehen gedrückt, um beim Drehen die Winkel auf 45 Grad-Bewegungen einzuschränken.

② Wählen Sie ein Objekt aus, zum Beispiel ein eingesetztes Bild. Spreizen Sie zwei Finger auseinander, um es zu vergrößern. Kneifen Sie die Finger zusammen (wie eine Pinzette), um das Bild zu verkleinern.

③ Auch Text lässt sich vergrößern oder verkleinern. Auseinanderziehen vergrößert den Schriftgrad, Zusammenkneifen verkleinert ihn.

Alles außer Tabellen: Sie können so gut wie alle Elemente in *iWork*-Dokumenten drehen –nur leider keine Tabellen. Ist vielleicht auch besser so, denn bei Zahlen sollte man einfach korrekt bleiben.

Auf dem iPad macht die Fingersteuerung der *iWork*-Apps besonders viel Spaß. In Kapitel 13 zeigen wir Ihnen die wichtigsten Funktionen für *iOS*.

Bilder hinzufügen und bearbeiten

Alle *iWork*-Programme können fabelhaft mit Grafiken und Bildern umgehen – und freundlicherweise sind die Werkzeuge dafür in allen Programmen die gleichen. Behalten Sie deshalb die Formatierungsleiste im Auge. Oft finden Sie schon hier, was Sie brauchen. Und auch wenn Sie kein Freund von Tastaturkürzeln sind: Viele Möglichkeiten verbergen sich auch hier wieder hinter der Befehlstaste *(cmd* bzw. ⌘) und der Wahltaste *(alt* bzw. ⌥). Drücken Sie einfach mal eine der Tasten, während Sie mit der Maus eine Aktion durchführen. Vielleicht finden Sie sogar Funktionen, die uns verborgen geblieben sind.

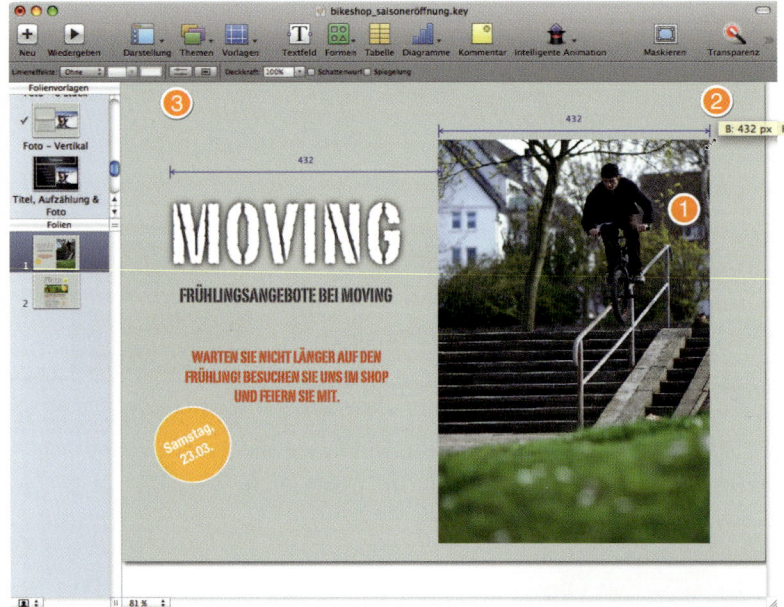

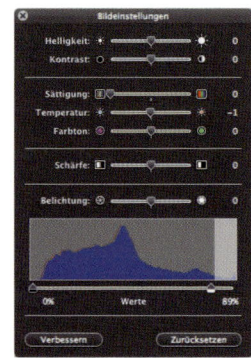

Bild einfügen und anpassen

1 Ziehen Sie ein Bild in das Dokumentenfenster (hier *Keynote*). Entweder aus dem *Medienfenster*, aus dem *Finder* oder über *Copy&Paste*.

2 Ziehen Sie an den Aktivpunkten, um die Größe des Bildes anzupassen.

- Halten Sie die Wahltaste *(alt* bzw. ⌥) gedrückt, um das Objekt von seinem Mittelpunkt aus zu verändern. Das gelbe Zettelchen mit den Größenangaben sehen Sie in allen Programmen. *Keynote* blendet noch zusätzliche Lineale ein, mit denen Sie schnell die Größen der Objekte anpassen können. So wird das eingesetzte Bild gleich groß wie das Textfeld nebenan.

- Drücken Sie die Befehlstaste *(cmd* bzw. ⌘), um das Bild um die Mitte zu drehen.

- Drücken Sie gleichzeitig die Wahltaste (⌥), so rotieren Sie das Bild um den gegenüberliegenden Ankerpunkt.

3 Mit der winzig kleinen Taste für die *Bildeinstellungen* holen Sie das entsprechende Fenster auf den Schirm. Bei diesem Bild könnte man vielleicht noch etwas an der Belichtung drehen, um das Bild »fit fürs Frühjahr« zu machen.

Wie Sie Bilder und andere Medien in Ihr Dokument einfügen, zeigen wir Ihnen auf der Seite »Bilder, Sounds und Filme aus den *iLife*-Programmen mit der *Medienübersicht* nutzen«. Und suchen Sie eine Funktion aus *Keynote* in *Pages*? Geben Sie den Namen in das Suchfeld der Hilfe ein. Mehr zur Hilfe finden Sie unter 6 »Die Hilfe aufrufen und nutzen«.

Bilder passen nie genau auf eine Seite. Natürlich können Sie die Größe verändern; aber viel häufiger kommt es vor, dass Sie nur einen bestimmten Ausschnitt benötigen. Um den zu bekommen, müssen Sie kein Bildbearbeitungsprogramm öffnen. Sie können die Bereiche, die Sie nicht anzeigen möchten, transparent machen, also maskieren.

Bild durch Maskieren beschneiden

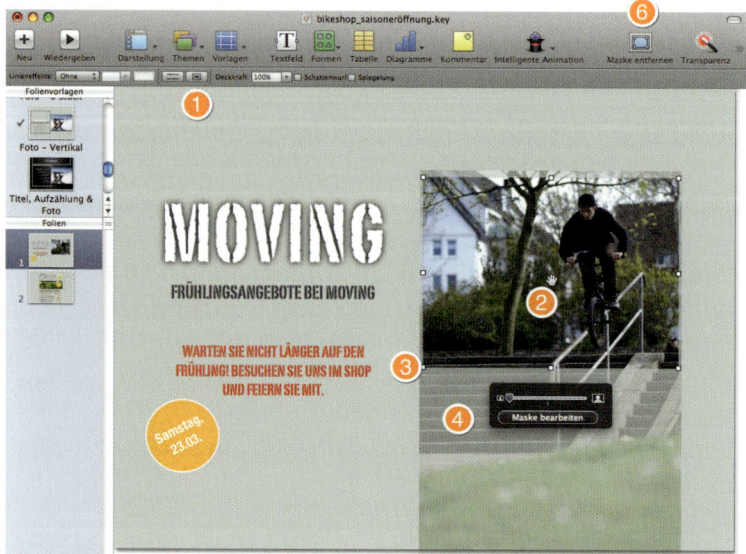

① Wählen Sie ein Bild aus und klicken Sie in der *Formatierungsleiste* auf den Knopf *Maskieren*. Den Befehl finden Sie auch im Menü unter *Format | Maskieren (cmd-Umschalttaste-M bzw. ⌘-⇧-M)*. Über das Bild legt sich die halbdurchsichtige *Maske*, und durch den rechteckigen Ausschnitt scheint das Bild.

② Mit der *Schiebehand* bewegen Sie jenen Bereich des Bilds, den Sie sehen möchten, in den Ausschnitt.

③ An den Anfassern können Sie den Ausschnitts verändern: Ziehen Sie ihn größer oder kleiner oder drehen Sie in alle Richtungen (oder mit Einsatz der Befehls- und Wahltaste, also *cmd-alt* bzw. ⌘-⌥).

④ Mit dem Schieberegler im Feld *Maske bearbeiten* stellen Sie die Größe des Bildes ein. Klicken Sie in einen anderen Bereich der Seite, wenn Sie mit dem Bearbeiten fertig sind. Jetzt präsentiert sich nur noch der Bildausschnitt.

⑤ Wird nur der gewünschte Ausschnitt angezeigt, verhält sich dieser wie jedes andere Bild. Sie können ihn verschieben, vergrößern – na, Sie wissen schon. Ein Klick auf *Maske bearbeiten* zaubert das Originalbild wieder herbei und mit ihm alle Möglichkeiten der Bearbeitung.

⑥ Klicken Sie erneut auf die Taste *Maskieren* (sie heißt jetzt *Maske entfernen)* und der ganze Spuk hat ein Ende.

»Maskieren« wird oft gleichgesetzt mit »Beschneiden«. Beim Beschneiden wird eigentlich die Auswahl aus dem Bild herausgeschnitten. Beim Maskieren haben Sie immer noch das ganze Bild, zeigen aber nur einen Teil davon an.

Interessante Effekte erzielen Sie, wenn Sie unterschiedliche Bereiche eines Fotos an verschiedenen Stellen eines Dokuments durchscheinen lassen. Duplizieren Sie dazu einfach das Bild und verschieben Sie die Maske.

Bild mit Form maskieren

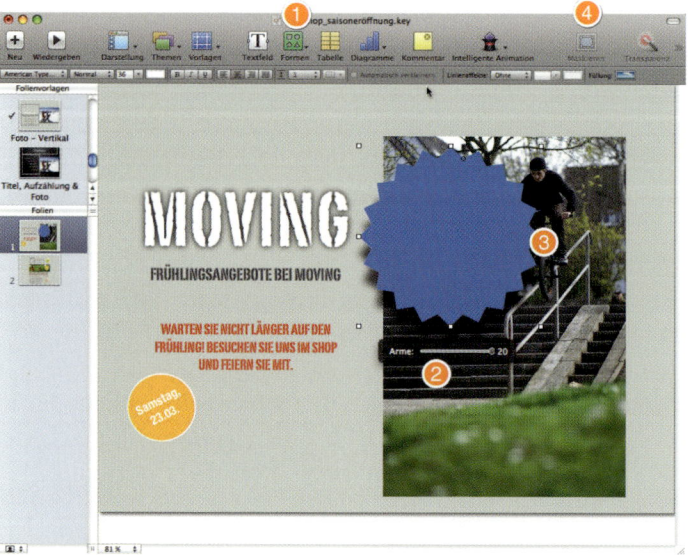

❶ Fügen Sie mit der Taste *Formen* zum Beispiel einen Stern ein. Kümmern Sie sich dabei nicht um die Farbe.

❷ Passen Sie die Form an, wenn Sie möchten. Wir verändern unseren Stern eher in Richtung Zahnrad, indem wir mit dem kleinen blauen Punkt die Arme kürzen und mit dem Schieberegler deren Anzahl erhöhen.

❸ Aktivieren Sie jetzt die Form und das Bild – klicken Sie die Objekte dazu nacheinander mit gedrückter Umschalttaste (⇧).

❹ Klicken Sie dann auf die Taste *Maskieren* in der Symbolleiste. (Noch schneller geht es mit *cmd-Umschalttaste-M* bzw. ⌥-⇧-M).

Selbstverständlich können Sie Ihr Bild weiter anpassen, indem Sie zum Beispiel Linien und Schatten darauf anwenden. Das geht entweder über die *Formatierungsleiste* oder über das Fenster *Informationen*.

Falls Sie sich wundern. Es gibt einen Eintrag im Menü *Format | Mit Form maskieren*. Dieser hat einen ähnlichen Effekt; nur beraubt er Sie der Fähigkeiten, die Form zu bearbeiten, bevor Sie diese als Maske anwenden. Dann hat ein Stern eben nur fünf Arme, statt unserer 20.

Bild mit Bilderrahmen versehen

1 Wählen Sie ein Bild aus – es kann auch ein maskiertes sein.

2 Wählen Sie aus der Formatierungsleiste einen *Linieneffekt*. Wie die *Bilderrahmen* ungefähr aussehen werden, sehen Sie schon im Menü. Wir wählen einen Zettel mit Klebestreifen für das Bild des BMXers.

3 Bilderrahmen funktionieren netterweise für alle Objekte. Auf diese Weise konnten wir uns hier einen kleinen Klebezettel basteln. Wie auf einer echten Pinnwand.

»Copy&Paste« können Sie nicht nur für Inhalte, sondern auch für Formate verwenden: Bilderrahmen, Linien, Schatten oder Spiegelungen lassen sich so einfach von einem Objekt auf das andere übertragen. Wählen Sie dazu *Format | Stil kopieren* und *Format | Stil einsetzen* (⌘-⇧-C und ⌘-⇧-V).

Wie Sie Elemente nach vorne und hinten schieben, zeigen wir Ihnen gleich nachfolgend.

Sagen Sie, was Sie wollen – wir jedenfalls mögen Blumen. Und vor allem Gänseblümchen. Wir haben sie sogar als Bild auf unserem Computer, aber nur neun Stück auf weißem Hintergrund. Und was machen wir, wenn wir nur eines wollen – und zwar vor grauem Grund. Ganz einfach: Zuerst schneiden wir uns ein Blümchen aus (wie das geht, sehen Sie unter *Bild beschneiden* und *maskieren*) und dann machen wir die weiße Farbe weg.

Bildteil transparent machen und Motiv freistellen

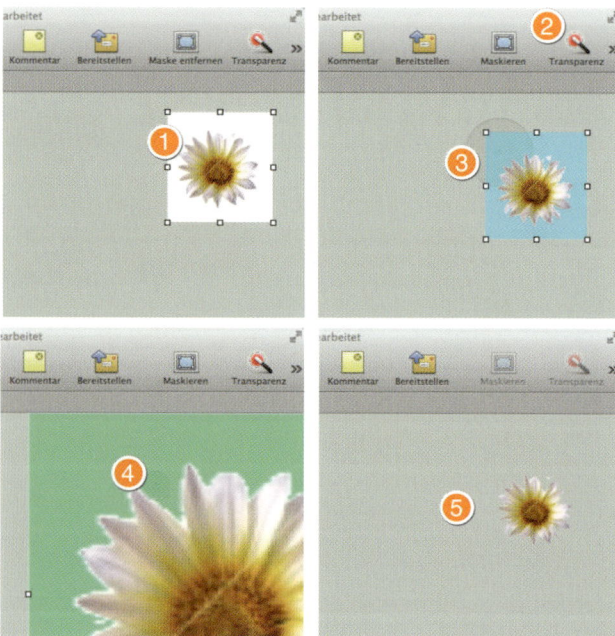

1. Wählen Sie ein Bild aus – es kann auch ein maskiertes sein.

2. Klicken Sie auf die Taste *Transparenz* in der Symbolleiste (oder Menü *Format | Instant-Transparenz).*

3. Klicken Sie in die Farbfläche, die Sie entfernen möchten – in unserem Fall die weiße – und ziehen Sie den Mauszeiger nach außen. Ein Kreis entsteht, der ähnliche Farben auswählt. Probieren Sie ruhig ein wenig mit den Möglichkeiten.

4. Halten Sie die Wahltaste *(alt* bzw. ⌥) gedrückt, wird die ausgewählte Farbe im gesamten Bild entfernt.

5. Klicken Sie auf weitere Bildbereiche, die Sie entfernen möchten, bis Ihr Motiv freigestellt ist. Klicken Sie neben Ihr Bild in das Dokument. Jetzt ist Ihr Bild *freigestellt.*

Mit *cmd-Z* bzw. ⌘-Z können Sie schrittweise Ihre Änderung widerrufen. Mit *Format | Transparenz entfernen* stellen Sie das Original wieder her.

Gehen Sie ruhig näher ran: Details an Bildern lassen sich am besten verändern, indem Sie die Ansicht im Fenster vergrößern. Und verwenden Sie das *Instant-Transparenz*-Werkzeug das erste Mal, blendet *iWork* einen Hilfe-Text ein.

Ein ruhiger Hintergrund hilft bei der Auswahl des Bereichs, der transparent werden soll. Handelt es sich beim Motiv, das Sie freistellen möchten, etwa um einen Kopf mit Haaren, brauchen Sie möglicherweise ein bisschen Geduld, um zwischen den feinen Strähnchen die Hintergrundfarbe zu entfernen. Das Thema *Haare freistellen* füllt ganze Computergrafik-Sonderhefte.

Elemente anordnen

Was ist – wenn man Wohnexperten glauben darf – essenziell für das Wohlgefühl? Richtig: Ordnung. Deshalb räumen wir auf dieser Seite unser Dokument ein wenig auf. Und lassen uns von *iWork* dabei helfen. Die Werkzeuge dazu finden Sie im Menü *Anordnen* oder unter der rechten Maustaste.

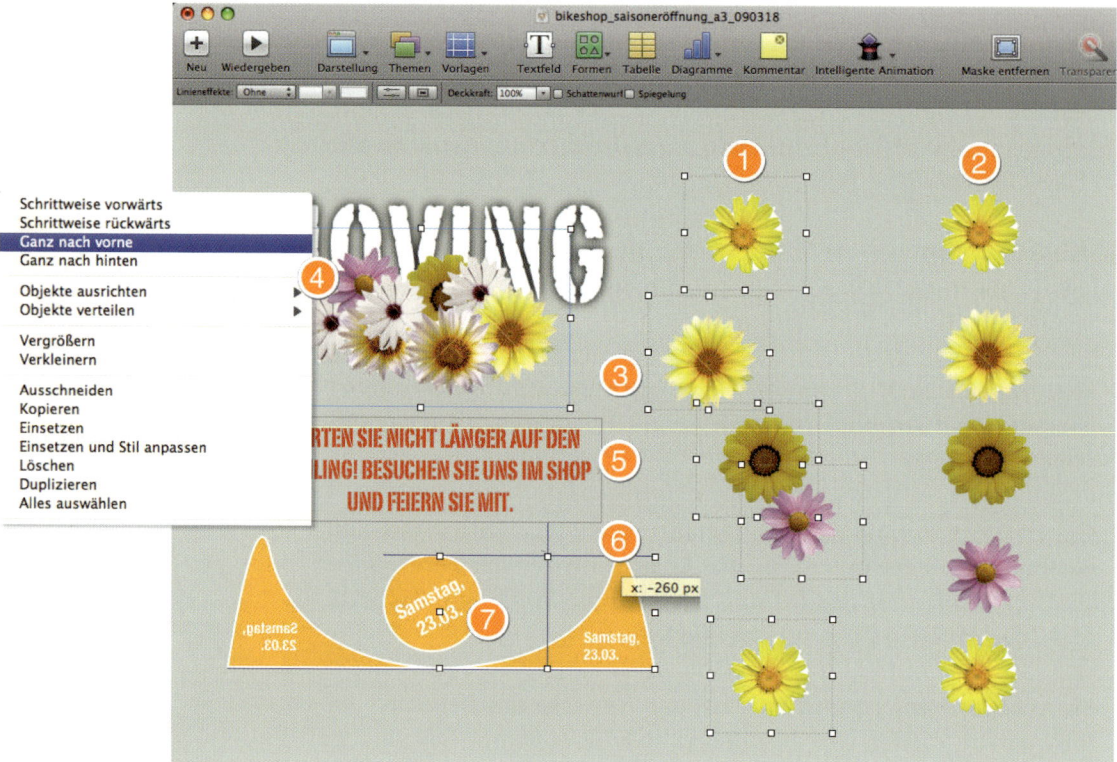

Elemente anordnen, verteilen und schützen

1. Reihen Sie Ihre Blumen aneinander, akkurat, wie auf eine Schnur gezogen. Klicken Sie dazu alle Blumen an und halten Sie die Taste *cmd* bzw. ⌘ oder die Umschalttaste (⇧) gedrückt.

2. Klicken Sie mit der rechten Maustaste auf die Auswahl und wählen Sie entweder *Objekte ausrichten | Mitte*. Damit werden alle Blumen an einer Linie ausgerichtet. Oder Sie wählen *Objekte verteilen | Vertikal*. So werden die Blümchen zwischen der obersten und untersten Blume mit exakt gleichen Abständen verteilt. (Was vertikal funktioniert, klappt natürlich auch horizontal. Ist klar, oder?)

3. Fassen Sie mehrere Objekte, hier unser Blütenarrangement zusammen. Dann sind sie leichter zu handhaben. Wählen Sie dazu *Anordnen | Gruppieren (cmd-alt-G bzw. ⌘-⇧-G)*.

4. Legen Sie Elemente auf- oder untereinander. Wir holen unser Blumenbouquet mit der rechten Maustaste *ganz nach vorne*.

5. Verankern Sie Elemente, die Sie nicht mehr verändern wollen, fest an Ihrem Platz. Dann werden sie nicht aus Versehen mit ausgewählt und aufgeräumt. Wählen Sie *Anordnen | Schützen (cmd-L bzw. ⌘-L)*.

6. Unsere Wanne haben wir aus einem gespiegelten Objekt erstellt. Dazu haben wir das rechte Objekt ausgewählt und horizontal spiegeln gewählt.

7. Wenn ein Objekt in einer Beziehung zu einem anderen steht, blendet *iWork* in der Mitte und an den Grenzen *Hilfslinien zur Ausrichtung* ein. So können Sie sich beim freihändigen Verschieben an dem vorhandenen Inhalt Ihrer Seite orientieren.

Keynote **bietet noch ein wenig mehr Komfort als die anderen Programm. Wenn Sie hier ein Objekt bewegen oder verändern, sehen Sie zusätzlich zu den Ausrichtungslinien auch noch Objektabstand und -größe sowie ein Gitternetz zur Ausrichtung auf der Folie.**

Texte erstellen und bearbeiten mit Pages

4

Pages ist die Textverarbeitung im Paket von *iWork*. Das Programm wurde von Apple behutsam, aber genau richtig weiterentwickelt zu einem Programm, mit dem Sie alle Sorten von Text erstellen, strukturieren und gemeinsam bearbeiten können: einen kurzen Brief, umfangreiche Haus- oder Seminararbeiten und Geschäftsdokumente. Egal, ob Sie ein alter Kenner der Textverarbeitung sind oder ein Neuling: Mit den eingebauten Vorlagen nimmt Ihnen das Programm eine Menge Arbeit ab. Denn für fast jede Aufgabe ist schon ein Startdokument vorbereitet.

Wenn Sie von *Microsoft Word* oder einer anderen Textverarbeitung umsteigen, sollten Sie keine großen Schwierigkeiten haben. Die meisten Funktionen werden Sie sehr schnell finden und nutzen können. Und wenn eine Funktion nicht exakt gleich ist: Mit *Pages* lässt sich so flexibel und selbstverständlich arbeiten, dass sich so gut wie immer eine elegante Lösung findet.

Auf den folgenden Seiten werden wir die wichtigsten Aufgaben, die Ihnen im Apple-Alltag begegnen, so kompakt und übersichtlich darstellen, dass Sie genau den richtigen Schwung für Ihre Arbeit bekommen. Möchten Sie mehr wissen, oder fehlt Ihnen etwas, schlagen Sie einfach im Inhaltsverzeichnis nach oder rufen Sie die exzellente Hilfe von *Pages* auf.

Auf den nächsten Seiten dreht sich alles um die Arbeit mit Text. Los geht's.

Was ist wo in Pages?

Pages ist eine *echte* Mac-Anwendung. Die Oberfläche ist aufgeräumt. Sie folgt den strengen Vorgaben, die Apple für die Gestaltung von Programmen festgelegt hat. Wenn Sie bereits mit anderen Programmen am Mac gearbeitet haben, werden Sie sich wahrscheinlich gleich zu Hause fühlen.

Am Kopf des Dokumentenfensters befindet sich die Symbolleiste mit den am häufigsten verwendeten Funktionen. Zusätzlich können Sie unterschiedliche Spalten, Fenster und Fächer einblenden, um einzelne Funktionen zu erreichen. Arbeiten Sie einfach drauflos und probieren Sie die Funktionen aus. Sollten Sie ein Symbol oder ein Menü im Fenster nicht sofort verstehen, fahren Sie mit der Maus darüber. Ein kleines gelbes Zettelchen erklärt Ihnen mehr dazu.

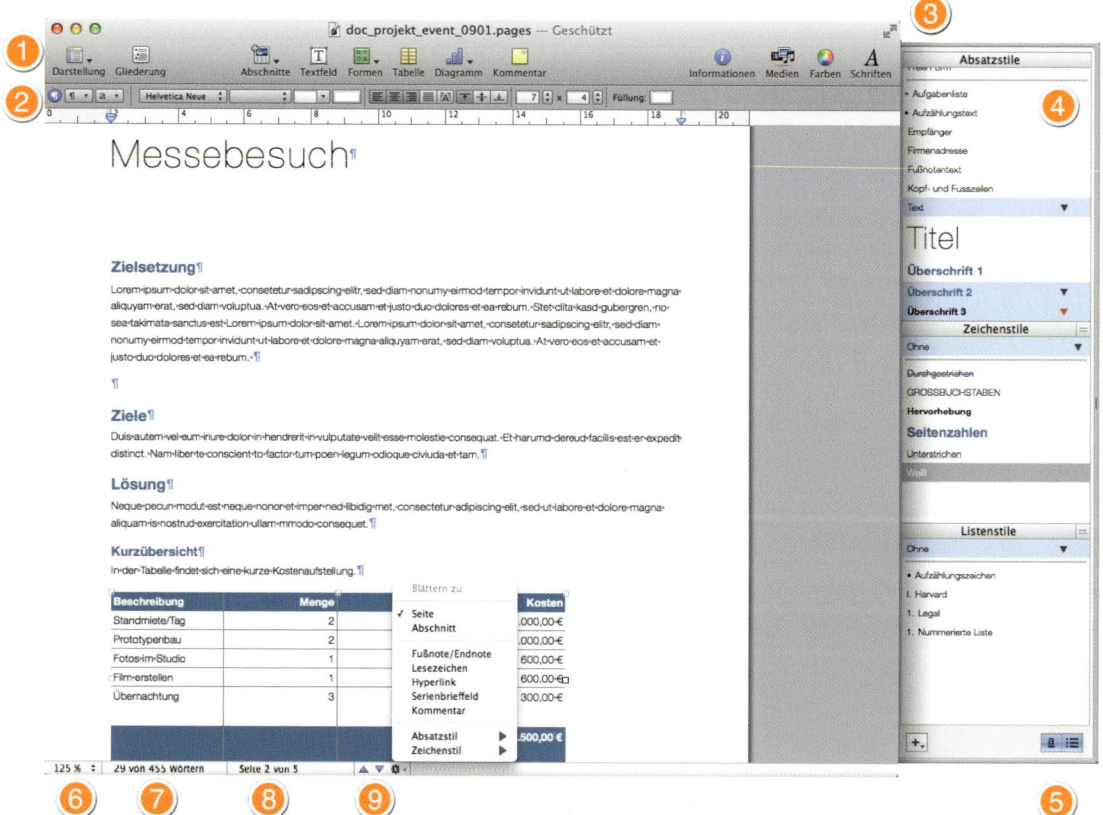

① Dies ist die *Symbolleiste* mit Tasten für häufig genutzte Funktionen (Objekte).

Legen Sie Funktionen, die Sie häufig benutzen in die Symbolleiste. Wählen Sie im Menü *Darstellung | Symbolleiste anpassen,* um Tasten hinzuzufügen oder zu löschen. Das funktioniert übrigens bei fast allen Mac-Anwendungen.

② Die *Formatierungsleiste.* Werkzeuge zum schnellen Anpassen von Text, Stil und anderen Elementen. Abhängig vom ausgewählten Objekt (Text, Grafik, Tabelle, Diagramm). Klicken Sie auf das Absatzzeichen ¶, um das Fach *Stile* zu öffnen.

③ Den *Vollbildmodus* besitzen alle Programme unter *Mountain Lion;* aber *Pages* macht mehr damit, als nur das Fenster zu vergrößern. Es blendet alles Unwesentliche aus.

④ Das Fach *Stile:* Es zeigt alle Textstile der verwendeten Vorlage an. Der Stil des im Dokument ausgewählten Textes ist hervorgehoben.

⑤ Blenden Sie *Zeichen-* und *Listenstile* ein- oder aus. Erstellen Sie eigene Stile.

⑥ Das Einblendmenü *Darstellung.* Vergrößern oder verkleinern Sie die Darstellung des Dokuments mit dem Zoomfaktor.

⑦ Die *Dokumentstatistik* zeigt die Anzahl der Wörter im Dokument an. Ein Doppelklick öffnet das *Informationsfenster* mit ausführlichen Statistiken.

⑧ Hier steht die Seitenzahl. Klicken Sie darauf für kürzesten Weg zu einer bestimmten Seite.

⑨ Die *Navigation:* Blättern Sie mit den Pfeilen zur vorherigen oder nächsten Seite. Oder Sie bestimmen im Aktionsmenü (mit dem Rädchen), ob es stattdessen zum nächsten oder vorherigen Abschnitt, Kommentar, Hyperlink oder Absatzstil gehen soll.

Dieses Fenster zeigt ein Seitenlayout-Dokument. Bei diesen Dokumenten ist die Miniaturleiste standardmäßig eingeblendet. Sie können sie aber auch in der Textverarbeitung einblenden; da ist *Pages* ganz flexibel.

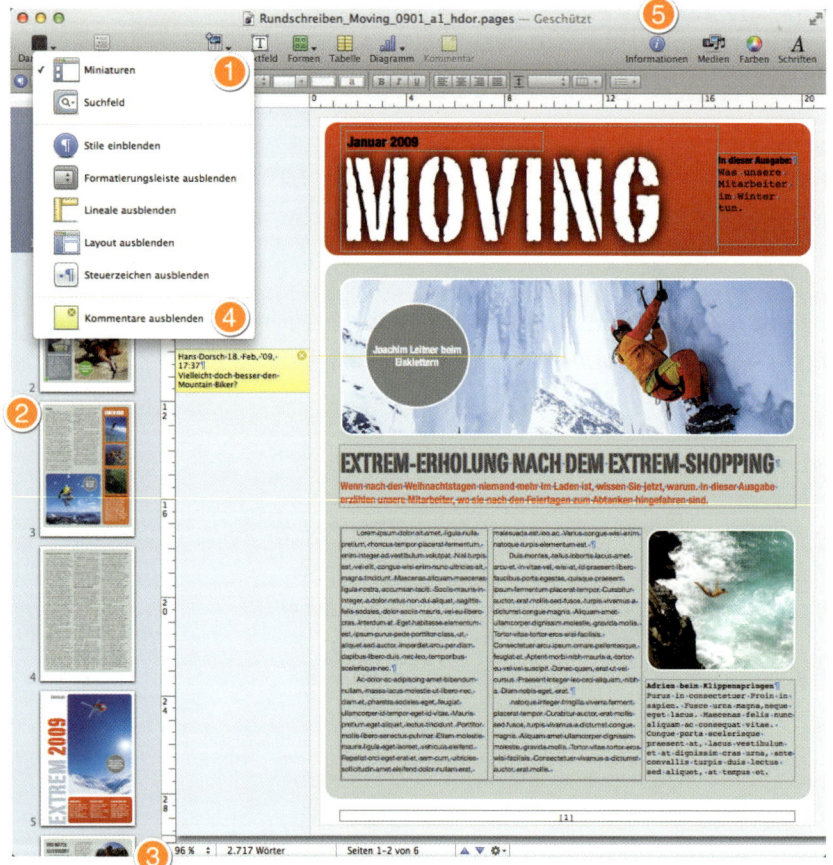

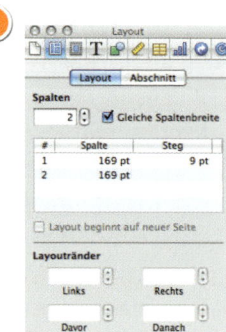

❶ Drücken Sie die Taste *Darstellung:* Wählen Sie aus, welche Elemente Sie im Fenster anzeigen möchten. Miniaturen werden in Seitenlayout-Dokumenten automatisch eingeblendet.

❷ Klicken Sie auf eine Miniatur, um die Seite aufzurufen. Ändern Sie die Seitenfolge durch Verschieben der Miniatur.

❸ Bewegen Sie die *Größeneinstellung* nach links oder rechts, um die Miniaturbilder zu verkleinern oder zu vergrößern.

❹ *Kommentare* werden in einer eigenen Spalte im Dokumentenfenster angezeigt – oder auch nicht, denn auch diese können Sie schnell ein- und ausblenden.

❺ Diese vier Tasten kennen Sie möglicherweise aus anderen Mac-Programmen. Die *I-Taste* öffnet das Fenster *Informationen,* die weiteren Tasten bringen die Medienauswahl (für Audio, Fotos oder Videos) und die Fenster für *Farben* und *Schriften* auf den Bildschirm.

❻ Das Fenster *Informationen* ist die universelle Informations- und Einstellungskonsole für Ihr Dokument. Hier überwachen und steuern Sie sämtliche Eigenschaften Ihres Dokuments: *Dokument, Layout, Umbruch, Text, Grafik, Maße, Tabelle, Diagramm, Verknüpfungen, Quick-Time.* Merken Sie sich das Tastaturkürzel *cmd-alt-I* bzw. ⌘-⌥-I.

Ein neues Dokument erstellen

Sie können *Pages* auf verschiedene Arten starten. Sie finden die *App* im *Launchpad* in *Mountain Lion* (die kleine Rakete im Dock), im Ordner »Programme« (in allen *Mac OS*-Versionen) oder über die *Spotlight*-Suche, indem Sie den Namen *Pages* in das Suchfeld eingeben – oder Sie öffnen das Programm über sein Symbol (Icon) im Dock, wenn es dort abgelegt ist. Wenn *Pages* startet, zeigt es Ihnen immer zuerst die »Vorlagenauswahl«. Wählen Sie »Leer«, um ein völlig leeres Dokument zu erhalten.

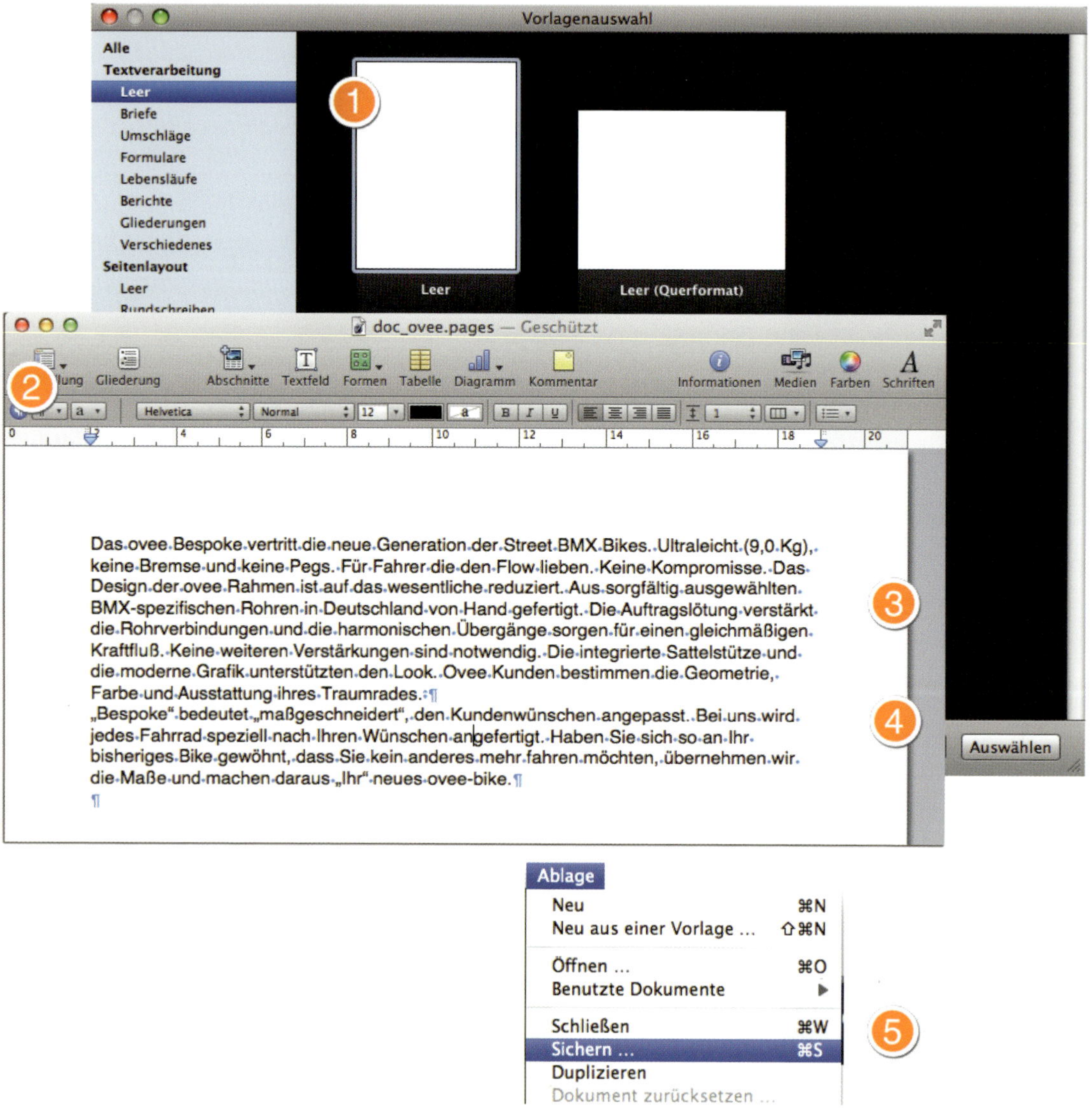

Starten Sie Pages und geben Sie Text ein

1 Doppelklicken Sie auf die Vorlage *Leer,* um ein neues leeres Dokument zu erstellen. Haben Sie *Pages* bereits geöffnet, können Sie über das Menü *Ablage | Neu (cmd-N* bzw. *⌘-N)* die Vorlagenauswahl wieder aufrufen.

2 Um Absatzzeichen, Leerzeichen und andere unsichtbare Zeichen ein- oder auszublenden, klicken Sie auf die Taste *Darstellung* und wählen Sie *Steuerzeichen einblenden/ausblenden.* Wir drücken meistens *cmd-Umschalttaste-I* bzw. ⌘-⇧-I.

3 Geben Sie Ihren Text ein. Haben Sie das Ende der Zeile erreicht, tippen Sie einfach weiter. *Pages* bewegt Ihren Text automatisch in die nächste Zeile. Das nennt man Zeilenumbruch.

4 Drücken Sie den Zeilenschalter (↵), um einen neuen Absatz zu beginnen.

5 Sichern Sie Ihr Dokument mit *Ablage | Sichern.* Wählen Sie im Dialogfeld einen Namen für Ihr Dokument und einen Ort, an dem es gespeichert werden soll, zum Beispiel Ihren Ordner Dokumente. Klicken Sie dann auf *Sichern. Pages* sichert Ihr Dokument in regelmäßigen Abständen. Den aktuellen Stand Ihres Dokuments sichern Sie einfach mit *cmd-S* bzw. ⌘-S.

Hinter dem unscheinbaren Befehl *Sichern* steckt bei *OS X Mountain Lion* eine clevere *Versionierung.* Wie das funktioniert, lesen Sie in Kapitel 3.

Je nach Monitorauflösung und Sehvermögen möchten Sie vielleicht die Textdarstellung vergrößern oder verkleinern. Wählen Sie aus dem Darstellungsmenü im Fenster unten links die Größe, die Ihnen angenehm ist, oder zoomen Sie mit *cmd-alt-+* bzw. ⌘ - ⌥ - +) und *cmd-alt--* bzw. ⌘ - ⌥ - -) im Dokument.

Wie Sie Dokumente mit anderen Benutzern und *Office*-Programmen austauschen, finden Sie an vielen Stellen in diesem Buch. Wir verweisen hiermit auf den exzellenten Index am Ende dieses Buchs.

Neues Dokument aus einer Vorlage erzeugen

Ein sehr guter Ausgangspunkt, um Dokumente für unterschiedliche Zwecke zu erstellen, sind die Vorlagen. Von diesen hat *Pages* mehr als 180 zu bieten.

Wählen Sie *Textverarbeitung*, um ein Dokument mit viel Text zu erstellen. Bei diesem Typ bricht der Text am Ende einer Seite automatisch auf die nächste um. Sie können Fußnoten hinzufügen und ein Inhaltsverzeichnis erstellen lassen. Ein mehrseitiger Studienbericht mit Tabellen, Fußnoten und Literaturverzeichnis, ein tabellarischer Lebenslauf und natürlich alle Arten von Briefen legen Sie am besten in diesem Format an.

Wählen Sie *Seitenlayout*, um Dokumente zu erstellen, bei denen die grafische Darstellung im Vordergrund steht. Bei diesen Vorlagen werden Texte, Bilder und grafische Elemente als Objekte behandelt, die Sie beliebig auf der Seite verschieben können. Von einseitigen Flugblättern über Broschüren bis zu Rundschreiben im Magazinstil können Sie diese Dokumente aus einzelnen Elementen visuell gestalten.

Allen Vorlagen ist gemeinsam, dass sie Platzhaltertext und -Grafiken enthalten, den Sie durch Ihre eigenen Inhalte ersetzen. Das nimmt die Angst vor dem leeren Papier. Viele Vorlagen nutzen auch Daten aus dem Adressbuch – zum Beispiel Ihren Namen oder Ihre geschäftliche oder private Anschrift.

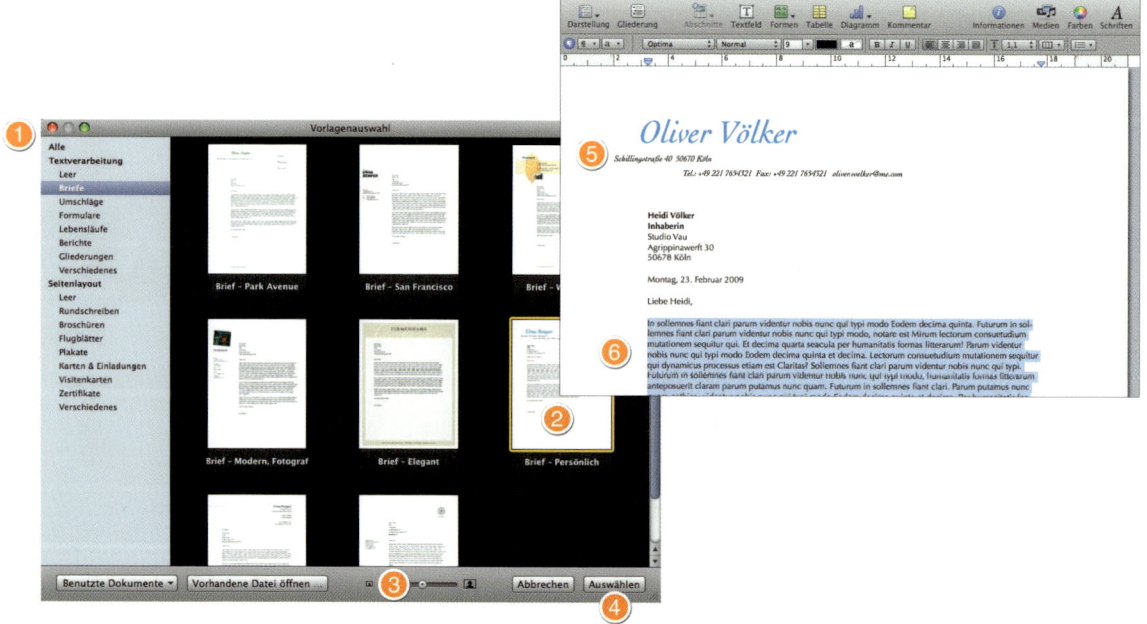

Erzeugen Sie ein neues Dokument aus einer Vorlage

1 Wählen Sie *Ablage | Neu* aus einer *Vorlage…* aus dem Menü oder drücken Sie *cmd-Umschalttaste-N* bzw. *⌘-⇧-N*.

2 Wählen Sie eine Vorlage, die zu Ihrer Aufgabe passt – zum Beispiel einen persönlichen Brief. Um mehrere Seiten einer Vorlage in der Vorschau zu sehen, fahren Sie mit dem Mauszeiger über das Vorschaubild (zum Beispiel von links nach rechts). Die Seiten werden nacheinander eingeblendet.

3 Vergrößern oder verkleinern Sie die Vorschauansicht mit dem Schieberegler.

4 Klicken Sie auf *Auswählen* oder öffnen Sie die ausgewählte Vorlage mit Doppelklick.

5 Passen Sie die automatisch erstellten Inhalte nach Ihren Vorstellungen an.

6 Ersetzen Sie Platzhaltertext mit Ihren eigenen Inhalten und fügen Sie weitere Inhalte hinzu.

Wundern Sie sich nicht, wenn Ihre Adressdaten automatisch in Dokumenten auftauchen. Der Mac zieht Ihre persönlichen Daten aus der App *Kontakte*. Sie finden sie dort mit dem Befehl *Gehe zu meiner Visitenkarte*.

Nicht nur für Anfänger: Auch wenn Sie schon Textverarbeitungs- und Layout-Profi sind – Sie werden überrascht sein, wie schnell und einfach Sie exakt das Dokument erstellen, das Sie sich vorgestellt haben.

Falls Sie einen Vergleich zu anderen Programmen suchen: Die *Pages*-Textverarbeitung ist am ehesten mit klassischen Textverarbeitungs-Programmen vergleichbar wie *Microsoft Word, WordPerfect* oder *OpenOffice Writer*. Beim Seitenlayout dürfen Sie an Programme wie *PageMaker, QuarkXPress* oder *Adobe InDesign* denken, oder auch an Grafikprogramme wie *Illustrator* oder *FreeHand*.

Gliederungsansicht zur strukturierten Arbeit mit Dokumenten

Wenn Sie einen Brief von zwei Seiten schreiben, werden Sie kaum den Überblick über den Text verlieren. Schreiben Sie jedoch an einer Studien- oder Forschungsarbeit oder an einem Konzept für ein neues Projekt in der Firma, ist es wichtig, den Überblick über das Ganze zu behalten. Voraussetzung für die Gliederung sind Absatzstile im Dokument – bei *Pages*-Vorlagen selbstverständlich.

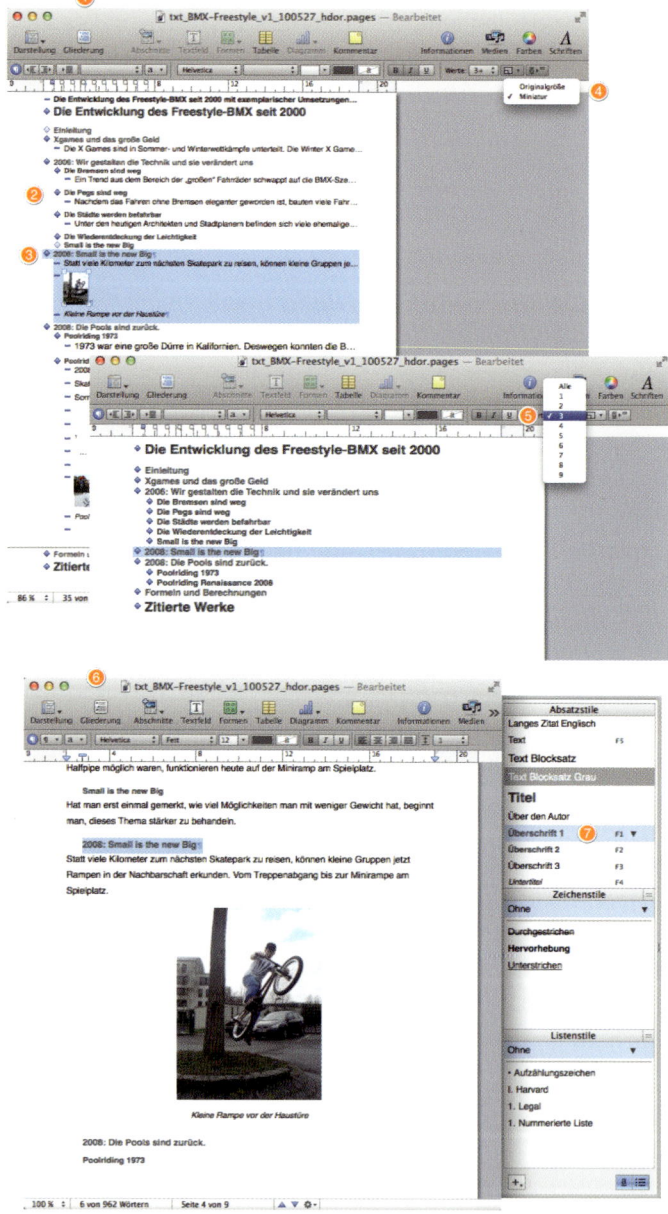

Bestehendes Dokument als Gliederung anzeigen

① Klicken Sie auf die Taste *Gliederung*. Ihr Dokument wird jetzt übersichtlich angezeigt.

② Über die Tabulatortaste (➡️) können Sie die Zeilen einrücken und dadurch einen Unterpunkt erstellen. Mit dem Zeilenschalter (↩) erstellen Sie einen neuen Unterpunkt.

③ Ein Klick auf das blaue Steuerelement wählt die Überschrift und alle darunter liegenden Ebenen aus. Sie können sie durch Ziehen innerhalb des Dokuments verschieben. Mit Doppelklick auf das Element blenden Sie alle Unterpunkte aus oder ein.

④ Wählen Sie aus dem Menü *Darstellung* den Befehl *Miniaturen* aus, um Grafiken verkleinert anzuzeigen – so wie in unserem Beispiel. Klicken Sie auf die Taste ganz rechts, um den Text für die Anzeige auf die erste Zeile zu kürzen.

⑤ Über das Menü *Ebenen* in der Formatierungsleiste können Sie die Anzeige auf eine bestimmte Anzahl von Ebenen einschränken. Dadurch sehen Sie die reine Struktur. Ideal, um Bereiche innerhalb des Dokuments umzustellen.

⑥ Klicken Sie erneut die Taste *Gliederung*, um das Dokument in der Originaldarstellung zu zeigen.

⑦ Die Struktur des Dokuments bleibt in Form von Absatzstilen erhalten.

Starten Sie ein neues Dokument gleich als Gliederung: Denn diese Art der Struktur hilft Ihnen von Anfang an, den inhaltlichen Faden nicht zu verlieren. Probieren Sie es mal aus: Wählen Sie aus den *Pages*-Vorlagen eine Gliederung und schreiben Sie erst dann drauf los. Amerikanische Schreiber nennen das den *Schnellfeuermodus*.

Auch ein Inhaltsverzeichnis hilft, bei langen Dokumenten die Übersicht zu behalten. Mehr dazu lesen Sie in Kapitel 7.

Vollbildmodus zum Arbeiten ohne Ablenkung

Die Benutzeroberfläche von *Pages* kommt mit wenigen Elementen aus; aber wenn Sie mehrere Fenster geöffnet haben, wird es auf Ihrem Bildschirm doch unruhig. Wenn Sie dann noch Fenster anderer Programme im Hintergrund geöffnet haben und vielleicht auch ein buntes Lieblingsfoto Ihren Schreibtisch ziert, wird konzentriertes Arbeiten zwar nicht unmöglich, aber doch ziemlich schwer. Hier hilft der Klick auf die *Vollbild*-Taste. Der *Vollbildmodus* macht aus Ihrem Bildschirm einen leeren Schreibtisch, auf dem nur ein Blatt Papier liegt, Ihr Dokument.

Auch auf kleinen Bildschirmen, etwa auf dem MacBook Pro / Air ist dieser Modus ein Segen – erlaubt er es doch, den verfügbaren Platz auf dem Bildschirm optimal auszunutzen. Ganz ehrlich: Ein Schreibprogramm ohne Vollbildmodus ist wie eine Schultafel ohne Schwamm. Das geht gar nicht.

Wechseln Sie in den Vollbildmodus

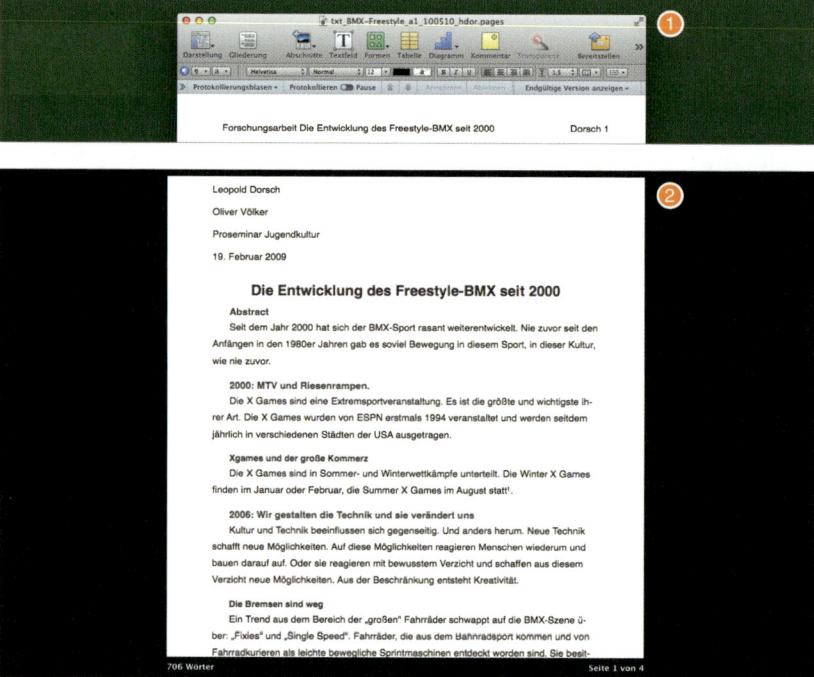

1. Klicken Sie auf die Taste *Vollbild* in der *Pages*-Symbolleiste.

2. Ihr Dokument wird jetzt in der Mitte des Bildschirms vor schwarzem Hintergrund angezeigt. Sämtliche Bedienungselemente sind ausgeblendet.

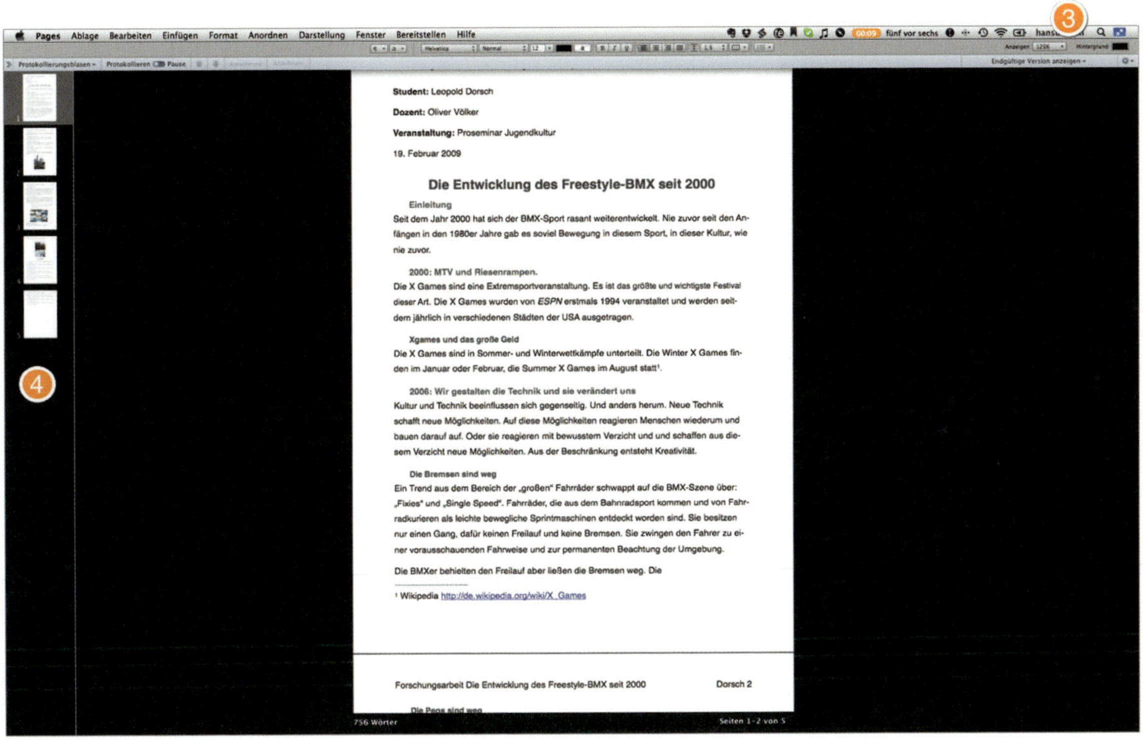

③ Fahren Sie mit der Maus an den oberen Bildschirmrand, um die Menüleiste und die Formatierungsleiste einzublenden. Wenn das »Änderungsprotokoll« aktiviert ist, haben Sie Zugriff auf dessen Funktionen.

④ Fahren Sie mit der Maus an den linken Bildschirmrand, um die Miniaturen Ihres Dokuments anzuzeigen. Fahren Sie an den rechten Rand des Dokuments, um den Rollbalken anzuzeigen.

⑤ Klicken Sie auf die Taste *Beenden* oder drücken Sie die Taste *esc* (Escape) auf Ihrer Tastatur, um in den normalen Bearbeitungsmodus zurückzukehren.

Das Informationsfenster, die Medienübersicht und alle anderen Fenster erreichen Sie auch im Vollbildmodus über das Menü *Darstellung*.

Den Vollbildmodus hat Apple natürlich nicht erfunden. Er ist vielmehr eine Art Rückschritt. Denn bevor es grafische Benutzeroberflächen gab, schrieb man in Textverarbeitungen immer so. Fragen Sie mal jemanden, der noch Begriffe wie »DOS« oder »WordStar« kennt.

Text bearbeiten mit Tastatur und Maus

Kaum jemand erinnert sich noch an die Schreibmaschine. Und trotzdem tippen wir Text auf dem Computer nicht anders als vor 100 Jahren auf den Tasten einer *Underwood, Adler* oder *Olivetti*. Mit dem Unterschied, dass wir digital viel mehr Möglichkeiten haben, unsere Eingaben sofort zu verändern und zu manipulieren. Und genau wie sonst am Mac haben Sie auch in *Pages* mehrere Möglichkeiten, eine Sache zu tun. Wir zeigen Ihnen kurz die Wichtigsten.

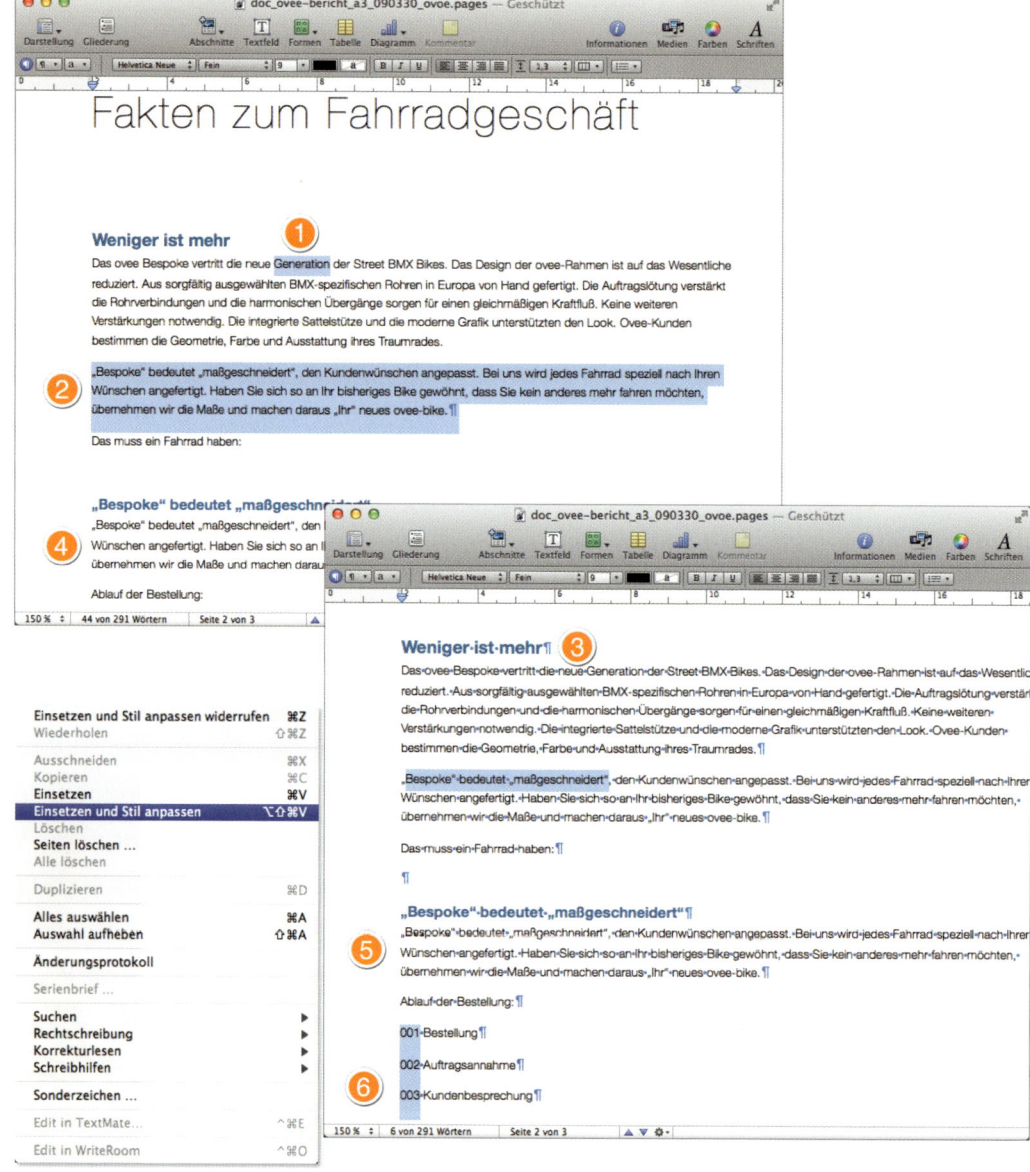

Text auswählen und bearbeiten

1 Wählen Sie ein **ganzes Wort** mit **Doppelklick** aus.

2 Ein **Dreifachklick** wählt einen ganzen **Absatz** aus.

3 Um die ausgewählten Bereiche besser zu erkennen, blenden Sie die **Steuerzeichen** ein (über das Menü oder mit *cmd-Umschalttaste-I* bzw. ⌘-⇧-*I*).

4 Ausgewählte Textpassagen verschieben Sie am einfachsten mit **Ausschneiden** und **Einsetzen** über die Zwischenablage. Wählen Sie aus dem Menü *Bearbeiten | Ausschneiden* oder drücken Sie *cmd-X* (⌘-*X*). Mit *Bearbeiten | Einsetzen* oder *cmd-V* (⌘-*V*) setzen Sie den Text an der neuen Stelle wieder ein.

5 Beim Kopieren wird die **Formatierung** mit in die Zwischenablage übernommen. Wählen Sie *Bearbeiten | Einsetzen und Stil anpassen* oder *cmd-alt-Umschalttaste-V* (⌘-⌥-⇧-*I*), um den reinen Text einzufügen. So passt sich der Inhalt dem Stil der Umgebung an.

6 Wählen Sie vertikalen Text aus. Entfernen Sie zum Beispiel **Listenpunkte** oder **Nummerierungen** am Zeilenanfang. Drücken Sie die *alt* (⌥)-Taste, klicken und ziehen Sie die Maus über den Bereich, den Sie löschen möchten. Die Einfügemarke wird zu einem Fadenkreuz.

Haben Sie etwas versehentlich gelöscht? Kein Problem, mit *cmd-Z* (⌘-*Z*) **widerrufen Sie alle Befehle seit dem Öffnen des Dokuments. Mit** *cmd-Umschalttaste-Z* (⌘-⇧-*Z*) **stellen Sie die Aktion wieder her.**

Alle Menü- oder Tastaturbefehle in *Pages* **finden Sie über das Suchfeld im Menü** *Hilfe*. **Mit** *cmd-Schrägstrich* (⌘-/) **auf Ihrer Tastatur springen Sie direkt hinein. Suchen Sie nach dem Zauberwort »Tastaturkurzbefehle«.**

Die häufigsten Aktionen und Tastaturbefehle in Pages

Ob Sie lieber mit der Maus arbeiten oder Befehle über die Tastatur aufrufen, ist reine Geschmacksache. Viele Schreibprofis verzichten jedoch so oft es geht auf die Maus, da sich die meisten Aktionen sehr gut und schnell über spezielle Tasten und Tastaturkurzbefehle erledigen lassen.

Wir haben die Tastaturbefehle für die *kleine* Tastatur ohne Ziffernblock angegeben, wie sie die neuesten iMacs und die MacBooks besitzen, und zusätzlich die Befehle für die Sondertasten ↖, ↘, ⇞, ⇟, ⌦, die nur auf den *großen*, erweiterten Tastaturen zu finden sind. Die *fn*-Taste (Funktion) besitzen alle aktuellen Keyboards. Meist ist sie unten links.

Bewegen im Text

Aktion	Methode
Bewegen der Einfügemarke im Text	Pfeiltasten links, rechts, aufwärts, abwärts
Einfügemarke an das Ende der Zeile	⌘-→ (Rechtspfeil)
Einfügemarke an den Beginn des Dokuments	⌘-↑ (Aufwärtspfeil)
Einfügemarke an das Ende des Dokuments	⌘-↓ (Abwärtspfeil)
Zur nächsten Seite blättern	ctrl-↓ (Abwärtspfeil) oder ⇟ Bild abwärts-Taste
Zur vorherigen Seite blättern	ctrl-↑ (Aufwärtspfeil) oder ⇞ Bild aufwärts-Taste

Auswählen und bewegen mit Tastatur und Maus

Aktion	Methode
Text auswählen	⇧-Links-, Rechts-, Aufwärts- oder Abwärtspfeil
Ganze Zeile auswählen	Einfügemarke an den Anfang der Zeile und dann ⌘-⇧-→
Rückwärts löschen (Einfügemarke steht hinter dem Wort)	⌫
Vorwärts löschen	fn-⌫ oder ⌦ (Löschtaste, erweiterte Tastatur)
Text (oder andere Inhalte) kopieren	⌘-C oder »Bearbeiten | Kopieren«
Inhalte ausschneiden	⌘-X oder »Bearbeiten | Ausschneiden«
Inhalte einfügen	⌘-V oder »Bearbeiten | Einfügen«
Inhalt ohne Formatierung einfügen	⌘-⌥-⇧-V oder »Bearbeiten | Einsetzen und Stil anpassen«
Ein ganzes Wort auswählen	Doppelklick auf das Wort
Einen Absatz auswählen	Dreifachklick in den Absatz
Mehrere nicht zusammenhängende Wörter oder Textbereiche auswählen	⌘ + Doppelklick auf die Wörter oder ⌘ + mit der Maus über die Bereiche ziehen
Bereich auswählen	Mit der Maus klicken und über den Bereich ziehen, der ausgewählt werden soll.
Einen vertikalen Textbereich auswählen	alt ⌥ + mit gedrückter Maustaste nach unten über den auszuwählenden Bereich ziehen. Die Einfügemarke verwandelt sich in ein Fadenkreuz. Diese Aktion ist ohne Maus nicht möglich.

Wir hatten es gerade schon erwähnt: Alle Menü- oder Tastaturbefehle in *Pages* finden Sie über das Suchfeld im Menü »Hilfe«. Mit den Tasten *cmd-Schrägstrich* (⌘-/) springen Sie direkt hinein. Suchen Sie dort nach »Tastaturkurzbefehle«.

Typografische Anführungszeichen verwenden

Falls Ihre Lektüre nicht ausschließlich im Web stattfindet, haben Sie sich wahrscheinlich an die im Schriftsatz gebräuchlichen Anführungszeichen gewöhnt.

Im Allgemeinen finden sich in Büchern und Zeitungen die Gänsefüßchen in dieser Form „". Dass im Web sehr häufig diese Variante "" zu finden ist, hatte anfangs mit fehlenden internationalen Zeichensätzen zu tun, heute mehr mit Bequemlichkeit. Denn wer weiß schon, wo die korrekten Zeichen auf der Tastatur zu finden sind. Aufgedruckt sind sie jedenfalls nicht.

Aber wie jedes ordentliche Textverarbeitungs-Programm kann auch *Pages* die korrekten Zeichen für Sie einsetzen. Es ersetzt dazu einfach die *falschen* Zeichen, die Sie tippen, durch die *korrekten*, die Sie möchten. Das sollten die Editoren für Webseiten auch tun.

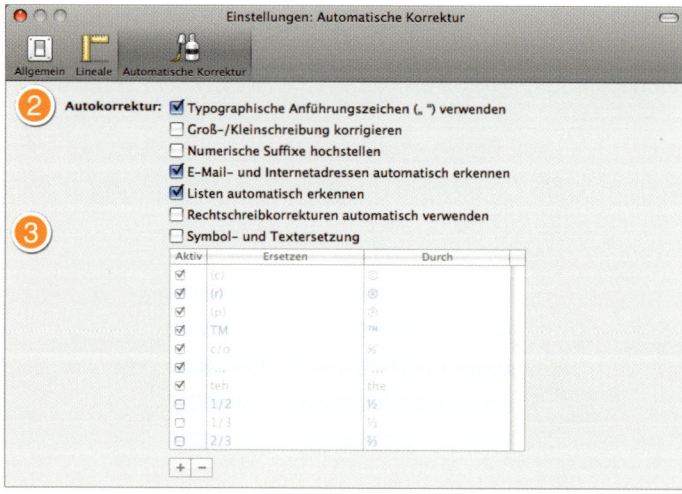

Setzen Sie typografische Anführungszeichen automatisch ein

① *Pages* verwendet von sich aus sogenannte »Typografische Anführungszeichen«. Selbst wenn Sie beim Schreiben einfach die Apostroph-Taste (erzeugt durch die Kombination *Umschalttaste-Raute* bzw. ⇧-#) drücken, erhalten Sie am Anfang die Anführungsstriche unten („) und am Ende oben ("). Auch »halbe« Anführungszeichen ersetzt *Pages* korrekt (,').

② Diese Funktion können Sie in den Einstellungen von *Pages* ein- und ausschalten. Unter *Pages | Einstellungen | Automatische Korrektur (cmd-Komma* bzw. ⌘-,).

③ Unter *Symbol- und Textersetzung* können Sie noch mehr schwierig zu tippende Symbole und Sonderzeichen mit »einfachen« Tipp-Varianten verbinden.

Möchten Sie andere Zeichen verwenden – zum Beispiel die beliebten Guillemets (»«, auch umgekehrt französische Anführungszeichen) –, so müssen Sie diese leider über die entsprechenden Tastaturbefehle eingeben: *alt-Q* **(⌥-Q) und** *alt-Umschalttaste-Q* **(⌥-⇧-Q).**

Text suchen und ersetzen

Suchen ist das neue *Merken*. Und *Suchen/Ersetzen* ist das *A* und *O* der Textverarbeitung. Oder, um es ein wenig verständlicher zu sagen: Ohne Suchfunktionen wäre das Arbeiten am Computer ziemlich mühsam.

Für die meisten Suchaufgaben genügt die »einfache« Suchfunktion von *Pages* – besonders, da sie sich hervorragend mit der Tastatur steuern lässt. Mit der »erweiterten« Suche können Sie Ihre Anfragen verfeinern und zum Beispiel nach Steuerzeichen oder Formatierungen suchen.

Mit dem Suchfeld von *Pages* können Sie alle Fundstellen für einen Begriff anzeigen lassen. Hier erscheinen die Fundstellen zum Suchbegriff schon, während Sie noch in der Suchspalte tippen.

Suchen nach Text

❶ Wählen Sie *Bearbeiten | Suchen | Suchen* oder drücken Sie *cmd-F* (⌘-*F*), um das Suchfenster zu öffnen.

❷ Geben Sie den Text ein, den Sie finden möchten, klicken Sie auf »Weiter« oder drücken Sie den Zeilenschalter (↵), um die Suche zu starten.

❸ *Pages* findet alle Stellen, an denen Ihr Suchtext auftaucht. Möchten Sie nach Groß- oder Kleinschreibung suchen oder nur nach ganzen Wörtern, wählen Sie *Erweitert*.

③ Sie können auch bei geschlossenem Suchfenster weitersuchen. Mit *cmd-G* (⌘-*G)* sucht *Pages* immer nach dem letzten Suchbegriff und hebt die Fundstelle hervor.

Text suchen und ersetzen

① Geben Sie den Text ein, den Sie suchen.

② Geben Sie den Text ein, der Ihren Suchtext ersetzen soll.

③ Klicken Sie auf folgende Tasten:

- *Alles Ersetzen* ersetzt den Suchtext im gesamten Dokument durch den Ersatztext.

- *Ersetzen* ersetzt den gefundenen Suchtext durch den Ersatztext.

- *Ersetzen und Suchen* ersetzt den gefundenen Text durch den Ersatztext und springt zum nächsten Vorkommen.

- *Zurück* sucht nach dem Text oberhalb der Einfügemarke.

- *Weiter* zeigt das nächste Vorkommen des Texts ab der Einfügemarke an.

Doppelte Leerzeichen sind beim Schreiben beinahe unvermeidlich. Wenn Ihr Dokument fertig ist, werfen Sie deshalb einfach die Suche an: Suchen Sie nach »••« und ersetzen Sie alle Vorkommen durch »•«. (Der Punkt steht hier natürlich stellvertretend für das Leerzeichen.)

Alle Textvorkommen anzeigen mit dem Suchfeld

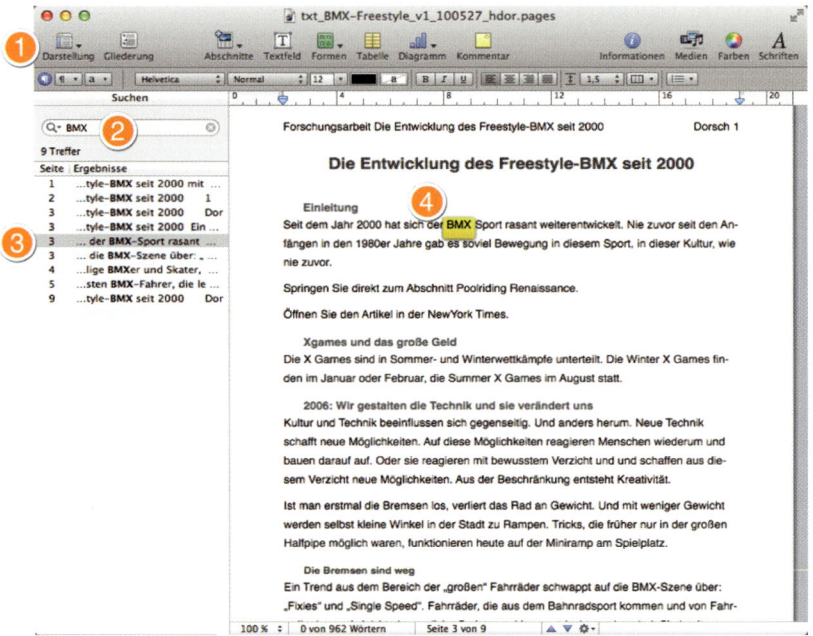

1. Wählen Sie *Darstellung* | *Suchfeld* (in der Symbolleiste oder im Menü). *Pages* präsentiert dann das Suchfeld und die Ergebnisspalte. Miniaturen werden ausgeblendet.

2. Geben Sie dann Ihren Suchbegriff in das Suchfeld ein.

3. Noch während Sie tippen, erscheinen die Ergebnisse bereits in der Ergebnisspalte.

4. Klicken Sie auf ein Suchergebnis, um es im Dokument anzuzeigen.

 **Sie können das Suchfeld während der Arbeit an Ihrem Dokument geöffnet lassen. Es hat keinen Einfluss auf das Dokument.**

Rechtschreibung und Stil überprüfen und korrigieren

Nein, auch wir kennen nicht alle Rechtschreibregeln und beim schnellen Schreiben vertippen wir uns relativ häufig. Deshalb ist es gut, dass der Mac eine systemweite Rechtschreibprüfung mitbringt. *Pages* verwendet diese und erweitert sie noch um eine hilfreiche Funktion, den »Korrekturleser«.

Der *Korrekturleser* überprüft Ihren Text auf Grammatikfehler, wie fehlerhafte Groß-/Kleinschreibung, Zeichensetzung, aber auch auf stilistische Fauxpas wie eine allzu komplizierte Wortwahl oder unpassende Abkürzungen. Die Hinweise, die Sie erhalten, sind dabei nie oberlehrerhaft, sondern eher im Stil einer Anregung gehalten. Wer sagt denn, Computer könnten nicht höflich sein.

Rechtschreibfehler und Stil während der Eingabe prüfen

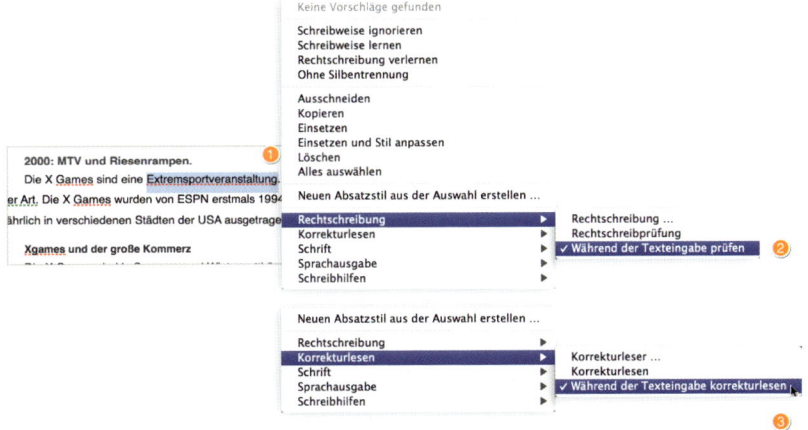

① Klicken Sie mit der rechten Maustaste in das Dokument, um das Kontextmenü zu öffnen.

② Wählen Sie *Rechtschreibung* | *Während der Texteingabe prüfen*.

③ Wählen Sie *Korrekturlesen* | *Während der Texteingabe Korrekturlesen*, um die Stilprüfung zu aktivieren.

Achtung: Sie können *Pages* Rechtschreibfehler zwar automatisch korrigieren lassen (das bestimmen Sie in den *Einstellungen*). Wir sind uns allerdings nicht sicher, ob dadurch nicht vielleicht Ihre sprachliche Freiheit eingeschränkt wird. Zudem müssen Sie während des Schreibens darauf achten, ob *Pages* nicht unbemerkt ein Wort, dass Sie meinen, durch eines, das es kennt, ersetzt.

Rechtschreibfehler während der Eingabe korrigieren

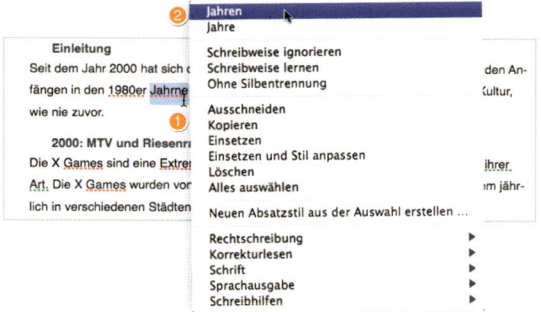

❶ Klicken Sie mit der rechten Maustaste in das Dokument, um das Kontextmenü zu öffnen.

❷ Klicken Sie auf den passenden Vorschlag aus der Liste, um das Wort zu korrigieren.

Stil und Grammatik während der Eingabe korrigieren

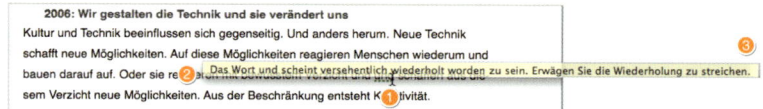

❶ Fahren Sie mit dem Mauszeiger über den grün unterstrichenen Text.

❷ *Pages* blendet Korrekturempfehlungen ein.

❸ Korrigieren Sie Ihren Text oder ignorieren Sie den Vorschlag.

Sprache und Stil für das gesamte Dokument überprüfen

Wenn Sie – so wie wir – so wenig Ablenkung wie möglich während des Schreibens wünschen, empfehlen wir, die Fehlersuche ans Ende der Texteingabe zu verlegen. Warum? Ihr Dokument sieht ohne farbige Unterstreichungen sauberer aus und bei der Fehlersuche am Ende erhalten Sie noch einmal einen Überblick über Ihre Arbeit.

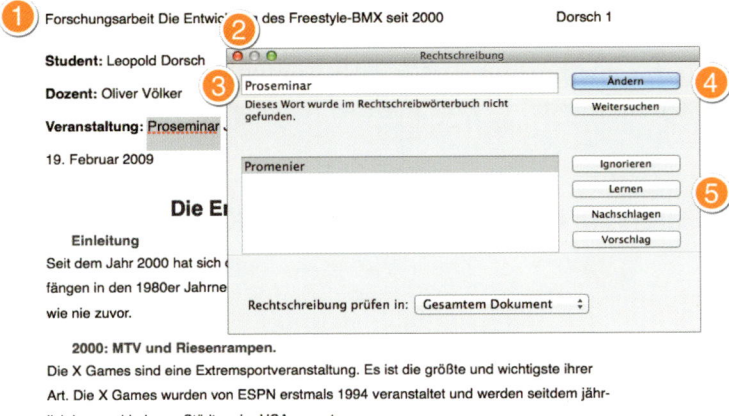

Korrigieren Sie Text im Dokument

1 Setzen Sie die Einfügemarke an den Anfang des Dokuments.

2 Öffnen Sie das Fenster *Rechtschreibung* über das Menü *Bearbeiten* oder drücken Sie *cmd-Doppelpunkt* (⌘-:).

3 Die Rechtschreibprüfung startet sofort und zeigt die erste Fundstelle an.

4 Klicken Sie *Ändern* oder drücken Sie den Zeilenschalter (↩), um den Änderungsvorschlag anzunehmen.

5 Möchten Sie den Änderungsvorschlag nicht annehmen, stehen Ihnen die folgenden drei Optionen offen:

- *Ignorieren*, um alle Vorkommen eines Wortes für den Rest des Dokuments nicht mehr zu überprüfen.
- *Lernen*, um das gefundene Wort dann dem Rechtschreibwörterbuch hinzuzufügen.
- *Weitersuchen*, um nach dem nächsten Fehler zu suchen.

Sie können die Rechtschreibprüfung vollständig mit der Tastatur steuern. Mit dem Tabulator (➜|) wechseln Sie durch alle Felder und Tasten. Mit der Leertaste drücken Sie die ausgewählte Taste (blau umrandet).

Sollte die Tastatursteuerung nicht funktionieren, müssen Sie diese möglicherweise in den *Systemeinstellungen* noch aktivieren. Öffnen Sie *Tastatur & Maus | Tastaturkurzbefehle* und aktivieren Sie unter *Steuerung durch die Tastatur* die Option *Alle Steuerungen*.

Die Rechtschreibprüfung ist Teil des Apple-Betriebssystems. Lesen Sie dazu im Kapitel 1 *»Eine Rechtschreibung für alle Programme«*.

Überprüfen Sie Ihr Dokument mit dem Korrekturleser

❶ Platzieren Sie die Einfügemarke am Anfang des Dokuments.

❷ Öffnen Sie das Fenster *Korrekturleser…* über das Menü *Bearbeiten | Korrekturlesen*.

❸ Der Korrekturleser startet und zeigt die erste auffällige Textstelle an: Unterhalb erhalten Sie Empfehlungen zum Stil, oberhalb mögliche Alternativen zu Ihrer Formulierung.

❹ Ändern Sie den Text im Eingabefeld und klicken Sie auf *Korrigieren*, um ihn ins Dokument einzusetzen.

Sie wollen noch weniger Ablenkung? Verwenden Sie den *Vollbildmodus*, wie wir ihn kurz zuvor beschrieben haben.

Sprache für die Rechtschreibung ändern

Jede Rechtschreibprüfung ist nur so gut wie die Wörterbücher, die sie verwendet. Im Normalfall prüft *Pages* Ihre Dokumente nach der reformierten deutschen Rechtschreibung. Wenn Sie ganze Dokumente oder Teile davon in anderen Sprachen erstellen, können Sie aus zehn Sprachen wählen, die Teil der Mac-Rechtschreibprüfung sind.

Ändern Sie die Sprache für die Rechtschreibung eines Textes

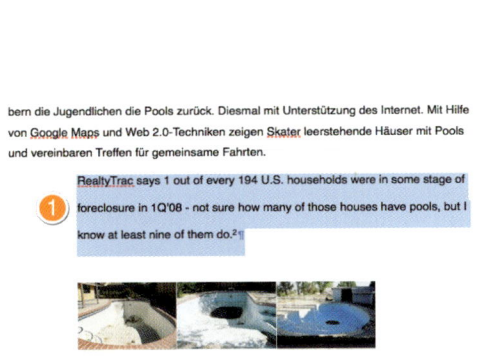

❶ Wählen Sie den Textbereich aus, dessen Sprache Sie ändern wollen.

❷ Öffnen Sie das Informationsfenster mit *cmd-alt-I* (⌘-⌥-I), klicken Sie auf das Symbol *Text* und wählen Sie den Abschnitt *Mehr*.

❸ Wählen Sie aus dem Menü die Sprache, die für die Rechtschreibprüfung gelten soll.

❹ Wählen Sie *ohne*, um den Textbereich von der Prüfung auszunehmen; und wählen Sie *alle* für die Prüfung, die sämtliche Sprachen durchsucht.

Die Rechtschreibprüfung ist Teil des Apple-Betriebssystems. Lesen Sie mehr dazu im Kapitel 2 »Aufgaben lösen mit den Mac-Werkzeugen in *iWork*«.

Gemeinsam arbeiten und Änderungen verfolgen

Ein großer Teil der Arbeit mit Texten besteht aus Überarbeiten und Korrigieren. Solange Sie alleine an einem Text arbeiten, können Sie mit Ihrem Text machen, was Sie wollen. Soll oder will jedoch jemand anders Ihr Dokument bearbeiten, hilft es zu sehen, welche Änderungen er durchgeführt hat.

Ein häufiger Arbeitsablauf ist folgender: *Leopold Dorsch* erstellt einen Text auf seinem Computer und schickt ihn per E-Mail an *Oliver Völker*. *Oliver Völker* öffnet das Dokument, löscht, bearbeitet und korrigiert den Text und fügt Kommentare ein. Dann schickt er das Dokument per E-Mail zurück an *Leopold Dorsch*. Dieser sieht sich die Änderungen an, übernimmt sie oder lehnt sie ab und sendet das Dokument wieder per E-Mail zurück. So geht das, bis beide zufrieden sind.

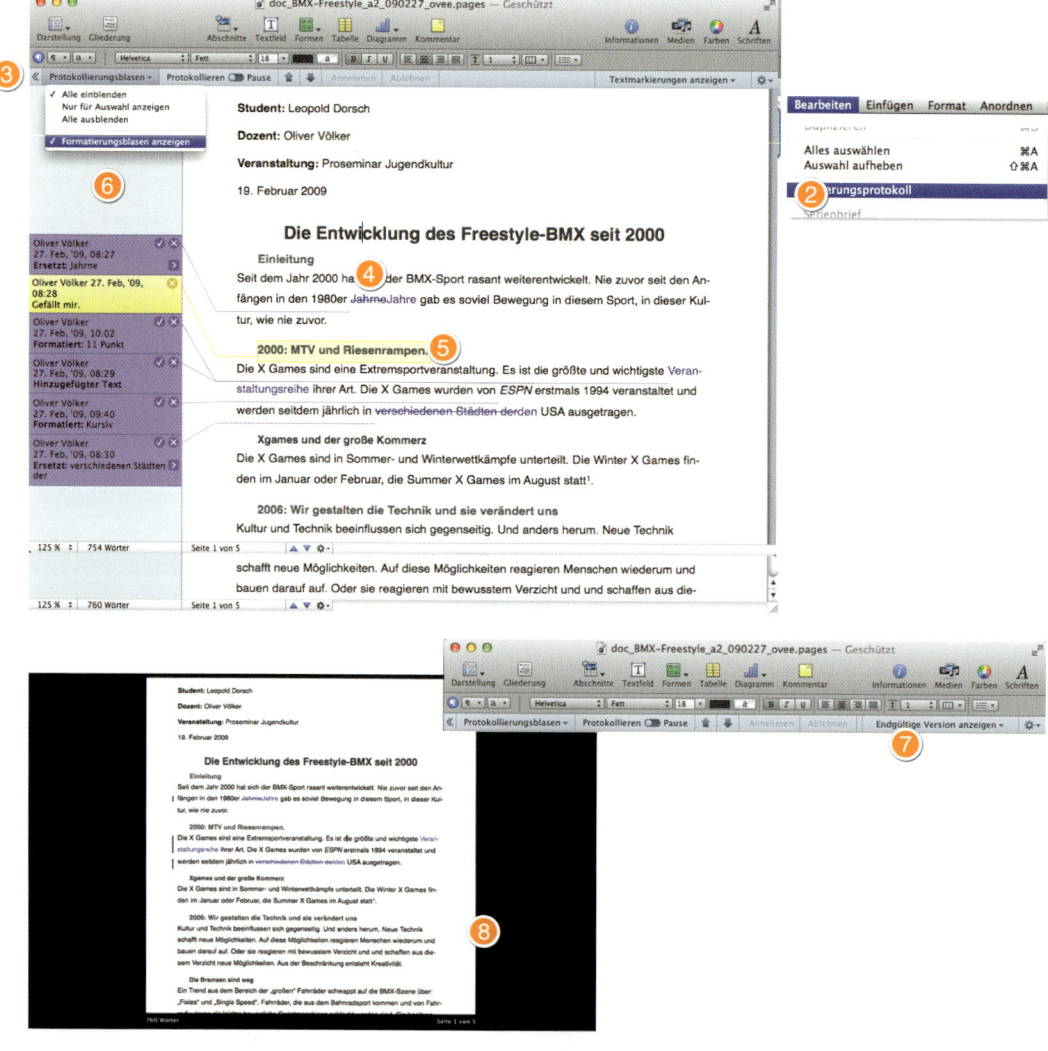

Ein Dokument überprüfen und Korrekturen einfügen

1 Öffnen Sie das Dokument, das Sie überprüfen möchten. Sichern Sie es unter einem anderen Namen.

2 Wählen Sie *Bearbeiten | Änderungsprotokoll* aus dem Menü.

3 Die Protokollierungsleiste mit den Optionen für die Überarbeitung und Darstellungen wird eingeblendet.

4 Bearbeiten Sie den Text wie gewohnt. Ihre Änderungen werden farbig hervorgehoben; gelöschter Text wird durchgestrichen.

5 Fügen Sie Kommentare für den Empfänger hinzu. Wählen Sie dazu eine Textstelle aus und klicken Sie auf die Taste *Kommentar* in der Symbolleiste.

6 Sie können alle Änderungen und Kommentare als Sprechblasen im *Kommentar- und Änderungsbereich* neben Ihrem Dokument anzeigen lassen. Im Menü *Protokollierungsblasen* legen Sie fest, ob Sie auch Formatierungsänderungen anzeigen möchten oder nicht.

7 Blenden Sie über die Protokollierungsleiste die Protokollierungsblasen aus, und lassen Sie sich nur die endgültige Version anzeigen, um Ihre Änderungen noch einmal zu überprüfen.

8 Wenn Sie wollen, klicken Sie auf *Vollbild*, um alle überflüssigen Informationen auszublenden.

Das Änderungsprotokoll ist kompatibel mit der Funktion *Überarbeiten* in *Microsoft Word*. Sie können also auch Dokumente mit *MS-Office*-Nutzern austauschen. Versenden Sie das Dokument dazu als *Word*-Datei.

Einigen Sie sich auf ein Austauschformat für Dokumente. Vergeben Sie Versionsnummern für Dokumente und fügen Sie Datum und Bearbeiter im Dateinamen ein. So können Sie immer sicher sein, dass Sie sich bei der Besprechung auf das gleiche Dokument beziehen. Außerdem haben Sie so eine zusätzliche Möglichkeit, Änderungen nachzuvollziehen – und das eben auch ohne das Änderungsprotokoll.

Ein geändertes Dokument bearbeiten

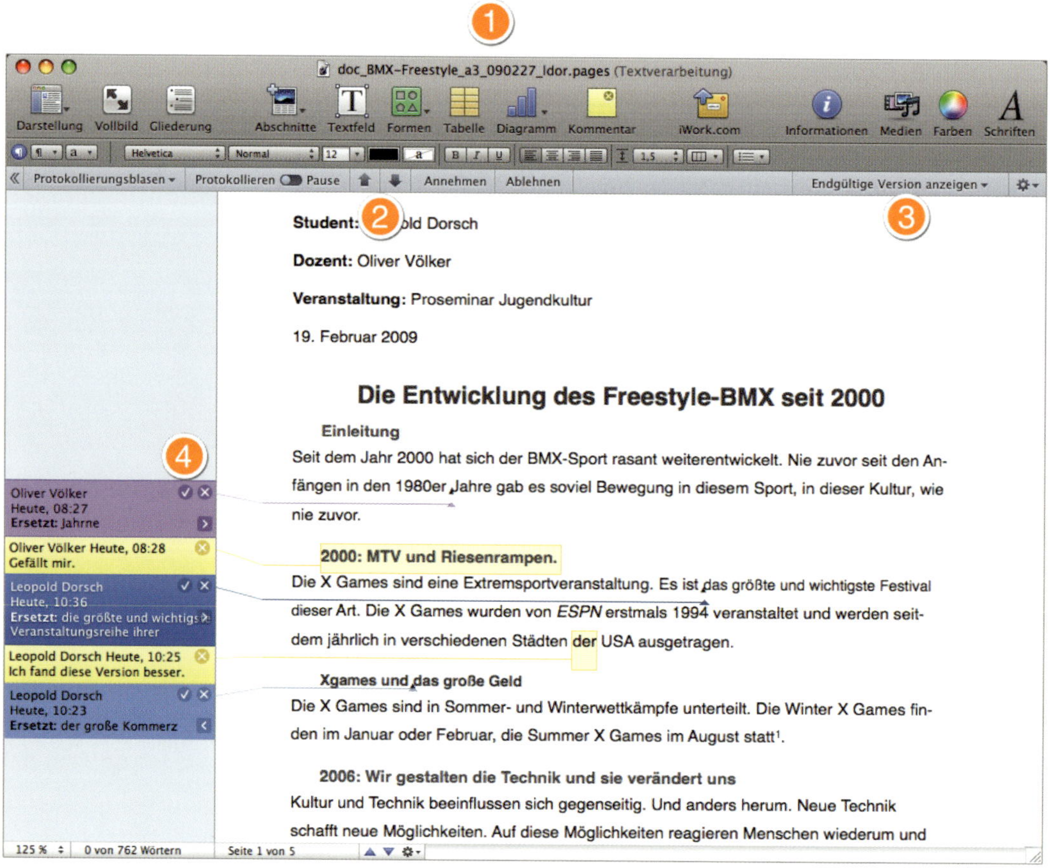

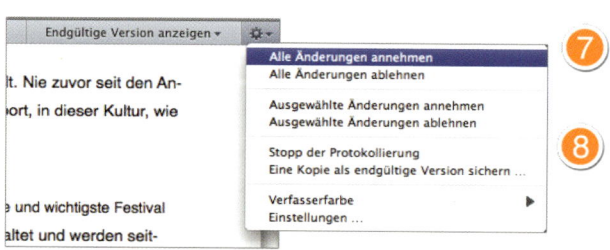

1 Öffnen Sie das bearbeitete Dokument und sichern Sie am besten unter einem anderen Namen.

2 Lassen Sie bei vielen Änderungen die *Endgültige Version anzeigen*. So sehen Sie nur den letzten Stand der Überarbeitung.

3 Springen Sie mit den Pfeiltasten von einer Änderung zur nächsten.

4 Klicken Sie auf das Häkchen in der Sprechblase, um eine Änderung zu akzeptieren oder auf das Kreuz, um sie abzulehnen.

5 Kommentare, die Sie hinzufügen (Taste *Kommentar),* werden mit Ihrem Namen und dem Zeitpunkt im Kommentar- und Änderungsbereich angezeigt.

6 Ändern Sie Text oder fügen Sie neuen hinzu. Alle Ihre Änderungen werden farbig hervorgehoben. Gelöschter Text wird durchgestrichen. Wenn Sie ganze Textpassagen verschieben, wird der Text an der ursprünglichen Stelle als gelöscht und an der neuen als eingefügt gekennzeichnet.

7 Wenn Sie mit allen Änderungen einverstanden sind, wählen Sie *Alle Änderungen annehmen* aus dem Aktionsmenü.

8 Stoppen Sie die Protokollierung und speichern Sie die finale Version.

Änderungen verfolgen und die Versionierung im aktuellen Mac-Betriebssystem

Wenn Sie Apples aktuelles System *OS X Mountain Lion* verwenden, können Sie die Änderungen Ihrer Dokumente über die *Versionen* sehen und nachverfolgen. Der Mac speichert diese Versionen allerdings nicht im Dokument, sondern in einem versteckten Verzeichnis auf Ihrer Festplatte. Wenn Sie ein Dokument verschicken, wird nur die letzte Version verschickt.

Wenn Sie also Dokument gemeinsam bearbeiten oder z. B. über Dienste wie *Dropbox* auf mehreren Computern bearbeiten, lohnt es sich weiterhin, eigene Versionen – z. B. mit Nummern – zu speichern.

Mehr zum Speichern unter *OS X* finden Sie in Kapitel 2 »Aufgaben lösen mit den Mac-Werkzeugen in *iWork«*.

Seitennummern in Dokumente einfügen

Wenn Sie ein Dokument mit mehr als drei Seiten erstellen, tun Sie das häufig, damit andere Menschen es lesen. Wenn Sie dann mit diesen Menschen über das Dokument sprechen möchten, »hilft es, zu wissen, worüber«. Eine bestimmte Stelle im Text lässt sich leichter finden, wenn Sie wissen, auf welcher Seite sie zu finden ist. Wenn der Text ausgedruckt ist, sind Seitenzahlen noch wichtiger. Denn dann fehlen die *Metainformationen*, die das Fenster im Computer anzeigt. Um es kurz zu machen: Setzen Sie Seitenzahlen in Ihre Werke.

Die »natürliche Heimat der Seitenzahlen« sind Textverarbeitungs-Dokumente; aber auch in Layout-Dokumenten können Sie diese automatischen einfügen – wenn Ihre Hauszeitung mal etwas dicker wird …

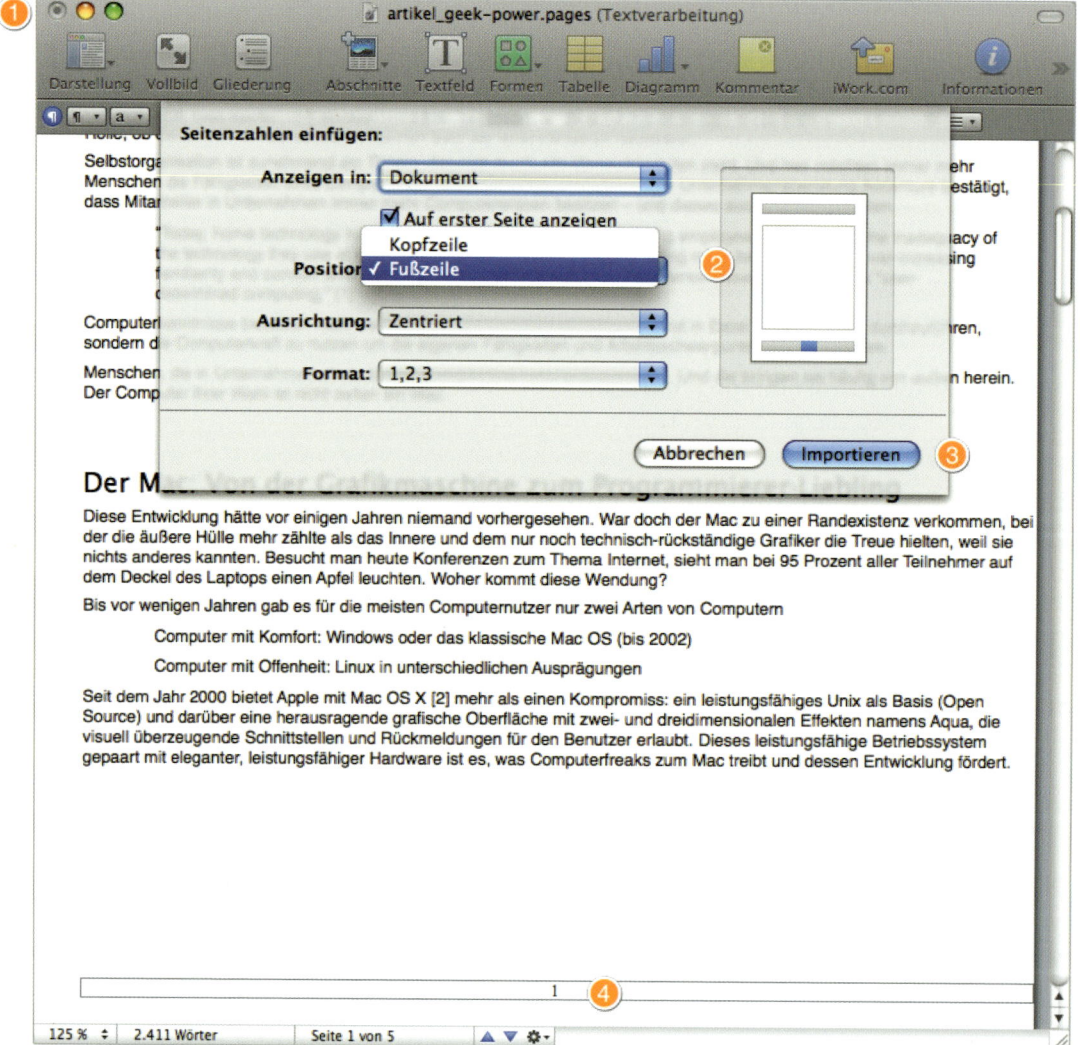

Seitenzahlen automatisch einfügen

1 In Textverarbeitungs-Dokumenten können Sie Seitennummern ganz einfach in die Kopf- oder Fußzeile einfügen – wie es Ihnen am besten gefällt. Wählen Sie dazu aus dem Menü *Einfügen | Seitenzahlen automatisch...*.

2 Wählen Sie im Dialogfeld, an welcher Stelle die Seitenzahlen angezeigt werden sollen. Wir fügen Sie in die Fußzeile ein. Der kleine blaue Balken in der Vorschau zeigt Ihnen, wo die Seitenzahl angezeigt werden wird.

3 Mit *Importieren* schließen Sie das Dialogfeld.

4 Jetzt finden Sie und Ihre Leser die Seitenzahl immer an der gleichen Stelle.

Sie können noch andere Daten automatisch in Ihr Dokument einfügen – zum Beispiel die Gesamtseitenzahl und den Dateinamen. Dann steht Folgendes in der Fußzeile: »artikel_geek-power. Pages Dienstag, 3. März 2012 1 von 5«

Statistiken anzeigen

Pages kann Buchstaben, Wörter und vieles andere zählen und ausgeben. Für einen groben Überblick über die Textmenge genügt ein Blick an den unteren Rand des Fensters, wo die Anzahl der Wörter und die Seiten angezeigt werden.

Aber man muss kein Erbsenzähler sein, um in Situationen zu kommen, in denen das zu wenig Informationen sind: Textproduktionen für Zeitungen, Zeitschriften oder die Werbebranche werden häufig nach Zeilen abgerechnet. Da ist es schon alleine für die Abrechnung interessant zu wissen, wie viel Text man produziert hat.

Statistik für ausgewählten Text anzeigen

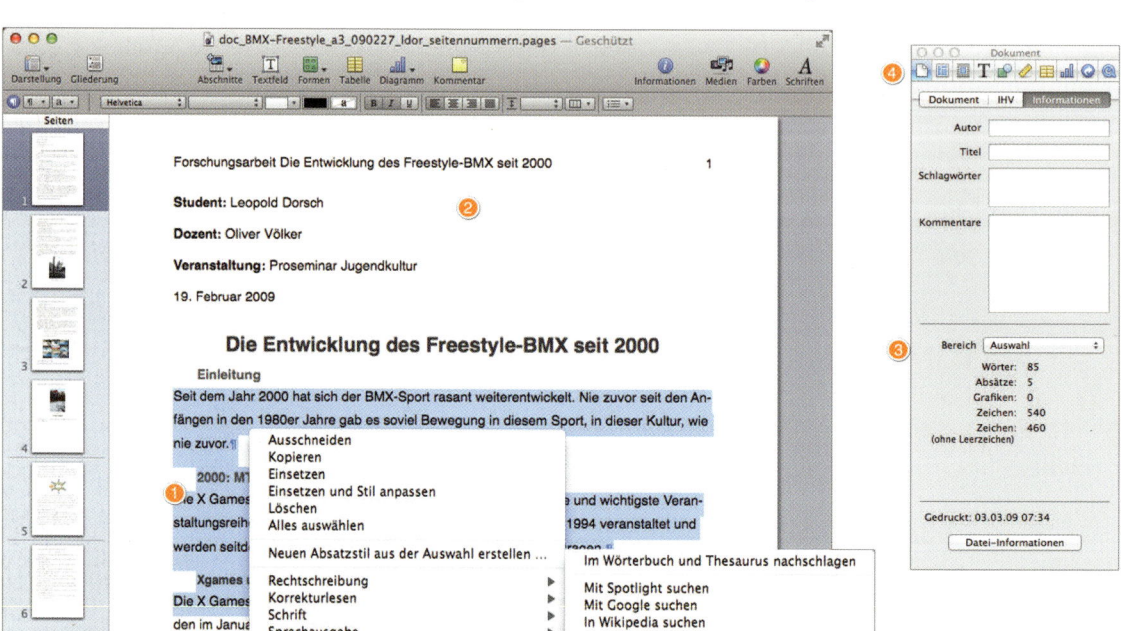

① Wählen Sie einen Textbereich aus und klicken Sie mit der rechten Maustaste hinein.

② Klicken Sie in *Schreibhilfen | Statistiken einblenden*.

③ Jetzt können Sie im *Informationsfenster* die statistischen Daten zum aktuell ausgewählten Text oder zum gesamten Dokument in aller Detailtiefe sehen. Sie können sogar sehen, ob Sie ein Dokument schon gedruckt haben und wann.

④ Die Statistiken im Informationsfenster sind übrigens immer aktuell. Wenn Sie also auf ein Ziel hinarbeiten (»nicht mehr als 1200 Zeichen, sonst kriegen wir es nicht auf eine Seite!«), haben Sie so die aktuelle Textmenge im Blick.

Die deutsche Normseite besteht aus 30 Zeilen à 60 Anschlägen – ohne Silbentrennung. Wenn Sie also den Inhalt einer Seite mit der Formel 30 x 60=1800 berechnen, liegen Sie meist viel zu hoch. Die *VG Wort* hat deshalb die Normseite auf 1500 Zeichen festgesetzt.

Texte formatieren, strukturieren und gestalten in Pages

5

Auch wenn die Inhalte zählen: Ein privater Brief soll dem Auge nicht wehtun und im Studium liest sich eine lange Studienarbeit einfach besser, wenn sie übersichtlich ist. Darüber hinaus steigert bei Ihren Firmendokumenten ein einheitliches Design auch den Wiedererkennungswert beim Kunden. Mit *Pages* können Sie mühelos Dokumente für den Alltagsgebrauch und für spezielle Ereignisse erstellen. Die mitgelieferten Vorlagen machen den Start schnell und einfach.

Damit die Arbeit flott von der Hand geht, zeigen wir Ihnen, wie Sie häufig verwendete Dokumente als Vorlage speichern, damit Sie für jede Aufgabe das richtige Dokument in Griffweite haben.

Vorlagen und Stile sind unersetzliche Hilfsmittel im Kampf gegen visuell verkrüppelte Dokumente. Damit Sie nicht bei jedem Zitat neu einstellen müssen, wie weit genau jetzt der Text eingerückt sein soll und ob er kursiv dargestellt werden soll oder nicht, können Sie genau solche Einstellungen als Stil speichern. Und wenn Sie wollen, ändern Sie damit das Aussehen eines kompletten Dokuments im Handumdrehen. Aber die Schönheit der Stile liegt nicht allein in der Oberfläche. Denn mit richtig eingesetzten Absatzformaten versehen Sie Ihr Dokument ganz nebenbei mit einer semantischen Struktur, mit der die Zeichen auch für den Computer mit einer Bedeutung bekommen.

Um Inhalte ordentlich, strukturiert, übersichtlich und verständlich darzustellen, haben sich noch zwei Darstellungsformen etabliert: Listen und Tabellen. Zu Recht, denn eine Tabelle kann manchmal viele Seiten Text ersetzen. Und mit den Tabellen in *Pages* können Sie sogar komplizierte Berechnungen durchführen.

Das Aussehen festlegen:
Vorlagen, Stile und andere Formatierungen

Mit *Pages* können Sie professionelle Dokumente erstellen, auch wenn Sie völliger Laie sind. Starten Sie am besten mit einer der Vorlagen und füllen Sie diese mit Ihren Inhalten.

Wir gehen aber nicht davon aus, dass Sie sich damit zufriedengeben, nur Bestehendes zu füllen. Sie müssen kein Sklave der Vorlagen sein, so schön sie auch sind. Nutzen Sie sie für Ihre Designs und passen Sie sie an. Es mag natürlich sein, dass Sie mit den Vorlagen zufrieden sind und Sie überhaupt nichts ändern möchten. Dennoch kann es doch für die Arbeit hilfreich sein, zu wissen, wozu die Werkzeuge eigentlich gut sind, mit denen man gerade arbeitet und welche Konzepte dahinter stehen: nämlich Vorlagen, Stile und freien Formatierungen.

In diesem Kapitel arbeiten wir mit der Textverarbeitung. Die meisten Werkzeuge und Techniken können Sie jedoch auch in Seitenlayouts verwenden. Wir erklären kurz die Geheimnisse der Vorlagen, Stile und Formatierung und dann geht es auch schon direkt zur Anwendung.

Damit Sie sich als Umsteiger gleich zurechtfinden: *Stile* in *Pages* **entsprechen den** *Formatvorlagen* **in** *Microsoft Word*. **Die Format-vorlagen aus** *Word* **können Sie in** *Pages* **übrigens weiter verwenden.**

Absatz- und Zeichenstile im Vergleich

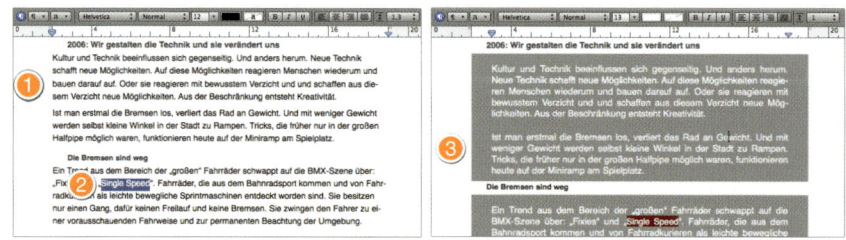

① Dieser Absatzstil heißt *Text*. Wir verwenden ihn für den Haupttext des Dokuments.

② Dieser Zeichenstil heißt *Hervorhebung*. Wir weisen ihn einzelnen Wörtern zu, die wir für wichtig halten.

③ Wenn Sie einen Stil ändern, können wir die Darstellung des Haupt-textes im ganzen Dokument verändern. Rechts im Bild sehen Sie die Stile *Text* und *Hervorhebung* mit veränderter Formatierung.

Vorlagen

Die Vorlagen von *Pages* geben das gesamte Design und Layout für viele unterschiedliche Dokumententypen vor. Dazu werden alle Möglichkeiten genutzt, die *Pages* bietet: Seitenlayout und Abschnittsformatierung, Seitenränder, Seitennummerierung, Hintergrundgrafiken (Wasserzeichen), Absatz- und Zeichenstile für Haupttext, Kopfzeilen, Fußzeilen, Legenden. Darüber hinaus finden sich hier Listenstile für das Inhaltsverzeichnis, Aufzählungszeichen und Nummerierungen, Fülleffekte und Linienstile für Objekte, Farben und Stile von Diagrammen, Darstellung von Tabellen.

Sie können eine bestehende Vorlage anpassen, indem Sie etwa das Logo durch Ihr eigenes ersetzen oder von Grund auf eine neue Vorlage erstellen.

Absatzstile

Absatzstile sind die wichtigsten Stile im ganzen System. Sie beziehen sich immer auf einen Absatz. Dazu gehören Überschriften und natürlich Textblöcke. Schon mit den Standardstilen *Überschrift 1*, *Überschrift 2* und *Text* können Sie Ihr Dokument sehr gut strukturieren. Sie sind auch die Basis für die Gliederung und das Inhaltsverzeichnis. Das Inhaltsverzeichnis nutzt eigene Absatzstile – die *IHV-Stile* – um das Aussehen festzulegen.

> **Noch etwas: Absätze ohne Stil gibt es nicht. Wenn nichts ausgewählt ist, verwendet *Pages* den Stil *Freie Form*.**

Zeichenstile

Zeichenstile beziehen sich auf einzelne Zeichen, Wörter oder Satzteile. Sie werden für Hervorhebungen aber auch für andere Auszeichnungen verwendet. Dazu gehören unter anderem, fett, kursiv, unterstrichen, durchgestrichen, hochgestellt oder farbig.

Natürlich können Sie *cmd-B* bzw. ⌘-*B* drücken, um ein Wort **fett** (oder **bold**) darzustellen und damit im Text hervorzuheben. Zusammen mit *kursiv* (*cmd-I* bzw. ⌘-*I*) und <u>unterstrichen</u> (*cmd-U* bzw. ⌘-*U*) haben wir schon die drei beliebtesten Zeichenstile zusammen. Wenn Sie für Hervorhebungen aber einen aufwendigeren Stil gebrauchen möchten, z. B. *weißer Text auf schwarzem Hintergrund*, *kursiv und türkis unterstrichen*, lohnt es sich, diesen als eigenen Stil zu speichern. Denn die nötigen Einstellungen befinden sich teilweise in unterschiedlichen Menüs und Abschnitten des Informationsfensters. Und wenn Ihnen dieser Stil doch zu ausgefallen ist (kann passieren), können Sie mit einer Änderung alle Vorkommen im Dokument ändern.

Sie können auch semantische Zeichenstile erstellen, um Text nicht über das Aussehen, sondern die Bedeutung auszuzeichnen. Einer ist schon dabei. Der Stil *Hervorhebung*. Er zeigt an, dass eine Textpartie wichtiger ist als andere. Ob er fett, unterstrichen oder bunt ist, entscheiden Sie. Und Sie können Stile für Zitate im Text erstellen, indem Sie diese nicht einfach *kursiv* setzen, sondern mit dem Stil *Zitat* versehen.

Anders als direkte Auszeichnungen bleiben Zeichenstile erhalten, auch wenn Sie den Stil des Absatzes, in dem Sie sich befinden, ändern.

Listenstile

Listenstile gelten für alle Listen mit Aufzählungszeichen oder Nummerierung. Auch hier gibt es unendlich viele Möglichkeiten, von denen Sie aber nicht alle nutzen müssen. Von einfachen Punkten (auch »Bulletpoint« genannt) bis zu eigenen Bildern als Aufzählungszeichen ist beinahe alles möglich. Die wichtigsten Nummerierungsstile wie *Harvard* oder *Legal* sind ebenfalls schon angelegt. Sie können sie nahezu beliebig nach Ihren Bedürfnissen anpassen und als eigenen Stil speichern. Sie können Listenstile sogar auf Überschriften anwenden und diese damit nummerieren.

Die gespeicherten Listenstile erscheinen in der Formatierungsleiste. Listenstile können auch Teil eines Absatzstils sein.

Tabellenstile

Tabellenstile in *Pages* sind lange nicht so ausgefeilt wie die in *Numbers*. Sie können jedoch eine Tabelle formatieren und diesen Stil als *Standardstil* für eine Vorlage einstellen. Genau wie alle anderen Formatierungen lässt sich auch ein Tabellenstil kopieren und auf eine andere Tabelle übertragen.

Bedingtes Format in Tabellen

Nur in Tabellen können Sie die Formatierung abhängig vom Wert festlegen. Abhängig von einer Regel (diese erstellen Sie in der *Informationspalette*) können zum Beispiel positive Werte in einer Tabelle *schwarz* und *fett* dargestellt werden, negative Werte hingegen *rot*.

Diese Formatierungen können Sie nicht als Stil speichern. Sie werden nicht von anderen Stilen beeinflusst.

Freie Formatierung

Natürlich sind Sie bei der Formatierung Ihrer Texte nicht auf Stile festgelegt. Im Gegenteil – Sie können Text frei bearbeiten, wie Sie möchten.

Bei der freien Formatierung weisen Sie Wörtern, Zeichen oder Absätzen ein eigenes Format zu. Dazu markieren Sie die betreffende Stelle und formatieren Sie so, wie Sie es möchten. Im Normalfall arbeiten Sie mit einer Kombination aus vorgegebenen Stilen und nutzen die freie Formatierung, um schnell und flexibel die Darstellung einzelner Textteile zu verändern. Selbstverständlich können Sie diese Formatierung als Basis für neue Stile verwenden oder bestehende Stile daran anpassen.

Alle freien Formatierungen in einem Absatz werden gelöscht, sobald Sie den Absatzstil ändern oder den aktuellen Absatzstil zurücksetzen.

Für einen Überblick über die Oberfläche von *Pages* schauen Sie zur Seite »Was ist wo in Pages?«. Und nutzen Sie häufig Tabellen zur Verwaltung und Berechnung, sollten Sie diese in *Numbers* erstellen. Dort haben Sie viel mehr Möglichkeiten – und nur dort können Sie Tabellenstile nutzen.

Für die Leser, die sich schon mit HTML beschäftigt haben, sind Stile nichts Besonderes. Denn schon das ursprüngliche Konzept sah eine strukturelle Auszeichnung vor. Nach zwischenzeitlichen digitalen Verwirrungen zieht mittlerweile jede Website ihre Darstellungsanweisungen aus einem sogenannten Stylesheet, in dem angegeben ist, wie die Überschrift (<H1>), der Absatz (<p>) und die Liste (<ol>) dargestellt werden soll. Wenn Ihnen eine Website nicht gefällt, können Sie sich sogar Ihr eigenes Stylesheet erstellen und damit bestimmte Elemente auf der Seite nach Ihrer Vorstellung umbauen.

Text formatieren

Es fällt schwer, sich auf dieser Seite kurz zu fassen, denn in *Pages* können Sie mit Text so unglaublich viel machen. Und grundsätzlich können Sie Text auch an jeder Stelle, an der er auftritt, mit den gleichen Werkzeugen bearbeiten.

»Ach, falls Sie danach suchen. Nein:« Texte verbiegen, verzerren oder mit Verläufen versehen können Sie in *Pages* nicht – und Millionen von Lesern werden dafür dankbar sein.

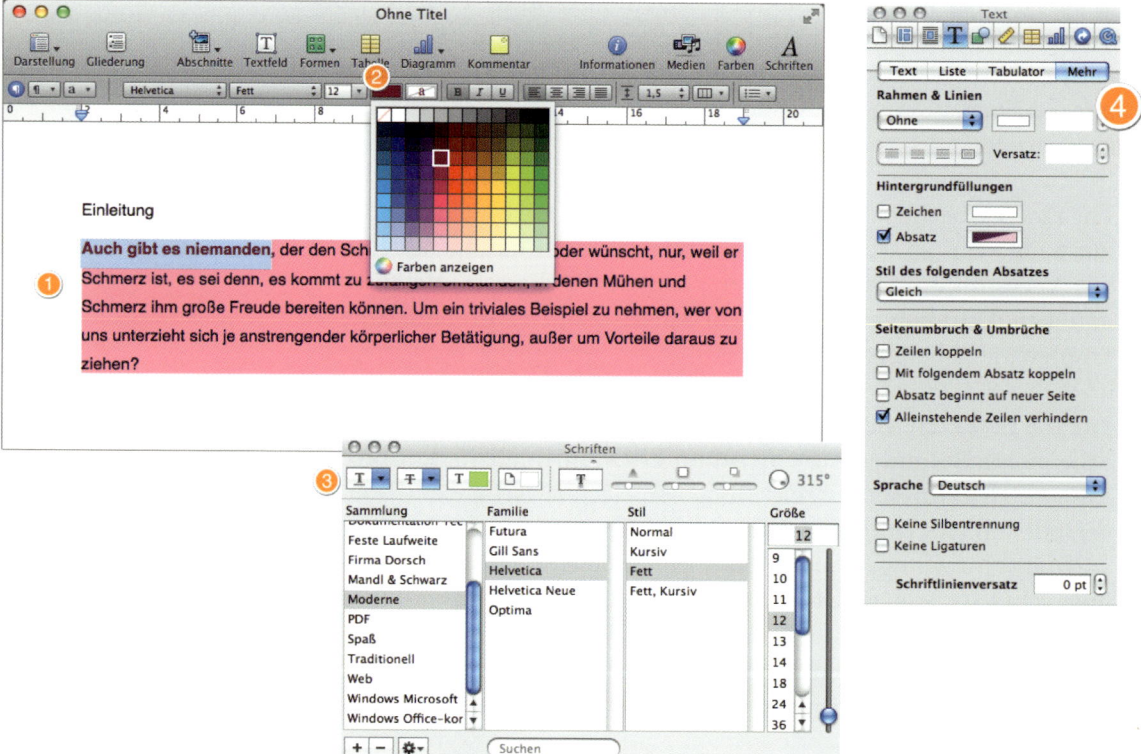

Text frei formatieren in Pages

1 Wählen Sie eine Textstelle oder einen Absatz aus, den Sie ändern wollen.

2 In der Formatierungsleiste finden Sie die Werkzeuge, um die gängigsten Formatierungen festzulegen: Wählen Sie die Schrift, die Größe und die Farbe aus. Mit den Tasten für *Fett, Kursiv* und *Unterstrichen* heben Sie Textstellen schnell hervor.

3 Mehr typografische Feinheiten finden Sie im Fenster *Schriften*. Dort können Sie Schlagschatten hinterlegen, erweiterte Unterstreichungen festlegen und vieles mehr.

4 Hintergrundfarben für Zeichen und Absatz verstecken sich im Informationsfenster *Text* unter *Mehr*.

Vermissen Sie *Microsoft Word Art* bei der Arbeit mit *Pages?* Können wir uns kaum vorstellen. Wenn Sie dennoch unbedingt Headlines oder Logos mit Verlauf und Kurven erzeugen wollen, empfehlen wir Ihnen spezialisierte Werkzeuge für den Mac wie *Art Text*. Wir wollen niemandem wehtun, aber der Coolste auf dem Schulhof der Überschriften werden Sie bestimmt nicht mit einer *eleganten* Überschrift aus dem Microsoft-Angebot, sondern eher mit der Variante *urban* aus der Trickkiste des Spezialisten.

Mehr zur Schriften und Schriftverwaltung finden Sie in Kapitel 2 »Aufgaben lösen mit den Mac-Werkzeugen in *iWork*«.

Stile verwenden

Mit Stilen zu arbeiten ist schlau. Denn damit trennen Sie den Inhalt Ihres Dokuments von dessen Darstellung und versehen ihn gleichzeitig mit zusätzlicher Bedeutung (Semantik). Diese kann *Pages* (oder ein anderes Programme) nutzen, um die Struktur festzustellen und daraus Gliederungen und Inhaltsverzeichnisse zu erstellen. Die Theorie hört sich kompliziert an; die Praxis ist supereinfach.

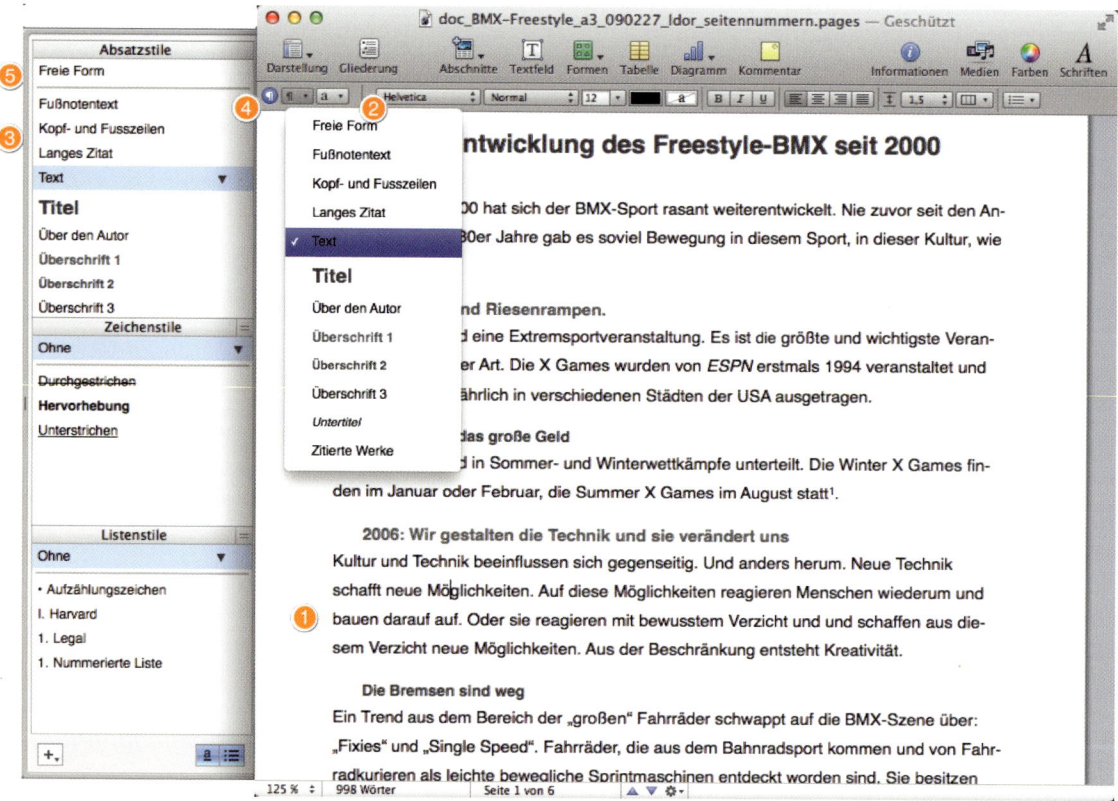

Stil auf einen Absatz anwenden

1 Setzen Sie die Einfügemarke (Cursor) in den Absatz, den Sie ändern möchten. Sie können auch mehrere Absätze auswählen.

2 Klicken Sie auf das Menü für Absatzstile mit dem kleinen Absatzsymbol (¶). Der Stil wird unmittelbar auf den Absatz oder die Auswahl angewendet.

3 Sie können Stile auch über das Fenster *Stile* festlegen. Klicken Sie dazu einfach auf den Stil Ihrer Wahl. In diesem Fall *Text*.

4 Das Fach *Stile* öffnet sich nach einem Klick auf das blaue Absatzsymbol in der Formatierungsleiste oder über *Darstellung | Stile einblenden (cmd-Umschalttaste-T* bzw. ⌘-⇧-*T)*.

5 Klicken Sie auf *Freie Form*, um alle Absatzformatierungen zu entfernen.

Die Anwendung zählt: Sie müssen kein Sprachwissenschaftler sein, um ein richtig strukturiertes Dokument zu erstellen. Genauso wenig, wie Sie Fahrzeugtechnik studiert haben müssen, um die Gänge im Auto richtig wechseln zu können.

Noch etwas: Im Fach *Stile* aber auch im Menü können Sie auch die Kurzbefehle sehen, die wir den Stilen zugeordnet haben. Wie Sie das selbst machen können, zeigen wir etwas später in »Kurzbefehl für Stile festlegen«.

Wir mögen das Fach *Stile,* weil wir so die verfügbaren Stile übersichtlich im Blick haben.

Stile bearbeiten und neu erstellen

Nichts ist so beständig wie der Wandel. Und gerade, wenn Sie auf der Basis von Vorlagen arbeiten, wird es Ihnen gefallen, dass Sie Änderungen an den Stilen beinahe nebenbei durchführen können. Als Umsteiger von anderen Werkzeugen müssen Sie jetzt leider alle Ihre Kenntnisse kompliziert verschachtelter Dialog- und Konfigurationsfenster vergessen – und die Einfachheit kennenlernen.

Schriften und Absätze bearbeiten Sie dabei direkt am lebenden Objekt. Alles, was Sie anpassen, sehen Sie auch sofort live im Dokument. Wie hier an unserem Absatz.

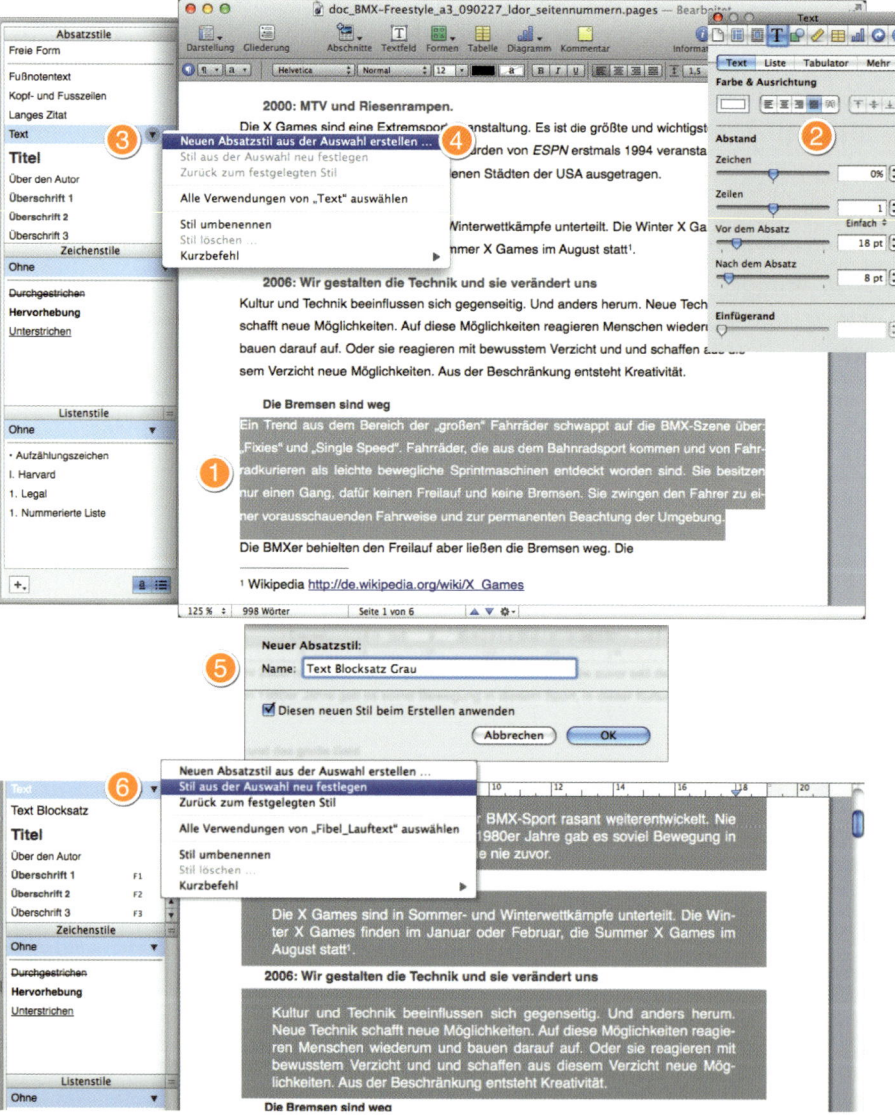

Bestehenden Stil bearbeiten

❶ Ändern Sie die Einstellungen für Ihren Absatz. In unserem Fall hat der Absatz den Stil *Text*.

❷ Wir passen im *Informationsfenster* die Schrittgröße an, ändern die Ausrichtung zu Blocksatz, verändern den Zeilenabstand, Rand, Schriftfarbe und füllen den Hintergrund mit einer Farbe.

❸ Öffnen Sie das Fach *Stile (cmd-Umschalttaste-T* bzw. *⌘-⇧-T)*. Das rote Dreieck neben dem Absatzstil zeigt an, dass dieser verändert wurde.

❹ Klicken Sie auf das Dreieck und wählen Sie *Neuen Absatzstil aus der Auswahl erstellen ….*

❺ Geben Sie dem neuen Stil einen bezeichnenden Namen. Wir nennen ihn *Text Blocksatz Grau*, damit er im Fach unter den bestehenden Text-Stilen auftaucht (alle Stile sind alphabetisch sortiert).

❻ Wählen Sie *Stil aus der Auswahl neu festlegen*, werden alle Vorkommen des gewählten Stils an die neuen Einstellungen angepasst. Ohne Nachfragen, ohne Verwirrungen.

Hier gilt, wie bei allen Veränderungen an Vorlagen: Sichern Sie die letzte Version mit *Sichern unter ….* Geben Sie dem Dokument einen Titel mit fortlaufender Nummerierung. So können Sie auch nach den chaotischsten Veränderungen auf eine funktionierende Version zurückgreifen.

Stile und Formatvorlagen importieren

Als moderner Wissensarbeiter hat man nicht mehr notwendigerweise für einen einzigen Arbeitgeber, sondern mehrere. Und jeder dieser Arbeitgeber hat seine eigenen Vorstellungen davon, wie ein Dokument auszusehen hat. Wenn das so ist, nehmen Sie einfach eines seiner Dokumente und holen Sie die Stile – oder Formatvorlagen – einfach raus. Zum Importieren der Stile gibt es in *Pages* genau eine Möglichkeit, und die zeigen wir Ihnen hier.

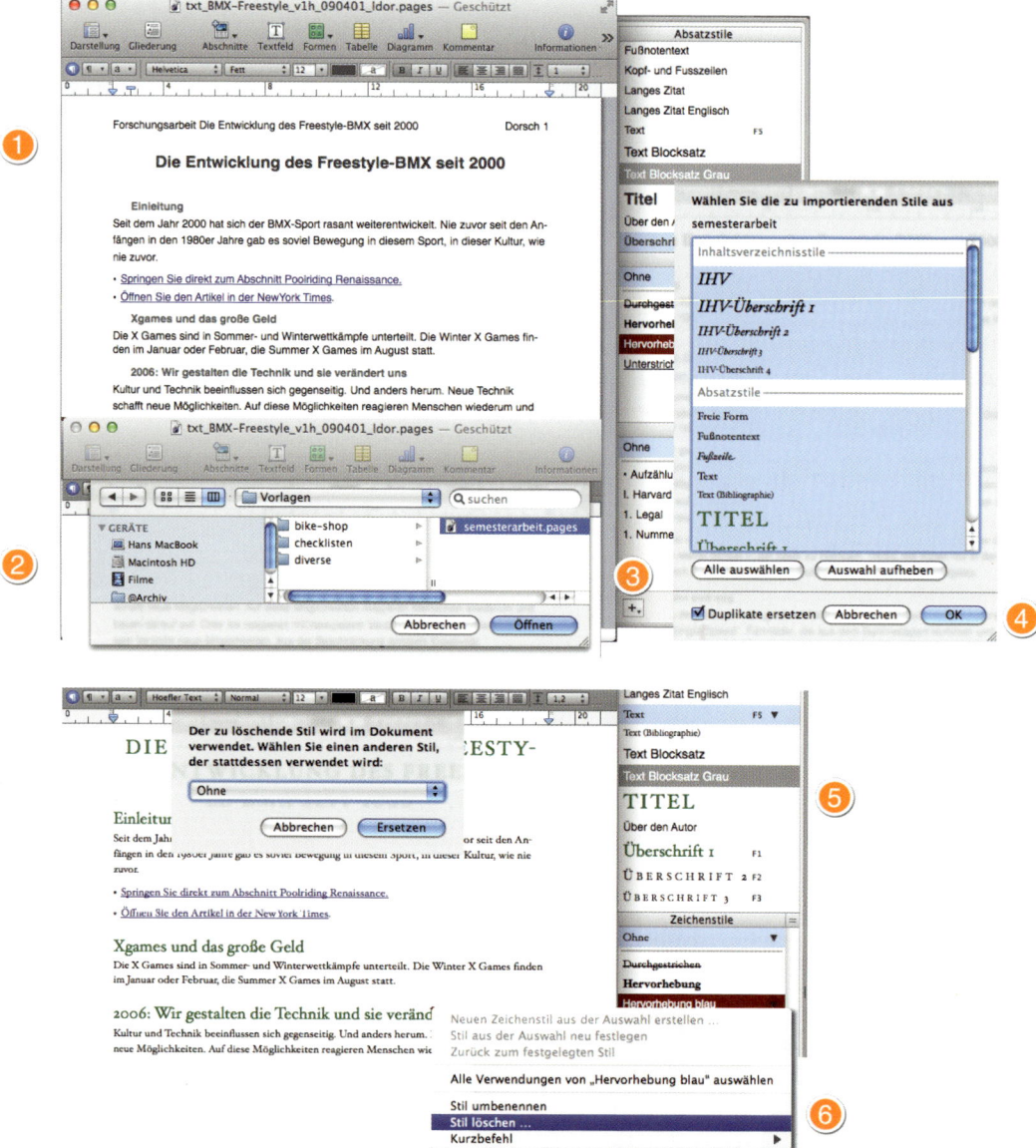

Stile aus einem anderen Dokument importieren

1 Öffnen Sie das Dokument, das Sie mit neuen Stilen versehen möchten.

2 Wählen Sie aus dem Menü *Format* | *Stile importieren ….* Suchen Sie im Dialogfeld Ihr Ausgangsdokument und klicken Sie auf *Öffnen*.

3 Wählen Sie im nächsten Schritt alle Stile aus, die Sie importieren möchten. Klicken Sie im Zweifel auf den Knopf *Alle auswählen*.

4 Klicken Sie auf *OK*, um den Import zu starten. Markieren Sie vorher *Duplikate ersetzen,* um schon beim Import bestehende Stile durch importierte zu ersetzen.

5 Im Idealfall hat Ihr Dokument jetzt ein neues Design. Die neuen Stile sehen Sie auch im Fach *Stile*.

6 Stile, die Sie nicht mehr benötigen, können Sie löschen. Klicken Sie dazu auf das Dreieck am Stil im Fach und wählen Sie *Stil löschen ….* Ist der Stil in Verwendung, fragt *Pages* nach, ob Sie ihn ersetzen möchten. Wählen Sie einen Stil aus der Liste oder wählen Sie *Ohne* oder *Freie Form*, um den Stil einfach nur zu entfernen.

7 Sichern Sie Ihr Dokument als Vorlage, sofern Sie es als Basis für neue Dokumente verwenden möchten.

Möchten Sie ein bestehendes Dokument mit einer der professionellen *Pages*-Vorlagen *überziehen*? Erstellen Sie einfach ein Dokument mit der Vorlage Ihrer Wahl. Speichern Sie es unter einem griffigen Namen (z. B. »Vorlage_Bericht.pages«) und importieren Sie im Anschluss die Stile.

Für Umsteiger: Sind Sie neu bei *Pages?* Importieren Sie Ihre alten Dokumentvorlagen aus anderen Programmen und verwenden Sie sie in *Pages* weiter.

Meckert *Pages* beim Öffnen des Dokuments? Fehlt eine Schrift? Bitten Sie den Ersteller der Vorlage, Ihnen die fehlende Schrift zuzusenden und installieren Sie diese auf Ihrem Mac. Wie das geht, zeigen wir Ihnen in »Schriften finden und verwalten mit der Schriftsammlung«.

Folgestil festlegen

Schreiben Sie viel? Und schreiben Sie Ihre Dokumente mit fester Gliederung? Oder haben Sie feste Vorgaben, die Sie erfüllen müssen? Dann muss es Ihnen doch höllisch auf die Nerven gehen, wenn Sie nach jedem Absatz den Stil von Hand auswählen müssen. Selbst wenn Sie das per Kurzbefehl erledigen können. Mit Folgestilen formatieren Sie Ihr Dokument blind, nur mit dem Zeilenschalter.

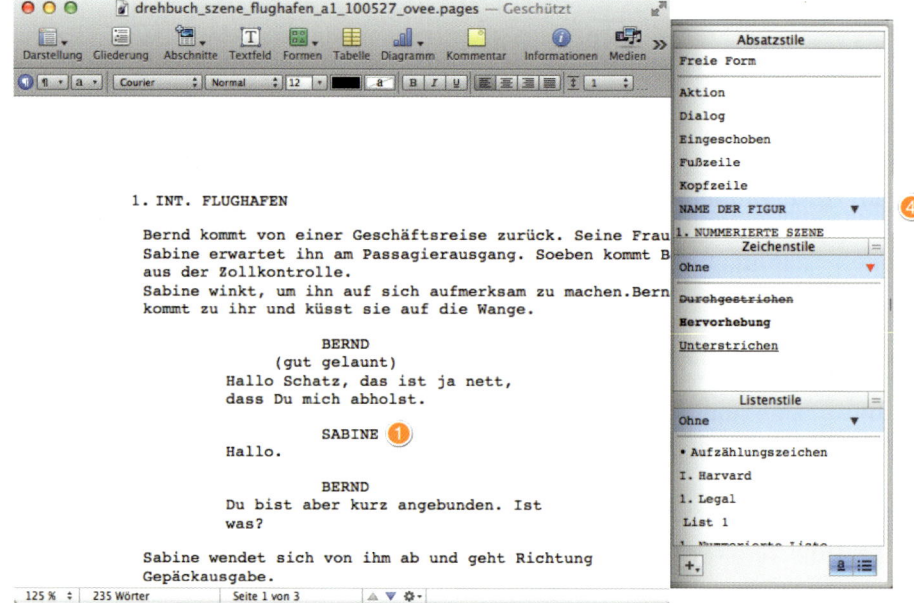

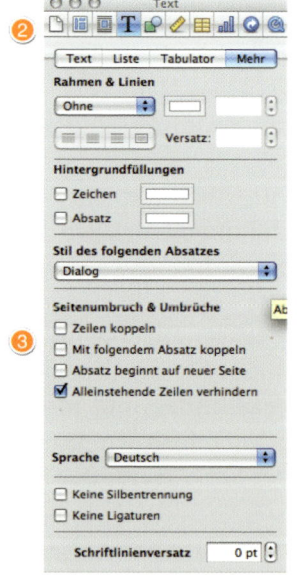

Stil für den folgenden Absatz festlegen

1 Klicken Sie im Dokument in den Absatz, für den Sie den folgenden Absatz festlegen möchten. Hier ist es der Name der Figur im Drehbuch.

2 Öffnen Sie das Informationsfenster *Text* und klicken Sie auf den Abschnitt *Mehr*.

3 Wählen Sie aus dem Menü unter *Stil des folgenden Absatzes* einen Stil aus (hier *Dialog)*.

4 Im Fach *Stile* erscheint ein rotes Dreieck, weil der Stil verändert worden ist. Klicken Sie auf das Dreieck und wählen Sie aus dem Menü *Stil aus der Auswahl neu festlegen.* Der Stil ist jetzt im gesamten Dokument geändert.

Das klassische Beispiel für den Einsatz und die beinahe zwingende Notwendigkeit der automatischen Folgestile ist das *Drehbuch*. Deshalb haben wir es hier auch gewählt. Egal ob für Film, Fernsehen oder Werbung: Im Dialog folgt auf den Namen der Figur (linker Einzug in der Mitte, großgeschrieben) das, was sie sagt (Einzug links und rechts) und so weiter.

Kurzbefehl für Stile festlegen

Was nicht einmal *Word* ordentlich kann, zeigen wir Ihnen hier: den Stilvorlagen hilfreiche Kurzbefehle zuweisen. Denn für das flüssige Arbeiten mit der Tastatur ist diese Möglichkeit aber zwingend notwendig.

In *Pages* können Sie bis zu acht Stile den Funktionstasten 1-8 zuweisen. Das sollte für die meisten Fälle genügen. Zum Einrichten des Kurzbefehls brauchen Sie allerdings noch einmal die Maus.

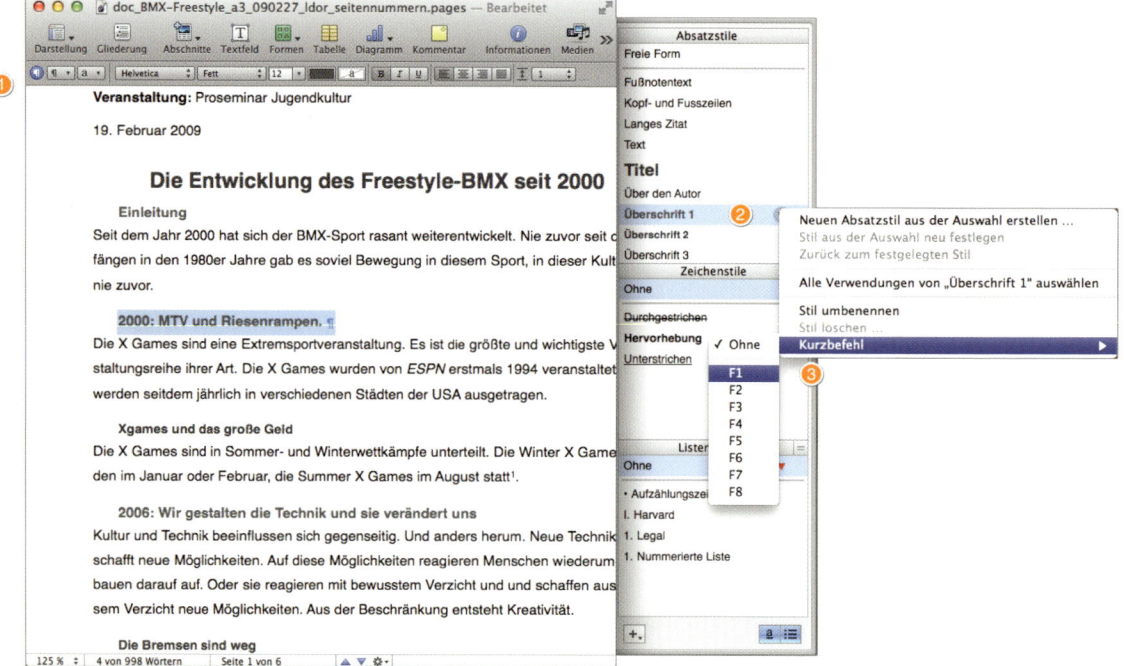

Kurzbefehle für Absatzstil festlegen

1 Blenden Sie die Absatzstile ein. Wählen Sie dazu *Darstellung | Stile einblenden (cmd-Umschalttaste-T bzw. ⌘-⇧-T)* oder klicken Sie auf das Absatzzeichen in der Formatierungsleiste (¶).

2 Fahren Sie mit der Maus über jenen Stil, den Sie bearbeiten möchten, und klicken Sie auf das kleine Dreieck, um das Kontextmenü zu öffnen.

3 Wählen Sie *Kurzbefehl* und dann die Funktionstaste Ihrer Wahl.

Unser naheliegender Tipp: Vergeben Sie die Kürzel nach Ihrer Struktur, also »F1« für »Überschrift 1«, »F2« für »Überschrift 2«, bis »F5« für »Text«.

Sollten die Kürzel nicht funktionieren, ändern Sie in den Systemeinstellungen unter *Tastatur & Maus* die Einstellung Die Tasten F1, F2 usw. als Standard-Funktionstasten verwenden.

Um die Tastaturkürzel nicht für jedes Dokument neu speichern zu müssen, können Sie Ihr Dokument als eigene Vorlage speichern. Wie das geht, zeigen wir in 11 »Eigene Vorlagen erstellen«.

Eigene Vorlagen erstellen

Behörden sind schrecklich, das wissen wir alle. Und Behörden lieben Vordrucke und Vorlagen. Damit der Schreibverkehr möglichst rational abläuft und mit den internen Genehmigungsabläufen übereinstimmt. Ganze Abteilungen beschäftigen sich damit, spezielle Vorlagen für jede vorstellbare Art von Kommunikation zu entwerfen, zu verteilen und zu verordnen. Sicher haben auch Sie schon einmal ein solches Schreiben erhalten, das aus fünf Textbausteinen besteht, in die an geeigneter Stelle Ihr Name und Ihre Steuernummer eingefügt worden sind.

Aber so weit müssen Sie nicht gehen – denn in Maßen verwendet, sind Vorlagen ein Segen. Mit Dokumentvorlagen, festen Absatz-, Zeichen- und Listenstilen kümmern Sie sich um das, was Sie mitteilen möchten und nicht darum, wie es aussehen soll. Und mit eigenen Vorlagen für Dokumente, die Sie häufig verwenden, starten Sie Ihren persönlichen Workflow einfach mit dem Start von *Pages*.

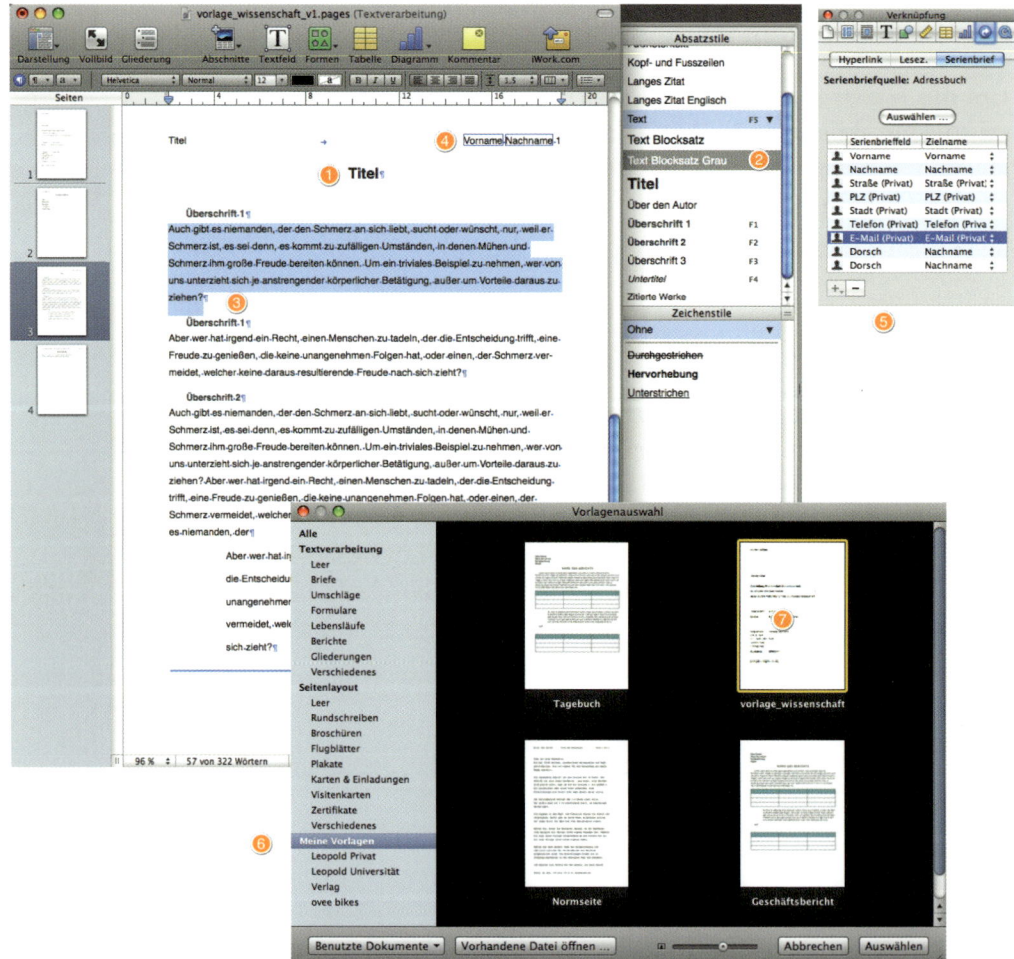

Vorlage aus Dokument erstellen

1. Wandeln Sie ein Dokument in ein Beispieldokument um. Wenn Sie die Vorlage weitergeben möchten, entfernen Sie alle persönlichen Daten oder füllen Sie das Dokument mit Blindtext.

2. Löschen Sie überflüssige Stile.

3. Legen Sie Platzhaltertexte fest, damit sofort losgelegt werden kann. Wählen Sie dazu einen Textbereich aus und wählen Sie *Format | Erweitert | als Platzhaltertext festlegen* oder *ctrl-alt-cmd* bzw. *ctrl-⌥-⌘*. Aber passen Sie auf, dass Sie nur den aktuellen Absatz auswählen (wählen Sie nicht den *Absatzumbruch* ¶ mit aus). Blenden Sie dazu am besten die Steuerzeichen ein oder *cmd-Umschalttaste-I* bzw. *⌘-⇧-I*.

4. Füllen Sie Serienbrieffelder ein, um Dokumente mit persönlichen Inhalten zu füllen. Wählen Sie dazu *Einfügen | Absenderfeld*, um die Daten der Visitenkarte aus der *Kontakte*-App einzufüllen.

5. Im Informationsfenster *Verknüpfung | Serienbrief* finden Sie sämtliche Einstellungen wieder.

6. Wählen Sie *Ablage | Als Vorlage Sichern ….* Speichern Sie im folgenden Dialogfenster Ihre Vorlage im Ordner »Meine Vorlagen«.

7. Ihre Vorlage erscheint beim nächsten Aufruf der Vorlagenauswahl unter *Meine Vorlagen*. Sie können den Bereich *Meine Vorlagen* weiter untergliedern. Legen Sie dazu im Ordner *Vorlagen* (nicht in *Meine Vorlagen*) einen neuen Ordner ab und speichern Sie die Vorlage dort. Wir haben Ordner für Uni, Kunden und privat angelegt.

Vorlagen, die direkt im Ordner */Pages/Vorlagen/* abgelegt sind, werden in der Vorlagenauswahl nicht angezeigt. Legen Sie diese in einen Ordner. Auch leere Ordner tauchen in der Vorlagenauswahl nicht auf.

Brauchen Sie Blindtext? Nehmen Sie doch einfach den »Lorem ipsum«-Platzhaltertext einer beliebigen *Pages*-Vorlage oder erzeugen Sie Ihren eigenen Text bei www.blindtextgenerator.de.

Wenn Sie mal Zeit haben, schauen Sie doch mal, wo der Ordner *Vorlagen* liegt: In *~/Library/Application Support/iWork/Pages/*. Dabei ist »~« Ihr Benutzerordner am Mac. In der *Library* – die Sie über das Menü *Gehe zu* mit gleichzeitig gedrückter ⌥-Taste in der Liste sichtbar machen – speichern die Programme Ihre Vorein-stellungen *(Preferences)* und Hilfsdateien *(Application Support)*.

Ordnen Sie Ihre Dokumente nach Art, ähnlich denen, die *Pages* vorgibt (Brief, Bericht, Rundschreiben) oder auch nach Kunden oder Projekten (Kunde 1, meine Firma, Uni, Privat). So wird der Ordner *Meine Vorlagen* zum gut sortierten Schreibwarenladen für Ihre Kommunikation.

Text hochstellen, tiefstellen und weitere Schriftänderungen

Ja, es gibt noch eine Menge mehr an Textformaten als **fett** und *kursiv*. Aber diese beiden werden eben am häufigsten genutzt. Deshalb hat Apple frei nach dem Paretoprinzip die Werkzeuge, mit denen 80 Prozent aller Auf-gaben gelöst werden, in die Funktionsleiste gepackt. Für die verbleiben-den 20 Prozent müssen Sie sich ein wenig mehr anstrengen. Aber es lohnt sich: Im Falle der Schriftformatierungen finden Sie im Menü *Format* je nach Schrift unzählige Möglichkeiten.

Am Beispiel einer Formatierung, die doch manchmal gebraucht wird, zei-gen wir Ihnen, wie Sie ans Ziel kommen. Und weil das Ganze manchmal wirklich ein bisschen umständlich ist, haben wir auch noch ein paar Ab-kürzungen für Sie.

Schrift hochstellen

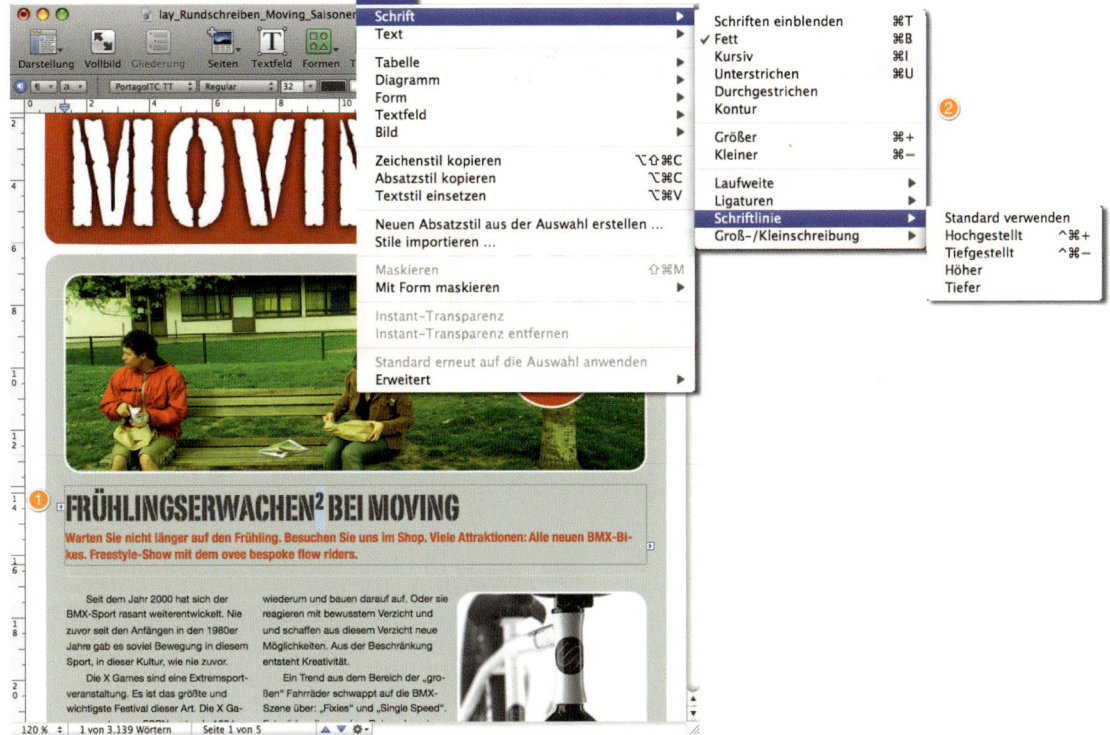

1 Markieren Sie den Text, den Sie hochstellen wollen. Wählen Sie jetzt aus dem Menü *Format | Schrift | Schriftlinie | Hochgestellt (ctrl-cmd-Pluszeichen* bzw. *ctrl-⌘-+).*

2 Im Menü *Format* finden Sie Einstellungen zur Groß- und Kleinschreibung (z. B. Kapitälchen), Laufweite, Schriftlinie (hoch- und tiefgestellt); sogar Konturschrift können Sie dort erzeugen. Erkunden Sie einfach mal die Möglichkeiten.

Schriftformatierungen schneller finden und auswählen

1. Sofern Sie eine bestimmte Formatierung sehr häufig verwenden, können Sie sich einen Zeichenstil dafür anlegen. Dann kommen Sie ganz schnell über die Formatierungsleiste oder das Fach *Stile* ran.

2. Nutzen Sie die Suche, um zu Ihrer Wunschformatierung zu kommen. Wir tippen »kap …« in das Suchfeld und schon tauchen die *Kapitälchen* auf.

Mehr zur Suche in der Hilfe finden Sie auf in Kapitel 2 unter »Die Hilfe aufrufen und nutzen«.

Das Paretoprinzip oder die 80-zu-20-Regel, besagt, dass 80% der Ergebnisse mit 20% des Arbeitseinsatzes erreicht werden. Wir ersetzen hier den Arbeitseinsatz durch die Werkzeuge. Erstaunlich viele Verteilungen in der Welt folgen dieser Paretoverteilung.

Absatz-Ausrichtung ändern

Welche Absatz-Ausrichtung Sie für Ihren Text wählen, hat viel Einfluss auf das Aussehen Ihres Textes. Einige Grundregeln haben sich eingebürgert. Wir empfehlen Ihnen, diesen möglichst zu folgen.

Richten Sie Text im Absatz aus

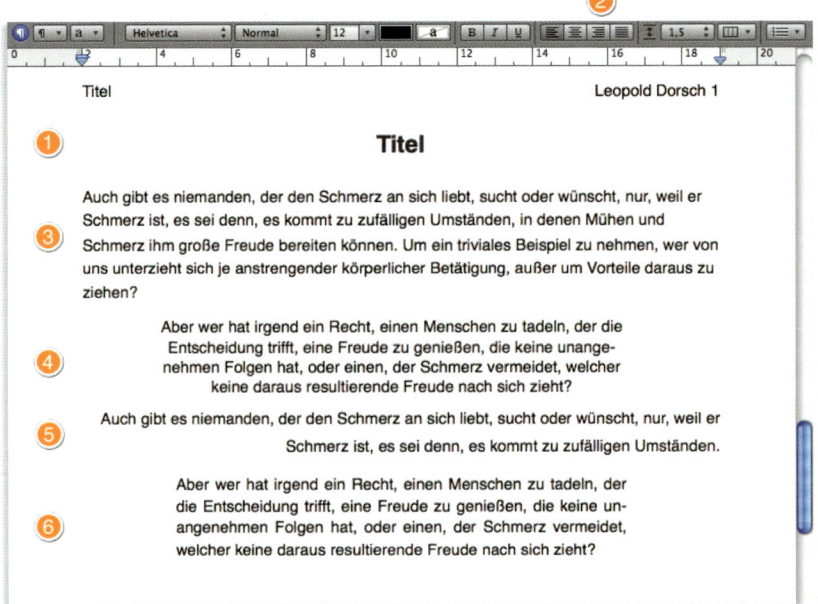

❶ Klicken Sie auf einen Absatz oder wählen Sie alle Absätze aus, die Sie ändern möchten.

❷ Klicken Sie auf die Tasten, um die Ausrichtung des Absatzes zu steuern.

❸ **linksbündig:** Dies ist die Standardausrichtung für Fließtext in Dokumenten. Dabei stehen die Zeilen am Anfang bündig. Der Abstand zwischen den Wörtern ist immer gleich. Der rechte Rand hängt vom Umbruch des Textes ab (Flattersatz).

❹ **zentriert:** Titel, Überschriften und kurze Zitate können Sie zentrieren. Der Text wird dabei an einer Mittelachse ausgerichtet. Der Abstand zum Seitenrand ist auf der linken und rechten Seite gleich groß.

❺ **rechtsbündig:** Das Gegenstück zum linksbündigen Flattersatz. Sie können ihn für auffällige Überschriften oder kurze Einschübe verwenden; längere Texte sind so aber unlesbar.

❻ **Blocksatz:** Beim Blocksatz sind die Textränder links und rechts bündig, der Abstand zwischen den Wörtern variiert. Bei der Zeitung sorgt er für Klarheit in mehrspaltigen Layouts. Auch für Präsentationen wird er verwendet, weil sich mit ihm grafisch arbeiten lässt.

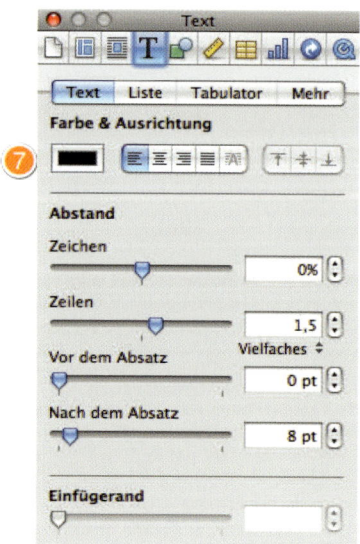

❼ Die Absatzeigenschaften können Sie auch im *Informationsfenster* unter *Text* einstellen.

Formatieren Sie nicht jeden Textabschnitt von Hand. Erstellen Sie einen Stil oder passen Sie einen bestehenden Stil an, wenn Sie eine bestimmte Ausrichtung häufiger einsetzen.

Zeilen- und Zeichenabstand im Absatz ändern

Ob ein Text gut- oder schlecht lesbar ist, hängt von vielen Faktoren ab. Ein wichtiger ist der Abstand zwischen den Zeilen und den Absätzen. Dabei haben sich einige Größen als Standards etabliert, die Sie übernehmen oder anpassen können. Experimentieren Sie einfach mit den Einstellungen. Legen Sie auch einen Zeilenabstand zwischen den Absätzen fest, um sie optisch voneinander abzusetzen. Denn Leerzeilen sind »so was von gestern«.

Zeilenabstand im Text festlegen

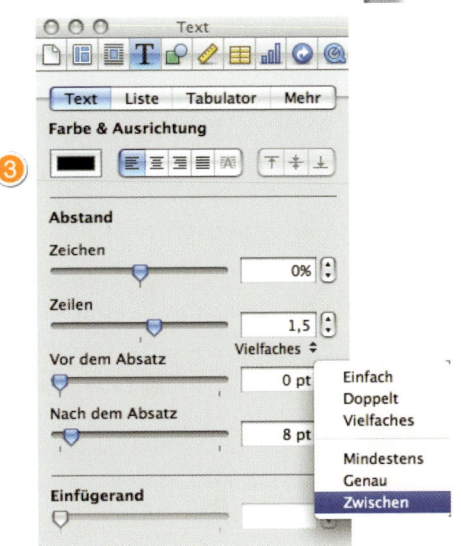

① Klicken Sie in den Absatz oder wählen Sie die Absätze aus, die Sie ändern möchten.

② Klicken Sie in der Formatierungsleiste auf die Taste für den Zeilen-abstand und wählen Sie aus den Vorgaben. Wir wählen *1,5 Zeichen* für den Fließtext einer wissenschaftlichen Arbeit.

③ Mehr Möglichkeiten haben Sie mit dem Schieberegler *Zeilenabstand* im Abschnitt *Text* des Informationsfensters. Sie können unter vier Möglichkeiten wählen.

④ **Vielfaches** ist der Quasi-Standard. Hier sind es *1,5 Zeilen.* Es gibt aber noch weitere Alternativen, wie Sie gleich sehen.

2006: Wir gestalten die Technik und sie verändert uns

Kultur und Technik beeinflussen sich gegenseitig. Und anders herum. Neue Technik

⑤ schafft neue **Möglichkeiten**. Auf diese Möglichkeiten reagieren Menschen wiederum und bauen darauf auf. Oder sie reagieren mit bewusstem Verzicht und und schaffen aus diesem Verzicht neue Möglichkeiten. Aus der Beschränkung entsteht Kreativität.

⑥ Ist man erstmal die Bremsen los, verliert das Rad an Gewicht. Und mit weniger Gewicht werden selbst kleine **Winkel** in der Stadt zu Rampen. Tricks, die früher nur in der großen Halfpipe möglich waren, funktionieren heute auf der Miniramp am Spielplatz.

⑦ Ein Trend aus dem Bereich der „großen" Fahrräder schwappt auf die BMX-Szene über: „Fixies" und „Single Speed". Fahrräder, die aus dem Bahnradsport kommen und von Fahrradkurieren als leichte bewegliche Sprintmaschinen entdeckt worden sind. Sie besitzen nur einen Gang, dafür keinen Freilauf und keine Bremsen. Sie zwingen den Fahrer zu einer vorausschauenden Fahrweise und zur permanenten Beachtung der Umgebung.

⑤ **Mindestens** legt den Zeilenabstand fest, der mindestens vorhanden sein soll. Wenn Sie eine größere Schrift im Satz wählen, wird der Abstand vergrößert.

⑥ **Genau** setzt einen Zeilenabstand in Punkt fest, der sich auch bei unterschiedlichen Schriftgraden nicht ändert.

⑦ **Zwischen** legt den Abstand zwischen der Unterlänge der oberen Zeile bis zur Linie der Oberlänge der nachfolgenden Zeile. Diese Einstellung entspricht dem »Durchschuss«: Im Bleisatz wurde nämlich eine kleine Leiste zwischen die Zeilen geschoben – eben dieser Durchschuss. Als ideal für die Lesbarkeit gilt eine Größe von 20 % der Schriftgröße.

Für wissenschaftliche Arbeiten gibt es relativ strenge Vorgaben. Jede Uni gibt dazu Richtlinien heraus. Uns hat die Suche nach »formale Gestaltung wissenschaftlicher Arbeiten« meist zu den wichtigen Dokumenten geführt. Häufig gibt es sogar Dokumentvorlagen *(Word),* die Sie auch in *Pages* verwenden können.

Zeilenabstand zwischen Absätzen festlegen

> **2006: Wir gestalten die Technik und sie verändert uns**
>
> **①** Kultur und Technik beeinflussen sich gegenseitig. Und anders herum. Neue Technik schafft neue Möglichkeiten. Auf diese Möglichkeiten reagieren Menschen wiederum und bauen darauf auf. Oder sie reagieren mit bewusstem Verzicht und und schaffen aus diesem Verzicht neue Möglichkeiten. Aus der Beschränkung entsteht Kreativität.
>
> **②** Ist man erstmal die Bremsen los, verliert das Rad an Gewicht. Und mit weniger Gewicht werden selbst kleine Winkel in der Stadt zu Rampen. Tricks, die früher nur in der großen Halfpipe möglich waren, funktionieren heute auf der Miniramp am Spielplatz.
>
> **③** **Die Bremsen sind weg**
>
> Ein Trend aus dem Bereich der „großen" Fahrräder schwappt auf die

Vor dem Absatz — Einfach — 10 pt
Nach dem Absatz — 5 pt

① Klicken Sie in den Absatz oder wählen Sie die Absätze aus, die Sie ändern möchten. Wir klicken in den oberen von zwei Absätzen.

② Vergrößern Sie mit dem Schieberegler den Abstand **nach** dem Absatz, um den Abstand zum nächsten Absatz einzustellen. Die Änderung sehen Sie sofort.

③ Vergrößern Sie den Abstand **vor** dem Absatz, um den Abstand des aktuellen zum vorherigen Absatz festzulegen.

Beachten Sie, dass der effektive Abstand zwischen Absätzen natürlich die Summe aus dem Abstand nach dem ersten und dem Abstand *vor* dem zweiten Absatz bildet. Wir verwenden deshalb die Formatierung *vor dem Absatz* – vor allem bei Überschriften, um diese vom vorhergehenden Fließtext abzuheben.

Damit die Abstände in Ihrem Dokument gleichmäßig sind, können Sie mit Stilen und Vorlagen arbeiten. Schauen Sie dazu weiter vorne in diesem Kapitel nach »Stile verwenden«.

Absatz einrücken

Es muss ja nicht immer fett sein. Wenn Sie eine Textstelle hervorheben möchten – gerade, wenn sie etwas länger ist – gibt es dazu ein hervorragendes Mittel: Rücken Sie den Absatz ein. Ihr Leser sieht schon beim Anblick der Seite, dass es sich hier um etwas Besonderes handelt. Noch stärker hervorgehoben steht der Absatz da, wenn Sie ihn auch auf der rechten Seite einziehen.

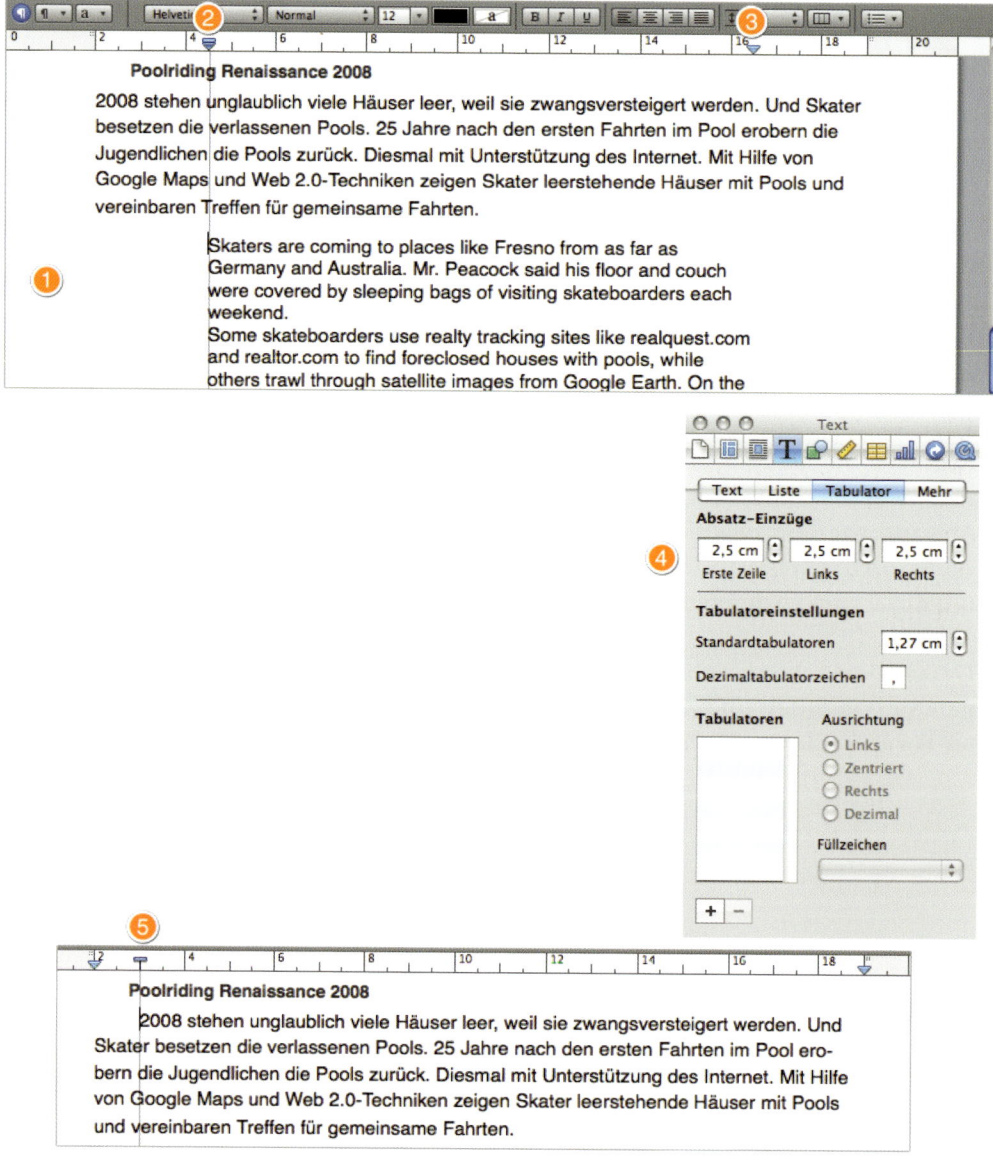

Einzug für den Absatz festlegen

Wenn die einzelnen Absätze in Ihrem Text länger sind, können Sie mit eingerückten ersten Zeilen dem angestrengten Leserauge kleine Treppenstufen als Kletterhilfe anbieten. Probieren Sie es mal aus. Mit *cmd-Z* bzw. ⌘-*Z* können Sie es schließlich wieder rückgängig machen.

1. Klicken Sie in den Absatz oder wählen Sie alle Absätze aus, die Sie ändern möchten.

2. Fassen Sie das Steuerelemente für den linken Einzug (blaues Dreieck) im Lineal an und verschieben Sie es nach rechts. *Pages* blendet eine Hilfslinie ein, während Sie es bewegen. Falls das Lineal nicht zu sehen ist, blenden Sie es mit *cmd-R* bzw. ⌘-*R* ein – oder klicken Sie auf die Taste *Darstellung* und wählen Sie dort *Lineale einblenden*.

3. Den rechten Rand legen Sie auf die gleiche Weise fest, also mit dem Dreieck am rechten Rand.

4. Möchten Sie Ihre Einstellung gerne als numerische Werte sehen oder eingeben? Klicken Sie im Informationsfenster unter *Text* auf *Tabulator*. Voilà, hier sind die Absatzeinzüge in Zahlen.

5. Um die erste Zeile eines Absatzes einzuziehen, klicken Sie auf den kleinen blauen Balken über dem Dreieck im Lineal und verschieben Sie ihn an die Stelle, an der Sie ihn haben wollen.

Ist der Absatz nach rechts eingerückt, kann die erste Zeile auch links herausstehen. Das nennt man dann einen »negativen Einzug«.

Formatierung kopieren

Kopieren und einsetzen ist eine traumhafte Erfindung. Das Haus, in dem wir leben und arbeiten, wurde 1918 im geometrischen Jugendstil erbaut. Es hat den zweiten Weltkrieg unbeschadet überstanden und wird von seinen Eigentümern gehegt und gepflegt. Direkt angrenzend steht ein Wohnhaus aus den 1960er Jahren, für dessen Stil die Kunstgeschichte noch keinen Begriff gefunden hat. Wir nennen ihn provisorisch *Waschbeton-Plattenbau-Stil*. Wäre es nicht schön, wenn sich der Stil des einen Hauses auf das andere übertragen ließe?

Was bei gebauten Häusern nicht funktioniert, klappt in digitalen Dokumenten mit *Pages* wunderbar: Hier können Sie jede Formatierung, die Ihnen gefällt, ganz einfach auf jeden beliebigen Text übertragen. Einfach mit *Kopieren & Einsetzen*.

Absatzstil kopieren und einsetzen

Jugendlichen die Pools zurück. Diesmal mit Unterstützung des Internet. Mit Hilfe von Google Maps und Web 2.0-Techniken zeigen Skater leerstehende Häuser mit Pools und vereinbaren Treffen für gemeinsame Fahrten.

 Skaters are coming to places like Fresno from as far as Germany and Australia. Mr. Peacock said his floor and couch were covered by sleeping bags of visiting skateboarders each weekend. ¶

 Some skateboarders use realty tracking sites like realquest.com and realtor.com to find foreclosed houses with pools, while others trawl through satellite images from Google Earth. On the Web skateandannoy.com site , where skaters trade tips about how to find and drain abandoned pools, one poster wrote about the current economic malaise. "God bless Greenspan", the post read, "patron saint of pool skatin".[1]

1 Klicken Sie in den Absatz, dessen Stil Sie kopieren möchten oder wählen Sie ihn aus. Wählen Sie *Format | Absatzstil kopieren* oder *cmd-alt-C* bzw. ⌘-⌥-C. Der Stil befindet sich jetzt in der Zwischenablage.

2 Klicken Sie in den nächsten Absatz und übertragen Sie die vollständige Formatierung mit *Format | Absatzstil einsetzen* oder *cmd-alt-V* bzw. ⌘-⌥-V.

 **Wenn Sie Formatänderungen für das ganze Dokument ändern möchten, können Sie anschließend den Absatz- oder Zeichenstil anpassen. Mehr dazu finden Sie unter 7 »Stile erstellen und bearbeiten«.**

Zeichenstil kopieren und einsetzen

Jugendlichen die Pools zurück. Diesmal mit Unterstützung des Internet. Mit Hilfe von Google Maps und Web 2.0-Techniken zeigen Skater leerstehende Häuser mit Pools und vereinbaren Treffen für gemeinsame Fahrten.

③ Skaters are coming to places like Fresno from as far as Germany and **Australia**. Mr. Peacock said his floor and couch were covered by sleeping bags of visiting skateboarders each weekend.

④ Some skateboarders use realty tracking sites like realquest.com and realtor.com to find foreclosed houses with pools, while others trawl through satellite images from **Google Earth**. On the Web skateandannoy.com site , where skaters trade tips about how to find and drain abandoned pools, one poster wrote about the current economic malaise. "God bless Greenspan", the post read, "patron saint of pool skatin".[1]

③ Klicken Sie auf das Wort, dessen Stil Sie kopieren möchten (hier ist es eine fette Hervorhebung) und wählen Sie *Format | Zeichenstil kopieren* oder *cmd-alt-Umschalttaste-C* bzw. ⌘-⌥-⇧-C.

④ Klicken Sie auf ein anderes Wort und überziehen Sie es mit dem neuen Stil. Das geht mit *Format | Zeichenstil einsetzen* oder *cmd-alt-V* bzw. ⌘-⌥-V.

Die Zwischenablage packt alles. Auch kunstvolle Tabulatorkonstrukte können Sie damit übertragen, als wäre es das Normalste der Welt.

Wenn Sie Formatänderungen für das ganze Dokument ändern möchten, können Sie anschließend den Absatz- oder Zeichenstil anpassen. Mehr dazu finden Sie weiter vorne in diesem Kapitel unter »Stile erstellen und bearbeiten«.

Mit Tabulatoren formatieren

Mit Tabulatoren haben zwei Generationen auf der Schreibmaschine Text bündig ausgerichtet. Und auch am Computer sind sie äußerst beliebt. An der Konkurrenz der Tabellen haben sie natürlich ganz schön zu knabbern; aber es gibt doch immer noch Situationen, in denen sie einfach unschlagbar schnell und flexibel sind. Und wenn Sie oder jemand anderes es doch mal zu gut gemeint hat mit den Tabulatoren: Wir wissen, wie Sie eine Tabelle draus machen.

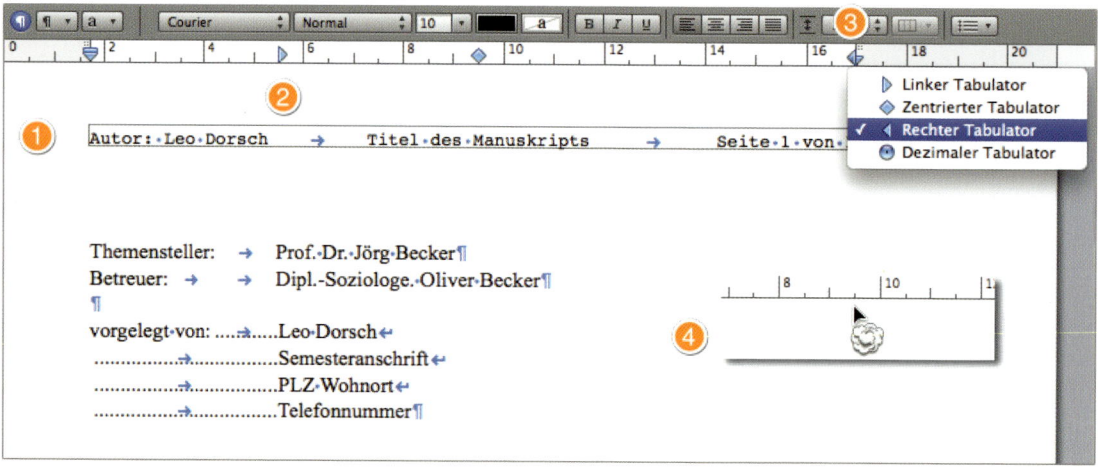

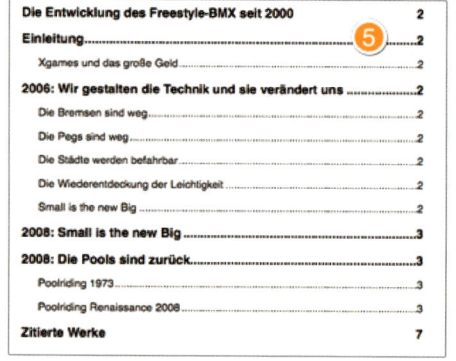

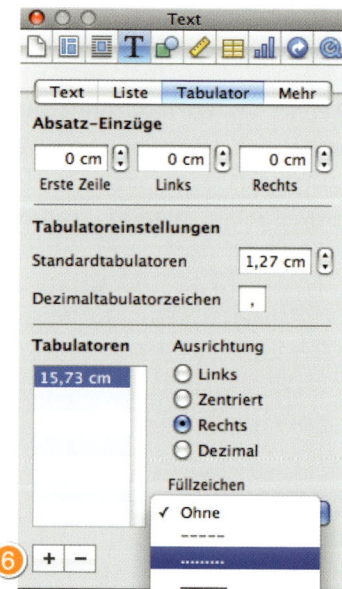

Tabulator einfügen und anpassen

1 Setzen Sie die Einfügemarke in den Absatz, für den der Tabulator gelten soll. Wir klicken in die Kopfzeile unseres Dokuments.

2 Klicken Sie jetzt mit der Maus in das Lineal. Es erscheint ein blaues Dreieck (der *linke Tabulator)*. Ziehen Sie den Tabulator nach links oder rechts, um ihn anzupassen.

3 Klicken Sie mit der rechten Maustaste auf den *Tab(ulator)*. Im Menü, das erscheint, können Sie die Ausrichtung wählen: *Links, zentriert, Rechts* oder *Dezimal* (das Letztere richtet Zahlenwerte zum Beispiel am Komma aus). In unserer Kopfzeile ist der Autor am linken Rand (ohne Tab), der Titel zentriert in der Mitte und am rechten Rand die Seitenzahl.

4 Wollen Sie einen Tabulator wieder loswerden? Ziehen Sie ihn aus dem Lineal ins Fenster. Mit einem kleinen »Wusch« löst er sich in Luft auf.

5 So werden Inhaltsverzeichnisse übersichtlich: Überschrift nach links und Seitenzahl mit einem Tabulator rechts fixiert. Den Zwischenraum füllen Sie mit Füllzeichen auf.

6 Die Füllzeichen und weitere Einstellungen legen Sie im *Informationsfenster* fest. Im Abschnitt *Text | Tabulator*.

Ein Trick: Kennen Sie die Funktion *Text in Tabelle konvertieren* in *Microsoft Word*? Die gibt es in *Pages* nicht. Aber das macht nichts. Wozu gibt es denn *Numbers* im *iWork*-Paket: Wählen Sie den Text in *Pages* aus und kopieren Sie ihn in die Zwischenablage (⌘-*C* bzw. *cmd-C)*. Öffnen Sie jetzt eine leere Tabelle in *Numbers*. Füllen Sie dort den Text aus der Zwischenablage ein (⌘-*V* bzw. *cmd-V)*. Schon haben Sie eine Tip-Top-Tabelle. Und die kopieren Sie jetzt nach *Pages* zurück. Fertig.

Listen erstellen und anpassen

Listen sind die Schubladen unseres Lebens (wenn Sie uns nun doch einmal einen Sinnspruch gestatten): So komplex die Welt auch ist, wir können sie auf Listen herunterbrechen. Wir nutzen sie zur Orientierung und zur Strukturierung – bewusst oder unbewusst, täglich und immer. Und weil wir sie so gerne haben, setzen wir sie in diesem Buch auf jeder Seite ein.

Erstellen Sie eine Liste

1 Tippen Sie die erste Zeile Ihrer Liste.

2 Wählen Sie aus dem Listenmenü in der Funktionsleiste zum Beispiel mit Aufzählungszeichen (*Bulletpoints* für die Wissenden). Mit dem Zeilenschalter (↵) erstellen Sie den nächsten Listenpunkt.

3 Im Informationsfenster Text können Sie statt der Punkte (»Bulletpoints«) noch aus einer Liste weiterer Zeichen wählen: Sterne, Häkchen, Pfeile, für die Sie (selbstverständlich) auch die Farbe wählen können.

4 Verschiedene Listenebenen erstellen Sie mit der Tab-Taste (⇥). Mit gedrückter Umschalttaste (⇧-⇥) holen Sie eingerückten Zeilen wieder eine Ebene höher.

Erstellen Sie eine nummerierte Liste

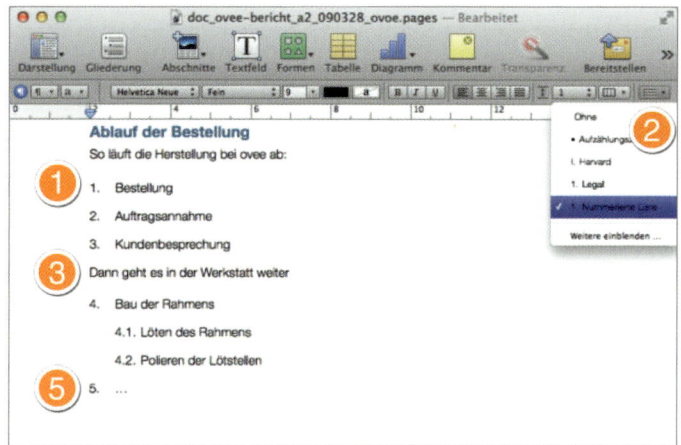
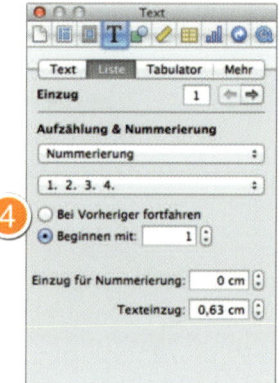

① Tippen Sie die erste Zeile Ihrer Liste.

② Wählen Sie aus dem Listenmenü in der Funktionsleiste *Nummerierte Liste*. Drücken Sie den Zeilenschalter (↵): Die weiteren Listenpunkte werden nun automatisch nummeriert.

③ Um die Liste zu beenden, löschen Sie den Listenpunkt mit der Lösch-taste.

④ Ob die Nummerierung nach einer Unterbrechung weitergeführt wird, oder ob Ihre Liste wieder bei eins beginnen soll – all das legen Sie im Informationsfenster *Text* fest.

⑤ Im Falle dieser Aufzählung haben wir die *Abgestufte Nummerierung* ausgewählt, um die ausgefuchste Nummerierung in den Einzugs-ebenen zu erreichen.

Nur für den Fall, dass Ihnen keine Listen einfallen: Es gibt Adress-listen, Aufgabenlisten, Bestenlisten, Bestsellerlisten, Checklisten, Dopinglisten, Einkaufslisten, Ergebnislisten, Fahndungslisten, Welt-ranglisten …

Tabelle erstellen

So sehr wir Listen auch lieben – häufig reichen sie nicht aus, um Informationen ordentlich darzustellen. Dann brauchen wir eine Tabelle. Wann die Menschen angefangen haben, strukturierte Daten in Zeilen und Spalten darzustellen, wissen wir nicht; aber es war ein großer Sprung in der Entwicklung der Menschheit. Dabei sind Tabellen für Zahlen alleine fast zu schade.

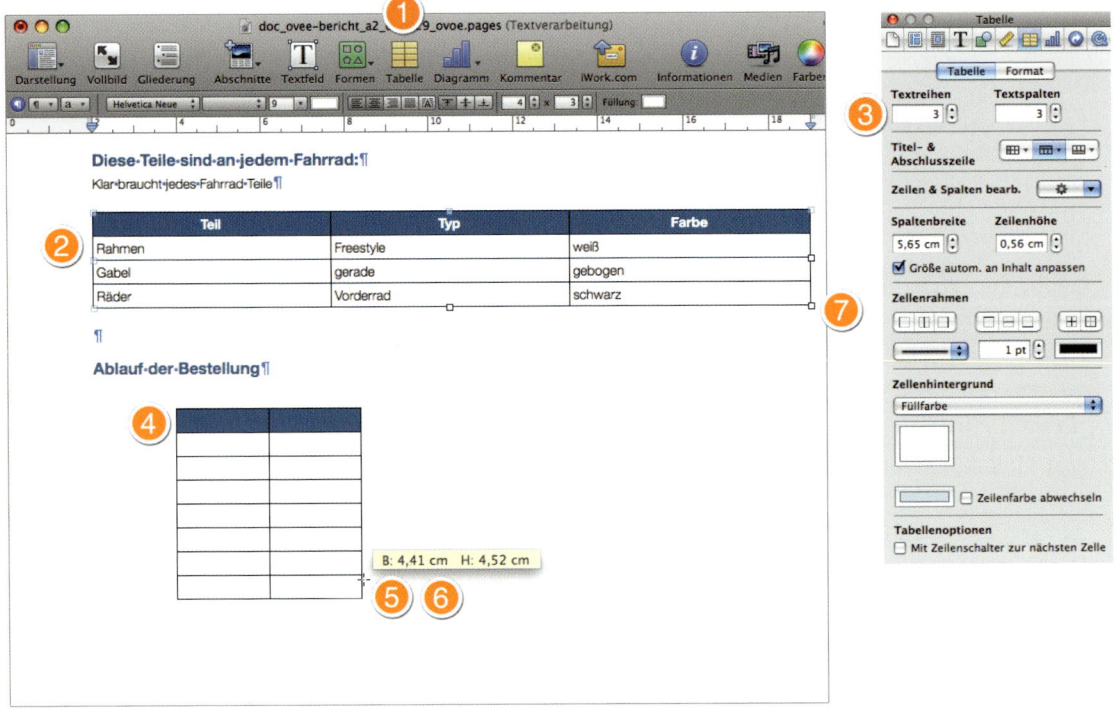

Tabelle erstellen

1 Drücken Sie die Taste *Tabelle* in der Symbolleiste.

2 Eine neue Tabelle mit den Standardvorgaben wird an der Einfüge-marke erstellt. Der Standard sind drei Spalten mit einer Titelzeile.

3 Wenn es nicht schon geöffnet ist, öffnet sich jetzt das *Informations-fenster* mit den Tabellenoptionen. Dort können Sie die Eigenschaf-ten Ihrer Tabelle ändern.

4 Klicken Sie in die erste Zeile Ihrer Tabelle und geben Sie Ihre Inhalte ein. Mit der Tab-Taste (⇥) kommen Sie immer in die nächste Zelle. Sind Sie am Ende der Tabelle angelangt, drücken Sie einfach wieder die Tab-Taste: *Pages* erstellt eine neue Zeile.

5 Sie können eine Tabelle auch als *fixiertes Objekt* an einer beliebigen Stelle auf der Seite einfügen: Halten Sie dazu die Wahltaste (⌥) ge-drückt und klicken Sie auf die Taste *Tabelle*. Bewegen Sie den Maus-zeiger – er sollte sich jetzt in ein Fadenkreuz verwandelt haben – an die Stelle im Dokument, an der Ihre Tabelle entstehen soll, und kli-cken Sie hinein.

6 Ziehen Sie mit der Maustaste die Tabelle auf. Je weiter Sie ziehen, desto mehr Spalten und Zeilen und Spalten werden erzeugt.

7 Wollen Sie die Tabelle wieder loswerden? Klicken Sie einmal auf die Tabelle. Am Rand erscheinen jetzt Anfasspunkte. Drücken Sie die Löschtaste, schon ist sie weg.

In Seitenlayoutdokumenten wird die Tabelle stets als Objekt eingefügt.

Wir erinnern an dieser Stelle nochmals kurz daran: Eine Funktion *Text in Tabelle konvertieren* wie in *Microsoft Word* gibt es in *Pages* nicht. Aber das macht nichts. Mit *Numbers* wandeln Sie schnell Text in Tabellen um.

Theoretisch können Sie mit den Tabellen in *Pages* richtig kom-plizierte Berechnungen durchführen. Wenn Sie aber viel mit Ta-bellen und Zahlen arbeiten, bietet *Numbers* mehr Möglichkeiten und vor allem eine wesentlich bessere Übersicht. Sonst wäre diese Anwendung ja komplett überflüssig. Blättern Sie doch mal zum *Numbers*-Kapitel.

Zeilen und Spalten hinzufügen und entfernen

Tabellen in *Pages* lassen sich schnell erstellen und beinahe genauso schnell verändern. Neue Zeilen am Ende der Tabelle werden automatisch angehängt. Aber was, wenn Sie zwischendrin eine neue Zeile einfügen oder für die Darstellung noch eine Spalte anhängen möchten? Dann tun Sie es einfach.

Fügen Sie der Tabelle eine Zeile oder eine Spalte hinzu

❶ Klicken Sie mit der rechten Maustaste auf eine Tabellenzelle (Falls die Einfügemarke in der Zelle steht, drücken Sie kurz *esc* oder klicken Sie auf eine andere Zelle).

❷ Wählen Sie aus dem Menü *Zeile oberhalb hinzufügen* (⌥-↑). Die Zeile wird hinzugefügt.

❸ Wählen Sie *Spalte rechts hinzufügen* (⌥-→), um Ihre Tabelle rechts von der aktuellen Zelle zu erweitern.

Ungewöhnlich, aber praktisch: Wählen Sie Zellen aus mehreren Zeilen aus (z. B. 2) fügt *Pages* genau diese Anzahl an Zeilen hinzu (2). Genauso geht's auch mit Spalten. Beim Kopieren und Einsetzen von Inhalten kann das sehr praktisch sein.

Entfernen Sie eine Tabellenzeile oder Spalte

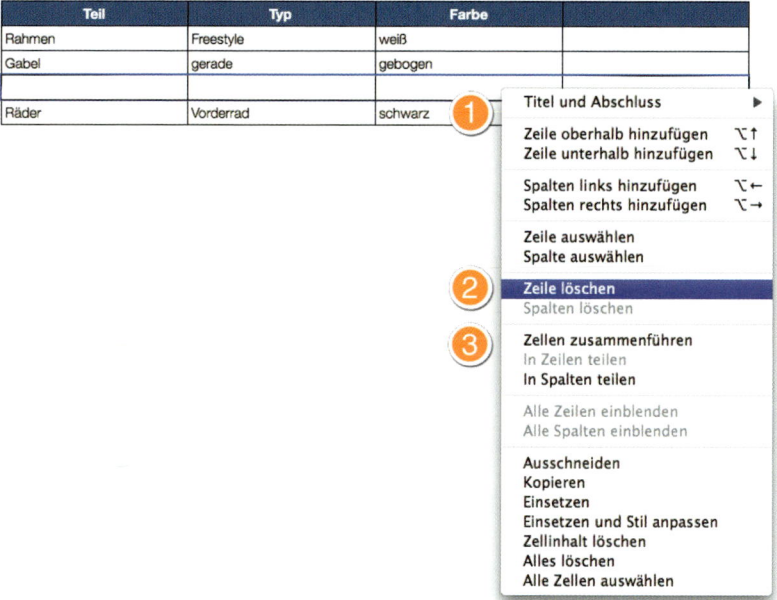

❶ Klicken Sie mit der rechten Maustaste auf eine Tabellenzelle.

❷ Wählen Sie aus dem Menü *Zeile löschen*. Auf die gleiche Art löschen Sie auch eine Spalte.

❸ Wählen Sie *Zellen zusammenführen*, um nicht die Zeile zu löschen, sondern die Trennung durch Spalten zu entfernen.

Tastaturkurzbefehle in Tabellen

Wie könnten wir die Möglichkeiten der Arbeit mit Tabellen besser darstellen als mit einer Tabelle? Deshalb haben wir eine kleine Tabelle erstellt, die den Griff zur Maus erspart.

Aktion	Methode
Zeile oberhalb hinzufügen	⌥-↑ (Aufwärtspfeil
Zeile unterhalb hinzufügen	⌥-↓ (Abwärtspfeil)
Spalte rechts hinzufügen	⌥-→ (Rechtspfeil)
Spalte links hinzufügen	⌥-← (Linkspfeil)
In Zeilen und Spalten bewegen	⌥-↓ (Abwärtspfeil)
Zur nächsten Zelle wechseln	⇥ (Tabulatortaste)
Bewegen der Einfügemarke in der Tabelle	Pfeiltasten links, rechts, aufwärts, abwärts.
Zelle aktivieren und deaktivieren	Zeilenschalter drücken setzt den Cursor ans Ende des Zelleninhalts. esc deaktiviert die Zelle
Tabulator innerhalb einer Zelle verwenden	⌥-⇥ (Option-Tabulatortaste)
Zeileninhalt löschen	⌫ (Löschtaste)

Merken Sie sich diese Befehle. Sie können sie auch in *Numbers* verwenden. Das ist doch mal konsequent, oder?

Bewegen Sie sich auch sonst gerne mit der Tastatur? In Kapitel 4 »Die häufigsten Aktionen und Tastaturbefehle in *Pages*« finden Sie eine ganze Tabelle mit Kurzbefehlen.

Im Informationsfenster *Tabelle* können Sie noch mehr Einstellungen festlegen. Dazu gehören natürlich die üblichen Verdächtigen, wie Zellenrahmen und Zellenhintergrund. Probieren Sie es einfach aus. Uns gefällt die Option *Zeilenfarbe abwechseln* sehr gut. Damit bleiben auch lange Tabellen mit vielen Spalten übersichtlich.

Tabellen bearbeiten und formatieren

Selbstverständlich können Sie Tabellen mit sämtlichen Formatierungen versehen, die Sie auch sonst auf Text oder Objekte anwenden. Dazu gehören natürlich Text- und Hintergrundfarben, aber auch das Textformat, mit denen Sie die Inhalte auch nutzen können.

Sehr praktisch ist zum Beispiel die sich wiederholende Titelzeile. Zusammen mit abwechselnden Zeilenfarben bleiben auch lange Tabellen mit vielen Spalten sehr übersichtlich.

Titel- und Abschlusszeile zu Tabelle hinzufügen und Format bearbeiten

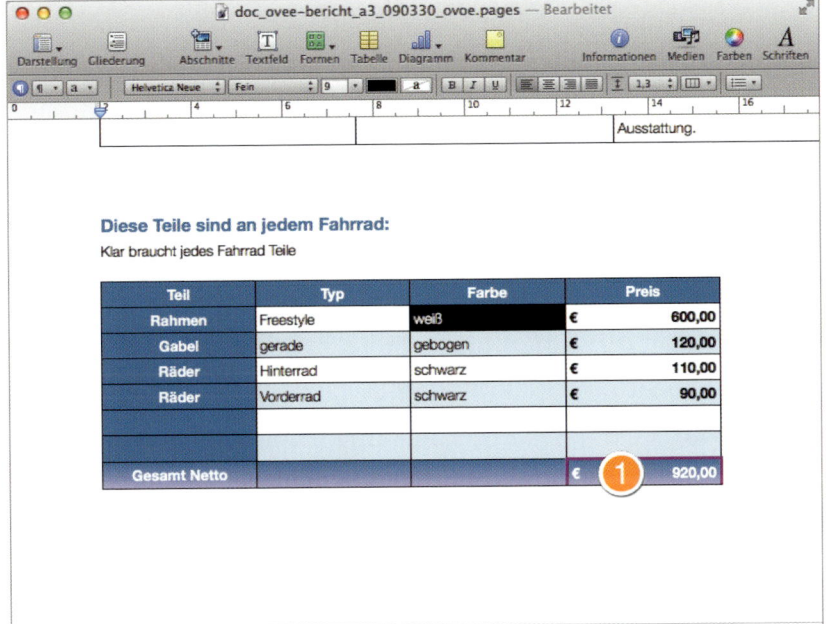

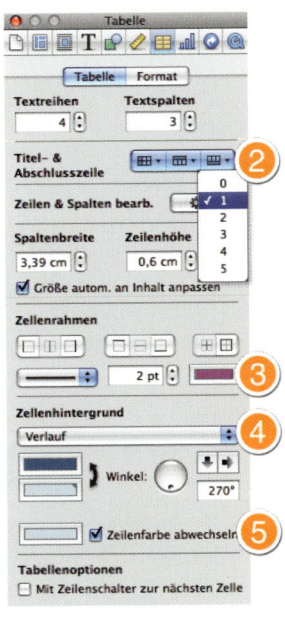

❶ Wählen Sie die Tabelle aus und öffnen Sie im Informationsfenster *Tabelle* den Abschnitt *Tabelle*. Wir klicken in die Zelle unten rechts.

❷ Klicken Sie auf die Taste für *Abschlusszeile* und wählen Sie »1«, um eine Zeile hinzuzufügen, die immer am Ende der Tabelle steht. Neue Zeilen werden oberhalb hinzugefügt.

❸ Passen Sie die Zellenrahmen für eine oder mehrere Zellen an.

❹ Ändern Sie den Zellenhintergrund. Wir wählen aus den Optionen einen *Verlauf*.

❺ Unter *Zellenhintergrund* aktivieren Sie auch die Option *Zellenfarbe abwechseln*, mit der Ihr Dokument den professionellen Anstrich eines Endlospapierbogens bekommt.

Abschlusszeilen sind natürlich wie gemacht für Ergebnisse, zum Beispiel Summen. Wie Sie in *Pages*-Tabellen rechnen, zeigen wir auf der nächsten Seite.

Rechnen in Tabellen

Sicher, *iWork* hat auch eine Tabellenkalkulation. Sie heißt *Numbers* und kann richtig gut rechnen und Buchhaltung und so. Aber wenn Sie doch gerade in *Pages* nur eine Aufstellung aktueller Preise brauchen oder für wiederkehrende Angebote nicht jedes Mal den Taschenrechner zücken möchten – dann bleiben Sie doch in *Pages* und nutzen Sie die Funktionen hier. Wir haben hier eine kleine buchhalterische Berechnung angefertigt.

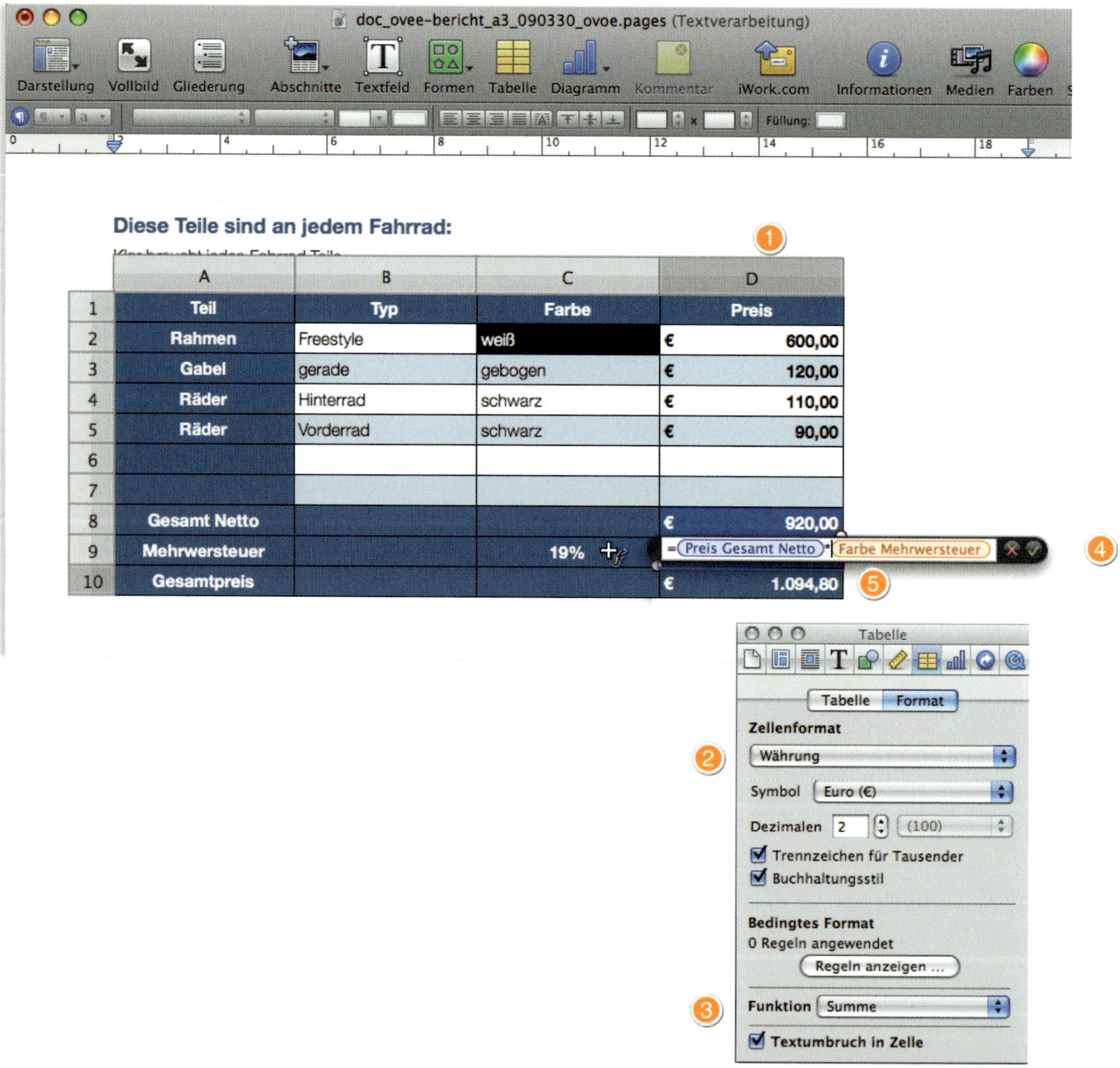

doc_ovee-bericht_a3_090330_ovoe.pages (Textverarbeitung)

Darstellung · Vollbild · Gliederung · Abschnitte · Textfeld · Formen · Tabelle · Diagramm · Kommentar · iWork.com · Informationen · Medien · Farben

Diese Teile sind an jedem Fahrrad:

	A	B	C	D
1	Teil	Typ	Farbe	Preis
2	Rahmen	Freestyle	weiß	€ 600,00
3	Gabel	gerade	gebogen	€ 120,00
4	Räder	Hinterrad	schwarz	€ 110,00
5	Räder	Vorderrad	schwarz	€ 90,00
6				
7				
8	Gesamt Netto			€ 920,00
9	Mehrwersteuer		19%	=(Preis Gesamt Netto)*(Farbe Mehrwersteuer)
10	Gesamtpreis			€ 1.094,80

Tabelle

Tabelle · Format

Zellenformat

Währung

Symbol | Euro (€)

Dezimalen | 2 | (100)

☑ Trennzeichen für Tausender
☑ Buchhaltungsstil

Bedingtes Format
0 Regeln angewendet

Regeln anzeigen …

Funktion | Summe

☑ Textumbruch in Zelle

Summen und Prozentwerte berechnen

① Wählen Sie die Spalte mit den Zahlenwerten und stellen Sie im Informationsfenster das Zellenformat ein.

② Wählen Sie für Geldbeträge das Format *Währung*.

③ Mit dem Auswahlmenü *Funktion* können Sie schnell die Gesamtsumme der Artikel erzeugen. Es werden alle Einträge in der Spalte *Preis* addiert.

④ Klicken Sie in die Zelle und tippen Sie »=« (Ist gleich). Der *Formeleditor* öffnet sich direkt an der Einfügemarke und Sie können Ihre Berechnung erstellen. Die Maus verwandelt sich zu einem Fadenkreuz mit angehängtem Funktionszeichen (*f*). Klicken Sie auf den Gesamtbetrag, tippen Sie dann »*« (multiplizieren) und klicken Sie auf den *Prozentwert,* mit dem Sie rechnen möchten (Den Wert in Zelle C9 haben Sie vorher als *Prozentwert* festgelegt). Bestätigen Sie Ihre Auswahl mit der Eingabetaste oder klicken Sie auf den grünen Haken.

⑤ Den Gesamtpreis in der letzten Zelle erhalten Sie, indem Sie die Werte der beiden darüber liegenden Zellen addieren. Klicken Sie dazu nacheinander auf die Zellen. *Pages* erstellt automatisch die Summe.

⑥ Wenn Ihnen diese Berechnungen nicht ausreichen, öffnen Sie über das Menü *Einfügen | Funktion* die *Funktionsübersicht.* Hier können Sie aus *250* Funktionen wählen – mit eingebauter Hilfe und Beispielformeln.

Man kann den Computer sehr kreativ nutzen. Wir haben schon Menschen gesehen, die Tabellen am Computer nur nutzten, um Ergebnisse einzutippen, die Sie vorher mit dem Taschenrechner ausgerechnet haben. Nach kurzem Schmunzeln haben wir uns dazu entschlossen, diesen Tipp hier einzufügen. Man kann ja schließlich nicht von selbst auf alles kommen.

Gut zu wissen, dass *Pages* und *Numbers* die gleichen Funktionen nutzen. Wenn Sie feststellen, dass eine Tabelle, die Sie in *Pages* begonnen haben, doch ein wenig mehr Hingabe erfordert, bearbeiten Sie sie doch in *Numbers* weiter. Mit *Kopieren & Einsetzen* transportieren Sie sie rüber. Schauen Sie dann in diesem Buch das Kapitel zu *Numbers* an. Dort erzählen wir mehr dazu.

Eigene Seitenvorlage einrichten

Die Vorlagen von *Pages* bringen schon viele Abschnitte mit, die Sie für Ihre Arbeit verwenden können. Aber nicht immer entsprechen sie genau Ihren Wünschen. Oder Sie nutzen eine Vorlage, deren Gestaltung Ihnen gut gefällt, die aber ohne eine bestimmte Abschnittsvorlage kommt. Die Vorlage *Forschungsarbeit* gefällt uns sehr gut. Sie kommt aber ohne Titelseite. Halb so wild: Die machen wir selbst.

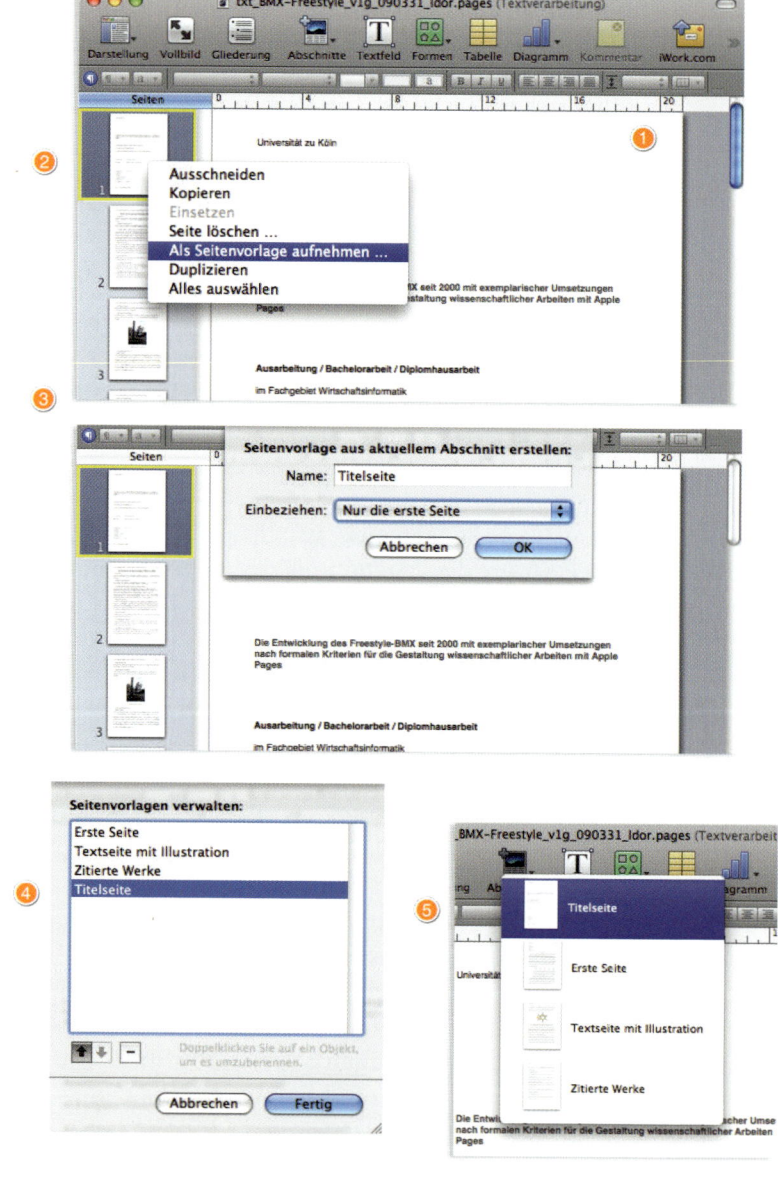

Seite als Seitenvorlage hinzufügen

❶ Erstellen Sie die Seite mit sämtlichen Einstellungen, die Sie haben möchten (z. B. für Seitennummerierung, Kopf- und Fußzeilen).

❷ Klicken Sie mit der rechten Taste in der Miniaturleiste und wählen Sie *Als Seitenvorlage aufnehmen* …. Blenden Sie diese Leiste, wenn nötig vorher über die Taste *Darstellung,* ein.

❸ Geben Sie der Vorlage einen Namen und klicken Sie *OK,* um sie zu speichern.

❹ Wählen Sie aus dem Menü *Format | Erweitert | Seitenvorlagen verwalten*. Mit den Pfeiltasten bewegen Sie die neue Seite im Menü.

❺ Klicken Sie auf die Taste *Abschnitte,* um Ihre neue Vorlage auszuwählen.

Auch in Seitenlayouts können Sie neue Vorlagen erstellen. Das funktioniert genau wie hier beschrieben – nur die Taste heißt anders: Klicken Sie dort auf »Seiten«.

Machen Sie die Seitenvorlage zum Teil einer eigenen Dokumentvorlage. Mehr dazu finden weiter vorne in diesem Kapitel unter »Eigene Vorlagen erstellen«.

Seitenlayouts in Pages erstellen

6

Im Seitenlayout arbeiten Sie immer seitenweise an Ihrem Dokument. Sie stellen die Inhalte wie auf einer Leinwand frei zusammen wie eine Collage. Dabei kleben Sie Ihre Inhalte wie mit Montagekleber auf dem Blatt fest, fügen Bilder ein, verteilen Text blockweise über die Seite und bewegen die Elemente auf der Seite, bis Sie mit dem Ergebnis zufrieden sind.

Beim Seitenlayout arbeiten Sie am Endprodukt. Das Arbeitsumfeld ist darauf ausgelegt, Inhalte jeglicher Art frei platzieren und gestalten zu können: Rundschreiben, Broschüren, Flugblätter, Plakate, Karten & Einladungen. Mit den Seitenlayouts von *Pages* können Sie Dokumente erstellen, die bis vor nicht allzu langer Zeit Grafikschwergewichte wie *QuarkXPress*, *Adobe InDesign* oder *Illustrator* erfordert hätten. Genau wie bei diesen Programmen entsteht das Seitenlayout rahmenorientiert. Das heißt, für das Programm ist jedes Element auf der Seite ein Rahmen, der mit Inhalten wie Grafik, Text oder Bildern gefüllt ist.

Bei der Textverarbeitung arbeiten Sie im Fluss. Wie das Ziel aussieht, ist häufig am Anfang noch nicht klar. Sie beginnen mit der ersten Seite und sobald das Ende der Seite erreicht ist, erstellt *Pages* eine neue. Das Arbeitsumfeld ist darauf ausgelegt, größere Textinhalte zu erstellen. Die Textverarbeitung hilft bei der Strukturierung von Berichten, Konzepten, Gliederungen – sie steht vor allem für eine serielle Produktion.

Und beide ergänzen sich. Für den Prozess des Erstellens und Überarbeitens von Texten ist die Textverarbeitung ideal. Für die visuell aufwendige Gestaltung mit häufig geringerem Textanteil ist das rahmenorientierte Arbeiten im Seitenlayout einfach perfekt.

Seitenlayout und Textverarbeitung: Was sind die Unterschiede?

Wir kennen Menschen, die ganze Studienarbeiten mit Layoutprogrammen wie *QuarkXPress* oder *InDesign* geschrieben haben – einfach nur, weil das Programm auf ihrer Festplatte war. Andere haben grafisch aufwendige Layouts in *Microsoft Word* erstellt, weil Sie sich kein anderes Werkzeug vorstellen konnten. Lassen Sie sich also von der Auswahl nicht einschränken, sondern inspirieren.

Je nachdem, welche Art von Dokumenten Sie in *Pages* erstellen möchten, arbeiten Sie entweder mit der Textverarbeitung oder dem Seitenlayout. Wenn Sie sich nicht sicher sind, schauen Sie sich am besten die Vorlagen an (⌘-⇧-*N).* Dort finden Sie möglicherweise ein Dokument, das Ihrem Vorhaben sehr nahe kommt. Aber weil Vergleichen immer gut ist, haben wir mal die Fähigkeiten und Einschränkungen der beiden *Pages*-Teile in Relation gestellt:

Bei den Vorlagen gilt das bereits erwähnte Paretoprinzip oder die 80-zu-20-Regel: Sie besagt, dass 80% der Ergebnisse mit 20% des Arbeitseinsatzes erreicht werden. In unserem Fall bedeutet das: Apple hat für 80 Prozent aller Aufgaben eine Vorlage eingepackt, sodass Sie sofort loslegen können. Die selteneren 20 Prozent lösen Sie, indem Sie die Vorlagen anpassen oder mit einem leeren Dokument starten.

Wenn Sie in *Pages* ein Dokument als Textverarbeitung angelegt haben, sind Sie den Beschränkungen nicht hilflos und für immer ausgeliefert; denn Sie können die Inhalte in ein beliebiges Seitenlayout überführen – mit *Kopieren & Einsetzen*.

Textverarbeitung und Seitenlayout im Vergleich

AUFGABE	TEXTVERARBEITUNG	SEITENLAYOUT
Kopf- und Fußzeilen verwenden	Ja, standardmäßig eingeblendet.	Ja, standardmäßig ausgeblendet. Im *Informationsfenster | Dokument | Dokumentränder* aktivierbar.
Fortlaufenden Text erstellen	Ja, Dokumente sind immer Textdokumente. Zusätzliche Elemente können hinzugefügt werden.	Nein, Text muss sich immer in einem Objekt befinden. Texte in Textfeldern lassen sich auch über mehrere Seiten hinweg verknüpfen.
Automatischer Seitenumbruch	Ja	Nein, jede Seite muss einzeln erstellt werden.
Text in Textfeldern verknüpfen	Ja	Ja, Textfelder sind das bevorzugte Objekt für die Textverwaltung in Seitenlayouts. Sie sind immer fixiert.
Hintergrundobjekte (zum Beispiel Wasserzeichen)	Ja, in Textverarbeitungsdokumenten können Objekte in den Hintergrund bewegt werden, so dass sie nicht ausgewählt werden können. Sie haben keinen Einfluss auf die Inhalte im Vordergrund.	Nein
Text in Objekten	Ja, alle Textformatierungen sind auch in Objekten möglich.	
Inhaltsverzeichnis erstellen	Ja, Inhaltsverzeichnis lässt sich mit Hilfe von Absatzstilen erstellen.	Nein
Miniaturen anzeigen	Ja, Miniaturen lassen sich einblenden. Abschnitte werden bei der Auswahl zusammenhängend dargestellt.	Ja, standardmäßig eingeblendet
Lineale einblenden	Ja, horizontales Lineal ist Standard, vertikales Lineal über *Einstellungen* aktivierbar	Ja, horizontales und vertikales Lineal ist Standard
Objekte in den Textfluss einbinden	Ja, alle Objekte können in den Text eingebunden werden und so mitfließen.	Ja, wenn das Objekt über das Menü *Einfügen* in ein anderes Objekt (z. B. Textfeld) eingefügt wird.
Seitenorientiertes Arbeiten	Nein. Das Dokument wächst mit dem Inhalt. Es lassen sich allerdings *Abschnitte* definieren und einfügen.	Ja, neue Seiten werden über das Symbol *Seite* hinzugefügt
Fußnoten und Endnoten einfügen	Ja	Nein
Dokumente als Gliederung darstellen	Ja	Nein
Serienbrief erstellen	Ja	Ja

Seitenlayout aus Vorlage anpassen

Mit den *Seitenlayout*-Vorlagen hat Ihnen Apple schon einen ordentlichen Fuhrpark an Layoutfahrzeugen in die aufgeräumte Werkstatt gestellt. Mit ein paar Spritzern Farbe und geänderten Schriftzügen passen Sie Ihr Vehikel schnell an Ihre Wünsche an – oder Sie greifen in die Vollen und »pimpen« sie so weit, dass selbst sein Ersteller es nicht mehr wiedererkennt.

Alle Seitenlayouts sind bereits mit Bildern, Grafik und Text gefüllt. So wissen Sie schon ziemlich genau, wie Ihr Ergebnis aussehen kann. Legen Sie los. Machen Sie was Eigenes draus.

Passen Sie die Elemente im Seitenlayout an

1 Wählen Sie *Ablage | Neu aus einer Vorlage…* aus dem Menü oder drücken Sie ⌘-⇧-*N*. Wählen Sie eine Vorlage, die zu Ihrer Aufgabe passt. Wir wählen aus den Rundschreiben die Vorlage *Rundschreiben-Extrem.*

2 Klicken Sie in die Textfelder und ersetzen Sie den Platzhaltertext durch Ihre eigenen Inhalte. Verwenden Sie *Einsetzen und Stil anpassen* (⌘-⌥-⇧-*V)*, um Text über die Zwischenablage einzufügen. Dann bleibt der Stil der Vorlage erhalten.

3 Ersetzen Sie die Layoutbilder durch Ihre eigenen. Ziehen Sie dazu die neuen Bilder aus der Medienübersicht auf die Platzhalterbilder.

4 Sichern Sie das Dokument (⌘-*S)* und geben Sie ihm einen eigenen Namen.

Mehr über Vorlagen und wie Sie daraus ein Dokument erstellen können, lesen Sie in Abschnitt *4, Neues Dokument aus einer Vorlage erzeugen.*

Nicht nur für Anfänger: Auch wenn Sie schon Textverarbeitungs- und Layout-Profi sind – Sie werden überrascht sein, wie schnell und einfach Sie exakt das Dokument erstellen, das Sie sich vorgestellt haben.

Seiten zum Dokument hinzufügen

Im Seitenlayout werden neue Seiten nicht automatisch erzeugt. Sie legen also jede Seite neu an. Das ist allerdings weniger mühselig, als es sich anhört.

Seite hinzufügen

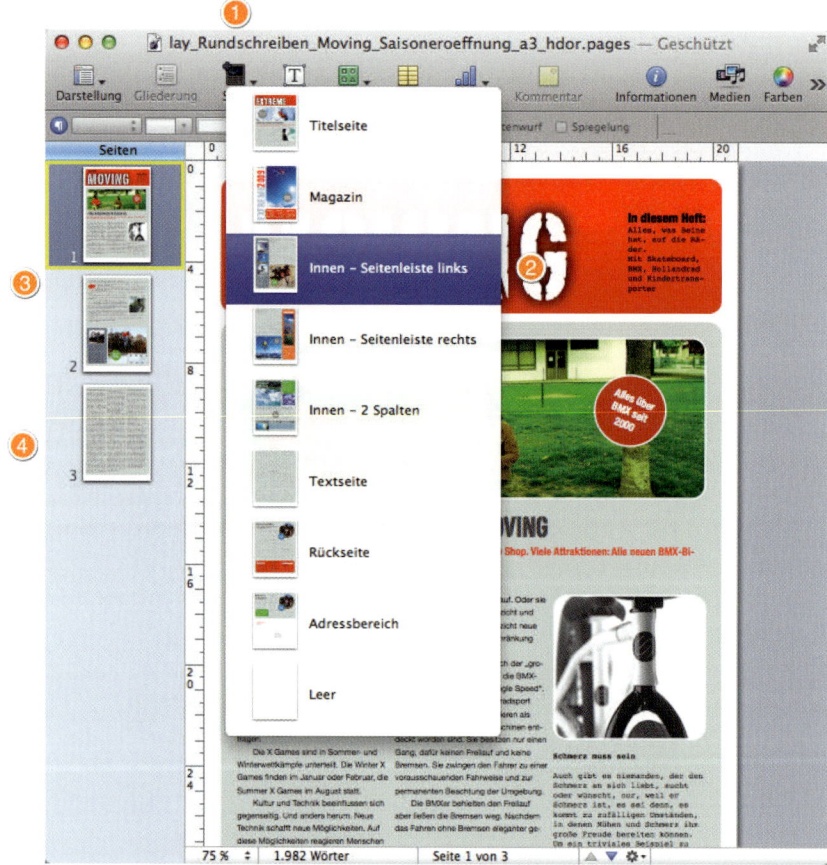

1. Klicken Sie auf die Taste *Seiten* in der Symbolleiste.

2. Wählen Sie aus dem Menü ein Layout aus.

3. Die Seite wird hinter der aktuell ausgewählten Seite eingefügt und erscheint in der Miniaturansicht.

4. Sie können auch bestehende Seiten Ihres Dokuments duplizieren. Klicken Sie dazu auf die Seite in der Miniaturspalte und wählen Sie aus dem Menü *Bearbeiten | Duplizieren (⌘-D).*

Textfeld in eine Seite einfügen

Der beste Ort für Text in Seitenlayouts ist das Textfeld. Das sagt ja schon der
Name. Wenn Sie also Text in Ihrem Dokument haben möchten, nehmen
Sie dieses Feld. Sie können natürlich auch in ein Rechteck Text einfügen
oder in einen Kreis, oder in ein Bild … – aber jetzt erst mal zum Textfeld.

Textfeld erstellen und einfügen

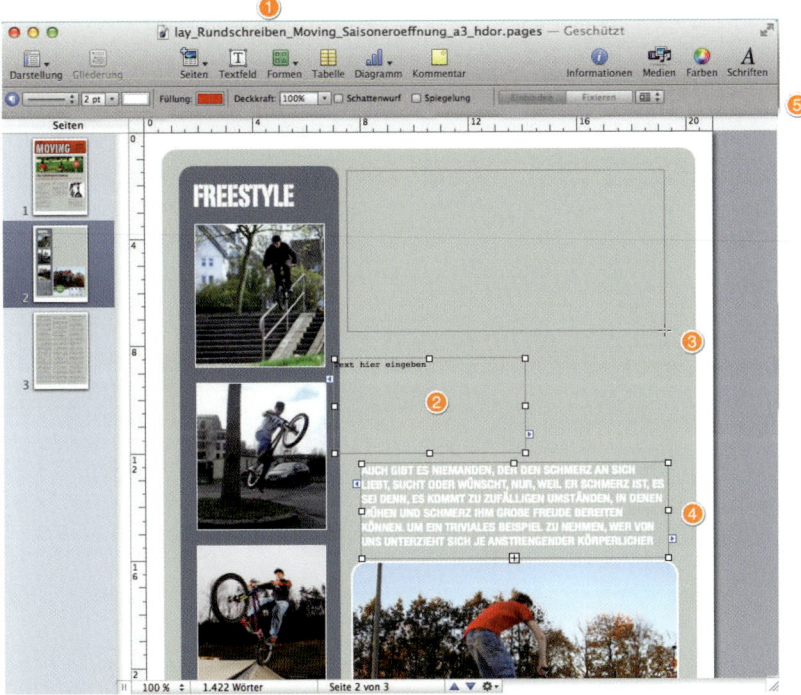

❶ Klicken Sie auf die Taste *Textfeld*.

❷ In der Mitte des Dokuments erscheint der Rahmen mit der Aufforderung *Text hier eingeben*. Tun Sie es.

❸ Klicken Sie mit gedrückter Wahltaste (⌥) auf die Taste *Textfeld*. Der
Mauszeiger verwandelt sich in ein Fadenkreuz. Damit können Sie an
einer beliebigen Stelle auf der Seite einen Rahmen für das Textfeld
aufziehen.

❹ Den Text im Textfeld können Sie mit allen Textwerkzeugen behan-
deln. Sie können alle Formatierungen, Farben und Stile anwenden.

❺ Schauen Sie mal: Wenn Sie das Textfeld ausgewählt haben, zeigt die
Formatierungsleiste Textwerkzeuge an.

Wenn Ihr Text einfach nicht in das Textfeld passen will, können Sie die überlaufenden Wörter in einem anderen Textfeld auffangen. Wie Sie Textfelder verknüpfen, zeigen wir sogleich.

Textfelder verknüpfen

Wenn Sie aus einem vollen Krug Wasser in ein Glas füllen, wird dieses irgendwann überlaufen. Die Lösung? Sie verteilen das Wasser auf mehrere Gläser. Wenn Sie einen großartigen mehrseitigen Text in ein kleines Textfeld gießen, läuft dieses ebenfalls über. Und auch hier können Sie sich helfen. Sie lassen den Text einfach in das nächste Feld laufen.

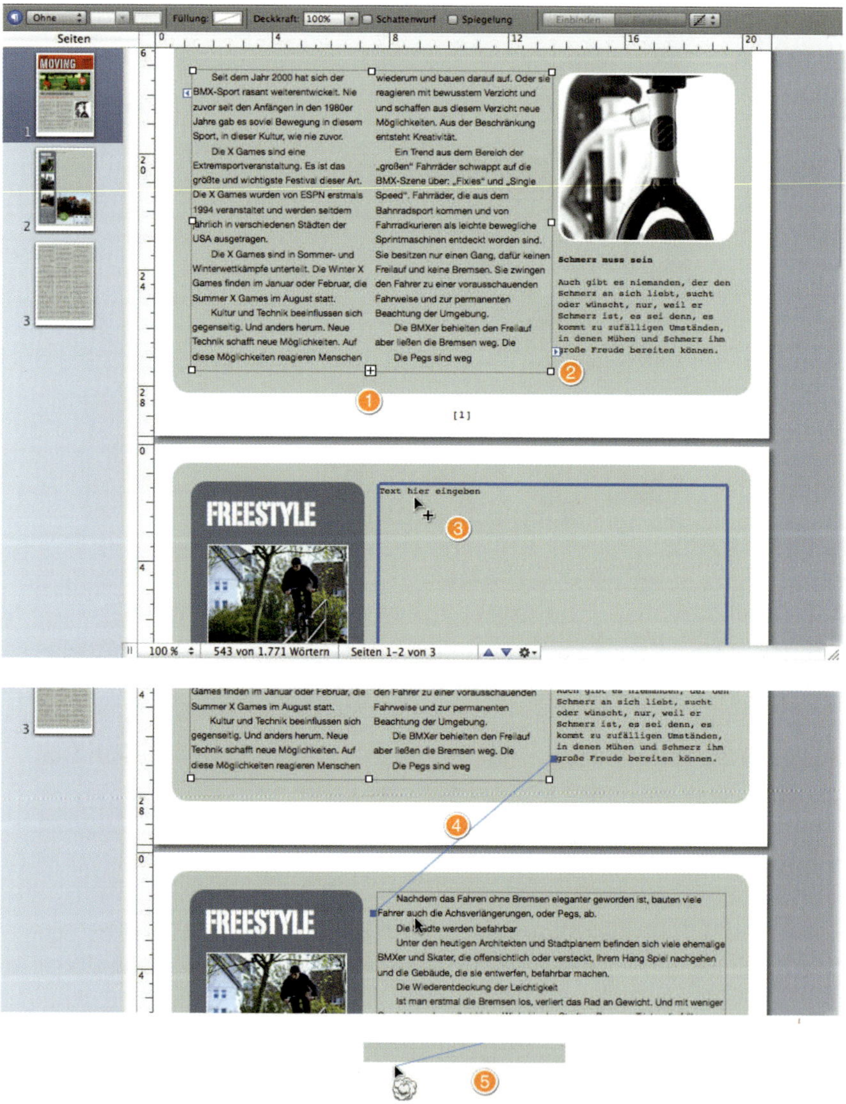

Textfeld verknüpfen

1. Wenn die Textmenge zu groß ist, erscheint am Fuß eines Textfeldes ein +-Zeichen.

2. Klicken Sie auf den Rechtspfeil am Rand des Textfeldes. Am Mauszeiger erscheint ein +-Zeichen.

3. Fahren Sie jetzt mit der Maus über ein leeres Textfeld. Ist der Rahmen blau hervorgehoben, klicken Sie in das Feld. (Das leere Feld sollten Sie natürlich vorher angelegt haben, in unserem Fall befindet es sich auf der nächsten Seite.)

4. Die beiden Textfelder sind jetzt durch eine Linie miteinander verbunden. Der Text fließt vom oberen in das untere Feld. Sie können auf diese Weise beliebig viele Textfelder miteinander verbinden.

5. Möchten Sie eine Verknüpfung löschen, ziehen Sie einfach an einem der blauen Verbindungspunkte. Dann löst sich die Verbindung in Luft auf. »Wusch.«

Text um Grafik fließen lassen

Es stimmt: Desktop-Publishing hat viele Setzer arbeitslos gemacht. Bis vor 20 Jahren wurde das Layout vieler Zeitungen noch von Hand zusammengebaut. Fotos, Grafiken und Text wurden zusammengeklebt und dann für den Druck belichtet (Fotosatz). Es stimmt aber auch, dass viele ehemalige Setzer schon bald einen Mac auf dem Tisch stehen hatten und sich darüber freuten, dass sie den Text, der um ein Bild fließen sollte, nicht mehr ausschnippeln und kleben mussten. Stattdessen arrangierten sie in *PageMaker* und *QuarkXPress* die Seitenelemente einfacher und präziser, als dies je zuvor möglich war.

In *Pages* können Sie das auch, denn es arbeitet wie die professionellen Systeme. Aber verraten Sie das nicht den Profis.

Text um Grafik fließen

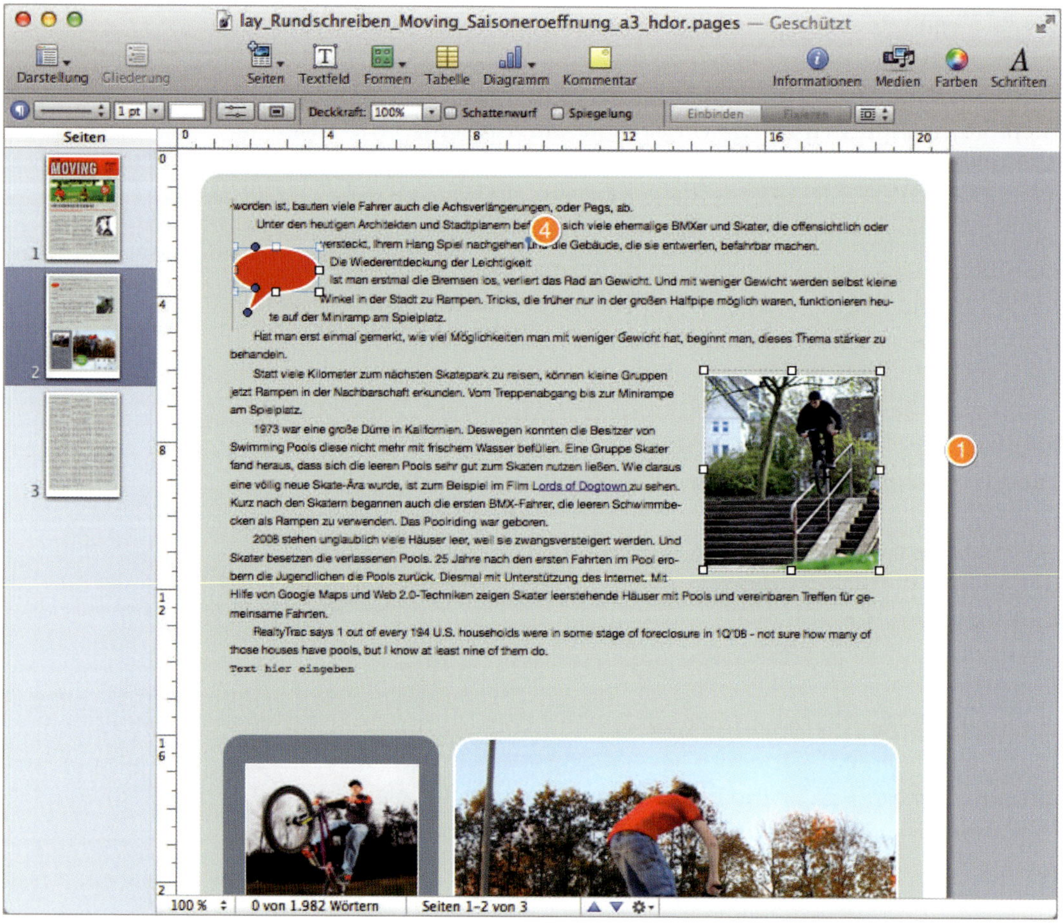

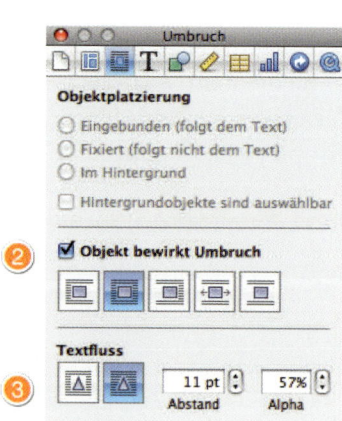

Screenshot: lay_Rundschreiben_Moving_Saisoneroeffnung_a3_hdor.pages — Geschützt

Objektplatzierung
- Eingebunden (folgt dem Text)
- Fixiert (folgt nicht dem Text)
- Im Hintergrund
- ☐ Hintergrundobjekte sind auswählbar

☑ **Objekt bewirkt Umbruch**

Textfluss

11 pt Abstand   57% Alpha

1 Fügen Sie ein Bild in Ihr Dokument ein und ziehen Sie es an die Stelle, an der es erscheinen soll. (Hier handelt es sich übrigens um ein Bild und um ein Textfeld).

2 Öffnen Sie im Informationsfenster den Abschnitt *Umbruch* und machen Sie ein Häkchen bei *Objekt bewirkt Umbruch*. Mit den Tasten darunter geben Sie vor, ob der Text links, rechts oder an beiden Seiten vorbeifließen soll, oder ob die ganze Zeile umbrechen soll.

3 Der Textfluss gibt an, ob Objekte (zum Beispiel die Sprechblase oben links) entlang ihrer Form oder als Rechteck umflossen werden sollen. Außerdem können Sie festlegen, in welchem Abstand der Text an die Form rücken soll.

4 Elemente in Seitenlayouts sind normalerweise *fixiert*. Das heißt, sie bleiben an der ihnen zugewiesenen Stelle. In der Textverarbeitung werden sie normalerweise eingebunden; das heißt, sie sind mit dem Text verankert und bewegen sich mit dem Text, wenn sich dieser verändert. In Seitenlayouts erreichen Sie dies, indem Sie die Einfügemarke an eine bestimmte Textstelle setzen und die Form über das Menü *Einfügen* in das Dokument holen.

Wie Sie Bilder und andere Medien in Ihr Dokument einfügen, zeigen wir Ihnen auf der Seite *Bilder, Sounds und Filme aus den iLife-Programmen mit der Medienübersicht nutzen*.

Das Element, um das der Text fließen soll, muss vor dem Text stehen. Das geht im Menü mit *Anordnen | Ganz nach vorne*.

Text in Spalten darstellen

Wenn wir lesen, bewegt sich unser Auge von links nach rechts über den Text. Je länger eine Zeile ist, desto schwieriger wird es, von deren Ende zum Anfang der nächsten Zeile zu springen. Man muss nicht Gutenberg heißen, um das zu verstehen.

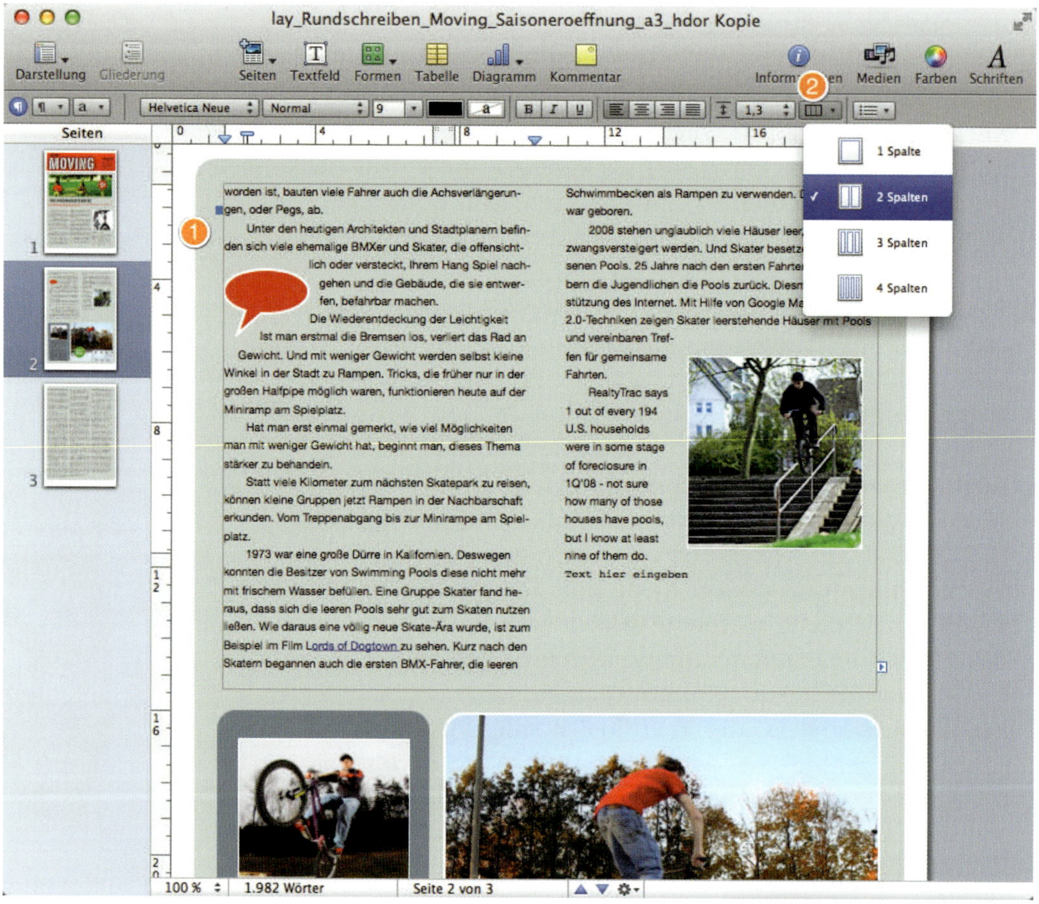

Deshalb haben Buchmacher schon früh den Spaltensatz erfunden. Nur damit ist es überhaupt möglich, auf großformatigen Zeitungen Text lesbar darzustellen. Aber auch auf einem A4-Blatt wird es schwer, Ihrem Text zu folgen, wenn Sie eine kleine Schriftart gewählt haben. Zur Rettung der Lesefreude und zur visuellen Bereicherung nehmen Sie den Spaltensatz.

Text in Spalten darstellen

1. Klicken Sie in den Text, der als Spalte dargestellt werden soll. Die *Funktionsleiste* zeigt jetzt die Textoptionen.

2. Wählen Sie aus dem Spaltenmenü die Anzahl der Spalten.

3. Wenn Sie Ihr Layout genauer anpassen möchten, finden Sie im Informationsfenster unter dem Symbol *Layout* noch mehr Möglichkeiten. Hier können Sie die Breite und den Abstand zwischen den Spalten (Steg) millimetergenau festlegen.

Die ideale Zeilenlänge hängt von mehreren Faktoren ab: Schriftart, Schriftgröße, Zeilenabstand und Länge des Texts. Die Erfahrung zeigt, dass Zeilen mit einer Länge von 55 bis 60 Zeichen und einer Anzahl von 9 bis 10 Wörtern am besten lesbar sind. Mit der Statistik können Sie Ihr eigenes Layout überprüfen.

Der Spaltensatz gilt im Seitenlayout immer nur für das ausgewählte Textfeld (oder Rechteck). In Textverarbeitungsdokumenten gilt er für den aktuellen Abschnitt.

Doppelseiten erstellen und anzeigen

Je mehr Raum Sie haben, desto besser können Sie mit Ihrem Layout arbeiten. Das schreit nach Doppelseiten. Und wenn Ihr Rundschreiben als gedrucktes Heft erscheinen soll, ist es natürlich wichtig, dass die Ränder für die Druckausgabe richtig korrekt angelegt werden. Stellen Sie darum Ihr Dokument als doppelseitig ein.

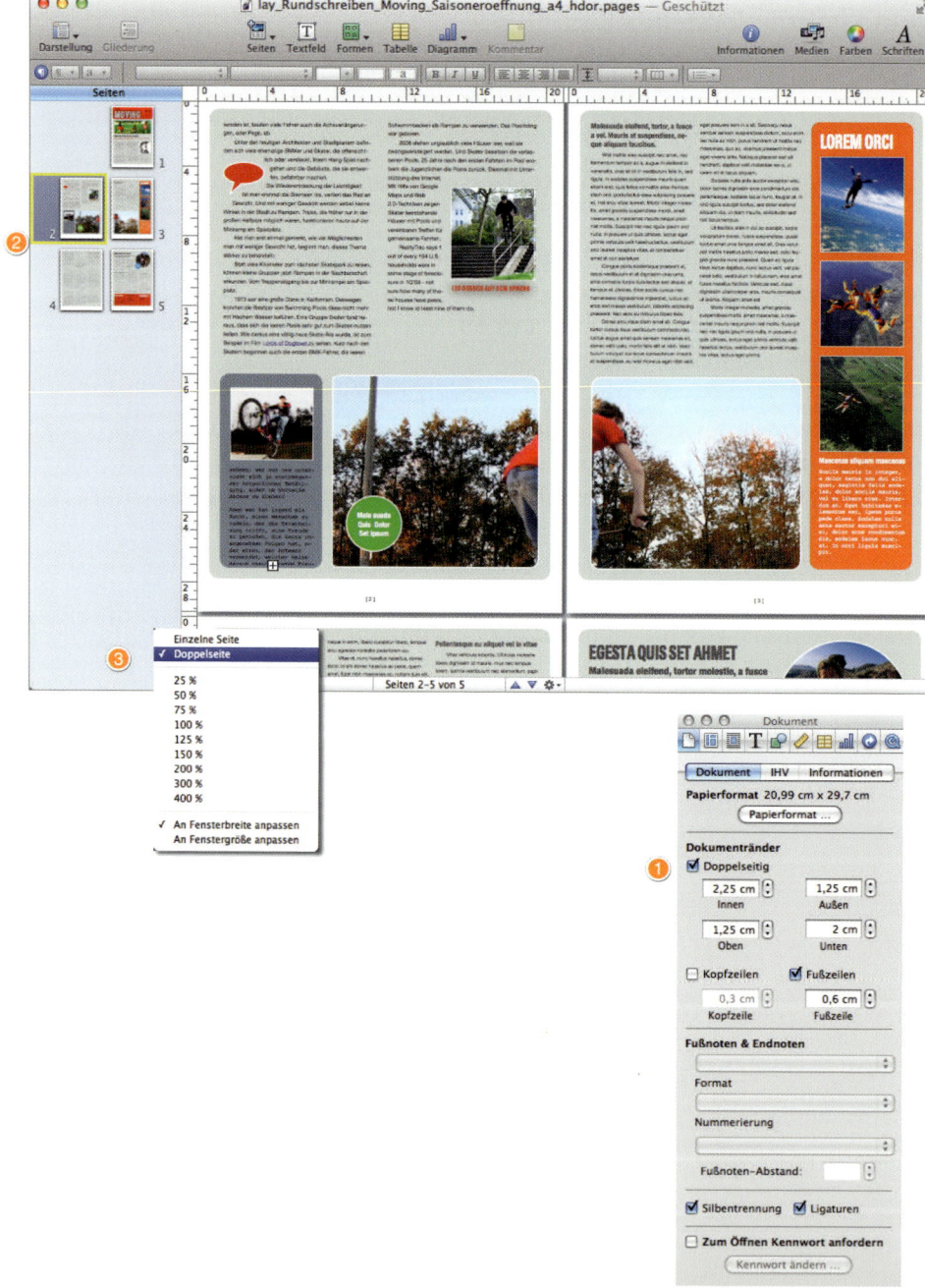

Dokument als Doppelseite anlegen

1 Öffnen Sie den Abschnitt *Dokument* im Informationsfenster und markieren Sie unter *Dokumentenränder* das Kästchen *Doppelseitig*. Die Einstellmöglichkeiten für die Seitenränder heißen ab jetzt nicht mehr *links* und *rechts*, sondern *innen* und *außen*.

2 *Pages* wechselt automatisch in die Doppelseitenansicht – und auch in der Symbolleiste werden die Seiten so dargestellt, wie sie später im Dokument erscheinen. Selbstverständlich steht die Titelseite allein.

3 Im Darstellungsmenü am Fuß der Seite können Sie weiterhin zwischen Einzel- und Doppelseite wählen.

Ein Trick: Beim Layout von Doppelseiten können Sie keine Rahmen über beide Seiten hinweg aufziehen. Möchten Sie dennoch ein Objekt über beide Seiten hinweg darstellen, wie den BMXer auf unserem Layout, hilft ein einfacher Trick: Duplizieren Sie das Bild und platzieren Sie es auf beiden Seiten. Maskieren Sie es und zeigen Sie innerhalb der Maske einmal die linke Seite und auf der gegenüberliegenden Seite die rechte. Mehr zum Maskieren und Beschneiden finden Sie in Abschnitt *Bild beschneiden und maskieren*.

7

Spezielle Inhalte in Pages

In diesem Abschnitt zeigen wir einige erweiterte Möglichkeiten, die *Pages* für die Arbeit an anspruchsvollen Dokumenten bietet.

Leser sind ja so verwöhnt. Sie wollen perfekt formatierte Dokumente in die Hand bekommen. Sie verlangen eine aussagekräftige Titelseite und ein vollständiges Inhaltsverzeichnis.

Mit *Pages* erstellen Sie professionelle Dokumente. Mit Kopf- und Fußzeilen, korrekt formatierten Fußnoten und mit mathematischen Formeln hält Ihre Arbeit auch wissenschaftlichen Ansprüchen stand.

Und für die *Digital Natives*, die bedrucktes Papier nur noch aus Erzählungen kennen, bereiten Sie Ihr Dokument dann gern auch mit Hyperlinks interaktiv auf.

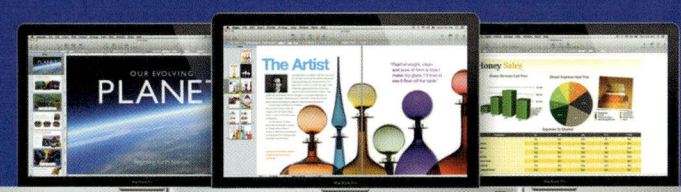

Titelseite einfügen

Bei wissenschaftlichen Texten ist sie vorgeschrieben, bei geschäftlichen nützlich und auch bei weniger formellen Dokumenten ist eine Titelseite eine praktische Sache. Sie deckt das Werk ab wie ein Buchdeckel, enthält aber die wichtigsten Angaben über den Inhalt. Einige Textverarbeitungsvorlagen enthalten bereits einen Abschnitt *Titelseite*. Sie können diese aber auch sehr einfach selbst erstellen.

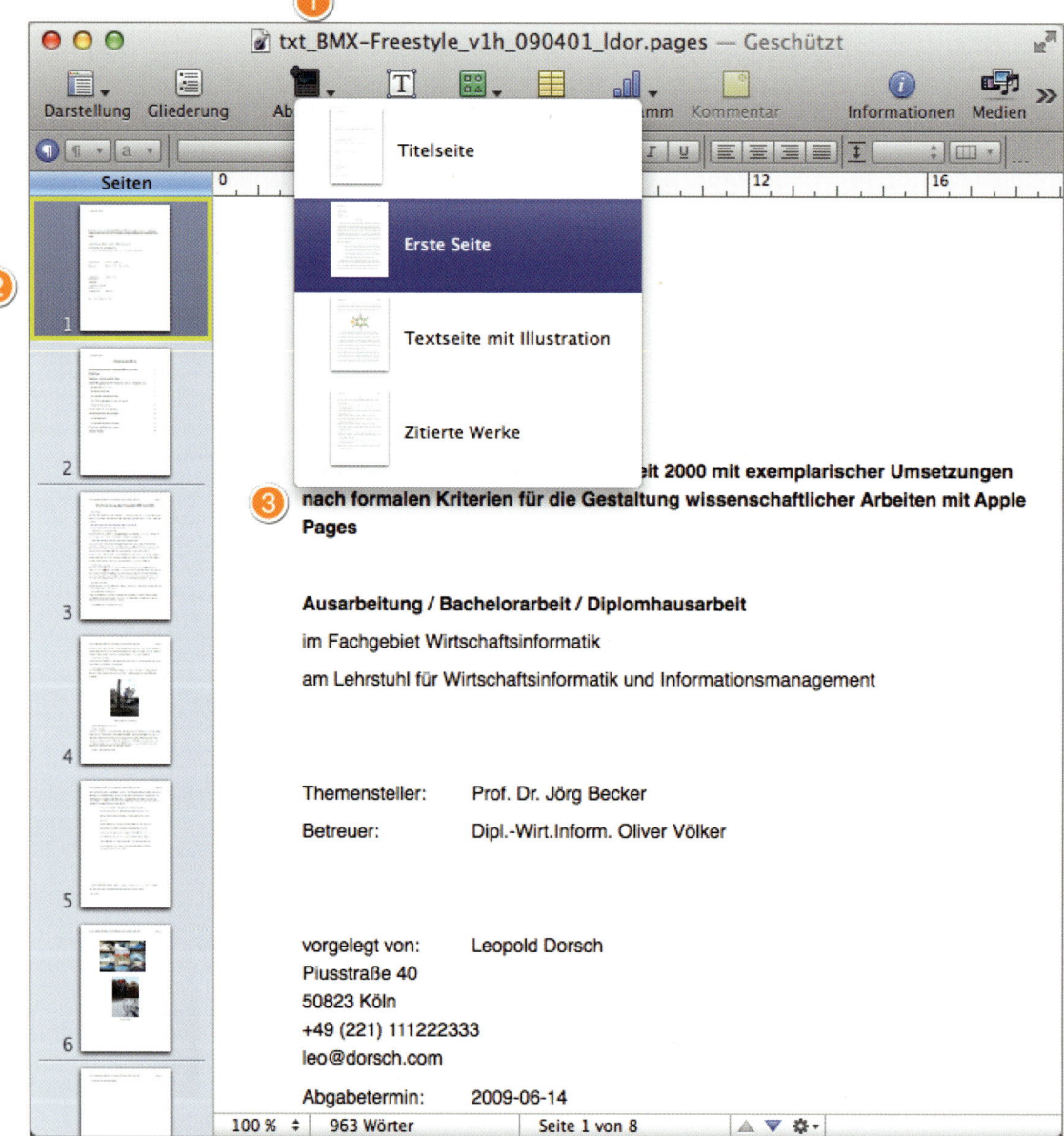

Titelseite erstellen und anpassen

1 Klicken Sie auf die Taste Abschnitte in der Symbolleiste und fügen Sie eine neue Seite hinzu.

2 Blenden Sie die Miniaturen ein und bewegen Sie die Seite ganz nach vorne im Dokument.

3 Erstellen Sie die Inhalte für die Titelseite.

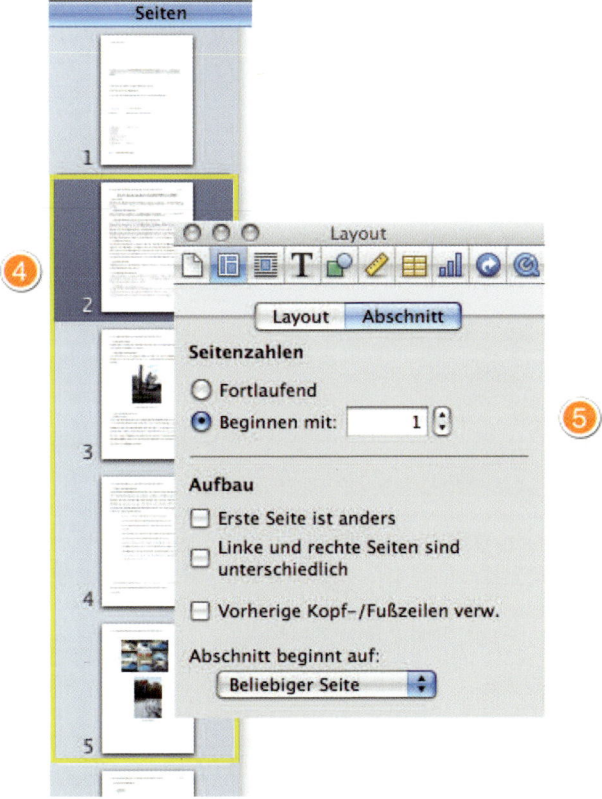

4 Die Titelseite soll bei der Seitenzählung nicht erscheinen. Klicken Sie deshalb in der Miniaturleiste in den nächsten Abschnitt (dieser wird hervorgehoben) und öffnen Sie die Layout-Einstellungen im Informationsfenster.

5 Wählen Sie hier *Beginnen mit 1*. Jetzt beginnt die Zählung mit dieser Seite.

Lesezeichen und Hyperlinks einfügen

Gehören Sie schon zu den gerade schon erwähnten *Digital Natives*, also der Generation, die mit digitalen Technologien als Selbstverständlichkeit aufgewachsen ist? »Tippen Sie auf unterstrichene Zeilen in der Zeitung und wundern sich, dass nichts passiert?« Mit Hyperlinks in *Pages* können Sie Links innerhalb des Dokuments und nach außen, zu Websites, E-Mail-Adressen oder anderen Dokumenten setzen. Auf Papier ausgedruckt funktionieren sie noch (!) nicht. Auf dem Bildschirm jedoch hervorragend.

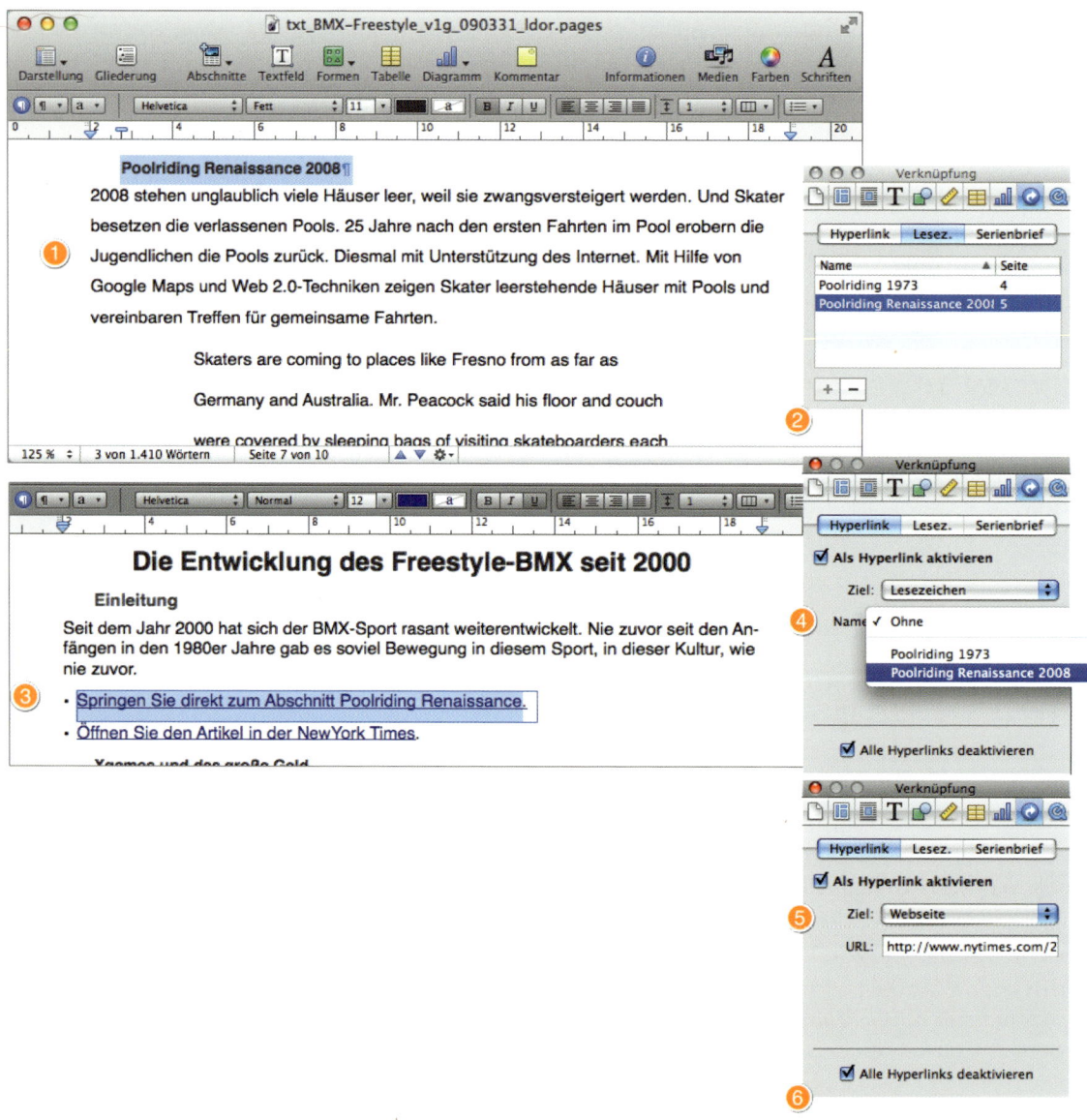

Lesezeichen erstellen und Verknüpfungen einfügen

❶ Für Verknüpfungen innerhalb eines Dokuments müssen Sie zuerst Ziele erstellen. Diese heißen Lesezeichen. Wählen Sie dazu eine Textstelle aus (wir nehmen eine Überschrift). Öffnen Sie dann das Informationsfenster und klicken Sie auf das Symbol für Verknüpfung.

❷ Klicken Sie auf das +-Zeichen. *Pages* legt ein neues Lesezeichen mit dem ausgewählten Text als Titel an.

❸ Wählen Sie jetzt im Dokument den Text aus, den Sie mit einem Link versehen möchten. Wählen Sie dann aus dem Menü *Einfügen | Hyperlink | Lesezeichen*.

❹ Im Informationsfenster müssen Sie jetzt nur noch den Namen des Ziels auswählen.

❺ Um einen Link zu einer Website zu erstellen, wählen Sie als Ziel *Webseite* und geben unter *URL* die Adresse der Seite an. (Kopieren Sie längere Adressen einfach aus der Adresszeile des Browsers und fügen Sie ins Feld ein.)

❻ Damit Sie beim Bearbeiten der Links nicht permanent den Browser öffnen, können Sie die Hyperlinks deaktivieren.

Auch Menschen, die als »Immigranten« in die digitale Welt eingewandert sind, oder sich gerade am Grenzübergang befinden, kennen das Prinzip des Hyperlinks: Kleine Hand über blau unterstrichenem Text bedeutet: Hier kann ich klicken, dann geht's woanders hin.

Alle Links bleiben auch erhalten, wenn Sie Ihr Dokument für die digitale Verbreitung exportieren: Als PDF-Dokument oder als E-Book im ePub-Format. Stellen Sie es über das Internet bereit, können Ihre Kollegen sogar im Browser klicken.

Mehr zum Export von Dokumenten finden Sie in Kapitel 12, *iWork-Anwendungen zusammen nutzen und erweitern*.

Kopf- und Fußzeilen einfügen

Seitennummern sind praktisch – vor allem, wenn Sie ein langes Dokument erstellen. Und wohin damit? Klar, in die Kopf- oder Fußzeile. Diese Seitenelemente erstellen Sie nur einmal und *Pages* setzt sie automatisch auf jede Seite. Und – wenn Sie schon dabei sind – schreiben Sie noch ein paar andere Informationen hinein.

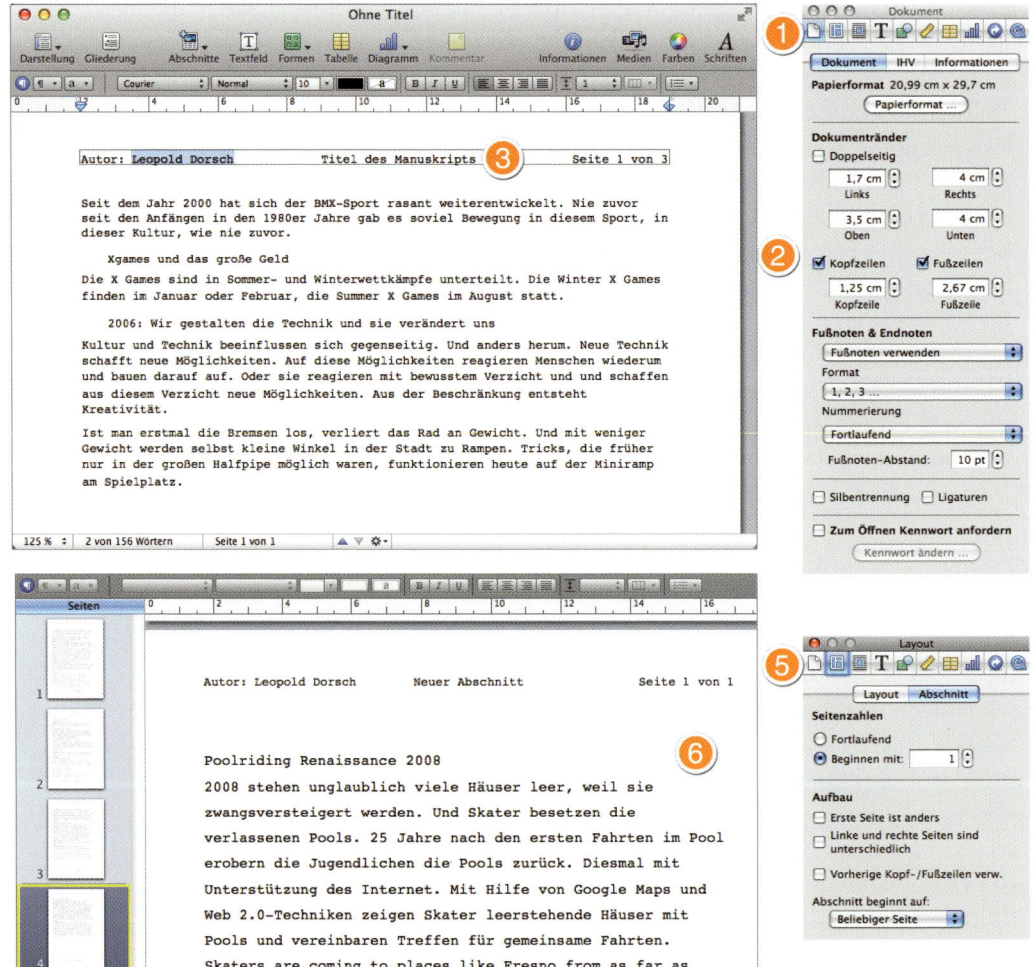

Kopfzeile anzeigen und Inhalte einfügen

1 Öffnen Sie das Informationsfenster und klicken Sie ganz links auf Dokument.

2 Setzen Sie einen Haken vor *Kopfzeilen* und/oder *Fußzeilen*. Sie können festlegen, wie weit vom Rand entfernt die Kopfzeile oder die Fußzeile stehen sollen.

3 Wählen Sie aus dem Menü *Einfügen | Seitenzahl und Seitenanzahl*. *Pages* fügt die Werte automatisch ein.

4 Kopf- und Fußzeilen werden grundsätzlich für das ganze Dokument angezeigt. Sie können jedoch für jeden Abschnitt eigene Einstellungen festlegen.

5 Im Informationsfenster *Layout* stellen Sie ein, ob die Kopfzeile wie im vorherigen Abschnitt weitergeführt wird, oder ob andere Inhalte angezeigt werden.

6 In diesem Fall schreiben wir die Abschnittsbezeichnung in die Kopfzeile und beginnen mit der Seitenzählung neu bei 1.

Mehr zum Thema Seitennummern finden Sie unter *17 »Seitennummern in Dokumente einfügen«*.

Wasserzeichen, Logo und andere sich wiederholende Elemente hinzufügen

Kopfzeilen und Fußzeilen sind ein wunderbares Mittel, um bestimmte Inhalte einmal anzulegen und auf jeder Seite anzuzeigen. Sie können aber auch jedes andere Element so einrichten, dass es automatisch auf jeder Seite Ihres Dokuments erscheint. Das kann Ihr Firmenlogo sein, ein bestimmter Textblock oder ein Wasserzeichen für *streng geheime* Dokumente.

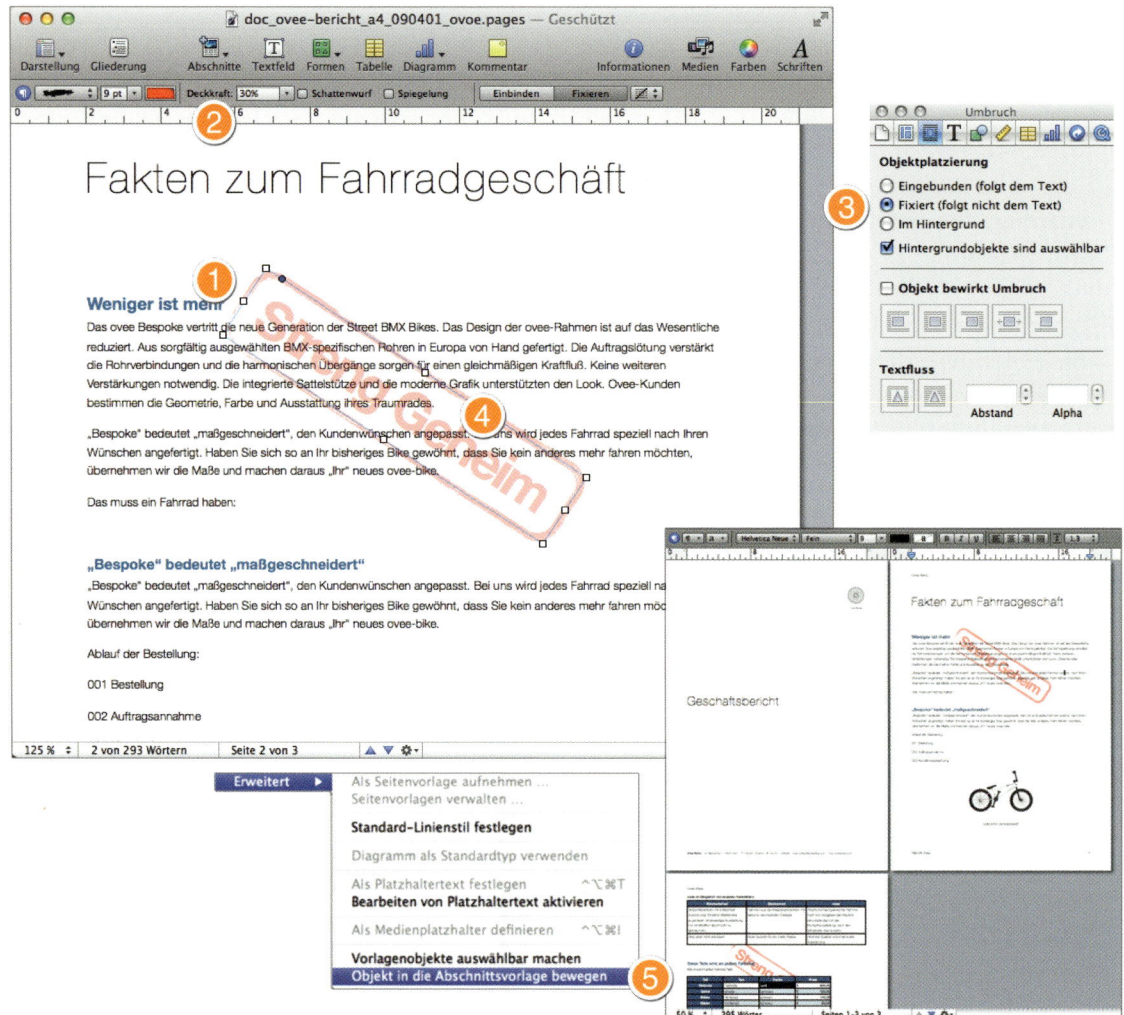

Wasserzeichen in einen Abschnitt einfügen

1 Fügen Sie ein beliebiges Objekt in die Seite. Wir erstellen ein abgerundetes Rechteck.

2 Bearbeiten Sie das Objekt: Fügen Sie Text hinzu (groß), bearbeiten Sie die Füllung und den Rand (rot) und stellen Sie die Deckkraft ein (30 %). Mit der Formatierungsleiste erstellen Sie ruckzuck einen Geheim-Stempel als Wasserzeichen.

3 Klicken Sie auf das Wasserzeichen im Informationsfenster *Umbruch.* stellen Sie das Objekt als fixiert ein und entfernen Sie den Umbruch.

4 Stellen Sie das Wasserzeichen hinter den Text. Wählen Sie dazu aus dem Menü *Anordnen | Objekte in den Hintergrund.* Achten Sie darauf, dass es weiterhin ausgewählt ist.

5 Damit das Wasserzeichen auf jeder Seite erscheint, müssen Sie es zur Vorlage hinzufügen. Das tun Sie unter *Format | Erweitert | Objekte in die Abschnittsvorlage bewegen.*

Möchten Sie das Wasserzeichen wieder loswerden? Dann müssen Sie Ihr Wasserzeichen aus der Vorlage herausholen: Klicken Sie auf das Wasserzeichen – vorher wählen Sie im Menü *Anordnen | Hintergrundobjekte auswählbar machen* – und wählen *Format | Erweitert | Objekte in die Seite bewegen.*

Fußnoten und Endnoten erstellen

Wenn Sie einen Bericht schreiben – wissenschaftlich oder nicht –, so können Sie Hinweise auf Referenzen direkt im Text angeben. Das kann jedoch schnell unübersichtlich werden, weil es immer wieder den Lesefluss unterbricht. Deshalb gibt es Fußnoten. Im Text steht dann nur ein kleiner Verweis (meistens eine hochgestellte Nummer) auf den Eintrag am Fuß der Seite. Bei Endnoten steht der Verweis am Ende des Dokuments. Korrektes Zitieren gehört zur wissenschaftlichen Arbeitsweise.

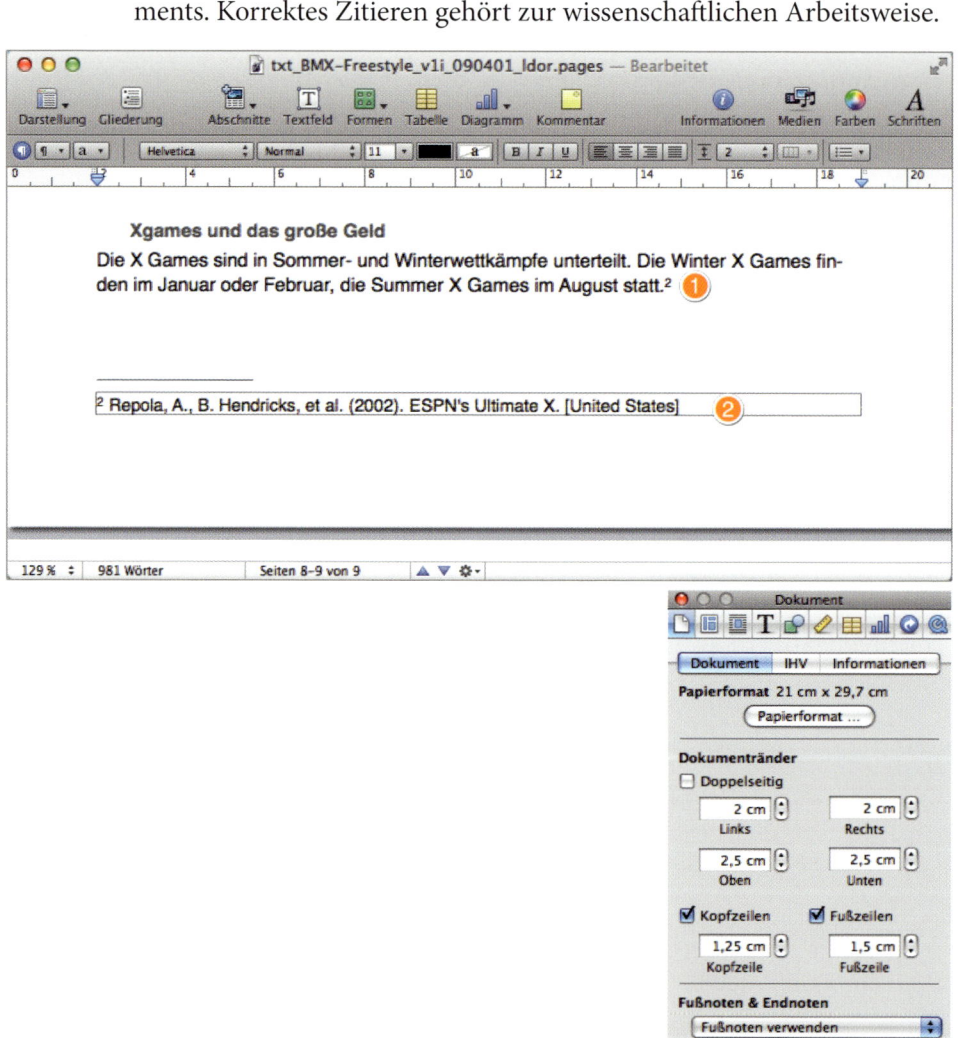

Fußnote in den Text einfügen

1. Setzen Sie die Einfügemarke hinter die Stelle, zu der Sie eine Fußnote erstellen möchten.

2. Wählen Sie aus dem Menü *Einfügen | Fußnote*. *Pages* fügt ein Fußnotenzeichen ein und setzt die Einfügemarke in das spezielle Fußnotenfeld unten auf der Seite.

3. Im Informationsfenster *Dokument* können Sie festlegen, wie die Fußnoten dargestellt werden (Nummerierung oder eigene Zeichen). Hier können Sie auch bestehende Fußnoten in Endnoten umwandeln und umgekehrt.

Für die meisten wissenschaftlichen Arbeiten – zum Beispiel in Bachelor-Studiengängen – reichen die Fähigkeiten von *Pages* aus. Wenn Sie umfangreiche Arbeiten erstellen – wie zum Beispiel eine Dissertation –, brauchen Sie eine ordentliche Zitationsdatenbank wie etwa *EndNote*. Wie Sie damit zitieren, zeigen wir gleich.

Für wissenschaftliche Arbeiten gibt es relativ strenge Vorgaben. Die Zitationsregeln aufzuzählen würde hier ein klein wenig zu weit führen. Aber jede Uni und jeder Fachbereich gibt dazu Richtlinien heraus. Uns hat die Suche nach »formale Gestaltung wissenschaftlicher Arbeiten« auf der Uni-Homepage zu den wichtigen Dokumenten geführt.

Zitat einfügen aus Literaturverwaltung

Für die meisten wissenschaftlichen Arbeiten – zum Beispiel in Bachelor-Studiengängen – reichen die Fähigkeiten von *Pages* aus. Wenn Sie umfangreiche Arbeiten erstellen, etwa eine Dissertation, brauchen Sie eine ordentliche Zitationsdatenbank, zum Beispiel *EndNote*. Dieses Programm hat den Vorteil, dass Werke, die darin erfasst sind, nicht nur in einem Dokument nutzbar sind. Sie können darin auch nach Zitaten suchen – in Ihrer Sammlung oder online in vielen Bibliothekskatalogen. Und nicht zuletzt können Sie die gespeicherten Daten wissenschaftlich korrekt in Ihre Dokumente einfügen.

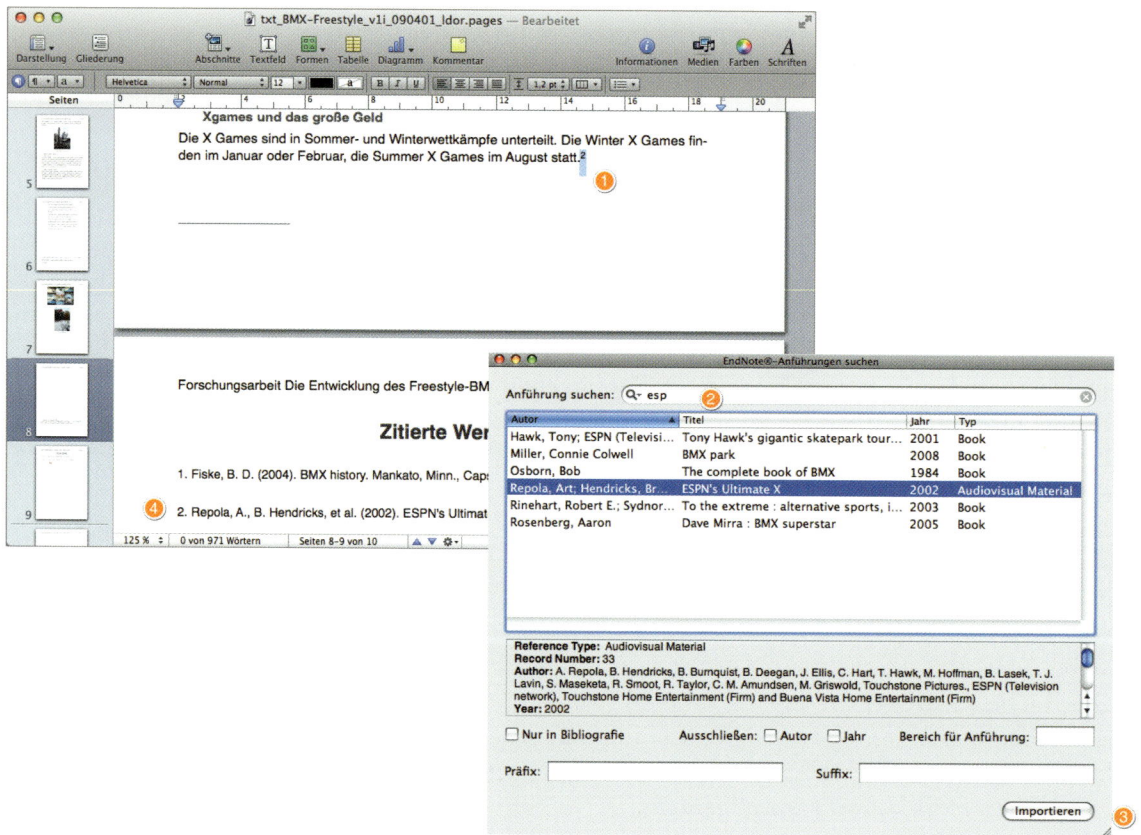

Endnote in den Text einfügen

1 Setzen Sie die Einfügemarke hinter die Stelle, zu der Sie eine Fußnote erstellen möchten.

2 Wählen Sie aus dem Menü *Einfügen | Endnote-Anführung*. *Pages* öffnet ein Dialogfenster. Geben Sie hier zum Beispiel den Autor in das Suchfeld ein und drücken Sie den Zeilenschalter (↵). Der Eintrag erscheint nur, wenn *Endnote* auf Ihrem Mac installiert ist.

3 Wählen Sie aus der Ergebnisliste das Werk, aus dem Sie zitieren möchten, und klicken Sie auf Importieren.

4 *Endnote* erstellt automatisch einen Abschnitt am Ende des Dokuments mit der Bibliografie. Diese wird automatisch aktualisiert, sobald Sie ein neues Zitat einfügen.

EndNote ist nicht Bestandteil von *Pages* – allerdings ist es die einzige Zitatverwaltung, die von Apple direkt in *Pages* eingebunden wurde.

EndNote ist ein sehr gutes Werkzeug, aber relativ teuer. Sie können es unter `www.endnote.com` kaufen oder als Testversion herunterladen. Es gibt aber Alternativen, die ebenfalls hervorragend mit dem Programm zusammenarbeiten, auch wenn sie nicht direkt von Apple unterstützt werden: *BibDesk* ist eine hervorragende Verwaltung für das *BibTex*-Format. Sehr Mac-like sind *Sente* und *Bookends*. Letztere können automatisch Fußnotenverzeichnisse erstellen, indem sie das *Pages*-Dokument nach Zitaten durchsuchen.

Mehr über *Wissenschaftliches Arbeiten am Mac* finden Sie im gleichnamigen Buch, das im *Mandl & Schwarz*-Verlag erhältlich ist. Neben etlichen Tipps zur Handhabung am Apple-Gerät enthält das Buch auch viele Anleitungen zur Organisation einer erfolgreichen Publikation ganz allgemein.

Formeln einfügen aus MathType

Pages kann alles – außer Mathe. Das stimmt so nicht ganz, denn immerhin haben Sie in Tabellen Zugriff auf über 250 Formeln. Aber wenn es darum geht, die Formeln aufzuschreiben und darzustellen – tja, dann muss *Pages* passen. Aber als Mac-Anwender wissen Sie es wahrscheinlich schon: Es gibt für jede Aufgabe ein spezielles Programm. Und *MathType* ist so eines. Sobald *Pages* dieses Werkzeug im Programmordner findet, können Sie es direkt zusammen nutzen.

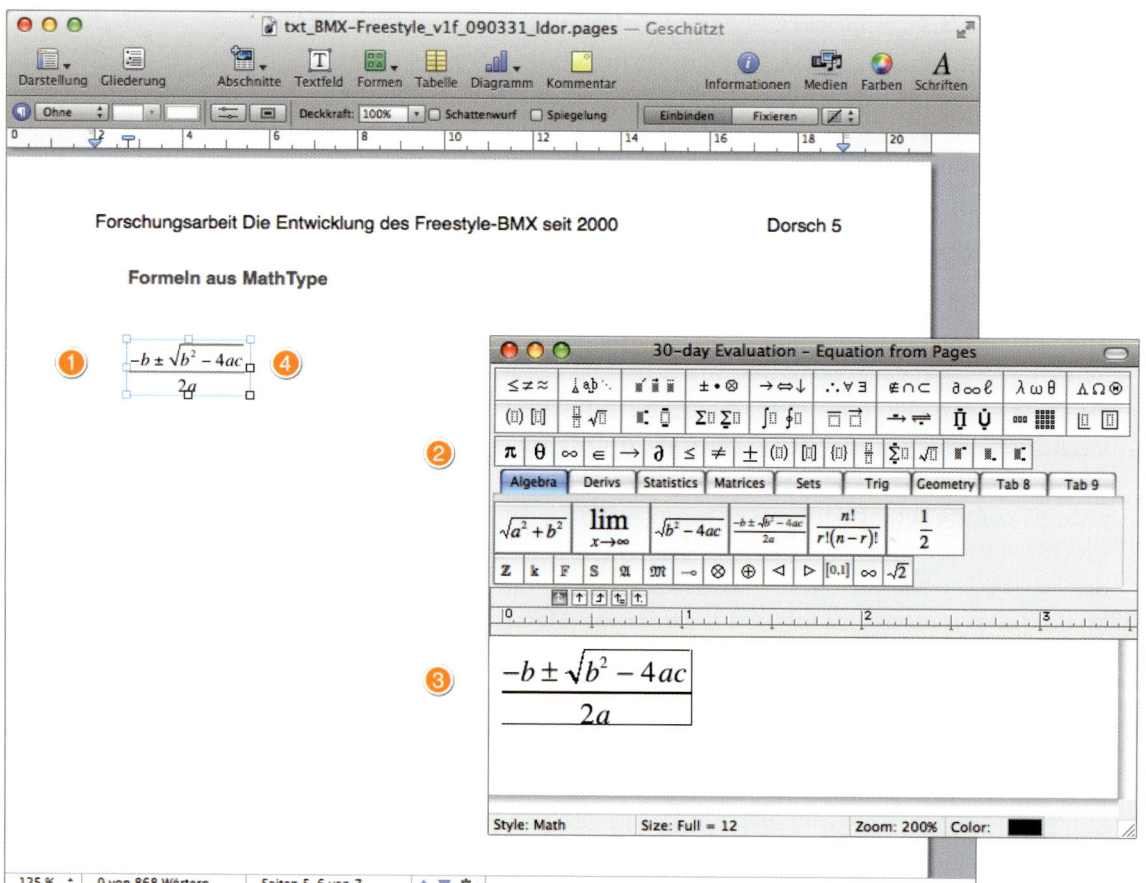

Gleichung mit MathType erstellen und bearbeiten

1 Setzen Sie die Einfügemarke an jene Stelle, an der Ihre Gleichung stehen soll.

2 Wählen Sie aus dem Menü *Einfügen | MathType-Gleichung*. *MathType* startet und öffnet das Bearbeitungsfenster im Vordergrund.

3 Erstellen Sie die Formel in *MathType*. Wählen Sie dann aus dem Menü *File | Close and Return to Pages (⌘-W)*. Bestätigen Sie eventuell das folgende Dialogfeld mit *Yes*. Die Formel wird in *Pages* eingesetzt.

4 Ein Doppelklick auf die Formel öffnet diese in *MathType*, wo Sie sie bearbeiten können.

5 Um die Formel zu löschen, klicken Sie darauf und drücken dann die Löschtaste (⌫).

MathType kostet zwischen 50 und 105 EUR – je nachdem, wo Sie es einsetzen (es gibt eine 30-tägige Demo-Version). Apple liefert ein Programm mit, das ebenfalls mathematische Formeln erstellen kann. Suchen Sie auf Ihrem Computer nach dem Programm *Grapher (es liegt im Ordner Programme/Dienstprogramme)*. Für viele Berechnungen ist es durchaus ausreichend.

Auf der Website des *Mandl & Schwarz*-Verlages finden Sie im Bereich »Support« ein Sonderkapitel zu *Grapher*, welches Sie sich – nach erfolgreicher Registrierung (gern mit Newsletter-Abo) – dort kostenfrei herunterladen können.

www.mandl-schwarz.com/support/

Inhaltsverzeichnis erstellen

Es gibt Leute, die veröffentlichen Bücher ohne Inhaltsverzeichnis. Nicht, weil Sie es nicht für nötig hielten, sondern weil die Zeit einfach zu knapp ist, es rechtzeitig fertigzustellen. Komisch, mit *Pages* geht das ganz einfach. Einzige Voraussetzung: Ihr Dokument muss mit Absatzstilen formatiert sein.

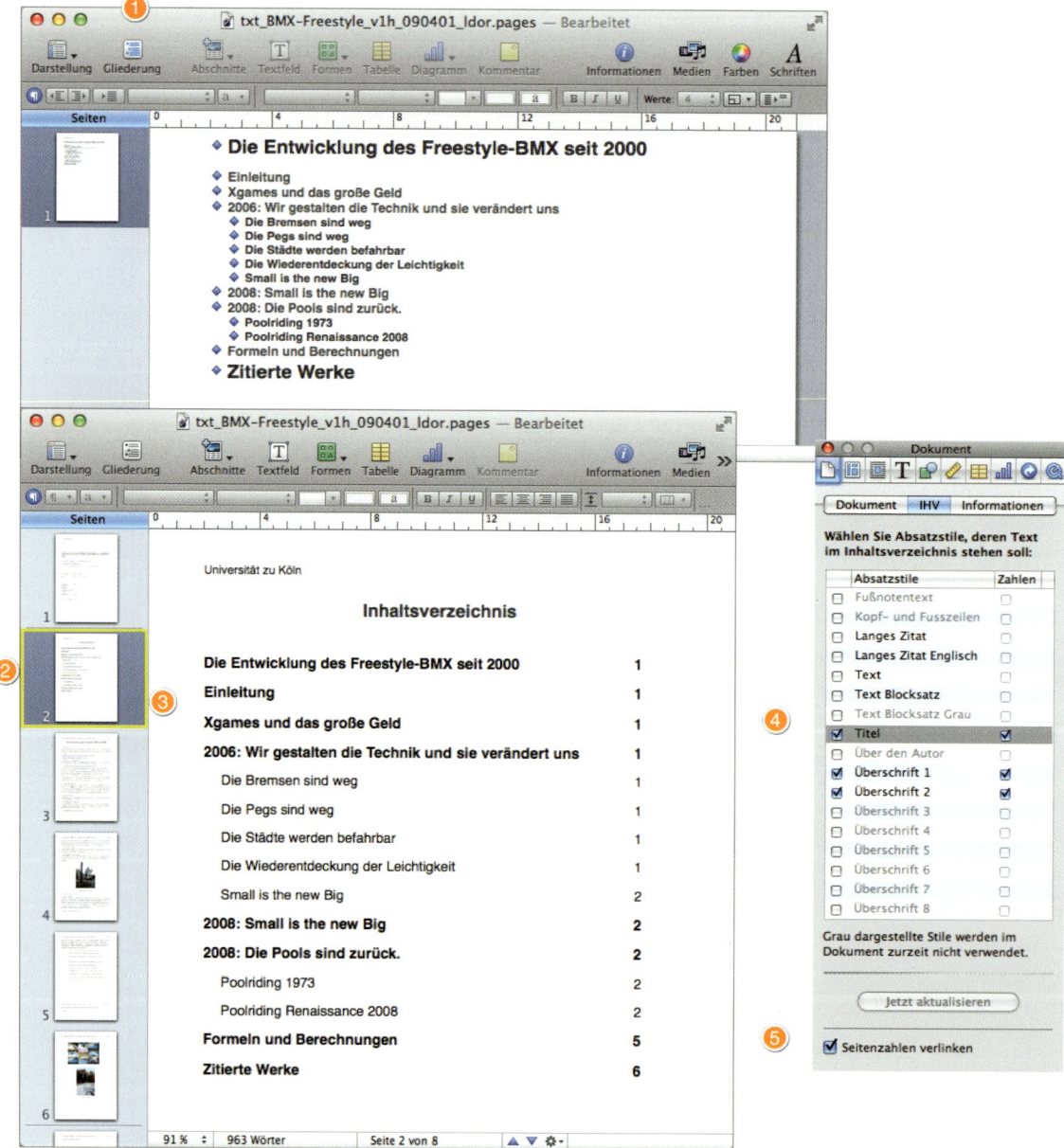

Inhaltsverzeichnis einfügen

1 Stellen Sie sicher, dass allen Überschriften in Ihrem Dokument ein entsprechender Absatzstil zugewiesen ist. Eine schnelle Möglichkeit dies zu überprüfen ist, in die Gliederungsansicht umzuschalten.

2 Setzen Sie das Inhaltsverzeichnis am besten in einen eigenen Abschnitt am Anfang des Dokuments. Erstellen Sie diesen über die Taste *Abschnitte* oder wählen, wie wir am Ende der Titelseite *Einfügen | Abschnittsumbruch* aus dem Menü.

3 Klicken Sie jetzt in die Seite und wählen Sie aus dem Menü *Einfügen | Inhaltsverzeichnis. Pages* erstellt das Inhaltsverzeichnis automatisch.

4 Welche Absatzstile *Pages* für das Inhaltsverzeichnis verwendet, sehen Sie im Informationsfenster zum *Dokument.* Im Abschnitt *IHV* (Inhaltsverzeichnis) können Sie auswählen, aus welchen Absatzstilen das Inhaltsverzeichnis erstellt wird.

5 Den Haken an *Seitenzahlen verlinken* sollten Sie setzen. Dann springen Sie beim Klick auf die Seitenzahl direkt an die entsprechende Seite des Dokuments.

Bei den Textverarbeitungsvorlage *Bericht, Bericht Schule* und *Semesterarbeit*, sind schon Abschnitte fürs Inhaltsverzeichnis angelegt. Dann brauchen Sie unsere Anleitung gar nicht mehr.

Stile sind die Grundlage der strukturierten Arbeit in *Pages*. Mehr dazu lesen Sie zum Beispiel in *Abschnitt 5 »Stile verwenden«*.

Wenn Sie Ihr Dokument als E-Book zum Beispiel für den *iBooks*-Store von Apple speichern wollen, können Sie das Inhaltsverzeichnis beim Export erzeugen. Mehr dazu in Abschnitt 12.

Daten strukturieren und bearbeiten mit Numbers

8

Gerade im kaufmännischen und wirtschaftlichen Bereich wird schon seit Jahrhunderten in Tabellen gerechnet. Die hanseatischen Kaufmänner schrieben alle ihre Ein- und Verkäufe, ihre Warenbestände und ihre Kunden- und Lieferanten von Büchern mit äußerster Sorgfalt in große Bücher. Berechnungen führten sie außerhalb durch (früh schon mit Rechenmaschinen) und trugen die Ergebnisse, zum Beispiel Summen, in riesige Tabellen ein.

Solche Tabellen können Sie auch nutzen, nur viel schlauer, denn *Numbers* versieht alle Tabellen mit Intelligenz, die Sie für viele Zwecke nutzen können.

Die Tabelle ist ein Raster aus Spalten und Zeilen. Die Schnittpunkte dieser Elemente bilden die Zelle. Jede Zelle nimmt alle möglichen Daten auf, Zahlen, Datumswerte, Geldbeträge oder auch Text. Die Zelle nimmt aber auch Formeln auf, mit denen Sie kaufmännische, statistische, mathematische und viele andere Berechnungen durchführen können. Werte, mit denen Sie rechnen, holen Sie sich aus den anderen Zellen der Tabelle.

Numbers kann viel mehr, als einfach nur mit Tabellen rechnen. So besitzt es viele der Layout- und Grafikfähigkeiten von *Pages* und *Keynote*, und auch längere Texte könnten Sie darin schreiben. Aber am wichtigsten sind doch die Fähigkeiten im Umgang mit Daten aller Art.

In diesem Kapitel geht es darum, wie Sie Daten in Arbeitsblättern, Tabellen und Zellen organisieren, formatieren und so für den Leser und den Computer nutzbar machen.

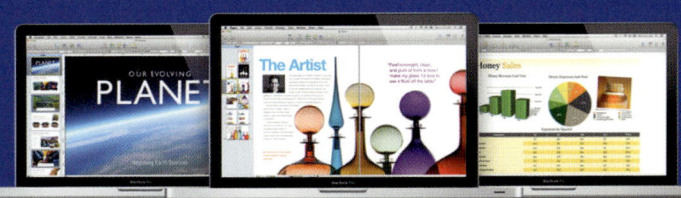

Die Übersicht: Was ist wo in Numbers?

Auch *Numbers* ist eine *echte* Mac-Anwendung. Die Oberfläche ist, wie bei den anderen Programmen sehr aufgeräumt und folgt den strengen Vorgaben, die Apple für die Gestaltung von Programmen festgelegt hat. Im Gegensatz zu den meisten anderen Tabellenkalkulationen setzt Apple das Arbeitsblatt bei *Numbers* auch visuell um. Sie bekommen ein Blatt, auf dem Sie Tabellen frei platzieren können. Und Diagramme und Text und Bilder und Filme und ....

Am Kopf des Dokumentenfensters befindet sich die Symbolleiste mit den am häufigsten verwendeten Funktionen. Sollten Sie ein Symbol oder ein Menü im Fenster nicht sofort verstehen, fahren Sie mit der Maus darüber. Ein kleines gelbes Zettelchen erklärt Ihnen mehr dazu.

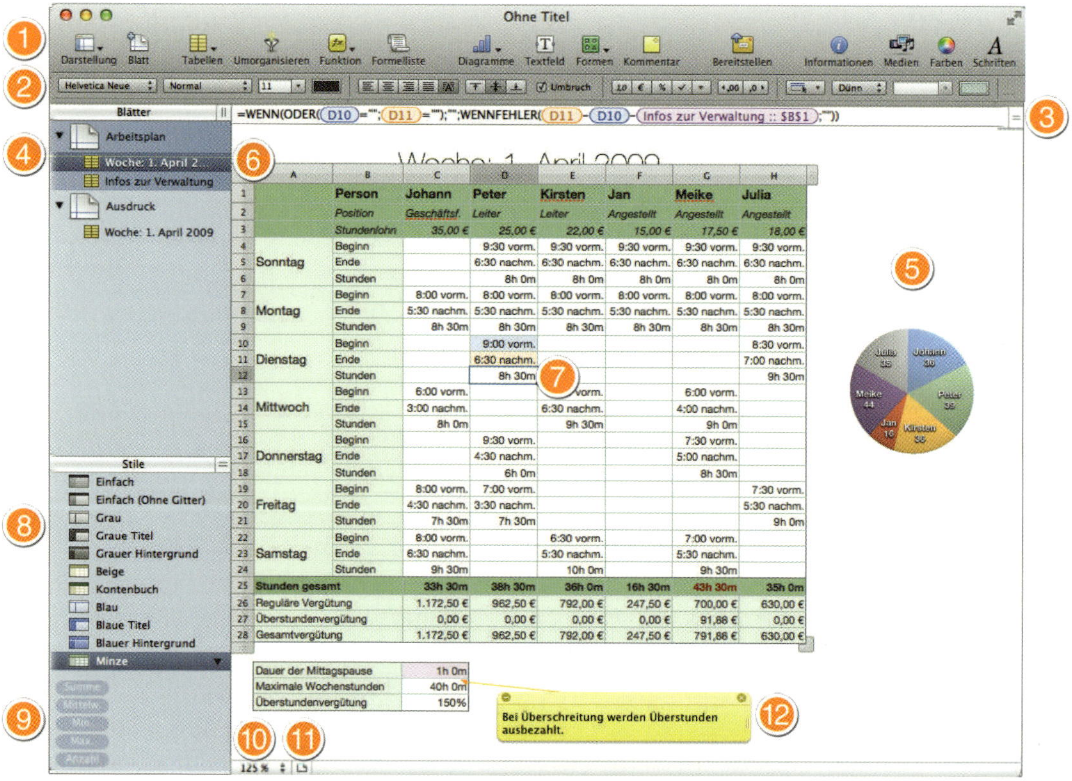

❶ Dies ist die **Symbolleiste** mit Tasten für häufig genutzte Funktionen (Objekte).

Legen Sie Funktionen, die Sie häufig benutzen, in die Symbolleiste. Wählen Sie im Menü *Darstellung* | *Symbolleiste anpassen,* um Tasten hinzuzufügen oder zu löschen. Das funktioniert übrigens bei fast allen Mac-Anwendungen.

2 Die **Formatierungsleiste**. Werkzeuge zum schnellen Ändern der wichtigsten Text- und Zahlenformatierungen. Unterschiedliche Werkzeuge für unterschiedliche Objekte (Text, Grafik, Tabelle, Diagramm).

3 In der **Formelleiste** können Sie Formeln und andere Inhalte der ausgewählten Zelle erstellen und bearbeiten. Ziehen Sie die Größeneinstellung nach unten, um mehr Platz für die Darstellung zu schaffen.

4 Der Bereich **Blätter** zeigt alle Arbeitsblätter im aktuellen Dokument mit allen Tabellen und Diagrammen. Über die Dreiecke links blenden Sie die Inhalte ein und aus. Die Breite des Bereichs können Sie über die Größeneinstellung am oberen Rand ändern.

5 Der **Arbeitsbereich** ist der Bereich, in dem Sie die Inhalte des ausgewählten Arbeitsblatts frei platzieren und bearbeiten können (Tabellen, Diagramme, Textfelder, grafische Formen).

6 **Spalten** und **Zeilen** sind die Grundlage der Tabelle. Die horizontalen Spalten werden mit Buchstaben (A-Z, AA-ZZ, ~) bezeichnet. Die vertikalen *Zeilen* tragen Ziffern (1-~unendlich). Die *Kopfzellen* der Spalten und Zeilen werden nur angezeigt, wenn die Tabelle ausgewählt ist.

7 In die **Tabellenzelle** werden die Daten der Tabelle eingetragen. Sie wird definiert durch den Schnittpunkt von Spalte und Zeile (hier *D12*).

8 Der Bereich **Stile** zeigt die Stile, die in der aktuellen Vorlage verfügbar sind. Durch Klicken auf einen Stil können Sie das Aussehen der ausgewählten Tabelle ändern. Mit der Größenänderung oberhalb können Sie den Stilen mehr oder weniger Platz im Seitenbereich geben.

9 Die **Sofortergebnisse** zeigen ständig Ergebnisse an, für die ausgewählten Zellen an (Summe, Mittelwert etc.).

10 Das *Einblendmenü Darstellung*. Vergrößern oder verkleinern Sie die Darstellung des Dokuments mit dem Zoomfaktor.

11 Blenden Sie die **Druckdarstellung** mit dieser Taste ein und aus.

12 Mit einem **Kommentar** können Sie Funktionen von Zellen beschreiben, für andere Benutzer oder für sich selbst.

13 **Diagramme** stellen die Inhalte der Tabellen grafisch dar.

Neues Dokument aus einer Vorlage erstellen

Beim Anlegen eines neuen Dokuments mit *Numbers* verwenden Sie immer eine Vorlage. Etliche davon kommen im Paket und Sie können beliebig viele eigene hinzufügen. Die einfachste Vorlage heißt »*Leer*« und bietet das, was Sie wahrscheinlich kennen, wenn Sie schon mit anderen Tabellenkalkulationen gearbeitet haben: ein leeres Blatt mit einer Tabelle.

Alle anderen Vorlagen sind für ganz bestimmte Zwecke erstellt und tragen auch entsprechende Bezeichnungen. So können Sie mit der Vorlage *Budget* Ihre private finanzielle Situation auf einer Seite überblicken. Mit der *Team-Organisation* verwalten Sie auf mehreren Arbeitsblättern eine ganze Fußballmannschaft. Mit Mannschaftsaufstellung, Adressliste, Spielplan und mit der grafischen Aufstellungsplanung nutzen Sie ganz selbstverständlich die grafischen Fähigkeiten von *Numbers*.

Alle Vorlagen sind bereits vollständig mit Daten gefüllt, die Sie nur durch Ihre eigenen Inhalte ersetzen müssen. Die wichtigsten Formeln und Ergebniszellen sind kommentiert, sodass Sie auch ohne Studium wissen, was vor sich geht.

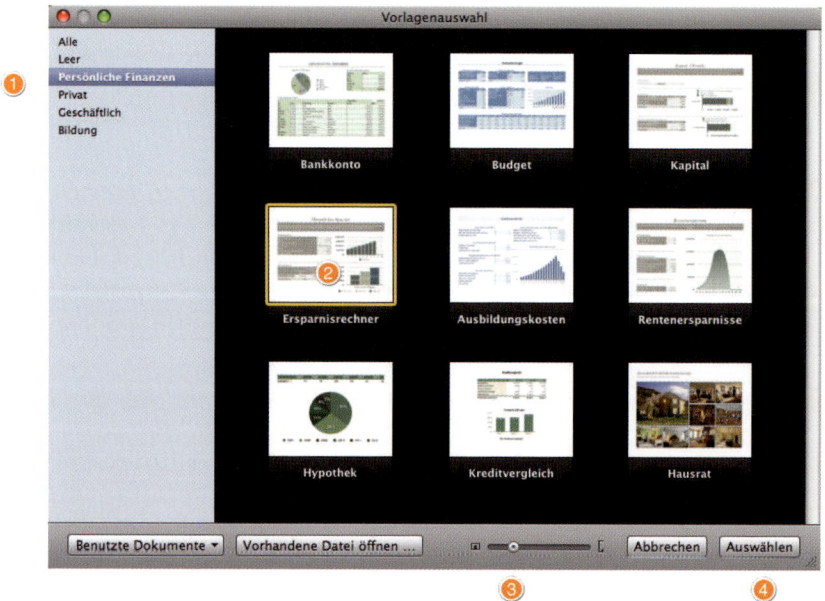

Erzeugen Sie ein neues Dokument aus einer Vorlage

❶ Wählen Sie *Ablage | Neu aus einer Vorlage…* aus dem Menü oder drücken Sie ⌘-⇧-*N*. Die Vorlagenübersicht öffnet sich.

2 Wählen Sie eine Vorlage, die zu Ihrer Aufgabe passt – zum Beispiel den *Ersparnisrechner*. Um mehrere Seiten einer Vorlage in der Vorschau zu sehen, fahren Sie mit dem Mauszeiger über das Vorschaubild (zum Beispiel von links nach rechts). Die Seiten werden nacheinander eingeblendet.

3 Vergrößern oder verkleinern Sie die Vorschauansicht mit dem Schieberegler.

4 Klicken Sie auf *Auswählen* oder öffnen Sie die ausgewählte Vorlage mit Doppelklick.

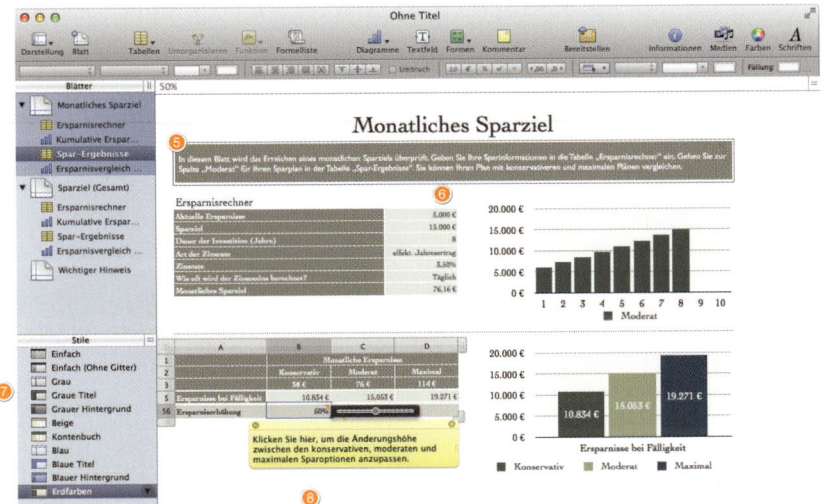

5 Viele Dokumente enthalten Hinweise und Erklärungen zum Inhalt und zu den Funktionen. Sie können die Objekte löschen, falls gewünscht.

6 Ersetzen Sie die Beispieldaten durch Ihre eigenen Inhalte.

7 Passen Sie die Darstellung an. Mit den Tabellenstilen können Sie ganz einfach Tabellen *umfärben*.

8 Kommentare weisen Sie auf bestimmte Funktionen hin. Probieren Sie diese einfach aus.

Alle Vorlagen sind bereits vollständig mit Daten gefüllt, die Sie nur durch Ihre eigenen Inhalte ersetzen müssen. Die wichtigsten Formeln und Ergebniszellen sind kommentiert – so wissen Sie »auch ganz ohne Studium«, was vor sich geht.

Für Umsteiger: Wenn Sie einfach nur eine Tabelle haben wollen, nehmen Sie die Vorlage *Leer* – und arbeiten Sie wie gewohnt.

Nicht nur für Anfänger: Denn selbst wenn Sie schon Rechenprofi sind, starten Sie nicht immer sofort mit der Vorlage *Leer*, sondern geben Sie den anderen Vorlagen eine Chance. Und sei es nur zur Inspiration. Sie werden überrascht sein, wie schnell und einfach Sie Dokumente für Ihre Aufgaben erstellen können.

Daten in Zellen eingeben

Numbers ist spezialisiert auf Zahlen, wie der Name verrät, oder besser gesagt: Daten. Wann immer Sie etwas mit Daten anstellen möchten, nehmen Sie *Numbers* und werfen Sie sie hinein und machen Sie daraus, was Sie wollen oder können. Am Anfang stehen aber immer jene Daten und die kommen ganz leicht hinein.

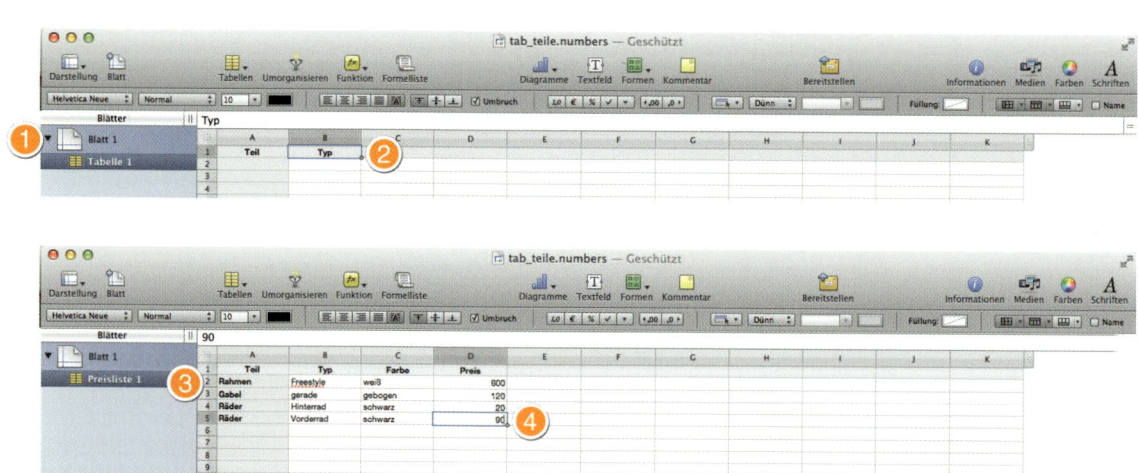

Geben Sie Daten ein

1 Öffnen Sie ein neues Dokument (*Ablagen | Neu* oder ⌘-*N)*. Speichern Sie es am besten gleich unter einem eigenen Namen (⌘-*S)*.

2 Tippen Sie zuerst den Titel der ersten Spalte, drücken Sie Tabulatortaste (Tab, →I) und tippen Sie den Titel der nächsten Spalte in die nächste Zelle. Wenn Sie alle Spaltentitel eingegeben haben, drücken Sie den Zeilenschalter (↵).

3 Klicken Sie an den Anfang der nächsten Zeile und geben Sie Ihre Daten ein. Mit dem Tab (→I) kommen Sie wieder zur nächsten Zelle. Mit dem Zeilenschalter (↵) kommen Sie in die nächste Zeile.

4 Füllen Sie auf diese Art Ihre Tabelle mit Daten.

Bei Buchhaltern und Controllern gehört die Rechenmaschine mit Papierrolle auch heute noch zur Grundausstattung auf dem Arbeitstisch. Und andächtig sehen wir Ihnen dabei zu, wie Sie blind Zahlenreihen eintippen wie in Trance …. Aber was wir eigentlich sagen wollten, ist dies: Wenn Sie häufig Zahlen eingeben, kaufen Sie die Apple-Tastatur mit Ziffernblock. Damit lassen sich Zahlen wesentlich schneller eingeben als mit der aktuellen Standardtastatur, die zum Beispiel den iMacs beiliegt.

Daten in Zellen bearbeiten

Es ist ja eigentlich klar, aber dennoch der Erwähnung wert: Alles, was Sie in eine Tabelle eingeben, können Sie auch bearbeiten oder löschen. Und das sogar besonders einfach. Denn für besonders häufige Aufgaben gibt es Tastaturbefehle.

Daten ersetzen

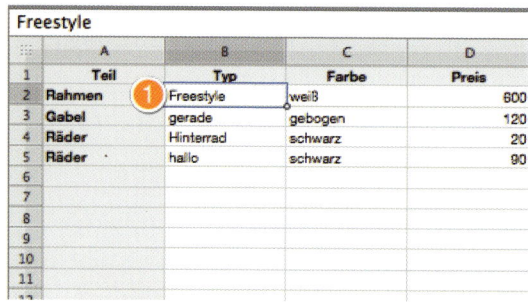
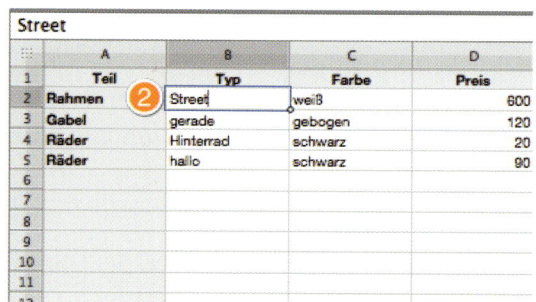

❶ Klicken Sie in die Zelle oder bewegen Sie den Auswahlrahmen mit den Pfeiltasten zu der Zelle, deren Inhalt Sie ersetzen möchten.

❷ Tippen Sie die neuen Daten und drücken Sie den Zeilenschalter (↩). Das war's.

Daten bearbeiten

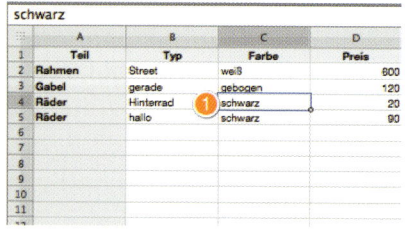
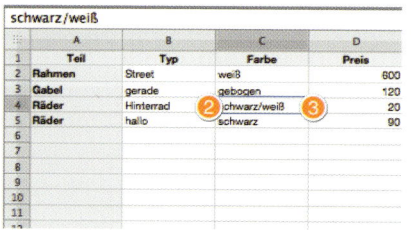

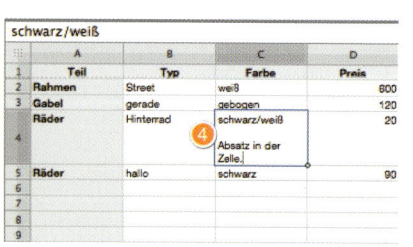

1 Doppelklicken Sie in die Zelle, die Sie bearbeiten möchten, oder drücken Sie den Zeilenschalter mit der Wahltaste (⌥-↵). Die Eingabemarke befindet sich jetzt in der Zelle am Ende der Daten.

2 Klicken Sie oder bewegen Sie die Einfügemarke mit den Pfeiltasten an die Stelle, die Sie bearbeiten möchten.

3 Entfernen Sie die Zeichen, die Sie nicht haben wollen, mit der Rückschritttaste (⌫) oder der *Entf*-Taste (⌦ oder fn-⌫) und eliminieren Sie jene Zeichen, die Sie nicht haben wollen. (↵).

4 Möchten Sie Absätze in die Zelle einfügen? Dann drücken Sie den Zeilenschalter mit der Wahltaste (⌥-↵).

5 Um noch einfacher Absätze in Zellen einzufügen, entfernen Sie den Haken an der Einstellung *Mit Zeilenschalter zur nächsten Zelle*. Öffnen Sie dazu das Informationsfenster (⌥-⌘-*I*) im Bereich *Tabelle*.

Numbers **lässt sich sehr gut ohne Maus bedienen. »Echte Profis« lassen die Maus links liegen (oder rechts). Mehr Tastaturbefehle finden Sie auf dieser Seite.**

Für *Excel*-**Umsteiger: Unter Windows aktiviert** *F2* **die aktuelle Zelle zum Bearbeiten; am Mac mit** *ctrl-U*. **In** *Numbers* **setzen Wahltaste und Zeilenschalter (⌥-↵) die Eingabemarke in die Zelle (das finden wir logisch).**

Die meisten Vorlagen bei *Numbers* **sind gefüllt mit Daten. Diese können Sie selbstverständlich alle bearbeiten. Es geht ja ganz leicht.**

Blätter und Tabellen erstellen

Was bei *Pages* die Seite ist und in *Keynote* die Folie, heißt in *Numbers* *Arbeitsblatt* oder kurz *Blatt*. Auf ein Blatt können Sie beliebige Objekte legen: Textfelder, Grafiken, aber vor allem Tabellen und Diagramme. Denn die sind ja schließlich die Kernkompetenz von *Numbers*.

Wenn Sie bisher mit anderen Tabellenkalkulationen gearbeitet haben, müssen Sie ein wenig umdenken. Nur so viel: So lassen sich alle Ihre unterschiedlichen Daten in eine große Tabelle schreiben. Sie können aber viel besser für jede Datengruppe eine eigene Tabelle erstellen. Das Gute ist nämlich, dass Sie Verweise und Funktionen über Tabellen und über Arbeitsblätter hinweg durchführen können. Räumen wir also ein wenig auf.

Arbeitsblatt erstellen

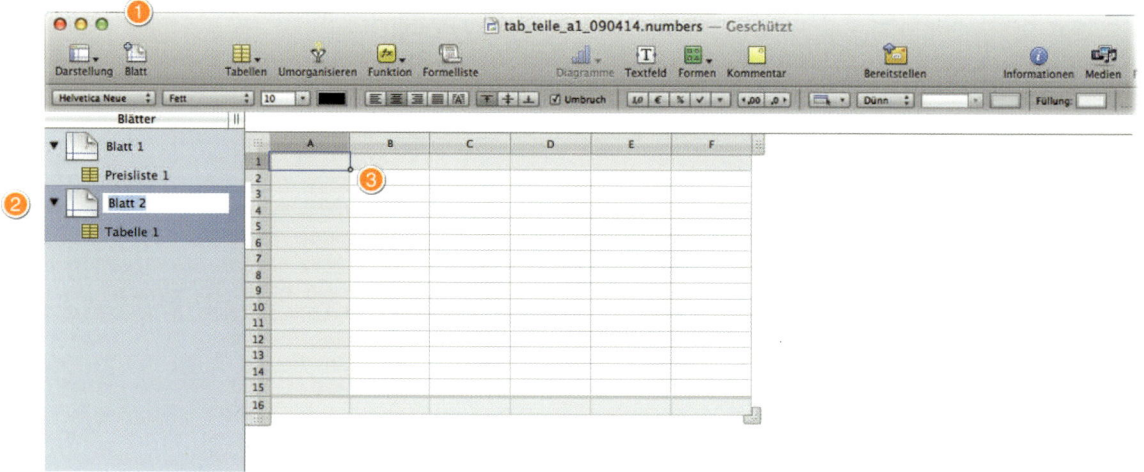

1 Klicken Sie auf die Taste *Blatt* in der Symbolleiste oder wählen Sie aus dem Menü *Einfügen | Blatt*.

2 In der Seitenleiste links erscheint ein neues Arbeitsblatt mit einer Tabelle.

- Die Namen von Arbeitsblatt und Tabelle können Sie ändern. Doppelklicken Sie auf den Titel und ersetzen Sie die Standardbezeichnung durch Ihre eigene.

- Ändern Sie die Reihenfolge der Blätter, indem Sie sie mit der Maus in der Spalte verschieben.

3 Die erste Zelle der Tabelle ist bereits ausgewählt. So lassen sich sofort Daten eingeben.

Tabelle erstellen und löschen

1 Klicken Sie auf die Taste *Tabellen* in der Symbolleiste oder wählen Sie aus dem Menü *Einfügen | Tabelle*.

2 Wählen Sie einen von sechs Tabellentypen:

- *Titel:* Tabelle mit Titelzeile und Titelspalte.
- *Einfach:* Tabelle mit einer Titelzeile und einfachen Zellen.
- *Summen:* Tabelle mit Titelzeile und Fußzeile. Die Zellen der Fußzeile enthalten die Summen der eingetragenen Werte der Spalte.

- *Normal:* Eine Tabelle ohne besondere Funktionen oder Formatierungen.
- *Checkliste:* Bei dieser Tabelle sind die Zellen der ersten Spalte als Markierungsfeld definiert. Mit der Maus oder durch Tippen der Leertaste können Sie Haken setzen oder entfernen.
- *Summen & Checkliste:* In der Fußzeile wird nur die Summe der markierten Zeilen ausgegeben.

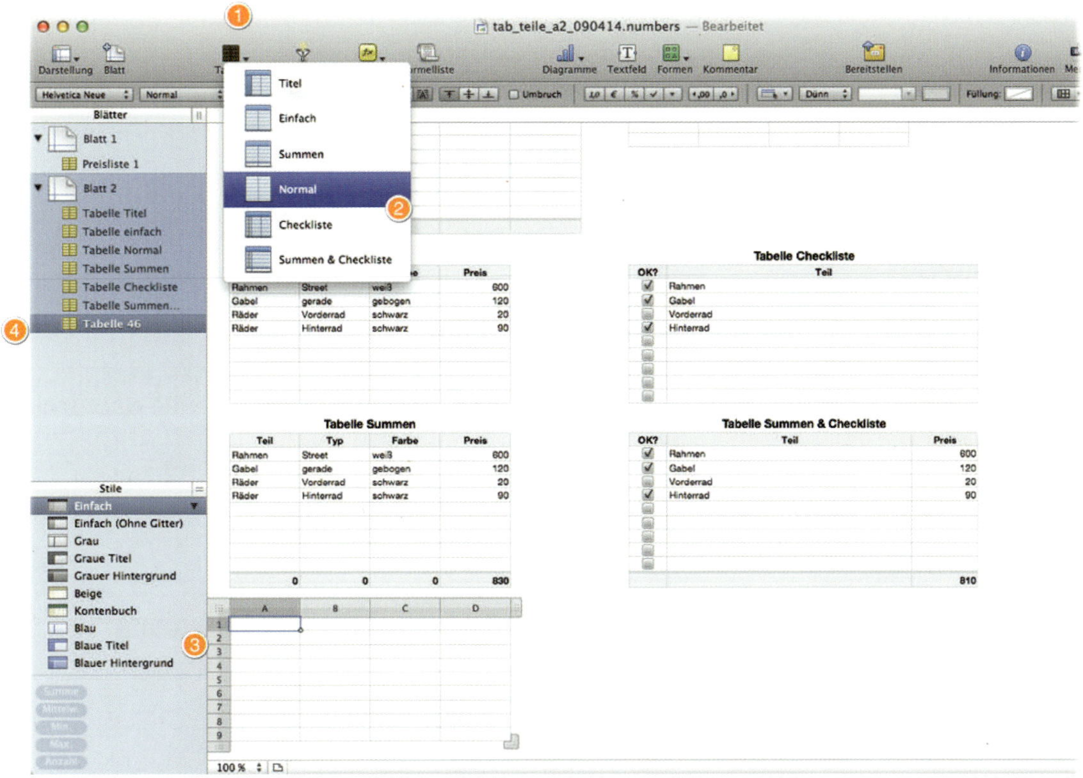

③ Die neue Tabelle wird am unteren Blattende erstellt (hier: *Tabelle Normal);* sie erscheint in der Seitenspalte in der Liste der Tabellen.

④ Um eine Tabelle zu löschen, klicken Sie in der Seitenleiste auf Ihren Titel und drücken Sie die Rückschritttaste (⌫).

Seitenleiste vs. Arbeitsblatt: Die Reihenfolge in der Seitenleiste hat keinen Einfluss auf die Position einer Tabelle auf dem Arbeitsblatt.

Für Profis: Die sechs Tabellen sind von Apple vorgegeben. Sie können aber jede Tabelle als sogenannten Prototyp speichern und in die Auswahl aufnehmen. Wählen Sie im Menü *Format | Erweitert | Tabelle sichern.*

Ungewohnt vielleicht, unpraktisch auf keinen Fall: Tabellen lassen sich auf dem Arbeitsblatt frei platzieren und bearbeiten. Einige Grundtechniken sehen Sie auf der nächsten Seite.

So funktionieren Tabellen in Numbers

Anbieten, ohne aufdringlich zu sein: Wie gutes Tischpersonal halten die Tabellen von *Numbers* Ihre Möglichkeiten immer bereit: Bewegen, Reihen und Spalten hinzufügen, vergrößern, verkleinern und eine Menge mehr Funktionen zeigen sich dort, wo Sie sie brauchen und nur dann, wenn Sie sie brauchen.

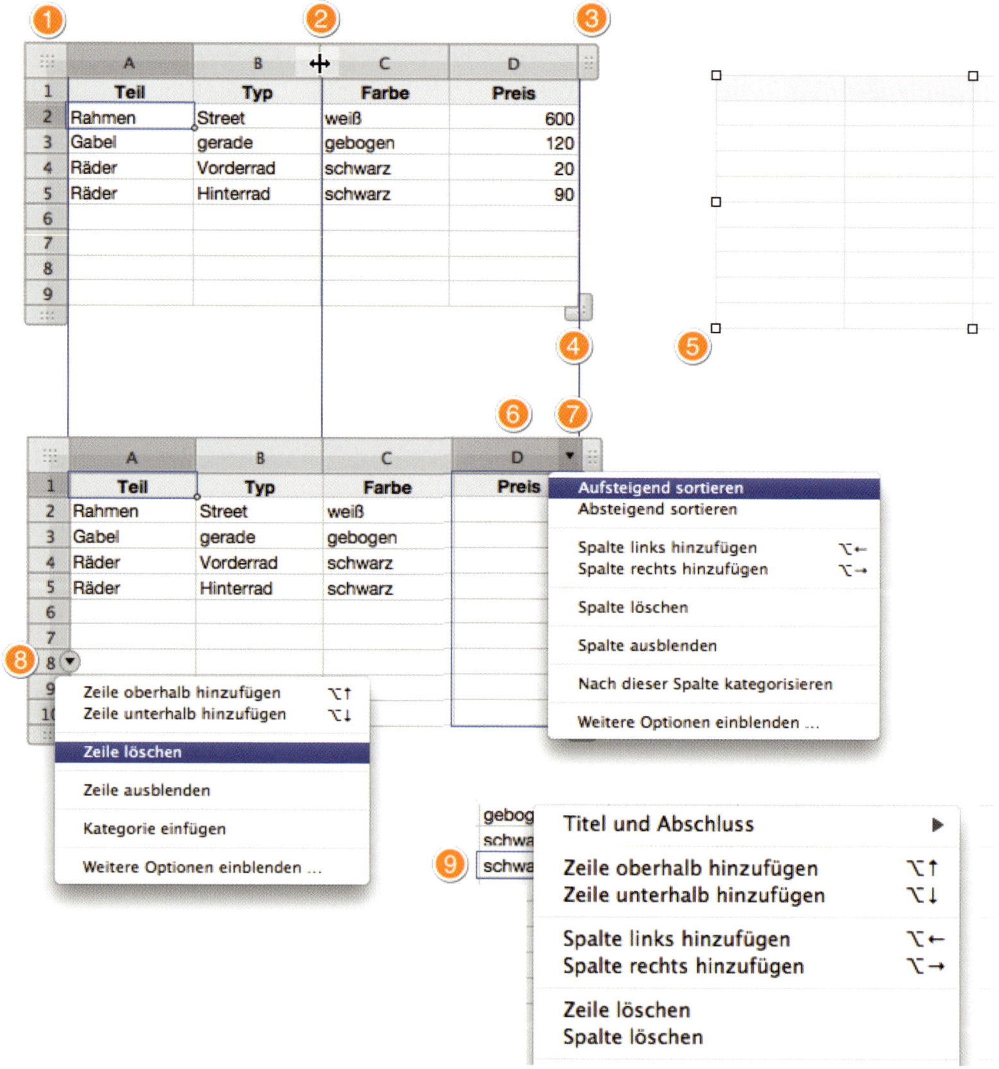

	A	B	C	D
1	**Teil**	**Typ**	**Farbe**	**Preis**
2	Rahmen	Street	weiß	600
3	Gabel	gerade	gebogen	120
4	Räder	Vorderrad	schwarz	20
5	Räder	Hinterrad	schwarz	90
6				
7				
8				
9				

	A	B	C	D
1	**Teil**	**Typ**	**Farbe**	**Preis**
2	Rahmen	Street	weiß	
3	Gabel	gerade	gebogen	
4	Räder	Vorderrad	schwarz	
5	Räder	Hinterrad	schwarz	
6				
7				
8				
9				
10				

Aufsteigend sortieren
Absteigend sortieren

Spalte links hinzufügen ⌥←
Spalte rechts hinzufügen ⌥→

Spalte löschen

Spalte ausblenden

Nach dieser Spalte kategorisieren

Weitere Optionen einblenden …

Zeile oberhalb hinzufügen ⌥↑
Zeile unterhalb hinzufügen ⌥↓

Zeile löschen

Zeile ausblenden

Kategorie einfügen

Weitere Optionen einblenden …

Titel und Abschluss ▶

Zeile oberhalb hinzufügen ⌥↑
Zeile unterhalb hinzufügen ⌥↓

Spalte links hinzufügen ⌥←
Spalte rechts hinzufügen ⌥→

Zeile löschen
Spalte löschen

Tabellen und Tabellenelemente bearbeiten

1 Die Kopfzellen und -felder erscheinen, sobald Sie in die Tabelle klicken. Fassen Sie links oben am Tabellenfeld an, um die Tabelle zu verschieben. Beim Verschieben blendet *Numbers* automatisch Hilfslinien ein (blau), mit deren Hilfe Sie die Tabelle auf dem Blatt ausrichten können.

2 Fahren Sie mit der Maus an den Rand einer Spalte im Kopf. Mit dem veränderten Mauszeiger verändern Sie die Breite der Spalte. Das funktioniert auch für Zeilen. Dann natürlich für die Höhe.

3 Mit einem Klick auf das Feld oben rechts fügen Sie eine Spalte hinzu (Klick mit Wahltaste ⌥ entfernt eine Spalte). Ziehen Sie am Feld nach rechts oder links, um mehrere leere Spalten hinzuzufügen oder zu entfernen. Dieses Feld finden Sie auch unten links mit den gleichen Funktionen für Zeilen.

4 Ziehen Sie das Vergrößerungsfeld unten rechts in alle Richtungen um Zeilen und Spalten zu Ihrer Tabelle hinzuzufügen oder zu entfernen. (Letzteres funktioniert nur bei leeren Zellen)

5 Klicken Sie einmal auf das Tabellenfeld oder auf den Titel der Tabelle in der linken Spalte. An den Tabellenrändern erscheinen Anfasser (Aktivpunkte). Ziehen Sie an den Punkten, um die Darstellungsgröße der Tabelle zu ändern.

6 Klicken Sie auf die Kopfzelle der Spalte, um sie auszuwählen.

7 Fahren Sie mit der Maus über die Kopfzelle und klicken Sie auf das Menü, um direkt Funktionen für diese Spalte aufzurufen.

8 Klicken Sie auf das Menü in der Kopfzelle der Zeile, um direkt Funktionen für diese Zeile aufzurufen.

9 Klicken Sie mit der rechten Maustaste auf eine Zelle für das Kontextmenü.

Wie Sie Tabellendaten sortieren, filtern und kategorisieren können, erfahren Sie weiter hinten in diesem Kapitel.

Titelzeile fixieren

Kaum etwas beeindruckt uns mehr als große Zahlenkolonnen, die vor unserem Auge entlangfahren. Egal, ob es sich dabei um verkaufte Artikel in einem Laden handelt oder zufällig hineingeworfene Daten wie bei uns.

Titel- und Zeilenspalten fixieren

	Teil	Typ	Farbe	Preis 1	Preis 2	Preis 3	Preis 4	Preis 5
2	Rahmen	Freestyle	weiß	600 €	600 €	600 €	600 €	600 €
3	Gabel	gerade	gebogen	120 €	120 €	120 €	120 €	120 €
4	Räder	Hinterrad	schwarz	110 €	110 €	110 €	110 €	110 €
5	Räder	Vorderrad	schwarz	90 €	90 €	90 €	90 €	90 €
6	Rahmen	Freestyle	weiß	600 €	600 €	600 €	600 €	600 €
7	Gabel	gerade	gebogen	120 €	120 €	120 €	120 €	120 €
8	Räder	Hinterrad	schwarz	110 €	110 €	110 €	110 €	110 €
9	Räder	Vorderrad	schwarz	90 €	90 €	90 €	90 €	90 €
10	Rahmen	Freestyle	weiß	600 €	600 €	600 €	600 €	600 €
11	Gabel	gerade	gebogen	120 €	120 €	120 €	120 €	120 €
12	Räder	Hinterrad	schwarz	110 €	110 €	110 €	110 €	110 €
13	Räder	Vorderrad	schwarz	90 €	90 €	90 €	90 €	90 €
14	Rahmen	Freestyle	weiß	600 €	600 €	600 €	600 €	600 €
15	Gabel	gerade	gebogen	120 €	120 €	120 €	120 €	120 €
16	Räder	Hinterrad	schwarz	110 €	110 €	110 €	110 €	110 €
17	Räder	Vorderrad	schwarz	90 €	90 €	90 €	90 €	90 €
18	Rahmen	Freestyle	weiß	600 €	600 €	600 €	600 €	600 €
19	Gabel	gerade	gebogen	120 €	120 €	120 €	120 €	120 €
20	Räder	Hinterrad	schwarz	110 €	110 €	110 €	110 €	110 €
21	Räder	Vorderrad	schwarz	90 €	90 €	90 €	90 €	90 €
22	Rahmen	Freestyle	weiß	600 €	600 €	600 €	600 €	600 €
23	Gabel	gerade	gebogen	120 €	120 €	120 €	120 €	120 €
24	Räder	Hinterrad	schwarz	110 €	110 €	110 €	110 €	110 €
25	Räder	Vorderrad	schwarz	90 €	90 €	90 €	90 €	90 €
26	Rahmen	Freestyle	weiß	600 €	600 €	600 €	600 €	600 €
27	Gabel	gerade	gebogen	120 €	120 €	120 €	120 €	120 €
28	Räder	Hinterrad	schwarz	110 €	110 €	110 €	110 €	110 €
29	Räder	Vorderrad	schwarz	90 €	90 €	90 €	90 €	90 €
30	Rahmen	Freestyle	weiß	600 €	600 €	600 €	600 €	600 €
31	Gabel	gerade	gebogen	120 €	120 €	120 €	120 €	120 €
32	Räder	Hinterrad	schwarz	110 €	110 €	110 €	110 €	110 €
33	Räder	Vorderrad	schwarz	90 €	90 €	90 €	90 €	90 €
34	Rahmen	Freestyle	weiß	600 €	600 €	600 €	600 €	600 €

❶ Klicken Sie in die Tabelle, um sie zu aktivieren.

❷ Klicken Sie auf das Menü für Titelzeilen in der Formatierungsleiste. Wandeln Sie die erste Zeile Ihrer Tabelle in eine Titelzeile um.

❸ Wählen Sie *Titelzeile fixieren* aus dem Menü.

❹ Aktivieren Sie die Titelspalten und fixieren Sie sie im entsprechenden Menü der Formatierungsleiste.

❺ Scrollen Sie in der Tabelle. Die Titelzeilen und -spalten bleiben sichtbar, während Sie die Zellen bewegen.

Wer hat's erfunden? Wahrscheinlich *Excel*. Wer hat's besser gemacht? Apple. Denn Sie können Titelzeilen und -spalten einfach über ein Menü festlegen und sie dort gleich fixieren. Das geht aber nur deshalb, weil Sie jedem Datenpäckchen eine eigene Tabelle spendieren können.

Zellenformat festlegen

Für den Kraftprotz, der ein Telefonbuch zerreißen kann, ist es egal, ob darin Telefonnummern oder Poesiealbenverse gedruckt sind. Was zählt, ist die Dicke des Buchs.

Für den Computer, der Werte berechnen soll, ist es aber wichtig, zu wissen, welcher Art die Daten sind, die Sie in die Tabelle geworfen haben. Wenn er weiß, ob es sich beim Inhalt einer Zelle um eine Dezimalzahl, eine Währung, ein Datum oder einfachen Text handelt, ist die Größe der Tabelle schon fast egal. Achten Sie also darauf, dass Ihre **Daten im richtigen Format** vorliegen. Das sieht schöner aus und macht das Rechnen leichter.

Zellenformat für Text, Zahlen, Datum und andere Daten festlegen

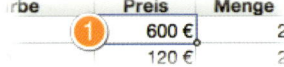

❶ Im Normalfall versucht *Numbers* immer, die Art der eingegebenen Daten zu erkennen. Wenn Sie eine Zahl mit einem €-Zeichen eingeben, erkennt das Programm es als Währung.

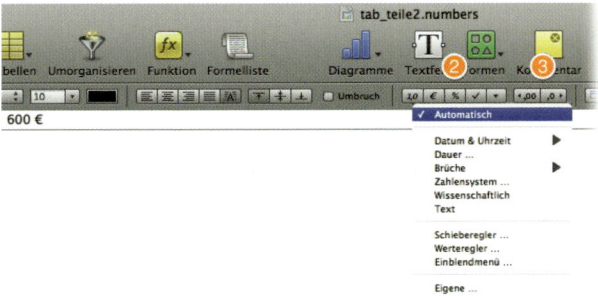

❷ Klicken Sie auf die Tasten für das Zellenformat in der Formatierungsleiste, um das Format festzulegen. Die häufigsten Formate finden Sie direkt in der Leiste, weiter im Menü. Die Änderungen werden sofort in der Tabelle sichtbar.

❸ (siehe vorige Seite:) Mit den Tasten für die Dezimalstellen wählen Sie die Zahl der angezeigten Stellen nach dem Komma (bei Zahlenwerten). Auch hier erscheinen oder verschwinden die Dezimalstellen live in der Tabelle.

❹ Weitere Formate und weiter gehende Formatierungsmöglichkeiten finden Sie im Bereich *Zellen* des Informationsfensters. Öffnen Sie es über die Taste in der Symbolleiste oder mit ⌘-⌥-I.

Zum Hintergrund: Ohne Tabellenkalkulation gäbe es die Firma Apple wahrscheinlich längst nicht mehr. Denn 1979 erschien das erste Tabellenkalkulationsprogramm überhaupt. Es hieß *VisiCalc* und lief ausschließlich auf dem Apple II-Computer. Mehr zur Funktionsweise von *Numbers* finden Sie im Abschnitt *Wie Numbers eigentlich funktioniert*.

Daten kopieren und verschieben

Kopieren und Einsetzen ist eine der Grundtechniken des Desktop-Computers. Natürlich können Sie diese Kulturtechnik auch in großem Umfang in *Numbers* nutzen. Aber passen Sie auf, Sie können leicht etwas überschreiben. Wir können nicht alle Möglichkeiten darstellen; nur ein paar *Numbers*-Besonderheiten sind uns wichtig.

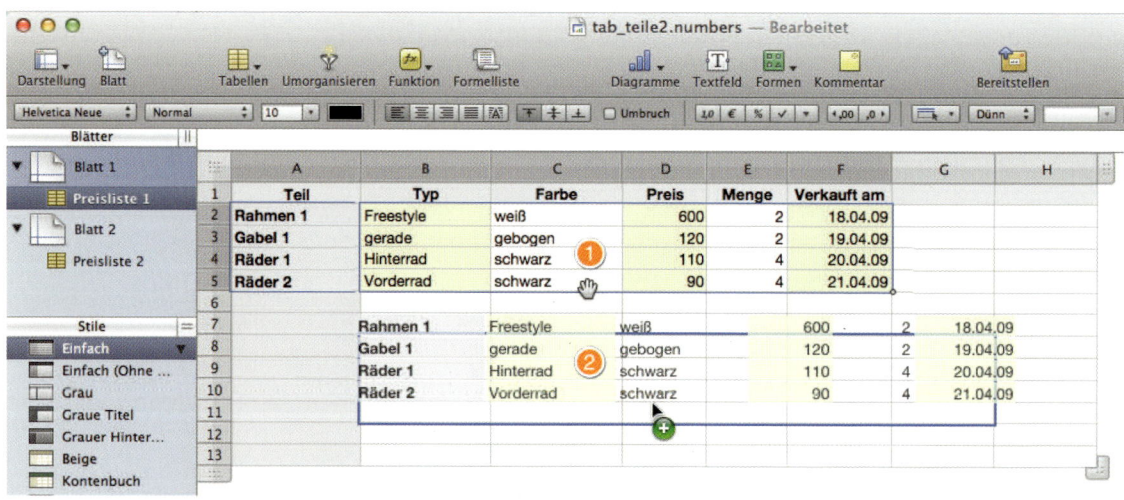

Zellen in der Tabelle verschieben

1 Wählen Sie die Zellen aus, die Sie verschieben oder kopieren möchten. Klicken Sie auf den Rand der Auswahl – der Mauszeiger wird zur Hand.

2 Ziehen Sie die Auswahl mit gedrückter Maustaste an die Stelle, an der Sie sie einsetzen wollen. Halten Sie die Wahltaste (⌥) gedrückt, um den Inhalt zu duplizieren.

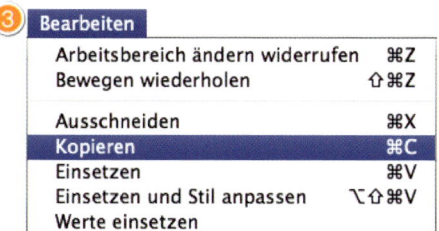

3 Alternativ wählen Sie aus dem Menü *Ablage | Kopieren (⌘-C),* setzen die Einfügemarke an die erste Zelle, in der die kopierten Inhalte eingefügt werden. Wählen Sie dann *Ablage | Einsetzen (⌘-V).*

Inhalte in neue Tabelle kopieren

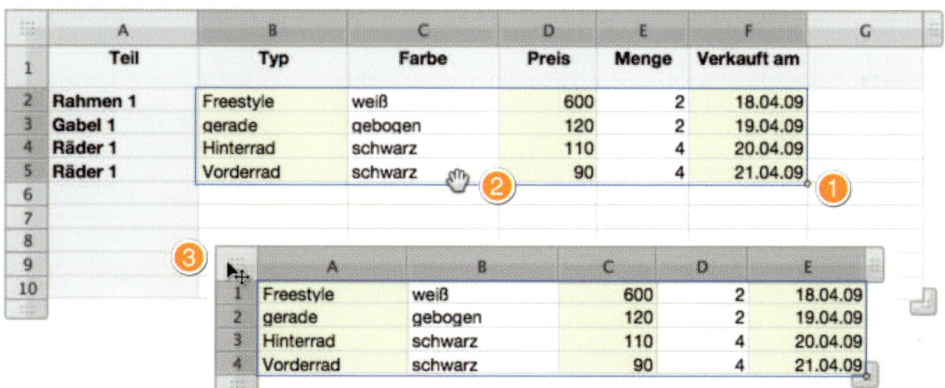

1 Wählen Sie die Zellen aus, die Sie verschieben oder kopieren möchten. Fassen Sie die Auswahl am Rand.

2 Ziehen Sie die ausgewählten Zellen mit gedrückter Maustaste aus der Tabelle heraus und lassen sie los.

3 *Numbers* erstellt eine neue Tabelle mit den kopierten Inhalten.

Vorsicht, bitte: Wenn Sie Inhalte aus der Zwischenablage mit *Bearbeiten | Einfügen (⌘-V)* in eine Tabelle einsetzen, werden die bestehenden Inhalte überschrieben. Füllen Sie die Inhalte in eine leere Tabelle ein, ist das natürlich kein Problem.

Mit ⌘-*A (Alles auswählen)* können Sie sämtliche Inhalte einer Tabelle auswählen, um sie in die Zwischenablage zu kopieren.

Im Normalfall werden beim Einsetzen von Daten die bestehenden Inhalte einer Tabelle überschrieben. Dieses Verhalten ist richtig und meistens sehr praktisch. Sie können aber auch kopierte Daten zwischen bestehende einfügen. Übrigens werden Berechnungen (Funktionen) immer als solche übernommen. Wenn Sie nur die Ergebnisse einer Berechnung an anderer Stelle einfügen möchten, gibt es eine spezielle Anweisung.

Kopierte Zeilen oder Spalten einfügen

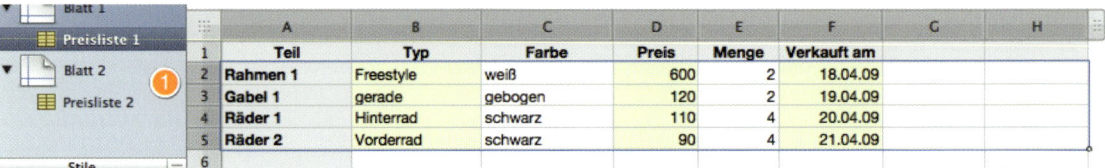

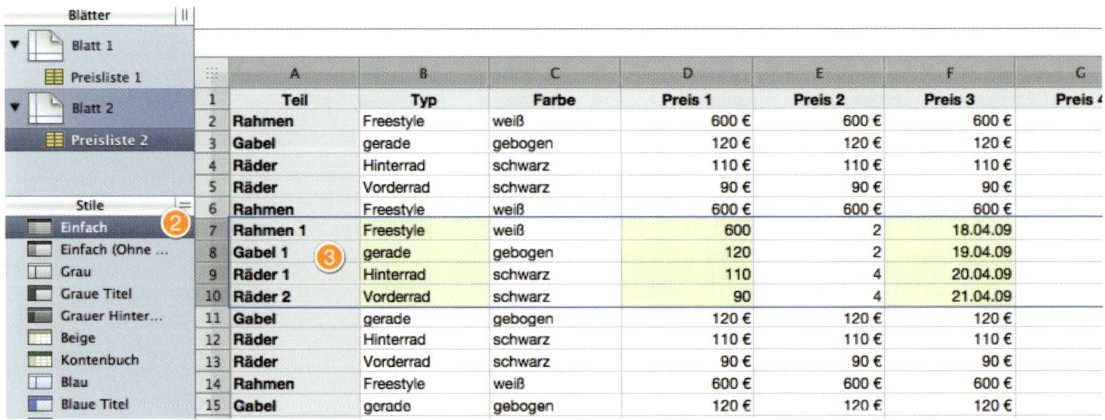

① Klicken Sie mit gedrückter Hochstelltaste (⇧) auf die Kopfzellen der Zeilen, die Sie kopieren möchten. Wählen Sie dann aus dem Menü *Ablage | Kopieren (⌘-C)*.

2 Klicken Sie auf die Kopfzelle der Zeile, an der Sie die Zeilen einfügen möchten. Wir wählen eine gut gefüllte Tabelle auf einem zweiten Blatt.

3 Wählen Sie aus dem Menü *Einfügen | kopierte Zeilen*. Die Inhalte werden nach der ausgewählten Zeile eingefügt. Die bestehenden Zeilen werden nach unten verschoben. So geht nichts verloren.

Nur die Werte der kopierten Zellen einfügen

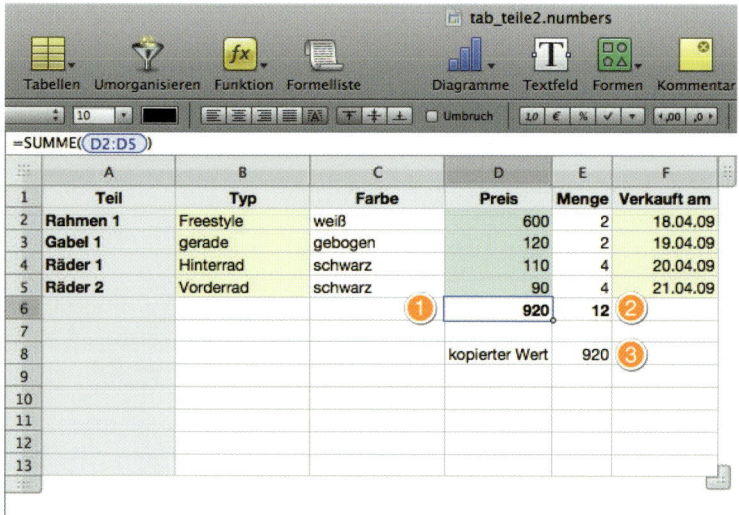

1 Wählen Sie eine oder mehrere Zellen aus. In unserem Fall enthält die Zelle *D6* die Summe der darüber liegenden Zellen (wie in der Formelleiste zu sehen). Kopieren Sie die Inhalte mit *Ablage | Kopieren (⌘-C)*.

2 Klicken Sie auf die Zelle *E6* und wählen Sie *Bearbeiten | Einsetzen*. Die Zelle enthält nun die Summe der darüber liegenden Zahlen.

3 Klicken Sie auf die Zelle *E8* und wählen Sie *Bearbeiten | Werte einsetzen*. Fertig; die Werte sind übertragen.

Zellen automatisch füllen

Wiederholungen sind so ermüdend. Und zeitraubend. Und sind nicht Computerprogramme dazu da, – wie als Beispiel Roboter in Fabriken – monotone, ermüdende Arbeiten für uns zu übernehmen? *Numbers* kümmert sich um die Eingabe immer wiederkehrender Inhalte. Es erstellt Listen mit Wochentagen für uns, es zählt von 1 bis x und es füllt Tabellen mit Inhalten, sodass wir uns den interessanten und wichtigen Dingen zuwenden können. (Neben diesen »einfachen« Diensten kann *Numbers* uns nämlich auch dabei helfen, die Superformel zur Erlangung der Weltherrschaft zu errechnen).

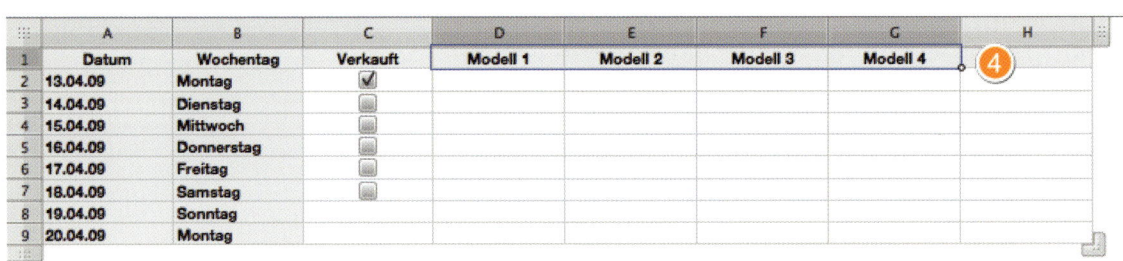

Zellen automatisch mit Werten füllen

1 Schreiben Sie einen Wochentag in eine Zelle. Wir starten mit *Montag*.

2 Fassen Sie mit der Maus den kleinen Punkt rechts unten an der Auswahl (*Füllen*) und ziehen Sie die Auswahl nach unten. *Numbers* setzt automatisch die Wochentage ein.

3 Für die Spalte mit dem Datum schreiben Sie in die erste Zelle 13.04.2009 und ziehen dann den Füllpunkt so weit nach unten, wie Sie möchten.

4 Zellen lassen sich automatisch mit beinahe beliebigen automatischen Werten füllen: Geben Sie ein Muster vor, *Numbers* führt es fort. Schreiben Sie hier *Modell 1* und *Modell 2*. Wählen Sie dann beide aus und ziehen Sie den *Füllpunkt* nach rechts. Die Liste wird mit *Modell 3* und *Modell 4* weiter geführt (*Numbers* erkennt die Zahlen).

5 *Numbers* kann *Datenreihen* (so heißt die Funktion bei *Excel)* übrigens in alle Richtungen erstellen. Schreiben Sie eine *0* in die Zelle *D2* und ziehen Sie die Auswahl nach unten. *Numbers* füllt die Zellen mit Nullen.

6 Ziehen Sie den *Füllpunkt* nach rechts, *Numbers* füllt die Spalten mit den Werten aus der Spalte *D*.

Zeilen und Spalten einfügen und entfernen

»Platz ist in der kleinsten Tabelle.« Die Zellen, Zeilen und Spalten machen bereitwillig Platz, wenn Freunde zu Besuch kommen. Ob sich die Spalten nun höflich an den Rand stellen oder frech mittendrin breitmachen – Ihnen kann es egal sein. Die Tabelle reckt und streckt sich ganz nach Bedarf.

Fügen Sie der Tabelle eine Zeile oder eine Spalte hinzu

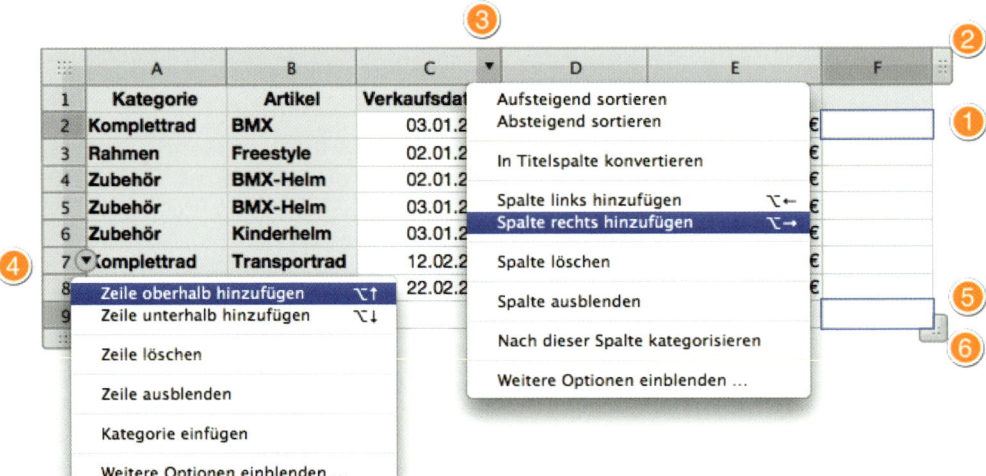

1. Geben Sie Werte in eine Tabellenzeile ein. Drücken Sie die Tab-Taste (→|), um nach rechts in die nächste Zelle zu wechseln. Sind Sie am Ende der Zeile angelangt, tippen Sie wieder Tab (→|). *Numbers* fügt rechts eine Spalte an.

2. Ziehen Sie das Tabellenfeld nach rechts, um eine oder mehrere neue Spalten zu erzeugen.

3. Bewegen Sie die Maus über die Kopfzelle und wählen Sie aus dem Menü *Spalte rechts hinzufügen*. *Numbers* fügt eine Spalte rechts von der ausgewählten ein.

4. Wählen Sie aus dem Menü im Zeilenkopf *Zeile oberhalb hinzufügen*. *Numbers* setzt eine leere Zeile über die ausgewählte.

⑤ Mit dem Zeilenschalter (↵) gelangen Sie immer in die nächste Zeile. Ist keine weitere Zeile vorhanden, erzeugt *Numbers* eine neue.

⑥ Ziehen Sie das Vergrößerungsfeld unten rechts an der Tabelle nach unten, rechts oder diagonal, um Zeilen, Spalten oder beides auf einmal hinzuzufügen.

Entfernen Sie eine Tabellenzeile oder Spalte

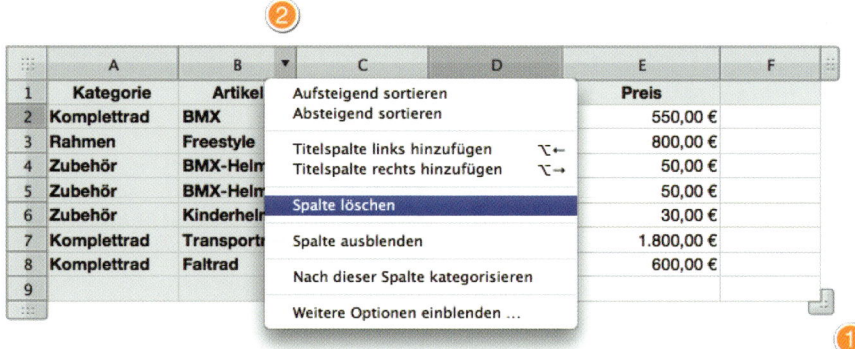

❶ Ziehen Sie das Feld nach links, oben oder diagonal, um leere Spalten und Zeilen zu löschen. Halten Sie dabei die alt-Taste (⌥) gedrückt, um auch Zeilen und Spalten mit Inhalten zu löschen.

❷ Wählen Sie aus dem Menü im Spaltenkopf *Spalte löschen*. Wählen Sie das Menü im Zeilenkopf, um Zeilen zu löschen.

Obacht: Die Tabellen in *Pages* haben viele ähnliche Funktionen. Nur ein Unterschied irritiert: die Tab-Taste bewegt die Auswahl immer zur nächsten Zelle, wechselt dabei aber in die nächste Zeile.

Bewegen Sie sich auch sonst gerne mit der Tastatur? Auf der nächsten Seite finden Sie noch mehr Befehle, die Sie in *Numbers* verwenden können.

Schneller mit der Tastatur

Numbers lässt sich prima mit der Maus bedienen. Aber wenn Sie gerade wieder mit vielen Zahlen jonglieren, brauchen Sie jede Hand auf der Tastatur. Da ist es gut, dass sich viele Funktionen ohne Maus aufrufen lassen.

Aktion	Methode
Zeile unterhalb hinzufügen	⌥-↓ (Abwärtspfeil)
Spalte rechts hinzufügen	⌥-→ (Rechtspfeil)
Spalte links hinzufügen	⌥-← (Linkspfeil)
Zeile oberhalb hinzufügen	⌥-↑ (Aufwärtspfeil)
Zur nächsten Zeile wechseln	↵ (Zeilenschalter)
Bewegen der Einfügemarke in der Tabelle	← ↑ ↓ → (Pfeiltasten links, rechts, aufwärts, abwärts)
Zelle aktivieren und deaktivieren	⌥-↵ (Wahltaste und Zeilenschalter) drücken setzt den Cursor ans Ende des Zelleninhalts. esc oder Zeilenschalter deaktiviert die Zelle
Tabulator innerhalb einer Zelle verwenden	⌥-⇥ (Option-Tabulatortaste)
Zeileninhalt löschen	⌫ (Löschtaste) bei ausgewählter Zelle
Zusammenhängende Zellen auswählen	⇧-Links-, Rechts-, Aufwärts- oder Abwärtspfeil
Alle Tabelleninhalte auswählen	⌘-A
Inhalte kopieren/ausschneiden	⌘-C/⌘-X oder Bearbeiten	Kopieren/Ausschneiden
Inhalte Ausschneiden	⌘-X oder »Bearbeiten« > »Ausschneiden«
Inhalte Einfügen	⌘-V oder »Bearbeiten« > »Einsetzen«
Inhalt ohne Formatierung einfügen	⌘-⌥-⇧-V oder »Bearbeiten« > »Einsetzen und Stil anpassen«
Zum nächsten Blatt wechseln	fn-⌘-↓ (Abwärtspfeil) oder ⌘-⇟ Bild abwärts-Taste
Zur nächsten Tabelle wechseln	⌥-⇥
Mehrere nicht zusammenhängende Zellen oder Zellbereiche auswählen	⌘ + mit der Maus über die Bereiche ziehen
Bereich auswählen	Mit der Maus klicken und über den Bereich ziehen, der ausgewählt werden soll.

Kommen Ihnen diese Befehle bekannt vor? Richtig: Viele davon funktionieren auch in *Pages*. Da müssen Sie sich nicht gar so viele merken.

Zeilen und Spalten ausblenden

Mit *Numbers* können Sie so viele unterschiedliche Berechnungen in einer Tabelle erstellen, dass Sie manchmal gar nicht alles sehen möchten, was in einer Tabelle steht. Oder Sie möchten einen Ausdruck erstellen, der einfach nur Ergebnisse enthält – ohne die Werte, die dazu geführt haben. Oder Sie möchten eine Tabelle drucken, aber der Empfänger soll nicht alles sehen, was Sie eingegeben haben. Egal, verstecken Sie doch Ihre Tabellenspalten, warum und vor wem Sie wollen. So geht es jedenfalls.

Ausgewählte Spalten ausblenden

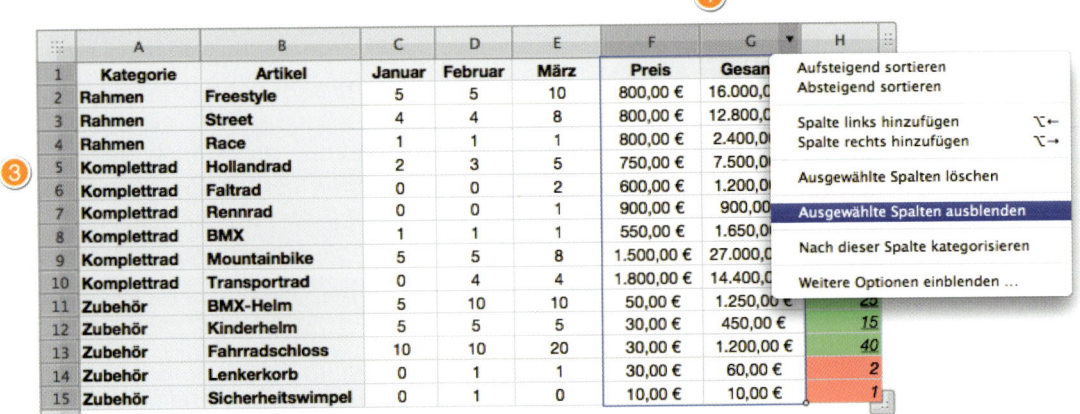

1. Wählen Sie die Spalten aus, die Sie ausblenden möchten. Klicken Sie dazu in den Spaltenkopf und ziehen mit dem Mauszeiger über die Spaltenköpfe (hier *F* und *G).*

2. Klicken Sie dann auf das Menü im Spaltenkopf und wählen Sie *Ausgewählte Spalten ausblenden.*

3. Blenden Sie Zeilen auf die gleiche Weise über das Menü im Zeilenkopf aus.

Zeilen und Spalten wieder einblenden

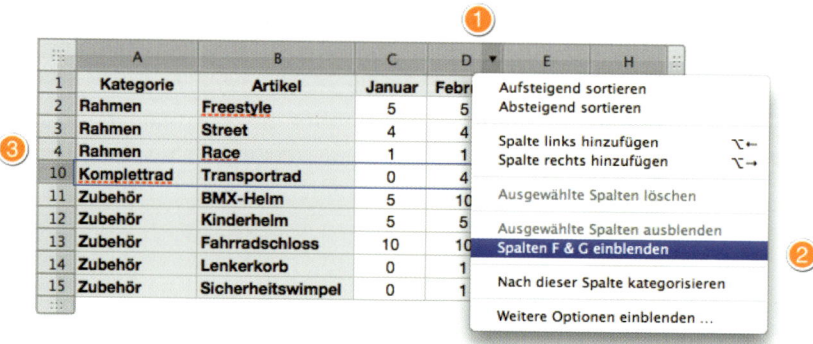

① Bewegen Sie den Mauszeiger über eine Spalte neben einer ausgeblendeten Spalte. In diesem Fall die Spalten *F* und *G*.

② Klicken Sie auf das Menü im Spaltenkopf und wählen Sie *Spalten F & G einblenden*. Um alle ausgeblendeten Spalten einer Tabelle einzublenden, wählen Sie aus dem Menü *Tabelle | Alle Spalten einblenden*.

③ Blenden Sie Zeilen (hier die Zeilen 5 bis 9) über das Menü im Zeilenkopf ein oder wählen Sie aus dem Menü *Tabelle | Alle Zeilen einblenden*.

Das ist nicht unwichtig: Ausgeblendete Spalten und Zeilen sind eben nur ausgeblendet. Überprüfen Sie also Ihr Dokument, bevor Sie es weitergeben. Wählen Sie dazu aus dem Menü *Tabelle | Alle Spalten einblenden*.

Schützen Sie Ihr Dokument mit Passwort.

Ausgeblendete Zeilen oder Spalten in *Numbers*-Tabellen werden entfernt, wenn Sie die Tabellen in andere *iWork*-Programme kopieren. Das kann ganz praktisch sein, wenn Sie in unterschiedlichen Dokumenten unterschiedliche Inhalte der gleichen Tabelle zeigen möchten.

Zeilen und Spalten verschieben

Ordnung muss sein und manchmal möchten Sie einfach eine bestimmte Spalte an einer anderen Stelle in einer Tabelle haben. Aus welchen Gründen auch immer. Gut, dass Sie in *Numbers* Zeilen und Spalten komplett verschieben können. Wo Sie schon einmal beim Aufräumen sind: Sie können Spalten oder Zeilen auf diese Weise auch in eine neue Tabelle umwandeln, die Sie dann an beliebiger Stelle auf dem aktuellen oder auch auf einem anderen Arbeitsblatt platzieren können.

Ausgewählte Spalten verschieben

	A	B	C	D	E	F	G	H
1	Kategorie	Artikel	Januar	Februar	März	Preis	Gesamt	Q1
2	Rahmen	Freestyle	5	5	10	800,00 €	16.000,00 €	20
3	Rahmen	Street	4	4	8	800,00 €	12.800,00 €	16
4	Rahmen	Race	1	1	1	800,00 €	2.400,00 €	3
5	Komplettrad	Hollandrad	2	3	5	750,00 €	7.500,00 €	10
6	Komplettrad	Faltrad	0	0	2	600,00 €	1.200,00 €	2
7	Komplettrad	Rennrad	0	0	1	900,00 €	900,00 €	1
8	Komplettrad	BMX	1	1	1	550,00 €	1.650,00 €	3
9	Komplettrad	Mountainbike	5	5	8	1.500,00 €	27.000,00 €	18
10	Komplettrad	Transportrad	0	4	4	1.800,00 €	14.400,00 €	8
11	Zubehör	BMX-Helm	5	10	10	50,00 €	1.250,00 €	25
12	Zubehör	Kinderhelm	5	5	5	30,00 €	450,00 €	15
13	Zubehör	Fahrradschloss	10	10	20	30,00 €	1.200,00 €	40
14	Zubehör	Lenkerkorb	0	1	1	30,00 €	60,00 €	2
15	Zubehör	Sicherheitswimpel	0	1	0	10,00 €	10,00 €	1

1 Klicken Sie auf den Spaltenkopf der Spalte, die Sie verschieben möchten, oder wählen Sie mehrere Spalten aus.

2 Klicken Sie auf den Spaltenkopf (kein Doppelklick) und ziehen Sie mit gedrückter Maustaste die Spalte(n) an ihren neuen Platz. Eine blaue Linie zeigt dabei die Position in der Tabelle an.

3 Lassen Sie die Maus los. Die Spalte wird an der neuen Stelle eingefügt.

4 Verfahren Sie mit Zeilen nach dem gleichen Prinzip.

Neue Tabelle aus ausgewählten Zeilen oder Spalten erzeugen

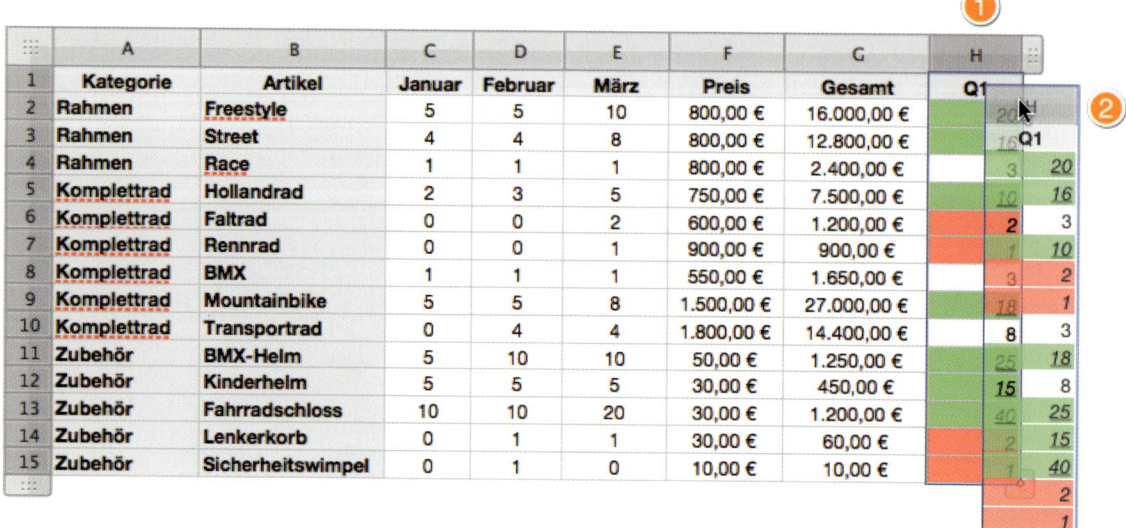

	Kategorie	Artikel	Januar	Februar	März	Preis	Gesamt	Q1
1	Kategorie	Artikel	Januar	Februar	März	Preis	Gesamt	Q1
2	Rahmen	Freestyle	5	5	10	800,00 €	16.000,00 €	20
3	Rahmen	Street	4	4	8	800,00 €	12.800,00 €	16
4	Rahmen	Race	1	1	1	800,00 €	2.400,00 €	3
5	Komplettrad	Hollandrad	2	3	5	750,00 €	7.500,00 €	10
6	Komplettrad	Faltrad	0	0	2	600,00 €	1.200,00 €	2
7	Komplettrad	Rennrad	0	0	1	900,00 €	900,00 €	1
8	Komplettrad	BMX	1	1	1	550,00 €	1.650,00 €	3
9	Komplettrad	Mountainbike	5	5	8	1.500,00 €	27.000,00 €	18
10	Komplettrad	Transportrad	0	4	4	1.800,00 €	14.400,00 €	8
11	Zubehör	BMX-Helm	5	10	10	50,00 €	1.250,00 €	25
12	Zubehör	Kinderhelm	5	5	5	30,00 €	450,00 €	15
13	Zubehör	Fahrradschloss	10	10	20	30,00 €	1.200,00 €	40
14	Zubehör	Lenkerkorb	0	1	1	30,00 €	60,00 €	2
15	Zubehör	Sicherheitswimpel	0	1	0	10,00 €	10,00 €	1

Verkaufsauswertung

Kategorie	Artikel	Januar	Februar	März	Preis	Gesamt
Rahmen	Freestyle	5	5	10	800,00 €	16.000,00 €
Rahmen	Street	4	4	8	800,00 €	12.800,00 €
Rahmen	Race	1	1	1	800,00 €	2.400,00 €
Komplettrad	Hollandrad	2	3	5	750,00 €	7.500,00 €
Komplettrad	Faltrad	0	0	2	600,00 €	1.200,00 €
Komplettrad	Rennrad	0	0	1	900,00 €	900,00 €
Komplettrad	BMX	1	1	1	550,00 €	1.650,00 €
Komplettrad	Mountainbike	5	5	8	1.500,00 €	27.000,00 €

Tabelle

	A
1	Q1
2	20
3	16
4	3
5	10
6	2
7	1
8	3
9	18

1 Klicken Sie auf den Spaltenkopf der Spalte, die Sie verschieben möchten, oder wählen Sie mehrere Spalten aus.

2 Klicken Sie auf den Spaltenkopf (kein Doppelklick) und ziehen Sie mit gedrückter Maustaste die Spalte(n) an eine Stelle auf dem Arbeitsblatt außerhalb der Tabelle.

3 Lassen Sie die Maus los. *Numbers* erstellt eine neue Tabelle. Sämtliche Formeln funktionieren weiterhin, da alle Referenzen zur alten Tabelle weiterhin bestehen bleiben.

4 Verfahren Sie mit Zeilen nach dem gleichen Prinzip.

Vorsicht: Überprüfen Sie nach dem Verschieben von Spalten, ob alle Referenzen noch korrekt sind. In unserem Fall enthält die Spalte *H* die Summe der Spalten *C bis D*. Verschieben wir Spalte *F* hinter *B*, ändert sich Ihre Bezeichnung zu *C*, wodurch sich das Ergebnis völlig verändert. Passen Sie in diesem Fall Ihre Formeln an.

Zellen und Zellinhalte formatieren

Warum sagen eigentlich alle, Zahlen seien langweilig? Das stimmt doch gar nicht. Gerade für diejenigen unter Ihnen, die dennoch meinen, auch die interessantesten Zahlenwerke könnten durch ansprechende Gestaltung nur gewinnen, bietet *Numbers* viele Möglichkeiten, Berechnungen in Szene zu setzen. Viele schnelle Einstellungen können Sie über die Formatierungsleiste vornehmen, anspruchsvollere Änderungen über die Werkzeuge im Informationsfenster. Dabei können Sie neben der Schrift die Hintergrundfarben für einzelne oder mehrere Zellen ändern oder auch die ganze Tabelle mit einem Hintergrund füllen oder sogar mit einem Bild.

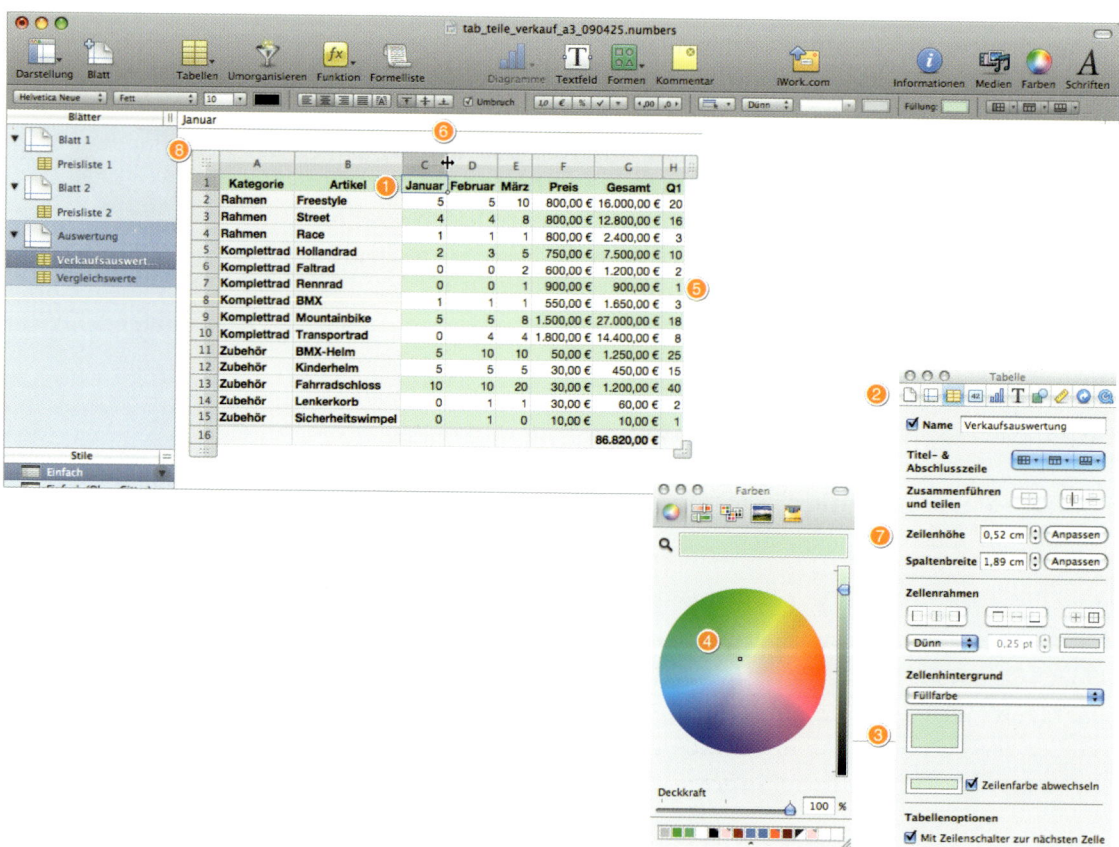

Formatieren Sie Zellen und Spalten

1 Wählen Sie eine Zelle aus, deren Farben Sie einstellen möchten; oder aktivieren Sie mehrere auf einmal.

2 Öffnen Sie das Fenster *Informationen* über die Taste in der Symbolleiste (⌘-⌥-*I*) und klicken Sie auf den Bereich *Tabelle*.

3 Wählen Sie unter der Überschrift *Zellenhintergrund* aus dem Menü *Füllfarbe* und klicken Sie auf die Farbfläche. Das Fenster *Farben* öffnet sich.

4 Wählen Sie eine Farbe und schließen Sie das Fenster.

5 Abwechselnde Zeilenfarben machen lange Listen übersichtlich. Aktivieren Sie dazu die Option *Zeilenfarbe abwechseln*.

6 Fahren Sie mit dem Mauszeiger an den Rand des Spaltenkopfs: er wird zum Einstellungswerkzeug. Ziehen Sie damit die Spalte schmaler oder breiter. Die Zeilenhöhen ändern Sie dann über den Zeilenkopf.

7 Klicken Sie im Fenster *Tabelle* neben dem Wert für die Spaltenbreite auf *Anpassen*. *Numbers* stellt die Spalte automatisch auf den breitesten Inhalt ein. Auch die Zeilenhöhe können Sie so anpassen.

8 Wählen Sie die ganze Tabelle aus (klicken Sie auf den Rand), um alle Spalten und Zeilen anzupassen.

Auch *Numbers* schöpft bei den Möglichkeiten des Mac aus dem Vollen und bietet Ihnen zur Farbauswahl das Fenster *Farben* an. Dort können Sie nicht nur Farben wählen, sondern auch Transparenzen einstellen und häufig verwendete Farben ablegen und wieder verwenden. Mehr dazu finden Sie im Kapitel 2 unter *Farben auswählen im Fenster »Farben«*.

Ihre gelungensten Tabelleneinstellungen können Sie als Stil speichern. Mehr dazu finden Sie auf der Seite *Tabellenstile verwenden und festlegen*.

Hintergrund für die gesamte Tabelle festlegen

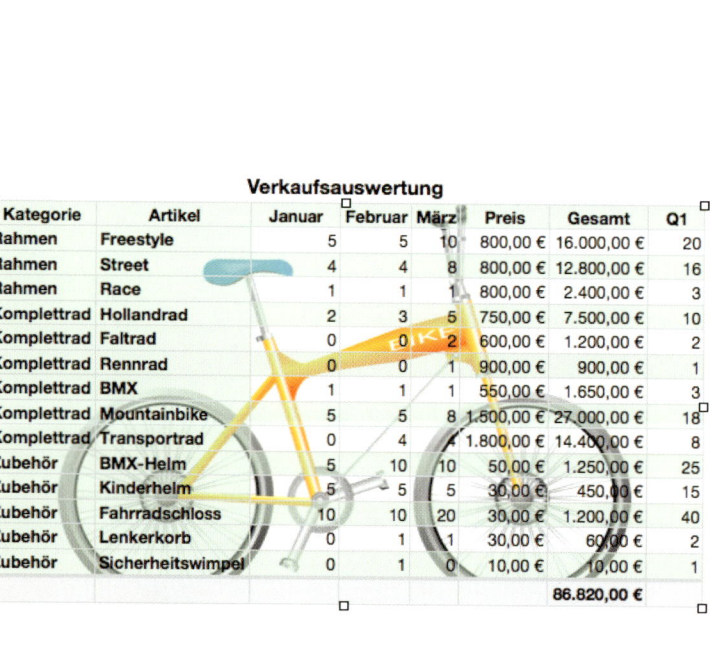

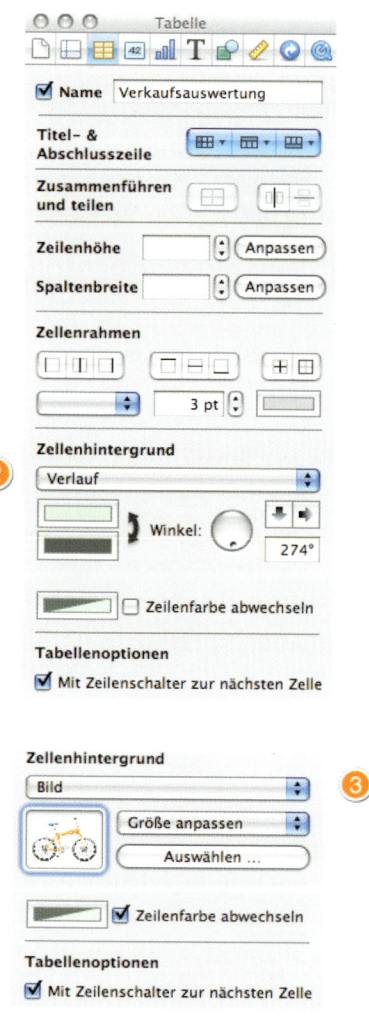

① Wählen eine Tabelle aus. Klicken Sie dazu auf den Rand der Tabelle oder mit gedrückter ⌘-Taste *(cmd)* in die Tabelle.

② Wählen Sie jetzt den Zellenhintergrund. Statt einer einfachen Füllfarbe können Sie aus dem Menü einen Verlauf wählen. Wählen Sie dazu die Start- und die Endfarbe aus.

③ Wählen Sie *Bild* aus dem Menü, um eine beliebige Grafik hinter die Tabelle zu stellen. Klicken Sie dann auf *Auswählen* und suchen Sie im folgenden Fenster Ihr Bild aus.

Leider können Sie das Bild für den Zellenhintergrund nicht direkt über die Medienübersicht auswählen. Bereits ab *Mac OS X Leopard (10.5)* finden Sie die praktische Auswahl aber auch in den meisten Dialogfenstern: Suchen Sie im *Öffnen*-Dialog in der Seitenleiste ganz unten die Rubrik *Medien*. Klicken Sie auf *Fotos* und Sie sehen die Medienübersicht für Ihre Fotos.

Einzelne Zellen können Sie weiterhin einfärben. Legen Sie für diese im Fenster *Farben* eine Transparenz fest, erhalten Sie ein Hintergrundbild und darüber Hervorhebungen in Farbe. Cool.

Zellen müssen nicht immer die gleiche Formatierung behalten. Sie können sie auch so einrichten, dass Sie abhängig vom Inhalt ihr Aussehen ändern. Wie diese bedingte Formatierung funktioniert, sehen Sie im Kapitel 9 unter *Werte hervorheben mit bedingter Formatierung.*

Tabellenstile verwenden, ändern und sichern

Mit den Stilen in *Numbers* formatieren Sie eine Tabelle komplett mit einem Klick. Und – wenn Sie wollen – nicht nur eine, sondern alle. Für durch und durch stilsichere Dokumente. Und dabei sind Sie nicht auf die vorgegebenen Farbzusammenstellungen von *Numbers* angewiesen, sondern können Ihre eigenen Kreationen speichern und in neuen Vorlagen speichern.

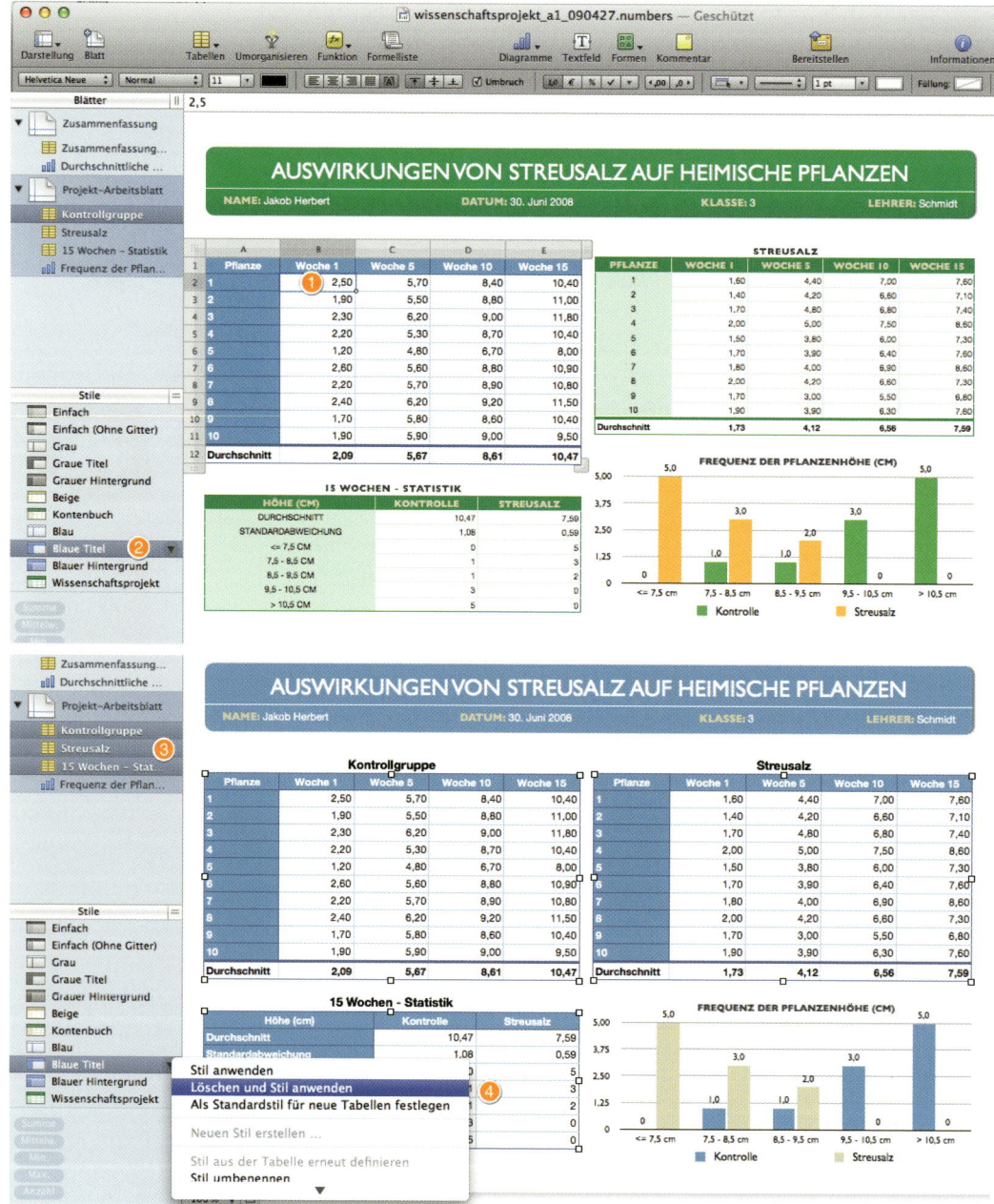

Tabellen mit Stilen formatieren

1. Wählen Sie eine Tabelle aus. Wir möchten das Wissenschaftsprojekt aus der Vorlage für unsere Zwecke anpassen. Klicken Sie dazu in eine beliebige Zelle.

2. Klicken Sie auf den Stil *Blaue Titel* in der Seitenleiste unter *Stile.* Die Tabelle wird neu formatiert.

3. Um mehrere Tabellen auf einmal zu ändern, wählen Sie alle Tabellen aus – das geht sehr einfach, indem Sie die Tabellennamen in der Seitenleiste mit gedrückter ⌘-Taste anklicken.

4. Klicken Sie wiederum auf den Stil, den Sie anwenden möchten. Eigene Formatierungen (einzelne Zellen farbig bearbeitet, anderer Hintergrund, eigene Schriftarten) bleiben dabei erhalten. Klicken Sie auf das Dreieck, das beim Überfahren des Stils mit der Maus erscheint und wählen Sie *Löschen und Stil anwenden*, so werden alle Formatierungen in der Tabelle zurückgesetzt, bevor der neue Stil angewendet wird.

Wie Sie ein Dokument aus einer Vorlage erstellen, sehen Sie auf der Seite *Neues Dokument aus einer Vorlage erzeugen*. Zudem haben wir in den Abschnitten zu *Pages* schon Einiges zum Thema Stilvorlagen erklärt. Wenn Sie mehr wissen möchten, lesen Sie weiter in Abschnitt 5 auf der Seite *Das Aussehen festlegen: Vorlagen, Stile und andere Formatierungen*.

Eigenen Tabellenstil erstellen und sichern

Eigene Stile für Tabellen können Sie unkompliziert speichern. Sie können Sie allerdings nur im jeweiligen Dokument verwenden. Speichern Sie das Dokument als Vorlage, um Stile und andere Vorgaben für weitere Projekte zur Verfügung zu haben.

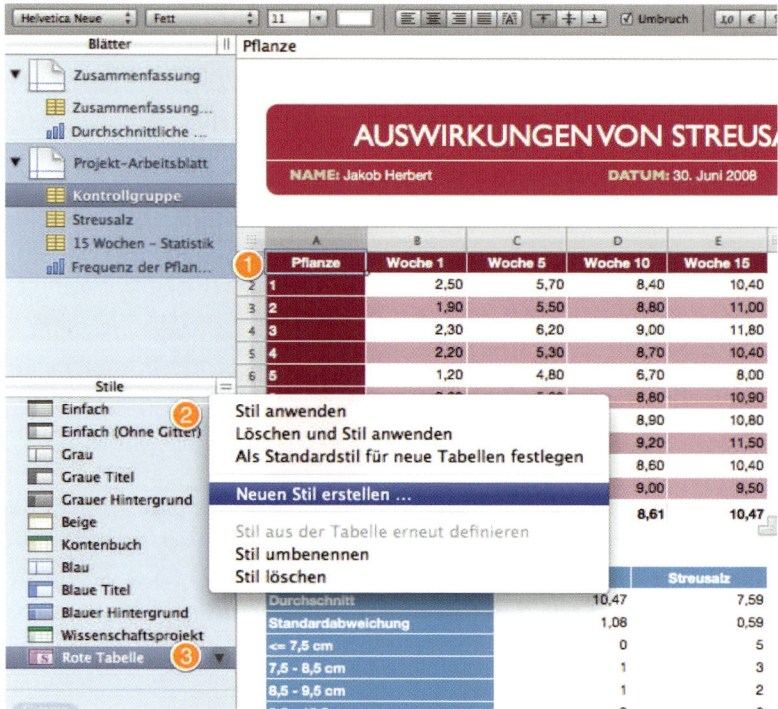

1 Bearbeiten Sie die Vorlage nach Ihren eigenen Wünschen. Wenden Sie zum Beispiel Ihre Firmenfarben an. In unserem Fall verwenden wir Rot- statt Blautöne.

2 Bewegen Sie den Mauszeiger über einen beliebigen Stil in der Seitenleiste und wählen Sie aus dem Menü *Neuen Stil erstellen*.

3 Geben Sie im nachfolgenden Dialogfeld dem Stil einen Namen. In unserem Fall *Rote Tabelle*. Der Stil erscheint in der Seitenleiste im Bereich *Stile*.

Neue Vorlage erstellen

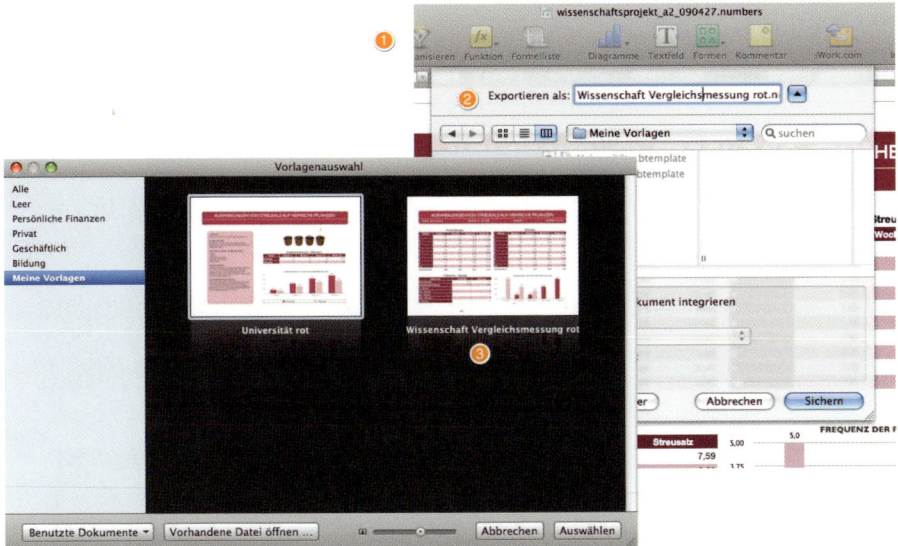

1 Nun richten Sie das Dokument so ein, wie Sie es weiter verwenden möchten. Ersetzen Sie Inhalte bei Bedarf durch Platzhaltertexte.

2 Wählen Sie aus dem Menü *Ablage | Als Vorlage sichern*. Speichern Sie das Dokument unter einem nachvollziehbaren Namen. Wir nennen es *Wissenschaft Vergleichsmessung rot*.

3 Wählen Sie aus dem Menü *Ablage | Neu* oder *Ablage | Neu aus Vorlage....* Ihre Vorlagen finden Sie als Miniaturen unter dem neuen Bereich *Meine Vorlagen*.

Leider funktioniert das Vorlagensystem nicht ganz wie bei *Pages*. Sie können keine Unterordner im Vorlagenordner anlegen. Schade eigentlich.

Numbers* speichert Ihre Vorlagen in der *Library*. Diese erreichen Sie einfach über den *Finder: ~/Library/Application Support/ iWork/Pages/*. Dabei ist »~« Ihr Benutzerordner am Mac. Allerdings wurde die *Library* schon ab *OS X 10.7 Lion* »versteckt«; Sie erreichen Sie dennoch, indem Sie über das Findermenü zunächst die Wahltaste (⌥) drücken und dann auf den Menübefehl *Gehe zu* klicken. Alle Vorlagen, die Sie in diesen Ordner legen, werden in der Vorlagenübersicht von *Numbers* angezeigt.

Kommentare hinzufügen und ansehen

Die kleinen gelben, selbstklebenden Zettel gehören zu den Ikonen der Büroorganisation. So sehr, dass es seit langer Zeit digitale Abbilder von ihnen gibt. Zum Glück hat der Erfinder vergessen, sich die digitale Version patentieren zu lassen, sonst müssten Sie jetzt möglicherweise für jeden Kommentar Gebühren zahlen. Da dies nicht so ist, können Sie geradezu verschwenderisch jede Zelle und jede Stelle Ihrer Dokumente mit Kommentaren versehen. Zur Information für sich selbst oder für andere oder zur Kommunikation während der Erstellung eines Dokuments.

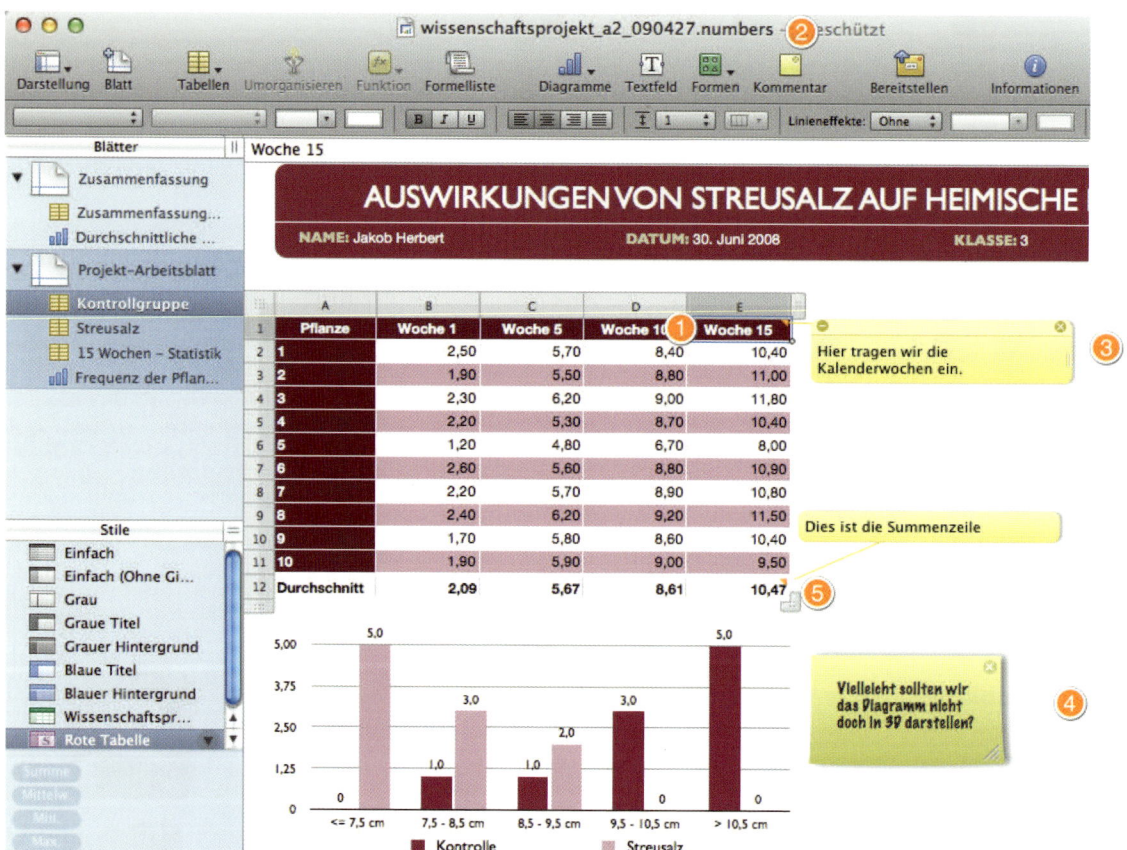

Fügen Sie Kommentare ein und bearbeiten Sie sie

1. Wählen Sie eine Zelle aus, die Sie kommentieren möchten.

2. Klicken Sie auf die Taste *Kommentar* in der Symbolleiste.

3. Schreiben Sie Ihre Anmerkung in das gelbe Kommentarfeld. Dieses Kommentarfeld ist fest mit der Zelle verbunden.

4. Klicken Sie auf den Rand, um den Kommentar zu verschieben.

5. Schließen Sie den Kommentar mit dem Minuszeichen (»-«). Er wird als kleines Dreieck am rechten oberen Rand der Zelle sichtbar bleiben.

6. Löschen Sie den Kommentar vollständig mit dem kleinen »x«.

7. Wählen Sie aus dem Menü *Darstellung | Kommentare ausblenden*. Fahren Sie mit dem Mauszeiger über die Markierung für den Zellkommentar, um ihn einzublenden. Klicken Sie darauf, um ihn zu bearbeiten. *Notizzettel* blenden Sie über das Menü ein (*Darstellung | Kommentare einblenden*).

8. Klicken Sie an eine beliebige Stelle im Dokument und dann auf die Taste *Kommentar*. *Numbers* erstellt einen größeren Notizzettel, den Sie an eine beliebige Stelle auf Ihrem Arbeitsblatt schieben können.

Arbeitsblatt für den Druck vorbereiten

Tabellen werden sehr gerne gedruckt. Und wenn Sie so schön aufbereitet sind, wie die in *Numbers*, noch lieber. Aber wie bekommt man die ganzen Daten am elegantesten aufs Papier? Die Antwort: Mit Verschieben und Verkleinern. Alle Veränderungen, die Sie an Ihren Inhalten vornehmen, können Sie sofort auf dem virtuellen Papier sehen.

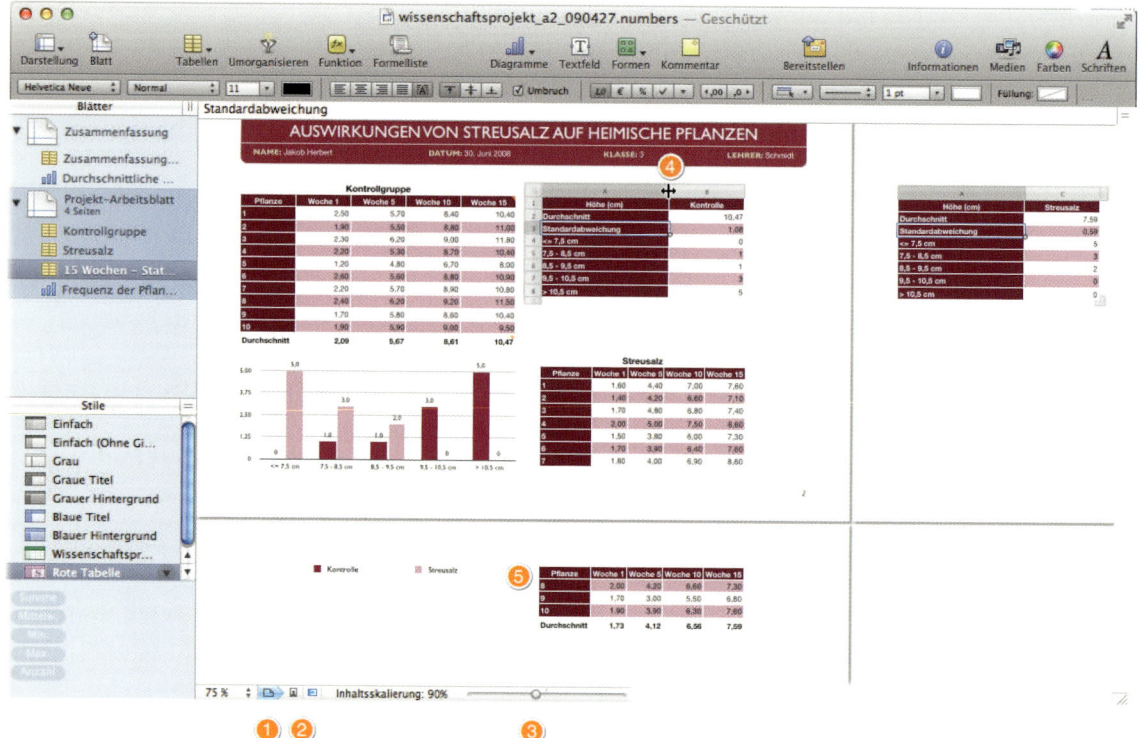

Druckseiten anpassen und drucken

1. Blenden Sie über die Taste am unteren Fensterrand die Druckansicht ein oder wählen Sie aus dem Menü *Darstellung | Druckdarstellung einblenden*. *Numbers* blendet eine Vorschau der zu druckenden Seiten ein.

2. Wählen Sie das Papierformat für den Druck: *Hoch-* oder *Querformat*.

3. Mit diesem Schieber skalieren Sie alle Inhalte des ausgewählten Arbeitsblattes. Verkleinern Sie zum Beispiel alle Elemente auf Seitenbreite.

4. Auch in der Druckansicht können Sie alle Elemente der Seite bearbeiten. Passen Sie Spalten an, um die Breite einer Tabelle zu verringern.

5. Erstrecken sich Tabellen über mehrere Seiten, werden die Titelzeilen und -Spalten auf der neuen Seite wiederholt.

Für Umsteiger: Bei *Numbers* steht die Layoutseite fest und Sie passen die Inhalte solange an, bis sie auf die Seite passen. Eigentlich logisch. Bei *Excel* ist es umgekehrt. Dort sind die Inhalte fest und Sie passen die Seitenränder an, bis alle Inhalte drin sind, die Sie haben wollen. Seltsam, oder?

Daten auswerten und visualisieren mit Numbers

9

Mit einer Tabellenkalkulation können Sie komplexe kaufmännische, statistische und mathematische Berechnungen durchführen. Das Ergebnis sehen Sie an der Stelle, an der Sie die Formel eingeben, in der Tabellenzelle. Aber zur Arbeit mit Daten gehört nicht nur Rechnen. Um aus den Daten, die Sie eingegeben haben, das herauszuholen, was Sie interessiert, oder auch nur um Ordnung in große Datenmengen zu bringen, können Sie die Inhalte sortieren, filtern oder nach Kategorien gliedern. So stecken in einer Tabelle unendlich viele Auswertungsmöglichkeiten.

Und auf diese konzentrieren wir uns hier. Wir arbeiten mit Zellen und Zellreferenzen, schreiben Formeln und nutzen Funktionen: kleine, vorgefertigte Programme, die komplizierte Berechnungen mit den Werten durchführen, mit denen Sie sie füttern. *Numbers* hat davon über 250 Stück. Dazu setzen wir die Filter- und Sortierfunktionen ein, die *Numbers* hervorragend gebündelt hat.

Die Ergebnisse Ihrer Berechnungen können Sie schon in der Tabelle visuell unterstützt darstellen, indem Sie zum Beispiel den Inhalt einer Zelle farbig markieren, wenn ein bestimmter Wert erreicht, über- oder unterschritten wird.

Für Sie selbst übersichtlicher und für Ihr Publikum überzeugender sind allerdings Diagramme, mit denen Sie die Werte aus den Tabellen grafisch darstellen können. Dabei sind Diagramme mehr als nur Augenfutter: Viele Sachverhalte und Verhältnisse lassen sich anders überhaupt nicht verständlich darstellen.

Auf der nächsten Seite erklären wir kurz die Grundlagen der Tabellenkalkulation, um sie sofort im Anschluss umzusetzen.

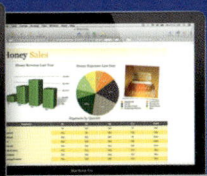

Wie Numbers eigentlich funktioniert – Zellen, Formeln und Funktionen

Tabellenkalkulationen wie *Numbers* gibt es seit 1979. Dan Bricklin hatte als Wirtschaftsstudent seinen Professor dabei beobachtet, wie er bei umfangreichen Berechnungen an der Tafel jedes Mal viele Zwischen- und Endergebnisse wegwischen und neu schreiben musste, nur, weil er an einer Stelle einen Parameter geändert hatte. Er hatte die Idee, nicht nur Werte und Ergebnisse in die Tabellen einzutragen, sondern auch die Formeln, die zu diesen führten. So aktualisierten sich alle Ergebnisse der Berechnungen automatisch, wenn er einen Wert veränderte. Sein Programm hieß *VisiCalc*, aber die Grundlagen sind immer noch die gleichen.

Mit den Daten in Ihrer Tabelle können Sie einfache und komplexe Berechnungen anfertigen.

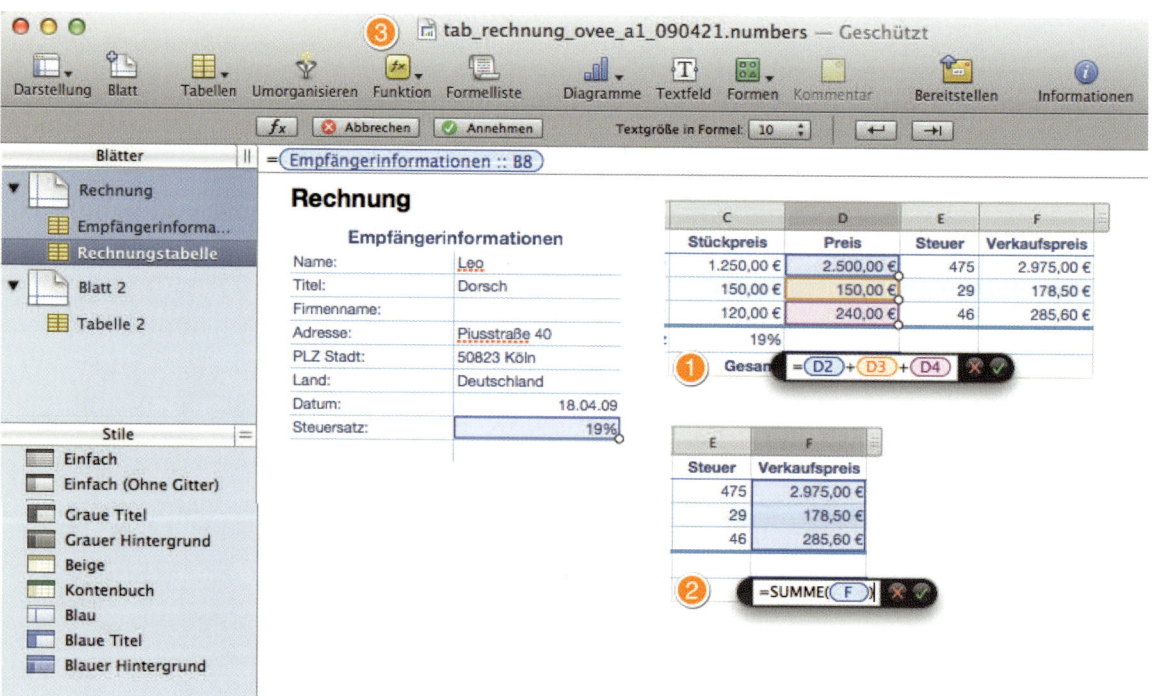

Rechnen mit Formeln und Funktionen

1 Um Formeln zu erstellen, geben Sie die Zellen mit den Werten an, die Sie für die Berechnung verwenden möchten und verbinden sie mit den Operatoren für die Kalkulation. In unserem Fall rechnen wir mit Werten, die in anderen Zellen stehen. Dazu geben wir Zellenreferenzen ein. Dazwischen setzen wir das Pluszeichen. Das Ergebnis der Rechnung wird direkt in der Zelle angezeigt. Selbstverständlich können Sie auch kompliziertere Berechnungen durchführen. Die Grenzen setzen hier nur Ihre arithmetischen Kenntnisse.

2 Für viele gängige und auch weniger gängige Rechenziele müssen Sie jedoch die Formeln nicht selbst schreiben, sondern können vorgefertigte *Funktionen* verwenden. Aufgerufen werden Funktionen über ihren Namen; die Werte, mit denen die Funktion rechnet *(Argumente)* werden in die Klammer gesetzt. Dabei reicht die Spanne der 450 Stück starken Sammlung von numerischen Basics wie *SUMME(F:F)* bis zu gehirnverdrehenden Statistikfunktionen, bei denen allein die Menge an zu übergebenden Parametern uns vor Ehrfurcht in den Staub sinken lässt:

(BINOMVERT(Erfolg-Num;Versuche;Wahrscheinlichkeit-Erfolg;Formtyp)).

3 Alle 450 Funktionen holen Sie sich mit der Taste *Funktion* in der Symbolleiste.

Um Formeln und Funktionen geht es in den *Numbers*-Abschnitten häufiger. Blättern Sie einfach ein wenig weiter.

Zellenreferenzen

Das Grundelement der Tabellenkalkulation ist die Zelle. Diese ist über folgende Parameter immer exakt referenzierbar:

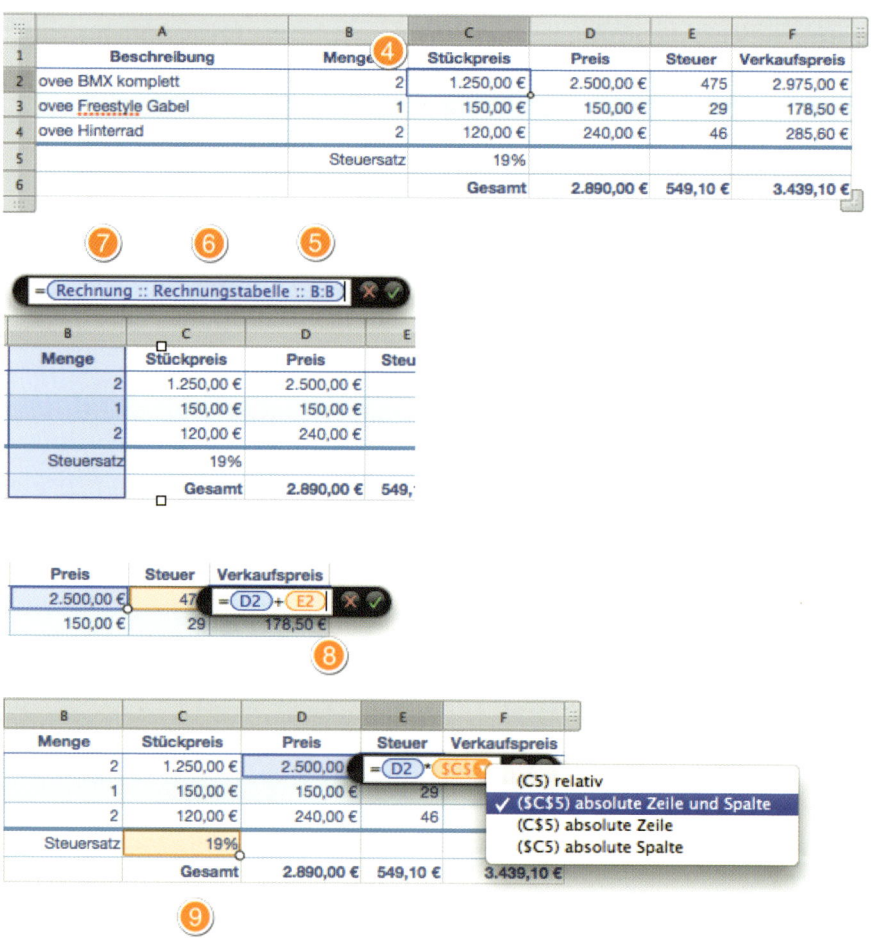

4. Die Zelle befindet sich in einem Gitter von Zeilen und Spalten und kann darüber eindeutig bestimmt werden. Zeilen sind von *1* bis *unendlich* nummeriert. Spalten sind mit Buchstaben von *A* bis *Z* und dann von *AA* über *AB, AC* etc. alphabetisch bezeichnet. Eine Zellenreferenz sieht im einfachsten Fall so aus: »C2«, also *Spalte C, Zeile 2*.

5. Alle Zellen einer Spalte oder einer Zeile werden durch den Spaltenbuchstaben oder die Zeilennummer referenziert. Dabei markiert ein Doppelpunkt (:) den Bereich – ein Beispiel: *A:D* verweist auf alle Zeilen in den Spalten A bis D. *2:5* verweist auf alle Zellen in den Zeilen 2 bis 5. Auch eine einzelne Zeile oder Spalte wird als Bereich referenziert (*B:B* oder *3:3*).

Zellbereiche werden über die Start- und die Endzelle referenziert. Ein Doppelpunkt (:) markiert den Bereich. Dabei können Werte über Zeilen und Spalten hinweg ausgewählt werden. *B2:C4* verweist auf alle Werte im Bereich von B2 (links oben) und C4 (rechts unten).

6 *Name der Tabelle:* Tabellen werden über ihren Namen referenziert (*Numbers* verbietet gleiche Namen in einem Arbeitsblatt). Mit zwei Doppelpunkten (::) lässt sich ein Pfad erstellen, der direkt zur Zelle weist. Zum Beispiel: *Empfängerinformationen :: A9*, Tabelle *Empfängerinformationen*, Zelle *A9*.

7 *Name des Arbeitsblatts:* Jedes Arbeitsblatt trägt ebenfalls eindeutige Namen, über die Referenzen erstellt werden können. Bezieht sich eine Formel auf eine Zelle in einem anderen Arbeitsblatt, sieht also der Pfad so aus: *Rechnung::Empfängerinformationen :: A9*. (*Numbers* verwendet den Namen des Arbeitsblatts nur, wenn es mehrere Tabellen gleichen Namens gibt).

Relative und absolute Referenzen

8 Referenzen sind meist *relativ*. Das heißt, wenn, so wie in diesem Beispiel *E2* die Formel *=D2+E2* enthält, werden eben diese Werte addiert; kopieren Sie jedoch diese Zelle und setzen sie in die Zelle *F3* ein, enthält diese als Formel *=D3+E3*. Auf diese Weise können Sie schnell gleichartige Berechnungen duplizieren, zum Beispiel auch, indem Sie den *Füllpunkt* über mehrere Zellen ziehen.

9 Referenzen können allerdings auch *absolut* sein. Das heißt, es wird immer zu einer festgelegten Zelle verknüpft. Die absolute Referenz wird durch ein vorangestelltes $-Zeichen bezeichnet und bleibt immer exakt dieselbe, auch wenn Sie die Formel in mehreren Feldern anwenden. In unserer Rechnungstabelle wird immer der Steuersatz in der Zelle *C5* zur Berechnung in den Zellen der Spalte *E* herangezogen. Die Formeln sehen deshalb so aus:
D2*C5, D2*C5, D3*C5, D4*C5.

Im Praxiseinsatz: Rechnen mit Numbers

In den Kontoren der Buddenbrooks ging es streng zu. Die Buchhalter mit den Ärmelschonern mussten die Zahlen von Hand berechnen. In *Numbers* schreiben Sie einfach »=« in eine Zelle und schon enthält diese nicht mehr einen Wert, sondern das Ergebnis einer Rechnung. So leicht geht das.

Einen Wert berechnen

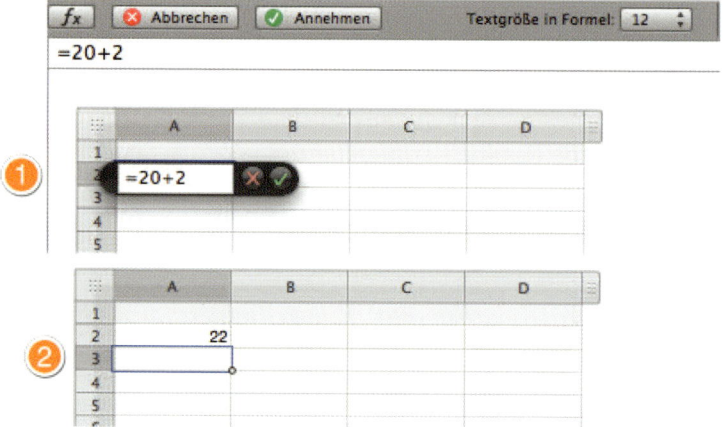

① Wählen Sie eine Zelle aus und tippen Sie ein Gleichheitszeichen (=). Der Formeleditor erscheint. Tippen Sie danach die Werte und Operatoren für Ihre Kalkulation. Sie können die Formel auch in der *Formelleiste* sehen und bearbeiten.

② Drücken Sie den Zeilenschalter (↩). Das Ergebnis wird in der Zelle angezeigt.

Die arithmetischen Operatoren in Numbers

Aktion	Methode
Addieren von zwei Werten	+ (Pluszeichen)
Subtrahieren eines Werts von einem anderen Wert	– (Minuszeichen)
Multiplizieren zweier Werte	* (Stern)
Dividieren eines Werts durch einen anderen Wert	/ (Schrägstrich)
Potenzieren einer Zahl	^ (Caret-Zeichen)
Berechnen des Prozentwerts	% (Prozentzeichen)

Werte aus Zellen berechnen

① Wählen Sie die Zelle aus, in der Ihr Ergebnis erscheinen soll, und tippen Sie ein Gleichheitszeichen (=). Der Formeleditor erscheint.

② Klicken Sie auf die Zelle, deren Wert Sie verwenden möchten *(B2)*. Der Mauszeiger wird als Werkzeug zum Hinzufügen von Zellen dargestellt. Die Referenz erscheint farbig hinterlegt im *Formeleditor* und auch in der *Formelleiste*.

③ Tippen Sie den Operator, den Sie verwenden möchten, in unserem Fall »*« (Stern) für die Multiplikation.

④ Klicken Sie auf die Zelle für den zweiten Wert *(C2)*. Die Referenz erscheint in einer zweiten Farbe.

⑤ Mit Formeln errechnete Werte können für weitere Berechnungen verwendet werden. Verwenden Sie diese *Formelzellen* als Referenz für eine weitere Berechnung. Hier addieren wir die Steuer zum Preis – beides *Formelzellen*.

⑥ Wählen Sie eine *Formelzelle* aus, so zeigt *Numbers* die Formel in der *Formelzeile* und hebt die referenzierten Zellen in den zugeordneten Farben hervor.

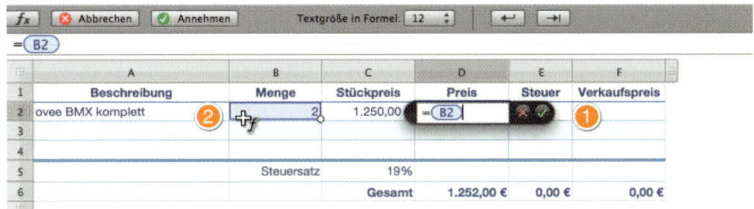

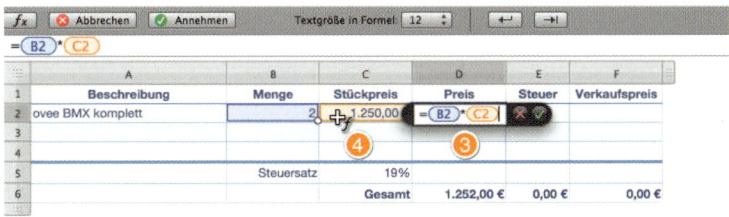

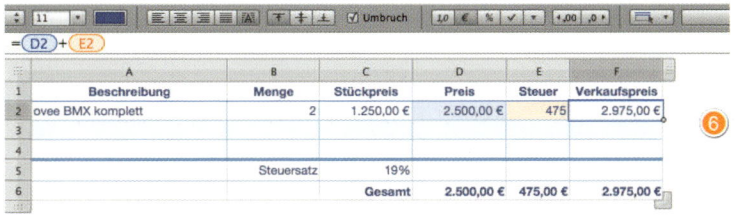

Einfache Summen berechnen

Wichtig ist, was unten rauskommt. Und was steht unter dem Strich, am Ende? Richtig, die Summe. Entsprechend häufig werden auch Sie Summen berechnen wollen. Und damit Sie nicht alle Werte einzeln zusammenzählen oder gar den Taschenrechner zücken müssen, stellt Ihnen *Numbers* die Funktion *SUMME* zur Verfügung. Untergebracht in einer festen Abschlusszeile, wird die Funktion noch flexibler.

Summe ausgewählter Zellen errechnen

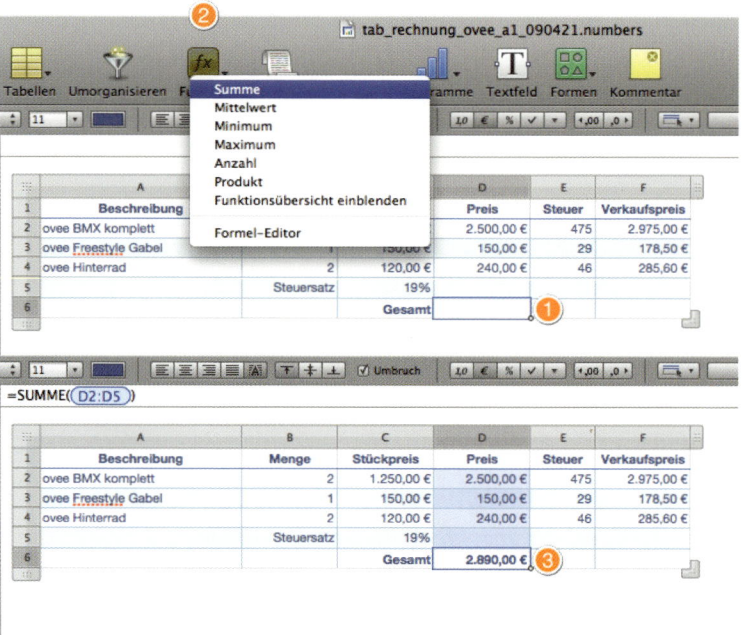

❶ Klicken Sie auf die Zelle, in der die Summe erscheinen soll.

❷ Klicken Sie auf die Taste *Funktion* in der Symbolleiste und wählen Sie *SUMME*.

❸ In der *Formelzelle* erscheint das Ergebnis der Addition aller automatisch ausgewählten Zellen (*D2:D5*).

Summe einer Tabellenspalte in einer Abschlusszeile berechnen

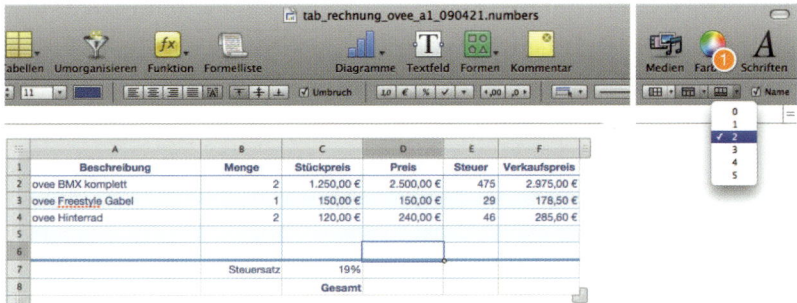

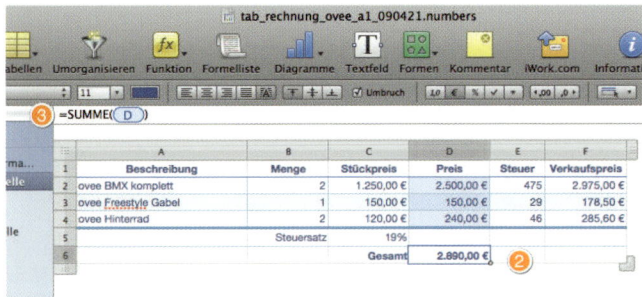

① Falls Ihre Tabelle noch keine besitzt, erstellen Sie eine Abschlusszeile. Klicken Sie dazu in die Tabelle und dann in der Funktionsleiste auf die Taste *Abschlusszellen*. Klicken Sie auf das Dreieck rechts, um bis zu fünf Abschlusszeilen hinzuzufügen. Wir fügen zwei Abschlusszeilen an unsere Tabelle.

② Klicken Sie auf die Zelle in der Abschlusszeile, und wählen Sie über die Taste in der Symbolleiste die Funktion *SUMME*.

③ *Numbers* bildet die Summe aller Werte der Spalte *D*. Titel- und Abschlusszeilen werden ignoriert.

Wenn Sie eine Tabelle mit einer Abschlusszeile versehen, werden neue Zeilen immer oberhalb der Zeile erstellt.

Titelzeilen erstellen Sie genau wie Abschlusszeilen: Über die Tasten in der *Formatierungsleiste*.

Zellen automatisch mit Formeln füllen

Häufig müssen Sie in einer Tabelle bestimmte Berechnungen mehrfach verwenden. So soll in Spalte *F* immer die Summe aus den Werten in Spalte *D* und *E* stehen. Zum Glück gibt es die Möglichkeit, die Zellen automatisch zu füllen. Dabei füllt *Numbers* die Zellen aber nicht dumm mit den immer gleichen Werten, sondern setzt Referenzen relativ zur neuen Zelle ein, so dass die Formel aus Zeile *2* in Zeile *3* und *4* mit Werten aus diesen Zeilen rechnet. Und wenn sie das nicht soll, verwenden Sie absolute Referenzen. Wir zeigen Ihnen, wie das geht.

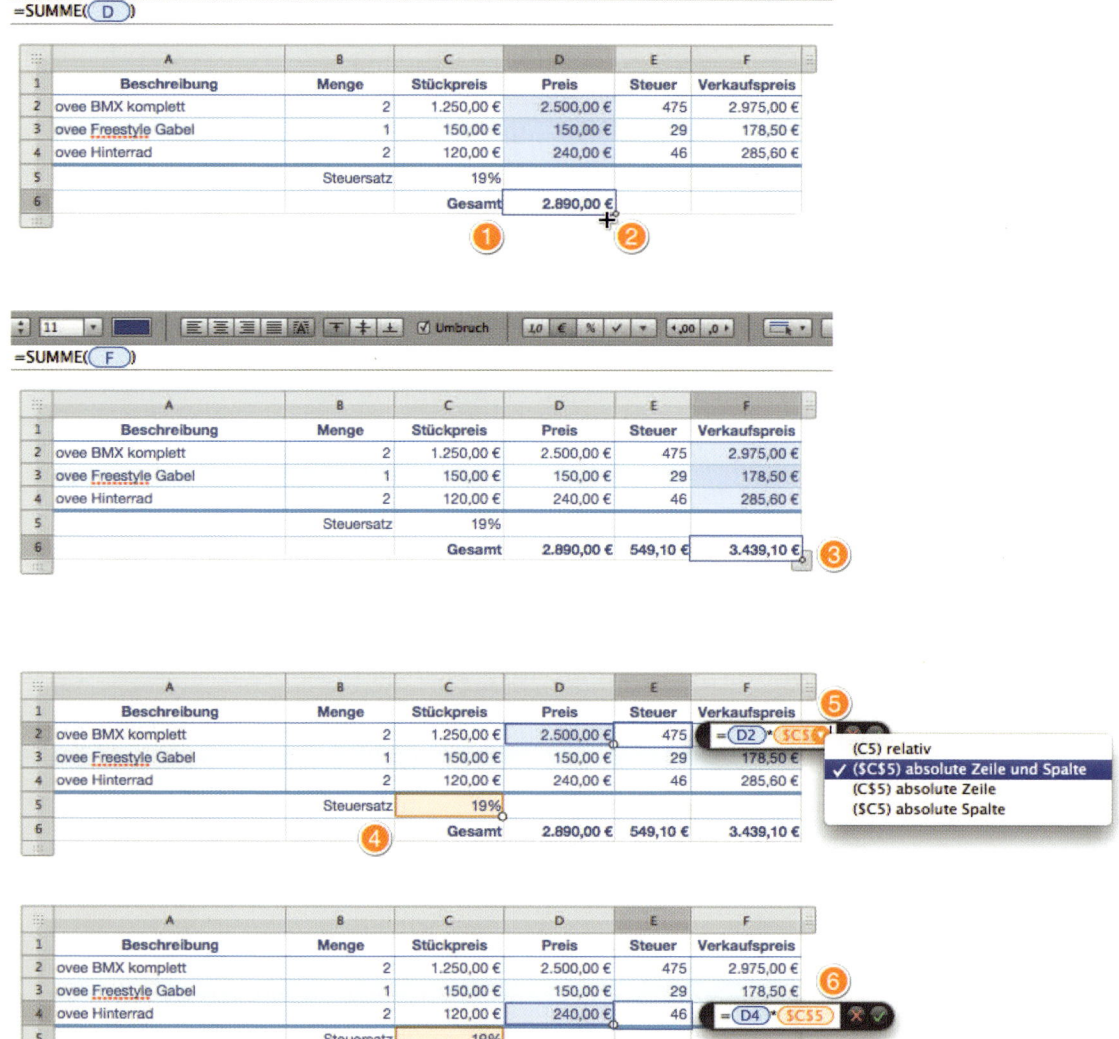

Zellen mit Formeln füllen

1. Wählen Sie die *Formelzelle*, die Sie kopieren möchten. In diesem Fall ist es die Summe der Spalte *D*.

2. Fassen Sie mit der Maus den *Füllpunkt* (der kleine Punkt rechts unten an der Auswahl) und ziehen Sie die Auswahl nach rechts. In unserem Fall bis zur Spalte *F*. Schon während des Ziehens füllen sich die Zellen mit Werten.

3. *Numbers* kopiert die Formeln und Referenzzellen *relativ* zur neuen Zelle. Klicken Sie auf eine der neu gefüllten Zellen, um das Ergebnis zu überprüfen. Die Zelle *F6* zeigt die Summe der Spalte *F* an.

4. Manche Referenzwerte sollen immer zu einer ganz bestimmten Quellzelle verweisen. Hier ist es die Zelle *C5* mit dem Steuersatz für die Rechnung.

5. Damit beim Kopieren der Formel nicht automatisch die nächste Zelle referenziert wird, setzen Sie die Referenz absolut. Das Menü dazu erhalten Sie, wenn Sie mit dem Mauszeiger über die Referenz im *Formeleditor* fahren. Statt relativ *C5* lautet diese dann *C5*. Die vollständige Formel lautet *=D2*C5*.

6. Füllen Sie dann die Zellen, wie oben beschrieben. Klicken Sie auf eine neu gefüllte Zelle. Die Zelle *E4* enthält jetzt die Formel *=D4*C5*.

Wie Sie Zellen automatisch mit Inhalten füllen, zeigen wir in Abschnitt 8 unter *Zellen automatisch füllen*.

Befindet sich die absolut referenzierte Zelle in einer Abschlusszeile, aktualisiert *Numbers* die absolute Referenz, sobald Zeilen zur Tabelle hinzukommen. Die Summe in dieser Tabelle haben wir auf der vorherigen Seite erstellt.

Rechnen mit Funktionen

Lieben Sie Zahlen mehr als Blumen? Haben Sie ein Auge für die Eleganz mathematischer Formeln und überlassen die Auswahl Ihrer Oberbekleidung Ihrer Mutter? Dann sind Sie ein *Nerd*. Wir nutzen den *Median*, um den Mittelwert aus den Ergebnissen unseres Fallexperiments besser berechnen können als mit dem einfachen Durchschnittswert (und nicht, weil die Formel so schön ist …).

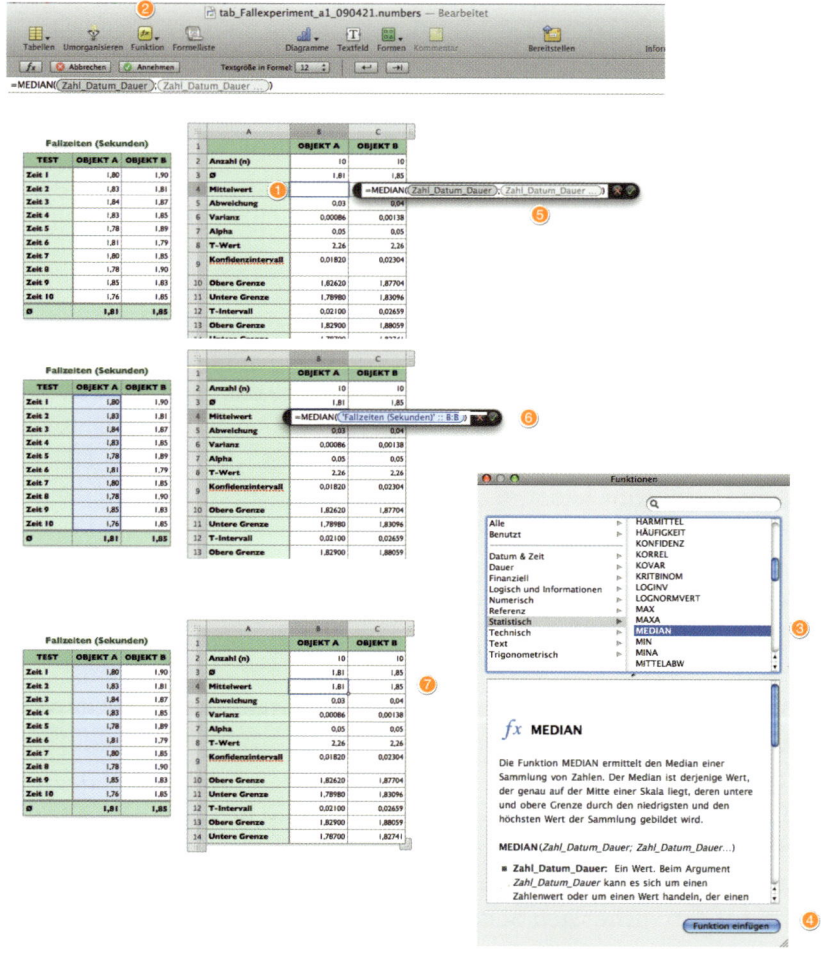

Eine der tollen Vorlagen, die Apple mit *Numbers* liefert, ist das *Fallexperiment*. Dabei wirft man Objekte aus einer Höhe von 15 Metern herunter, um deren Falldauer zu vergleichen. Da bekommt man richtig Lust, sich mal wieder mit echter Physik zu beschäftigen und mal zu sehen, was schneller am Boden ist, die Orange oder die Murmel.

Funktion auswählen und in der Tabelle verwenden

1 Wählen Sie die Zelle, in der Ihr Ergebnis erscheinen soll.

2 Öffnen Sie die Funktionsübersicht. Klicken Sie dazu auf die Taste *Funktion* und wählen Sie aus dem Menü *Funktionsübersicht*.

3 Wählen Sie die Funktion, die Sie suchen.

- Wählen Sie nach Kategorien in der Liste aus oder nutzen Sie das Suchfeld für Ihre Suche.

- Im unteren Teil des Fensters finden Sie eine ausführliche Beschreibung der Funktion mit den benötigten Argumenten, Hinweisen zur Verwendung und Beispielen.

4 Klicken Sie auf *Funktion einfügen*. Die Funktion wird in die Zelle eingefügt.

5 Jede Funktion besteht aus dem *Namen* und den erwarteten Argumenten – also Werten, mit denen sie rechnet – in Klammern. Unsere Funktion erwartet eine Reihe von Zahlen- oder Datumswerten, durch Semikolon getrennt. *Numbers* setzt graue Platzhalter ein. Diese müssen Sie durch echte Werte ersetzen.

6 Statt einzelner Werte können Sie auch Zahlenreihen aus Zellbereichen einsetzen. Entfernen Sie alle Inhalte der Klammer und setzen Sie die Einfügemarke hinein. Klicken Sie auf die Kopfzeile der Spalte *B,* um alle Werte in dieser Spalte als Argumente zu übernehmen.

7 In der ausgewählten Formelzelle wird jetzt der Mittelwert *MEDIAN* aus den ausgewählten Zellen angezeigt. Klicken Sie auf die Zelle um den referenzierten Zellbereich zu sehen (blau).

Nicht alle Funktionen benötigen Argumente – aber die Klammern brauchen sie alle. So liefert die Funktion *ZUFALLSZAHL()* eine zufällige Zahl zwischen *0* und *1*. Nicht alle Funktionen liefern einen Wert zurück. Die häufig verwendeten logischen Funktionen *WENN* oder *ISTLEER* liefern als Ergebnis die Werte *WAHR* oder *FALSCH*. Die Beschreibungen der Funktionsübersicht liefern sehr viele Informationen und Anwendungsbeispiele. Da kann man noch etwas dazulernen.

Funktionen können allein oder als Teil umfangreicherer Formeln verwendet werden. Dabei können Sie sämtliche Elemente kombinieren: arithmetische Operatoren, Formeln, direkt eingegebene Werte und Funktionen.

Der Formeleditor (das kleine schwarze pillenförmige Fensterchen) ist übrigens beweglich. Sie können es am linken Rand mit dem Mauszeiger anfassen und verschieben. So haben wir im ersten Bild den Blick auf unsere Formelzelle freigemacht. Bei der Auswahl von Zellen folgt Ihnen der Editor auch, wenn Sie zu einem anderen Blatt wechseln. Praktische Sache.

Werte hervorheben mit bedingter Formatierung

Egal, ob Sie mit großen Tabellen arbeiten oder mit kleinen. Letztlich sind es die Werte bestimmter Zellen, die Sie besonders interessieren. Wenn Ihr Fahrradladen aus allen Nähten platzt, wird es vielleicht Zeit, sich von schlecht laufenden Artikeln zu trennen und den gewonnenen Raum mit den »Rennern« zu füllen. Lassen Sie sich die Verkaufsschnecken des letzten Quartals doch in Rot anzeigen und die Raketen in Grün. Das macht Ihre Zahlen gleich deutlicher.

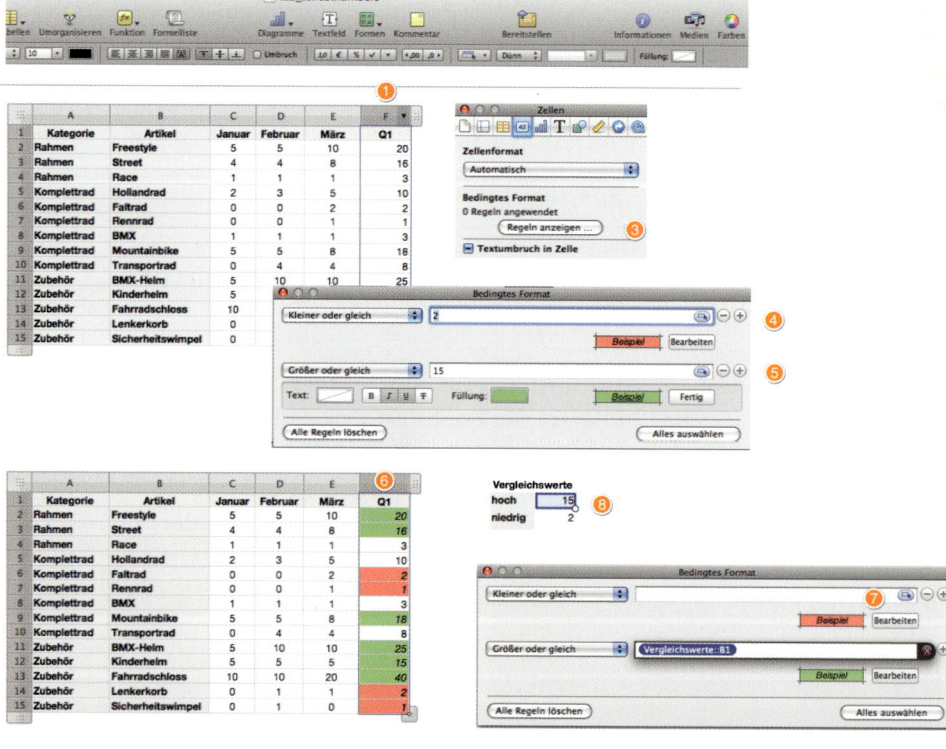

Bedingte Formatierung einstellen und anwenden

1 Klicken Sie auf den Kopf der Spalte, für die Sie die Formatierung einstellen möchten.

2 Öffnen Sie das *Informationsfenster* mit der Taste *Information* und wählen Sie den Bereich *Zellen*.

3 Klicken Sie auf die Taste *Regeln anzeigen …*, um das bedingte Format einzustellen.

4 Im Einstellungsfenster legen Sie die Regeln für die Darstellung fest. In unserer Tabelle sollen Werte gleich oder kleiner als *2* rot hinterlegt werden und Werte *größer oder gleich 15* grün.

- Wählen Sie das Kriterium aus dem Menü und geben Sie den Wert in das Feld ein.

- Klicken Sie auf *Bearbeiten,* um die Werkzeuge zur Formatierung anzuzeigen.

- Klicken Sie auf *Fertig,* um die Formatierung zu sichern.

5 Klicken Sie auf das +-Zeichen, um weitere Regeln festzulegen und bearbeiten Sie sie nach dem Muster wie oben.

6 Die Spalte zeigt jetzt Werte, die Ihren Bedingungen entsprechen in Ihrer Formatierung an.

7 Statt Werte direkt einzugeben, können Sie auch Werte aus Zellen referenzieren. Klicken Sie dazu auf die blaue Taste im Feld für den Schwellwert; und dann auf die Tabellenzelle, deren Wert Sie übernehmen wollen.

8 Ändern Sie nun die Werte in der Tabelle, um die Auswirkungen direkt in Ihrer Auswertungsspalte zu sehen.

Daten sortieren

Was nützt die Liste der Verkäufe mit Datumsangaben, wenn alle Werte durcheinander eingetragen sind. Gut, dass *Numbers* das Datum richtig formatiert. So können Sie mit einem Klick Ihre Tabelle nach dem Datum sortieren – und nach allen anderen Spalten auch.

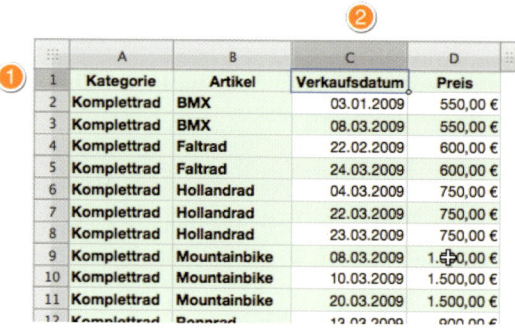

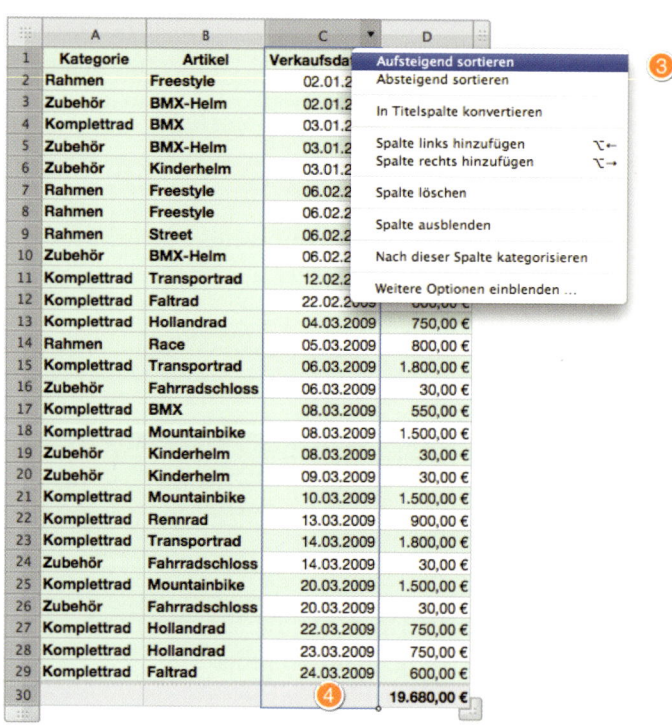

Tabelle nach Datum sortieren

1 Aktivieren Sie die Tabelle, die Sie sortieren möchten. Klicken Sie in eine beliebige Zelle.

2 Die Tabelle ist nicht nach Datum sortiert. Die Einträge sind durcheinander.

3 Öffnen Sie das Menü im Kopf der Spalte *Datum* und wählen Sie *Aufsteigend sortieren*.

4 Die Einträge sind nach Datum sortiert vom *2.1.2009* bis *24.3.2009*.

Die Zeile mit den Spaltenüberschriften formatieren Sie am besten als *Titelzeile*. So wird sie nicht zusammen mit den anderen Werten sortiert. Mehr dazu finden Sie auf der Seite *Titelzeile fixieren*.

Daten filtern

Was ein Filter ist, müssen wir wohl nicht mehr erklären. Wir tun es trotzdem. Das Wort bezeichnete früher ein »Durchseihgerät aus Filz«. Man schüttete oben das sandige Wasser hinein und bekam unten (relativ) sauberes Wasser zum Waschen oder Trinken heraus. Mit Daten ist es – Sie ahnen es wohl schon – ganz genauso. Nur ohne Filz.

Wenn Sie statt Wasser Ihre Daten von überflüssigen Partikeln befreien wollen, brauchen Sie ebenfalls einen Filter, mit dem Sie jene Daten zurückhalten, die Sie nicht haben möchten. Und wenn ein Filter nicht genügt, setzen Sie hinter den ersten noch einen weiteren, und dahinter noch einen. So können Sie sich immer weiter Ihrem Ziel annähern – bis zur glasklaren Auswertung.

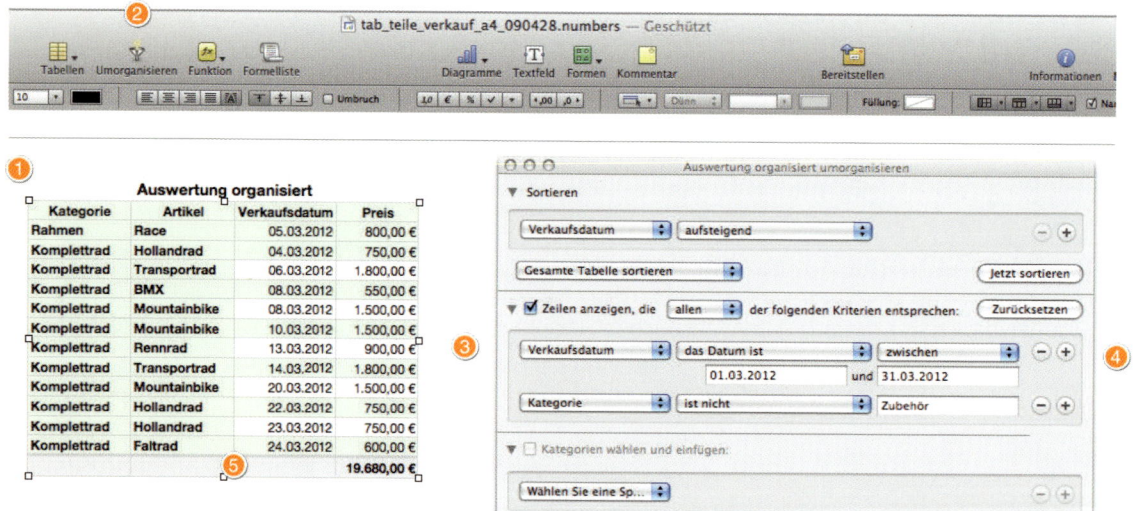

Tabelle mit Filtern einschränken

① Wählen Sie die Tabelle aus, deren Werte Sie filtern möchten. Es spielt keine Rolle, ob eine Zelle oder die ganze Tabelle ausgewählt ist. Filter werden immer auf die gesamte Tabelle angewendet.

② Klicken Sie auf die Taste *Umorganisieren* in der Symbolleiste. Das Fenster mit den Optionen zum Sortieren, Filtern und Kategorisieren öffnet sich.

③ Wählen Sie im zweiten Abschnitt des Fensters einen Filter aus. *Numbers* bietet die Spalten der Tabelle in einem Menü an. Wir wählen alle Zellen, bei denen das Verkaufsdatum zwischen dem 1. und 31. März 2012 liegt

④ Über das »+«-Zeichen fügen Sie weitere Filter hinzu. Wir schließen alle Verkäufe von »Zubehör« aus.

⑤ Die Tabelle zeigt nun nur die Zeilen mit Werten an, die Ihren Kriterien entsprechen.

Wichtig: Filterfunktionen können Sie nur auf Spalten anwenden. Das heißt, es werden immer Zeilen entfernt und nicht Spalten. Im Normalfall sind Daten aber in Spalten gegliedert.

Ist eine Tabelle gefiltert, können Sie keine neuen Werte eingeben. Entfernen Sie den Haken an der Option *Zeilen anzeigen, die allen/einem der folgenden Kriterien entsprechen* im Fenster *Umorganisieren*.

Sortierungen und Berechnungen nutzen weiterhin alle Zellen – selbst wenn diese ausgeblendet sind. Eine Summe im Tabellenfuß zeigt also weiterhin die Summe *aller* Werte der Tabelle an. Zwischensummen erhalten Sie mit den fantastischen *Kategorien* auf der nächsten Seite.

Diese Art von Filtern begegnet Ihnen am Mac an vielen Stellen: bei *Intelligenten Listen*, *Alben* oder *Gruppen* in *iTunes*, *iPhoto*, *Adressbuch* und vielen anderen Programmen. Man kann auch sagen, es sind gespeicherte Suchen, die immer wieder neu aufgerufen werden.

Zwischensummen erstellen mit Kategorien

Kategorien sind der schnellste Weg, Struktur in Ihre Daten zu bringen. Ob Sie Ihre Verkaufsdaten nach Monaten auswerten möchten, oder sehen möchten, welche Produktkategorien welchen Anteil am Gesamtumsatz haben, mit den *Kategorien* unterteilen Sie Ihre Tabelle in Untergruppen und wenden darauf Formeln für Zwischenergebnisse an. Und das geht schneller, als Sie diesen Text hier lesen können.

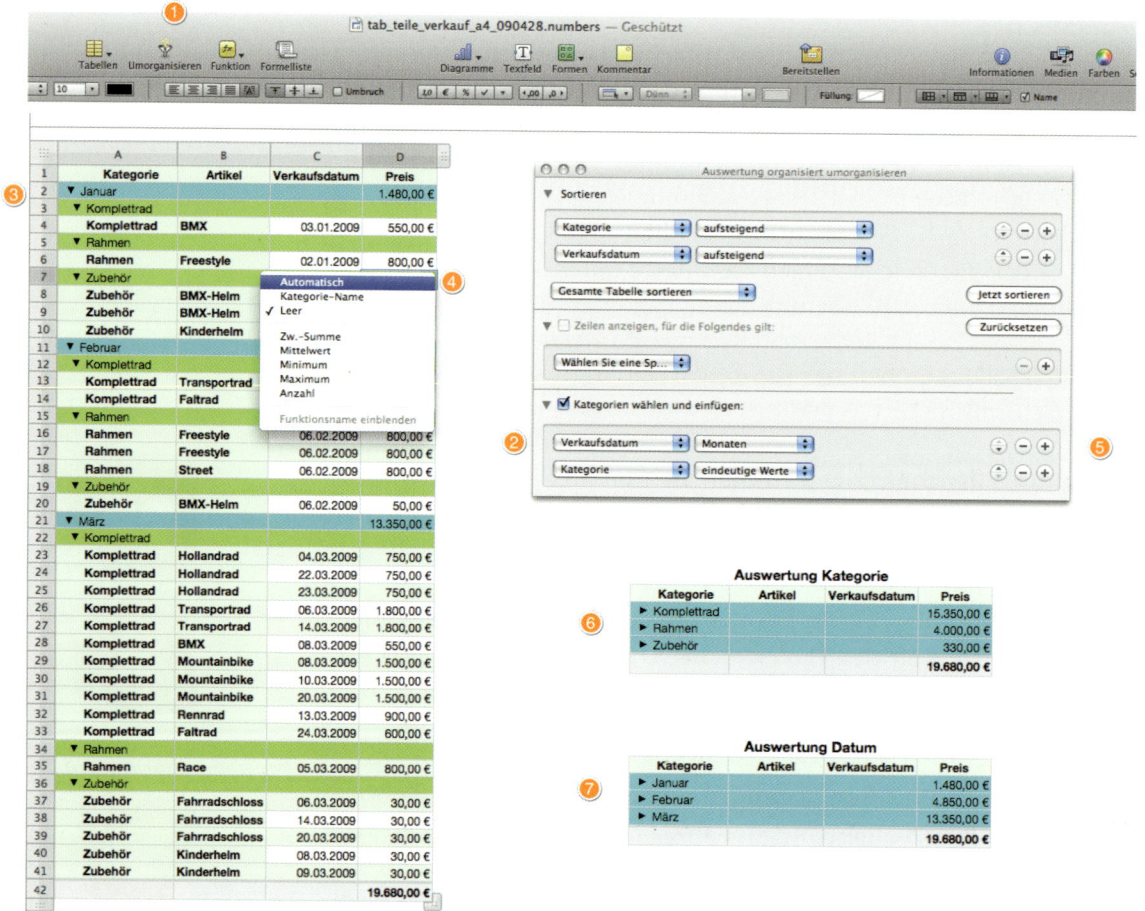

Tabelle mit Kategorien gliedern und auswerten

1 Wählen Sie die Tabelle aus und blenden Sie das Fenster *Umorganisieren* ein. Klicken Sie dazu auf die Taste *Umorganisieren*.

2 Wählen Sie im unteren Bereich aus dem Menü eine Spalte, nach der Sie die Tabelle gliedern, also *kategorisieren* möchten. Wir wählen das Verkaufsdatum und gliedern es nach Monaten.

3 In der Tabelle erscheinen jetzt alle Werte organisiert nach dem Monat des Verkaufsdatums. In unserem Fall die Monate Januar, Februar und März. Klicken Sie auf das kleine Dreieck, um die *Kategorien* zuzuklappen.

4 Für die einzelnen Spaltenwerte können Sie unterschiedliche Zwischenergebnisse anzeigen lassen. Wir wählen die *Zwischensumme*. In der ersten Zelle wird automatisch der *Kategoriename* eingesetzt.

5 Über die Plus- und Minustaste (+/-) fügen Sie weitere Kategorien hinzu oder entfernen diese. Mit den Pfeiltasten verschieben Sie die Reihenfolge der Kategorien.

6 Alle Tabellen auf dieser Seite sind gleich. Diese Tabelle zeigt eine Kategorisierung nach der Spalte *Kategorie* mit dem Preis der verkauften Artikeln dieser Kategorie.

7 Diese Tabelle zeigt eine Kategorisierung nach der Spalte *Verkaufsdatum*. Sie zeigt die Gesamtumsätze in den Monaten Januar, Februar und März. Die Fußzeile zeigt die Gesamtsumme an.

Für Umsteiger: *Excel*-Cracks schwören auf die Macht der *Pivot*-Tabellen. Probieren Sie mal die *Kategorien* aus. Damit kommen Sie häufig ganz schnell zu ähnlichen Ergebnissen. Ganz ohne Assistenten und lange Berechnungen.

Sortierung, Filter und Kategorien können gleichzeitig auf eine Tabelle angewendet werden. Und alle Ergebnisse sind sofort sichtbar.

Was ist eigentlich ein Diagramm

Mit Diagrammen in *Numbers* können Sie Daten, die Sie in Tabellen gesammelt haben, grafisch darstellen. Dabei gibt es viele unterschiedliche Arten der Darstellung. Unter den elf Diagrammtypen ist das Säulendiagramm wohl das bekannteste.

Grundlage jedes Diagramms ist immer eine Tabelle mit den Werten in den Zellen als **Datenpunkte**. Die Werte einer Zeile oder Spalte bilden dabei die **Datenreihen**.

Tabelle Quartal 1

Produkte	Januar	Februar	März
Rahmen	5	5	10
Komplettrad	2	3	5
Zubehör	5	10	15

⑤ Diagramm Quartal 1

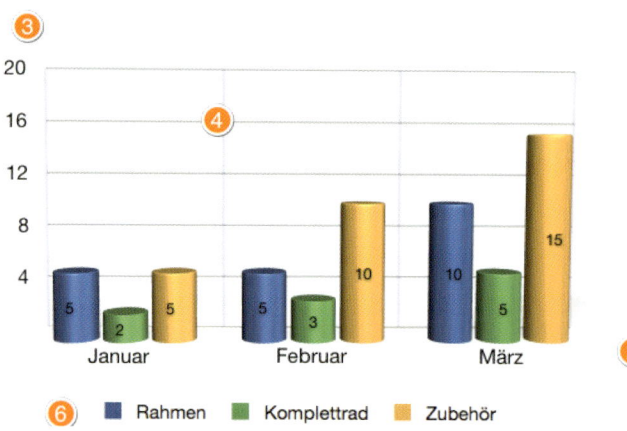

Das gehört zum Diagramm

1 Die **Tabelle** enthält die Daten, aus denen das Diagramm entsteht. In diesem Beispiel sollen die Verkaufszahlen verschiedener Produkte eines Fahrradladens in den ersten drei Monaten des Jahres dargestellt werden. In den Zeilen stehen die Werte für die verkauften Produkte. Insgesamt enthält die Tabelle **neun** sogenannte **Datenpunkte**.

2 Auf der horizontalen **Kategorieachse (X)** werden die *Datenreihen* dargestellt: hier als Säulen. Diese sind nach den ausgewählten Kategorien gruppiert, hier die Monate.

3 Die vertikale **Werteachse (Y)** zeigt die Werte, die verglichen werden sollen: hier die verkauften Produkte. Die Position und Beschriftung kann verändert werden.

4 **Gitternetzlinien** helfen bei der Zuordnung der Werte und Kategorien. Sie können ein- oder ausgeblendet werden.

5 Der **Diagrammtitel** kann beliebig verändert werden. Er kann, wie die Legende, auch ausgeblendet werden.

6 Die **Legende** erklärt, woher die Werte für die Säulen stammen.

Ein *Datenpunkt* ist ein Zahlenwert, der in einem Diagramm dargestellt wird. Als Säule, als Punkt auf einer Linie als Segment in einem Kreisdiagramm. Alle Werte, die Sie in der Tabelle für ein Diagramm auswählen sind Datenpunkte.

Daten als Diagramm darstellen

Diagramme eignen sich besonders gut, um Entwicklungen zu zeigen oder Verteilungen. Besonders, wenn Sie Auswertungen anderen Menschen vorstellen möchten, lassen sich Zahlenwerte mit unterschiedlich großen Säulen viel leichter vermitteln, als nur die reinen Werte in einer Tabelle. Im Normalfall erzeugt *Numbers* aus den Spalten der Tabelle die *Kategorien* und aus den Zeilen die *Datenreihen*. Das können Sie aber auch ganz schnell ändern.

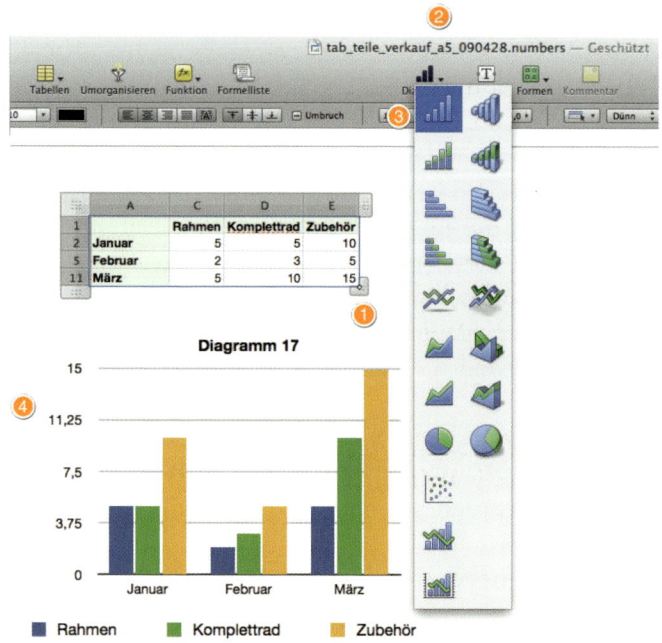

Ein Diagramm aus Tabellenwerten erstellen

❶ Verwenden Sie am besten eine Tabelle mit Titelzeilen und -Spalten.

- Ziehen Sie mit gedrückter Maustaste über die Daten, die Sie auswerten möchten.

- Wählen Sie die ganze Tabelle aus, wenn Sie alle Werte nutzen möchten.

- Wählen Sie Titelzeilen und -spalten mit aus. *Numbers* nutzt sie zur Beschriftung des Diagramms.

❷ Wählen Sie aus dem Menü den Diagrammtyp, den Sie verwenden möchten. Hier ist es ein Säulendiagramm.

❸ *Numbers* erstellt ein Diagramm aus den Werten.

Klicken Sie auf die Taste *Diagramm*, ohne eine Tabelle auszuwählen. *Numbers* erzeugt dann ein Diagramm *und* eine Tabelle mit Beispielswerten. Sehr praktisch auch, um die Anwendungsmöglichkeiten eines Diagrammtyps kennenzulernen.

Die Zeilen oder Spalten, die Sie auswählen, müssen nicht zusammenhängend sein. Sie können auch einzelne Zellen als Grundlage für Ihr Diagramm verwenden. Klicken Sie dazu mit gedrückter ⌘-Taste auf alle Zellen, die Sie auswählen möchten.

Nicht immer sind Diagramme das richtige Darstellungsmittel – und nicht immer helfen sie dabei, Zusammenhänge oder Entwicklungen besser zu verstehen. Eine beeindruckende Auswahl fehlgeschlagener Diagramme finden Sie in Gerhard Henschels Buch *Die wirrsten Grafiken der Welt*.

Tabellenzeilen oder Tabellenspalten als Datenreihen auswählen

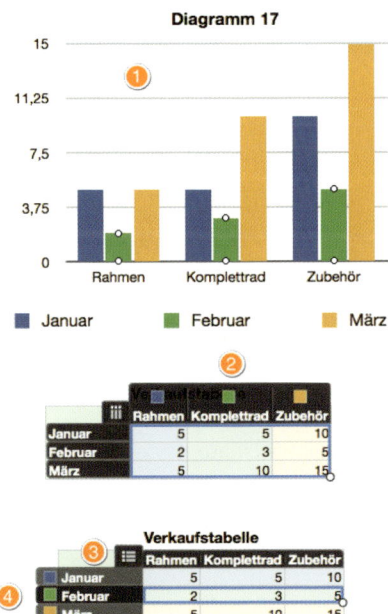

❶ Klicken Sie in das Diagramm, um es auszuwählen.

❷ *Numbers* aktiviert die Tabelle und zeigt die Daten für das Diagramm mit einem dunklen Rahmen an.

❸ Klicken Sie auf die Taste *Diagrammausrichtung* am Rahmen, um Spalten als Datenreihen für Ihr Diagramm auszuwählen.

❹ Klicken Sie auf den Zeilentitel, um die Säulen der Datenreihe im Diagramm auszuwählen.

Diagramme effektvoll formatieren

Als das Nachrichtenmagazin *Focus* aus München vor 25 Jahren das erste Mal erschien, war das Publikum erschüttert. Im Gegensatz zur Bleiwüste des Spiegel setzte diese Blatt auf kurze Texte, viele Bilder und vor allem viele sogenannte Infografiken – grafisch aufwändige Darstellungen von Daten und Sachverhalten. Dabei war das Säulendiagramm aus gestapelten Geldstücken noch die einfachste Darstellungsform. Weil wir Menschen sehr stark auf visuelle Reize reagieren, ist es sinnvoll, der grafischen Darstellung unserer Daten ein wenig Zeit zu widmen. Und was für den *Focus* vor 25 Jahren eine ganze Abteilung Grafiker besorgte, können Sie mit *Numbers* ganz allein erledigen.

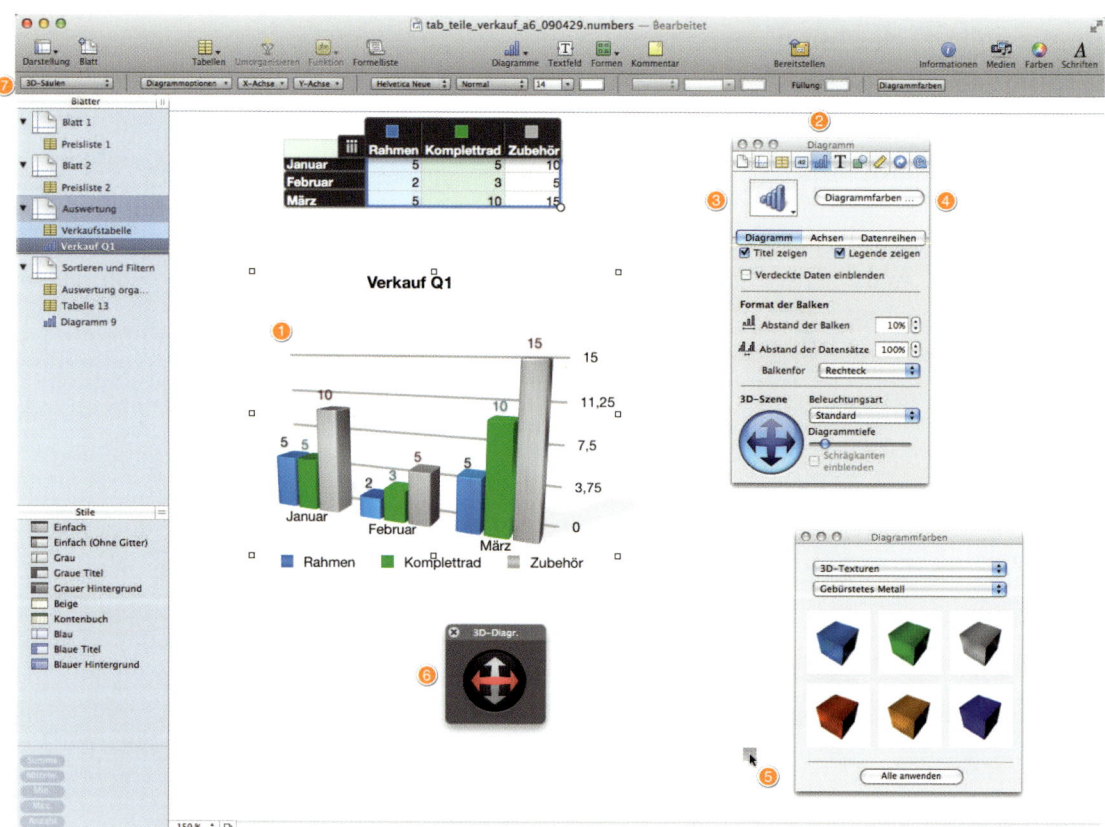

Darstellung für ein Diagramm anpassen

1 Klicken Sie auf das Diagramm, das Sie bearbeiten möchten.

2 Öffnen Sie das Informationsfenster *Diagramm* und wählen Sie den Bereich *Diagramm*.

3 Klicken Sie auf die Taste *Diagrammtyp*, um diesen zu ändern. Wir wechseln zu *3D-Säulen*.

4 Klicken Sie auf die Taste *Diagrammfarben ….* *Numbers* öffnet das Fenster *Diagrammfarben*.

5 Wählen Sie aus den Menüs die Art der Oberflächen und Farben für die Säulen. Ziehen Sie entweder die Farben direkt auf die Säulen der jeweiligen Datenreihen (hier Silber für das Zubehör) oder klicken Sie auf *Alle anwenden*, dann stellt *Numbers* die Farben für Sie zusammen.

6 Bei 3D-Diagrammen können Sie die Ansichtswinkel anpassen. Klicken Sie dazu in das Ausrichtungskreuz und bewegen die Maus um die horizontale und vertikale Neigung zu verändern. Klicken Sie direkt auf den horizontalen oder vertikalen Pfeil, so können Sie die Bewegung auf diese Richtungen einschränken.

7 Viele der Optionen stehen auch in der *Formatierungsleiste* zur Verfügung. Nutzen Sie diese allein oder zusätzlich zum Informationsfenster.

Diagramme sind für *Numbers* Objekte. Und mit diesen Objekten können Sie ziemlich viel machen. Auf der nächsten Seite geht's weiter.

Diagramm und Darstellung anpassen

Wenn man es genau betrachtet, ist so ein Diagramm eine Grafik wie jede andere – nur eben automatisch mit cleveren Verknüpfungen hergestellt. Weil aber *Numbers* ein Teil von *iWork* ist und *iWork* vorrangig unter *OS X* läuft (die mobile *iOS*-App folgt am Ende des Buches), können Sie nahezu sämtliche grafischen Funktionen verwenden, die Sie aus *Pages* oder *Keynote* gewohnt sind. Aber bitte übertreiben Sie es nicht.

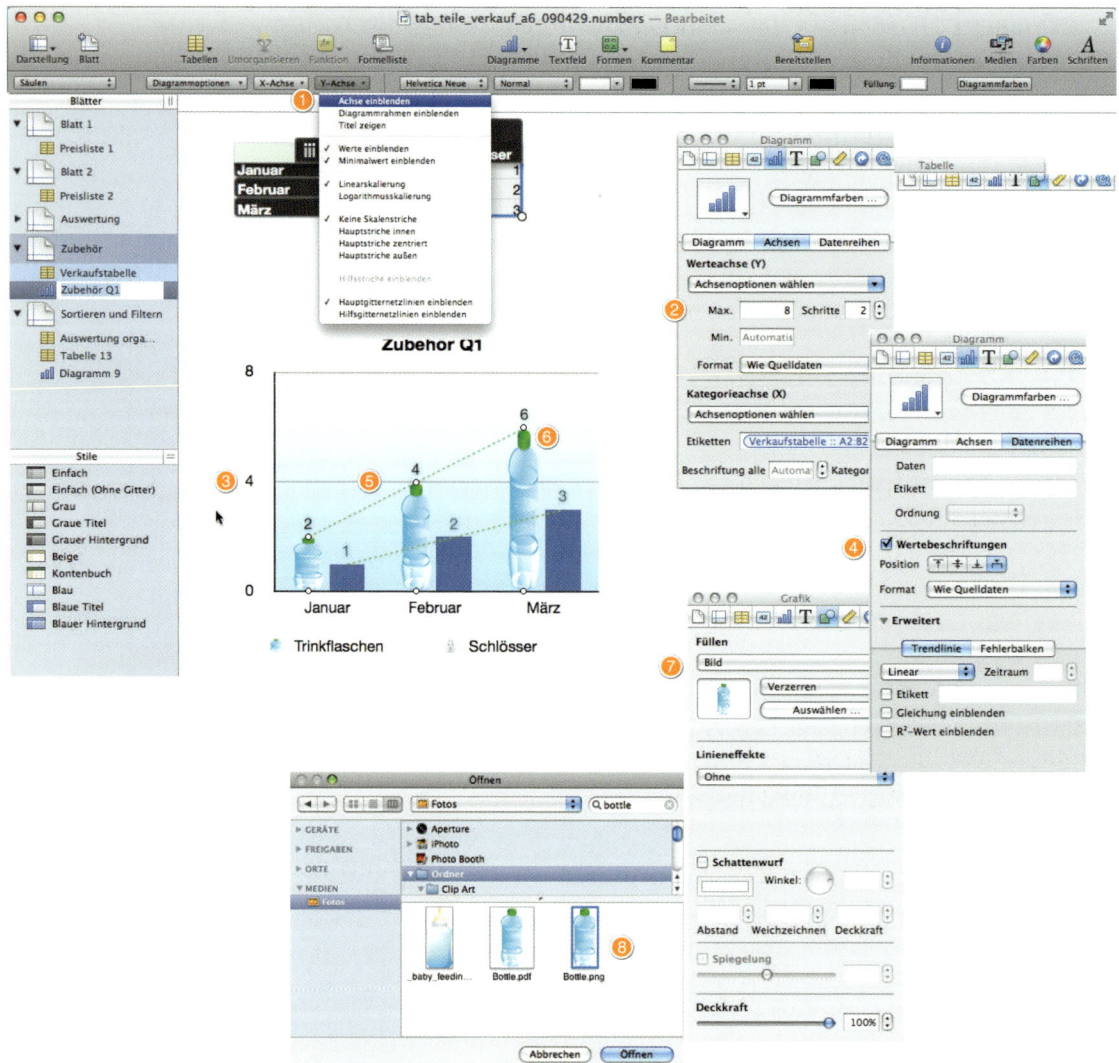

Darstellung für ein Diagramm anpassen

1 Die Formatierungsleiste bietet immer die wichtigsten Werkzeuge für das aktuell ausgewählte Objekt an. Entfernen Sie im dem Menü *Y-Achse* die Optionen *Achse einblenden*, um die vertikale Linie auszublenden.

2 Passen Sie im Informationsfenster *Diagramm* unter *Achsen* die angezeigten Werte an. Wir wählen einen Maximalwert, der höher ist als der unserer Datenreihen, um dem Diagramm ein wenig Luft nach oben zu verschaffen.

3 Verändern Sie den Wert *Schritte*, um mehr oder weniger Werte in der Skala links anzuzeigen.

4 Blenden Sie die genauen Werte Ihrer Datenreihen ein. Setzen Sie dazu unter *Datenreihen* ein einen Haken vor *Wertebeschriftungen*. Wählen Sie aus, an welcher Stelle die Werte angezeigt werden sollen.

5 Wählen Sie ebenfalls unter *Datenreihen* die Option *Trendlinien*. *Numbers* zeigt dann die Entwicklung als Linie im Diagramm an.

6 Statt einfacher Farbflächen oder 3D-Grafiken können Sie für die Datenreihen auch eigene Grafiken verwenden. Klicken Sie dazu auf das Objekt (hier eine Säule).

7 Wechseln Sie den Bereich *Grafik* im Informationsfenster und wählen Sie aus dem Menü *Füllen* die Option *Bild*.

8 Klicken Sie auf *Auswählen …* und suchen Sie im Fenster *Öffnen* ein Bild aus. Wählen Sie *Öffnen*, um es einzusetzen. Wählen Sie *Verzerren*, um das Objekt entsprechend der vorherigen Säule wachsen zu lassen.

Nicht jedes Bild eignet sich für den Einsatz in Diagrammen. Unsere Wasserflasche skaliert sehr schön, wenn man sie als Säule nach oben zieht. Ein Ball würde nicht so gut aussehen.

Auf den nächsten Seiten zeigen wir Ihnen, wie Sie neben Diagrammen auch Bilder, Texte und andere Grafiken in Ihr *Numbers*-Dokument einfügen. Und welche Möglichkeiten des Betriebssystems Sie in *Numbers* und allen anderen *iWork*-Programmen nutzen können, lesen Sie in Abschnitt *2 Aufgaben lösen mit den Mac-Werkzeugen in iWork*.

Bild- und Textobjekte einfügen

Wer zuletzt kommt – der kann vieles besser machen. Die *iWork*-Abteilung von Apple hat lange gewartet, bis sie eine eigene Tabellenkalkulation auf den Markt gebracht hat. Und dabei mit einem ehernen Gesetz der Tabellenkalkulation gebrochen: dem der endlosen Tabelle. Statt eines Bildschirms voller Tabellenzellen ist die Grundlage von *Numbers* das Arbeitsblatt, auf dem die Tabellen platziert werden, die sich dann soviel Zeilen nehmen, wie sie brauchen.

Neben der Möglichkeit, mehrere Tabellen auf einem Blatt anzulegen, macht es diese Herangehensweise geradezu spielerisch einfach, Dokumente anzulegen, die beides können: einerseits große Datenmengen verwalten, diese auswerten und visuell aufbereiten, andererseits Tabellen und Diagramme zusammen mit typografisch korrektem Text, Grafiken und Bildern zu druck- und präsentationsfertigen Layouts zu verbinden.

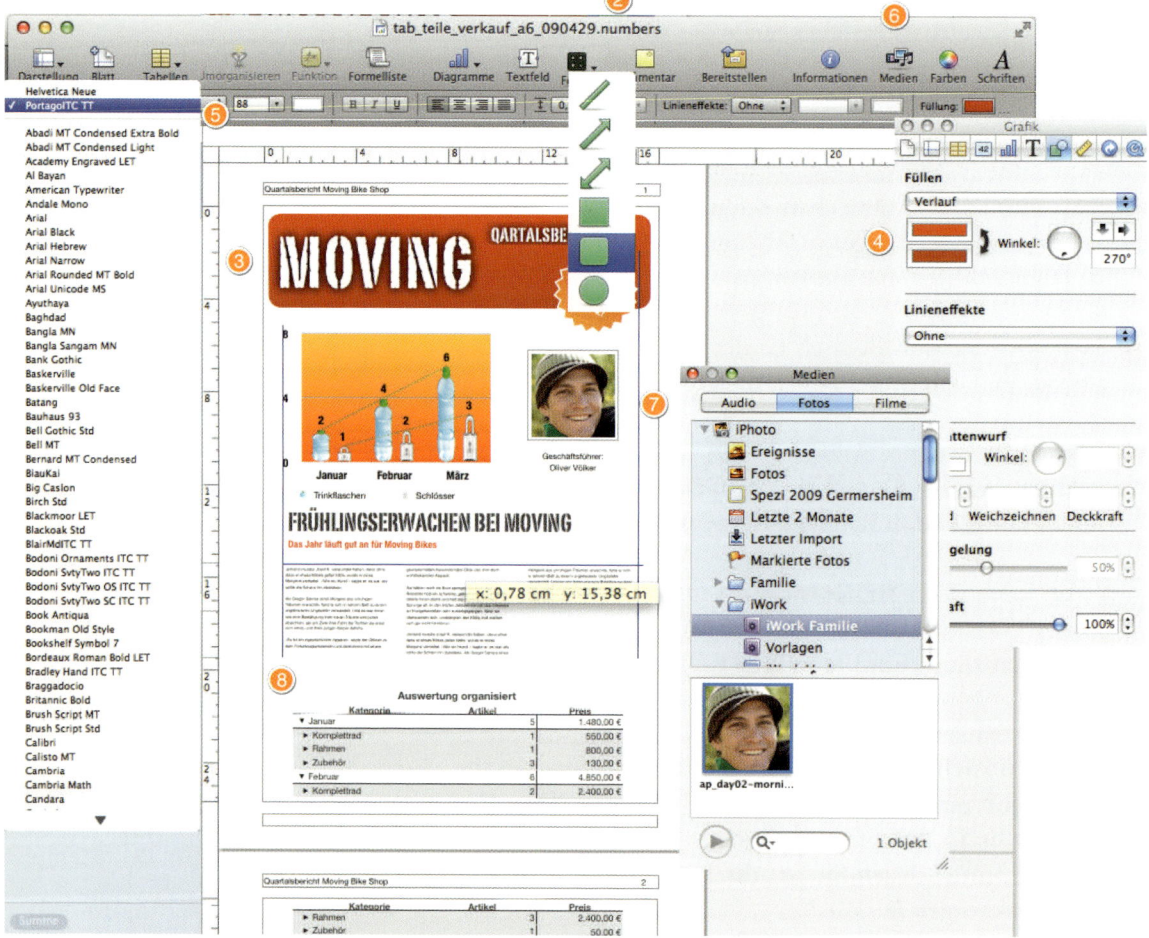

Binden Sie Text, Grafik und Bilder in ein Layout ein

1 Wählen Sie die Druckdarstellung für Ihr Dokument. Für genaueres Arbeiten können Sie Lineale und Layoutränder einblenden (im Menü *Darstellung)*.

2 Klicken Sie auf die Taste *Formen*. Wählen Sie aus dem Menü ein *abgerundetes Rechteck* (unser Bild zeigt nur einen Ausschnitt aus dem Menü). *Numbers* setzt eine Form in das Arbeitsblatt ein.

3 Verschieben Sie die neue Form an den Seitenkopf und tippen Sie Ihren Text direkt in die Form, hier »MOVING«.

4 Definieren Sie im Informationsfenster einen Farbverlauf als Füllung.

5 Wählen Sie in der Formatierungsleiste die Schrift und die Größe aus.

6 Öffnen Sie die Medienübersicht. Klicken Sie auf die Taste *Medien* in der Symbolleiste.

7 Suchen Sie in Ihrer *iPhoto*-Mediathek oder in Ordnern nach einem Foto. Ziehen Sie es aus der Medienübersicht in Ihr Dokument. Passen Sie die Größe an und stellen Sie die Eigenschaften für den Rand ein (über die Formatierungsleiste oder das Informationsfenster *Grafik*).

8 Fügen Sie ein Textfeld ein. Klicken Sie dazu auf die Taste in der Symbolleiste. Schreiben Sie Text oder füllen Sie das Feld mit Text aus der Zwischenablage.

- Stellen Sie die Anzahl der Spalten über die Formatierungsleiste oder das Informationsfenster *Text* ein.

- Verschieben Sie das Textfeld, um es an den anderen Inhalten auszurichten. *Numbers* blendet automatisch Hilfslinien ein.

Für Umsteiger: Vergessen Sie, was Sie über Layouts mit *Excel* gelernt haben und probieren Sie einfach mal etwas Neues aus. Und für Neueinsteiger: Nutzen Sie die Gnade des späten Einstiegs und verwenden Sie Werkzeuge, die Sie aus den anderen *iWork*-Programmen kennen – auf die gleiche Weise.

Die Tabellenfunktionen von *Numbers* sind einzigartig, die Text-, Grafik- und Bildwerkzeuge sind die gleichen wie in den anderen *iWork*-Programmen. Mehr zu den Textfeldern, Formen und dem Umgang mit Bildern finden Sie in den Kapiteln *2 Aufgaben lösen mit den Mac-Werkzeuge in iWork*, *3 Gemeinsame Aufgaben in iWork* sowie in den Kapiteln zu *Pages* und *Keynote*.

Nutzen Sie den Index am Ende dieses Buchs, um schnell eine Lösung für eine bestimmte Aufgabe zu finden.

Am Ende des Buches zeigen wir Ihnen selbstverständlich noch die *iOS*-Version von *Numbers* an iPad, iPhone und iPod touch und im Zusammenhang mit der *iCloud;* seien Sie also gespannt. Doch zunächst einmal kümmern wir uns um die Wege einer bestmöglichen Präsentation – mit *Keynote.*

Präsentationen erstellen mit Keynote

Mit *Keynote* können Sie grafisch aufwendige, visuell eindrucksvolle und vor allem wertvolle Präsentationen erstellen.

Keynote hat die Art verändert, wie Präsentationen erstellt und vorgetragen werden – von abkürzungsschwangeren »Bulletpoint-Gewittern« zu atmosphärisch unterstützenden Augenschmeichlern. Das liegt nicht nur an der verständlichen Handhabung, die mit wenigen Werkzeugen auskommt, sondern zu einem großen Teil auch an den hervorragenden Vorlagen der Apple-Designer mit klaren Designs und Schriftgraden nicht unter 32 Punkt.

Seit *Keynote* muss man auf Kongressen keine Angst mehr haben, wenn der Redner sein Notebook aufklappt – vorausgesetzt, es ist ein Apfel drauf. Denn *Keynote* läuft nur auf dem Mac.

Einer der prominentesten Nutzer ist Al Gore (von 1993 bis 2001 Vizepräsident, 2000 Beinahe-Präsident der USA, 2007 Friedensnobelpreis-Empfänger). Bei seinen Vorträgen, mit denen er als Kämpfer für den Klimaschutz seit über zehn Jahren auf der ganzen Welt unterwegs ist, spielt *Keynote* eine große Rolle. Nachdem er lange Jahr seinen Multimediavortrag »Eine unbequeme Wahrheit« mit Diaprojektoren unterstützt hatte, wechselte er zu *Keynote*. Dieses Programm vereinte zwei bis dahin unvereinbare Gegensätze, nämlich absolut umwerfende Grafik- und Präsentationsmöglichkeiten (Al Gore verwendet hochauflösende Videos und Grafiken) und eine Bedienung, die für Einsteiger sofort durchschaubar ist und für Experten unglaublich viele Möglichkeiten bietet.

In diesem Kapitel zeigen wir Ihnen, wie Sie Ihre Bilder, Texte und Grafiken mit *Keynote* zu einer Diashow zusammenstellen, wie Sie mithilfe der exzellenten Vorlagen Ihre Inhalte wirkungsvoll unterstützen können. Wie Sie mit Animationen und Übergängen Spannungsbögen aufbauen und Abläufe darstellen können.

Am Ende des Buches finden Sie dann die Besonderheiten von *Keynote* als *iOS*-Version.

Aber bevor Sie anfangen, lesen Sie bitte den Text auf der nächsten Seite: »Das Zen der Präsentation«.

»Suche nicht den
Weg der Vorfahren,
suche das, was auch
sie gesucht haben.«
Basho (1644-1694)

In der Einleitung haben wir schon geschrieben, das Keynote die Art, wie wir Präsentationen halten, verändert hat. Es war natürlich nicht allein die Technik, es waren Tendenzen und Vorbilder, die die Mitarbeiter von Apple inspiriert haben. Allen voran Steve Jobs, der 2011 verstorbene Gründer von Apple. Einen Teil des Erfolgs der letzten Jahre verdankt Apple sicher dem Charisma und der Dramatik seiner Auftritte bei den Startveranstaltungen von Computermessen und Entwicklerveranstaltungen, den sogenannten »Keynotes«.

DAS ZEN DER PRÄSENTATION

Auf den Vortrag kommt es an

Das Geheimnis erfolgreicher Präsentationen und Vorträge liegt nicht in deren Inhalt, sondern im Vortrag und im Design.

Schauen Sie sich mal eine Präsentation von Steve Jobs an oder von Guy Kawasaki oder von Lawrence Lessig und natürlich den Vortrag von Al Gore an. Das alles sind Perlen der Präsentation – alle mit *Keynote* erstellt (suchen Sie bei YouTube nach den Namen). Eine hervorragende Quelle der Inspiration ist auch die Website der Konferenz *TED (Technology, Entertainment, Design,* www.ted.com), die wir Ihnen als Alternative zum Fernsehen nahe legen.

Bereiten Sie Ihre Präsentation gut vor
Gestalten Sie Ihre Präsentation sorgfältig. Abgesehen davon, dass ehemals Steve Jobs und nun sein Nachfolger Tim Cook bei der Erstellung von Apples besten Grafikern unterstützt werden, taten und tun die Sprecher einer Apple-Keynote vor allem eines: Üben, Üben, Üben. Alleine und vor Publikum.

Die 10-20-30-Regel: Konzentrieren Sie sich auf das Wesentliche
Nicht mehr als 10 Folien, nicht länger als 20 Minuten, Schriftgröße nicht weniger als 30 Punkt. Diese Regel von Guy Kawasaki ist eine wertvolle Hilfe beim Erstellen eines Vortrags.

Eine begrenzte Auswahl an Folien zwingt Sie dazu, sich auf wenige Themen oder Thesen zu beschränken. Suchen Sie immer nach Wegen, Ihre

Kernaussagen zu bündeln. Lassen Sie Bilder sprechen statt langer Texte. Die Schriftgröße lässt überhaupt keine langen Texte zu und das ist gut, denn so müssen Sie Ihre Aussagen verdichten. Denken Sie an ein Gedicht und nicht an einen Roman. Bilden Sie Pointen statt Schachtelsätze.

Folgen Sie einer Dramaturgie

Nein, Sie müssen keinen klassischen 3-Akter aufführen. Aber Ihr Vortrag sollte eine Struktur besitzen, die das Publikum nachvollziehen kann.

Setzen Sie einen Höhepunkte gleich am Anfang, denn da ist das Publikum auf jeden Fall bei Ihnen. Stellen Sie sich kurz vor und beginnen Sie ohne weitere Erklärungen mit Ihrem Vortrag. Stellen Sie eine Frage oder eine provokante Aussage in den Raum. Nutzen Sie die Welle der Aufmerksamkeit, um sich und das Publikum zu den nächsten Punkten zu tragen. Lassen Sie aber die Präsentation nicht einfach am Ende auslaufen wie das Meer bei Ebbe, sondern schicken Sie noch einmal eine Riesenwelle auf das Publikum zu, die es beeindruckt zurücklässt.

Arbeiten Sie mit Bildern

Wir meinen echte Bilder, großartige, großflächige, die ganze Folie überspannende Bilder und keine Office Clip Arts. Finden Sie Metaphern, die zu Ihrem Thema passen. Erzeugen Sie Bilder in den Köpfen der Zuschauer und nutzen Sie natürlich echte, hochwertige Bildmotive. Zeigen Sie Muskeln, wenn Sie von der Leistung eines neuen Automotors sprechen und einen breiten, gemächlich fließenden Fluss, wenn Sie erzählen, wie erstaunlich leise er ist.

Setzen Sie jetzt noch einen Titel auf die Folie, der eine markante Aussage zum Bild liefert oder genau das Gegenteil sagt und Ihr Publikum ist gespannt darauf, was Sie dazu zu sagen haben.

Wo Sie Bilder bekommen? In Ihrer eigenen Fotosammlung, bei *flickr* (suchen Sie nach Bildern mit *Creative Commons*-Lizenz) und bei Stockfoto-Diensten wie `www.fotolia.de`, `www.photocase.de` oder auch `www.istockphoto.com`.

Bewegende Diagramme

Ein Diagramm kann Zahlen besser verdeutlichen als jede Tabelle. Aber jeder von uns sieht jeden Tag Diagramme zu allen möglichen Themen. Da kann ein wenig Überraschung nicht schaden. Spielen Sie mit den Animationsmöglichkeiten. Kombinieren Sie Effekte, überraschen Sie Ihr Publikum.

Al Gore lässt die Kurve in einem Diagramm so auf der Leinwand so hoch wachsen, dass er einen Hubwagen (ja, einen echten) braucht, um an die Spitze der Zahlenreihe zu gelangen.

Haben wir vorher gesagt, halten Sie sich mit Effekten zurück? Ja, aber mit gezielt eingesetzten einzelnen Effekten überraschen und beeindrucken Sie Ihr Publikum. Das ist legitim und so schön.

Folgen Sie dem KISS-Prinzip

Das KISS-Prinzip:
»Keep it simple, stupid.«
»Machs so einfach
wie möglich!«

Was die Gestaltung Ihrer Folien angeht, ist der Aufforderung oben eigentlich wenig hinzuzufügen. Wir haben in unserem Leben schon zu viele »Bulletpoint«-Wüsten (also endlose Aufzählungen, jeweils begonnen mit einem Punkt) gesehen. Man hat uns schon mit zu vielen Platzhalterbildern, Ablaufdiagrammen und klassischen Handshakes angeödet; wir sind es leid, gefragt zu werden, ob wir den Text auch »dort hinten« lesen könnten. Es interessiert uns nicht mehr.

Benutzen Sie so wenig unterschiedliche Formatierungen wie möglich. Beschränken Sie sich auf wenige Stilmittel. Denn jede zusätzliche Hervorhebung schwächt die anderen ab. Setzen Sie stattdessen auf starke Kontraste und Lesbarkeit bei Texten und auf hohe Auflösung und Qualität bei Bildern und Grafiken.

Soweit wir es mitbekommen haben, ist das beliebteste Thema in der *Keynote*-Auswahl das mit dem Titel »Schwarz«. Zu Recht, denn die Vorlagen folgen dem KISS-Prinzip und es berücksichtigt Guy Kawasakis 30 Punkt-Regel. Probieren Sie es mal aus. Es macht wirklich Spaß.

(Die 30-Punkt-Regel geht konform mit der nicht nachweisbaren Aussage, dass große Denker große Stifte verwenden und Kleingeister kleine.)

Lesen Sie nicht Ihre Folien vor

Ihr Publikum will nicht sehen, wie Sie den Text auf Ihren Folien vorlesen. Das kann es im Zweifel selbst besser. Setzen Sie die wichtigsten Stichpunkte auf die Folie und referieren Sie Ihre Inhalte frei. Schreiben Sie Stichpunkte auf die Moderatornotizen, falls Sie den Faden verlieren. Und schreiben Sie groß.

Machen Sie Pausen

Doch, Sie haben Zeit dazu. Schließlich haben Sie die obenstehenden Punkte berücksichtigt und sich auf wichtige Punkte beschränkt. Wenn

Sie schnell, viel und laut sprechen, ist Ihr Publikum vielleicht sogar für eine kurze Unterbrechung dankbar. Erstellen Sie Folien, die einen Übergang symbolisieren, und lassen Sie diese eine Weile stehen. Sie können vielleicht noch etwas wiederholen oder auf eine Zwischenfrage antworten. Und dann mit voller Aufmerksamkeit fortfahren.

Wissen Sie mehr als Ihre Zuhörer

Ein Geheimnis souveräner Redner ist ihr reiches Wissen über das Thema, zu dem sie sprechen. Geben Sie also nicht all Ihr Wissen auf einmal preis. Sparen Sie sich ruhig ein wenig auf für Nachfragen oder zusätzliche Erklärungen. Machen Sie sich vielleicht eine Notiz bei den passenden Folien.

Handout erst nach dem Vortrag

Kennen Sie das? Am Anfang des Seminars teilen die Referenten brav ihre Handzettel aus. Noch bevor die armen Studenten anfangen, stammelnd den Text von ihren Folien abzulesen, hat die Hälfte des Auditoriums schon den Text gelesen und innerlich abgeschaltet.

Gerade wenn Sie unseren Vorschlägen folgen, werden bloße Kopien der Folien dem Zuhörer keinen zusätzlichen Wert bringen. Wenn Sie dennoch etwas loswerden möchten, dann stellen Sie Informationen sinnvoll zusammen: als Zusammenfassung des Vortrags mit Zusatzinformationen, Links und natürlich Ihren Kontaktdaten.

Bedanken Sie sich

Schließen Sie Ihre Präsentation mit einer Dankeschön-Seite. Geben Sie hier Ihren Namen, Ihre Kontaktdaten und sämtliche Internet-Adressen an, die Ihre Zuhörer interessieren könnten. Schreiben Sie groß, Ihre Zuhörer können die Daten dann leichter abschreiben oder fotografieren. Und nehmen Sie Visitenkarten mit.

Nutzen Sie die Gelegenheit

Auch, wenn Sie sich nicht für einen guten Redner halten. Nutzen Sie Möglichkeiten, die sich bieten, über ein Thema zu sprechen, das Ihnen am Herzen liegt. Es ist ein gutes Gefühl.

Gute Präsentationen beschäftigen uns seit Jahren. Immer wieder eine gute Inspirationsquelle bietet das Blog von Garr Reynolds, Presentation Zen, von dem wir uns den Titel dieser Seite geborgt haben. (www.presentationzen.com).

Was ist wo in Keynote?

Keynote war die erste *iWork*-Anwendung. Sie ist – nach unserer nichtre-
präsentativen Umfrage – auch die beliebteste. Zurecht, denn mit diesem
Programm hat es Apple geschafft, Office-Software wieder auf den Boden
der Bedienbarkeit zu holen und uns Benutzern die Freude am Machen
zurückzugeben. Probieren Sie es aus. Die Liebe zum Detail ist auch nach
längerer Arbeit mit dem Programm noch häufig zu erkennen. Die Ansicht unten werden Sie zuerst sehen und normalerweise werden Sie auch
keine andere benötigen.

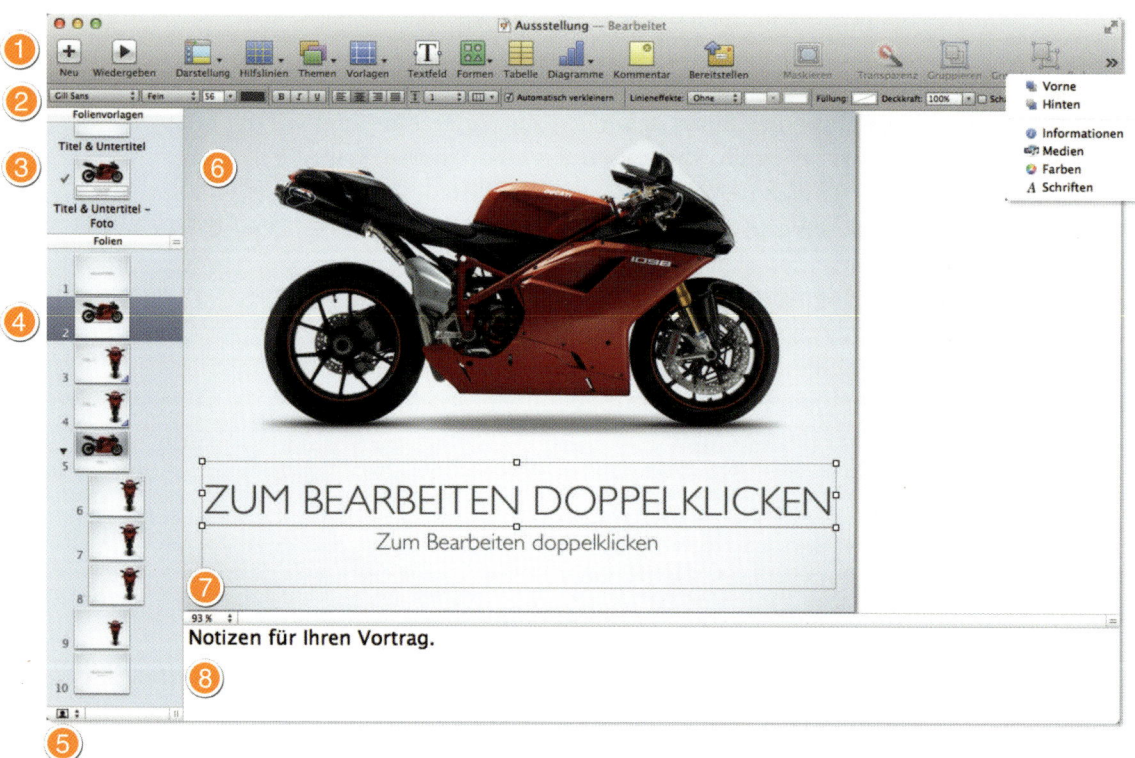

1 Dies ist die **Symbolleiste** mit Tasten für häufig genutzte Funktionen (Objekte).

Legen Sie Funktionen, die Sie häufig benutzen, in die Symbolleiste. Wählen Sie im Menü *Darstellung | Symbolleiste anpassen*, um Tasten hinzuzufügen oder zu löschen. Das funktioniert übrigens bei fast allen Mac-Anwendungen. Alle Tasten, die nicht in die Leiste passen, erreichen Sie über das Menü am rechten Rand (>>).

2 Die **Formatierungsleiste**. Sie enthält Werkzeuge zum schnellen Ändern der wichtigsten Text- und Zahlenformatierungen. Unterschiedliche Werkzeuge für verschiedene Objekte (Text, Grafik, Tabelle, Diagramm).

3 Die **Folienvorlagen** können Sie über das Menü oder über das Vergrößerungsfeld einblenden und direkt bearbeiten. In *PowerPoint* entsprechen sie den *Masterfolien*.

4 Der **Navigator** zeigt alle Folien der aktuellen Präsentation als Miniaturansicht. Sie können Folien hinzufügen, entfernen, verschieben, ein- und ausblenden.

5 Mit der **Größeneinstellung** ändern Sie die Größe der Folienminiaturen.

6 Die **Folienoberfläche** ist der Bereich, in dem Sie Ihre Folien erstellen und bearbeiten. Hier platzieren Sie alle Inhalte (Text, Grafiken und Bilder, Diagramm und Tabellen).

7 Das **Einblendmenü** *Ansicht*. Vergrößern oder verkleinern Sie die Darstellung der Folie mit dem Zoomfaktor.

8 Das Feld **Moderatornotizen**. Notizen, die Sie hier eingeben, sind während des Vortrags für Sie sichtbar, nicht aber für das Publikum. Sie können sie auch gemeinsam mit den Folien als Handzettel gedruckt werden.

Für Umsteiger und Neueinsteiger: Kaum zu glauben. (*Mac*) *OS X* hat schon etliche Jahre »auf dem Buckel« – wobei damals viele Leute meinten, das wäre Kinderkram. Die Knöpfe und Tasten in der Symbolleiste seien viel zu bunt und viel zu groß, das lenke doch von der Arbeit ab. So bunt wie am Anfang ist die Oberfläche nicht mehr, aber die Größe der Symbole ist geblieben. Und, richtig gemacht, sorgen die nicht für Ablenkung, sondern für Konzentration auf das Wesentliche.

Neben der Normalansicht bietet *Keynote* noch weitere Ansichten und Fenster, die Sie beim Bearbeiten Ihrer Folien unterstützen. Wir arbeiten so gut wie immer in der Normalansicht, aber gerade Umsteiger freuen sich über die aus *PowerPoint* bekannten Alternativen.

1 Klicken Sie auf die Taste *Darstellung*, um die Ansicht des Hauptfensters zu ändern.

2 Öffnen Sie das Informationsfenster (über die Symbolleiste oder das Menü *Darstellung | Informationen).* Hier finden Sie alle Optionen zum Dokument und zu den ausgewählten Objekten.

3 In der *Gliederung* können Sie Titel und Text Ihrer Folie direkt bearbeiten.

4 Auf dem *Leuchttisch* sehen Sie alle Ihre Folien übersichtlich als Miniaturen. Sie können sie verschieben, löschen, ein- und ausblenden.

5 Wählen Sie *Folie* aus dem Menü *Darstellung,* um den Platz auf dem Bildschirm optimal auszunutzen. Sie sehen nur die *Folienoberfläche.* Diese Ansicht sehen Sie auch, wenn Sie eine Folie auf dem Leuchttisch doppelklicken.

Eine Präsentation aus einem Thema erstellen

Wenn Sie eine neue Präsentation anlegen, führt der Weg immer über die Auswahl eines Themas (außer, Sie haben diese Option explizit in den Voreinstellungen ausgeschaltet). Die Themen enthalten Vorlagen für unterschiedliche Seiten und legen den Stil für alle Elemente fest: Hintergrund, Text, die Farben für Diagramme und Tabellen und Rahmen für Bilder.

Erzeugen Sie eine neue aus einer Vorlage.

1. Wählen Sie aus dem Menü *Ablage | Neu* aus der *Themenauswahl …* oder drücken Sie ⌘-⇧-N.

2. Wählen Sie ein Thema, das zu Ihrem Vorhaben passt. Um die Vorlagen des Themas in der Vorschau zu sehen, fahren Sie mit dem Mauszeiger über das Vorschaubild (zum Beispiel von links nach rechts). Die Folien werden nacheinander eingeblendet. Wir wählen das Thema *Ausstellung*.

3. Vergrößern oder verkleinern Sie die Vorschauansicht mit dem Schieberegler.

4. Wählen Sie eine Foliengröße für Ihre Präsentation. Wir wählen in diesem Fall *1024 × 768*.

5. Klicken Sie auf *Auswählen* oder öffnen Sie die ausgewählte Vorlage mit Doppelklick.

6. *Keynote* erstellt ein Dokument mit der ersten Seite für *Titel und Untertitel*.

7. Klicken Sie auf die Elemente in der Folie und fügen Sie Ihre eigenen Inhalte ein.

Die Foliengröße hängt davon ab, wo und wie Sie Ihre Präsentation vorführen – meistens ein Videoprojektor, besser bekannt als Beamer. So gut wie alle Geräte unterstützen eine Auflösung von 1024 × 768 Pixel. Wenn Sie wissen, dass Ihre Präsentation auf einem Projektor oder Display mit HD-Auflösung (1920x1080 Pixel) gezeigt werden kann, können Sie diese nutzen, um höher aufgelöste Bilder einzubinden.

Seiten und Bilder hinzufügen

Die erste Folie erstellt *Keynote* ganz alleine, denn ohne geht es nicht. Wahrscheinlich werden Sie auch nicht viel mehr machen, als Ihren Titel und einen Untertitel einzusetzen. Aber auf der zweiten Folie geht's los. Hier beginnt Ihre Präsentation. Und hier beginnen Sie, mit den Designs zu arbeiten und eigene Inhalte einzusetzen. Der Ablauf ist dabei immer gleich: Neuer Gedanke, neue Seite, neue Inhalte. Wir fangen mal an.

Eine neue Folie hinzufügen

1 Klicken Sie auf die Taste *Neu* in der Symbolleiste oder wählen Sie aus dem Menü *Folie | Neue Folie*.

2 *Keynote* erstellt eine neue Seite aus den Vorlagen des ausgewählten Themas. Dabei verwendet die neue Folie immer die Vorlage der vorherigen. Mit einer Ausnahme: Wird für die erste Folie einer Präsentation die Vorlage *Titel & Untertitel* verwendet, nutzt die zweite Folie automatisch die zweite Folie des Themas. In unserem Fall *Titel & Untertitel – Foto*.

3 Möchten Sie andere Inhalte erstellen? Ohne Foto, dafür mit dem Titel und einer Aufzählung – oder mit Foto, aber einer anderen Anordnung? Klicken Sie auf die Taste *Vorlagen* und wählen Sie aus dem Menü eine der Vorlagen, die Ihrem Wunsch am nächsten kommt.

Sie können nicht nur neue Folien aus der Vorlage erstellen, sondern auch Folien aus anderen Präsentationen. Hat Ihr Kollege also eine schöne Folie in seinem Dokument, holen Sie diese einfach rüber. Mit *Kopieren & Einsetzen*.

Oft möchten Sie eine bestehende Folie als Basis für die neue Folie nutzen. Dann wählen Sie diese im Navigator aus und duplizieren Sie sie mit ⌘-D.

Suchen Sie eine Funktion aus *Pages* oder *Numbers* in *Keynote*? Geben Sie den Namen in das Suchfeld der Hilfe ein. Mehr zur Hilfe finden Sie unter 6 *Die Hilfe aufrufen und nutzen*.

Ein Bild hinzufügen

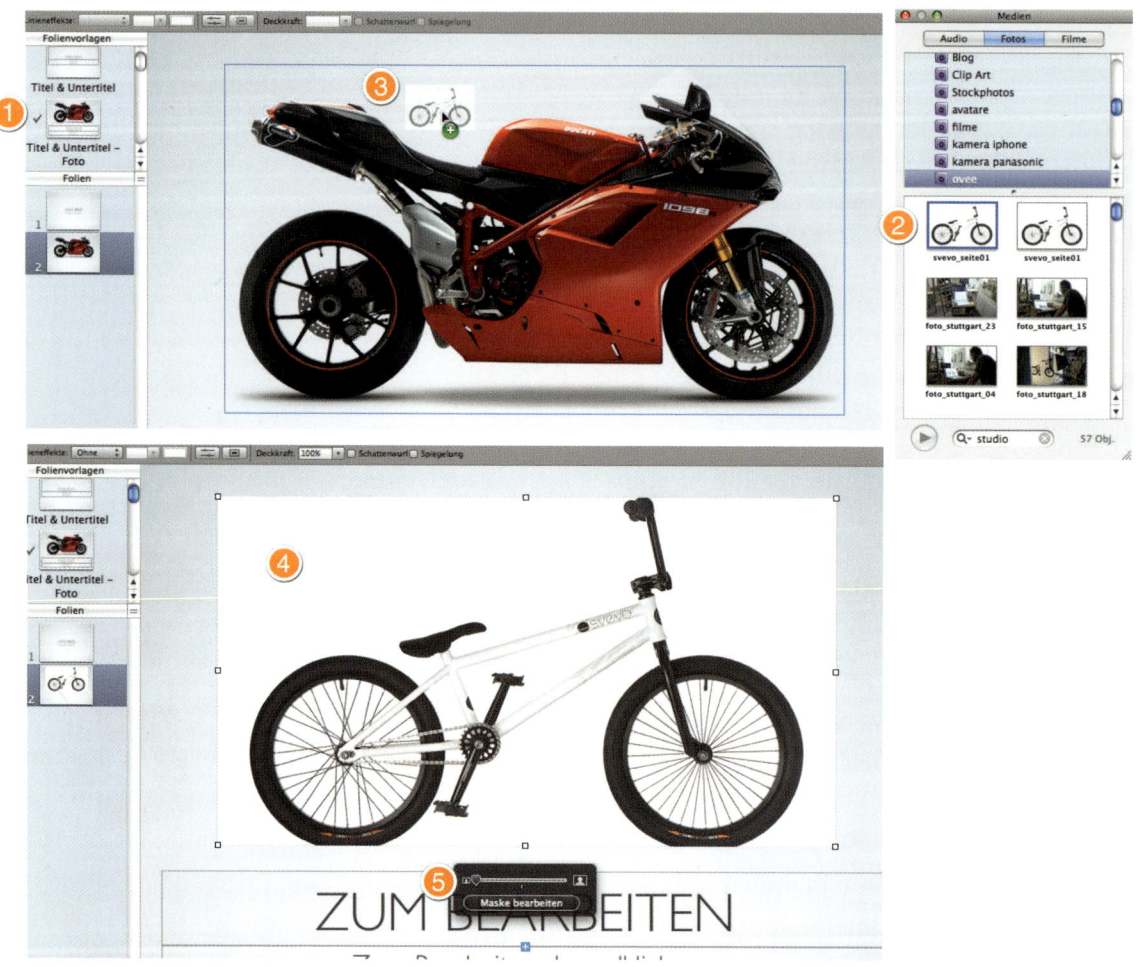

① Diese Folie enthält bereits einen Platzhalter für Bilder. Sie können das Bild durch ein eigenes ersetzen.

② Öffnen Sie die Medienübersicht und suchen Sie ein Bild, das Sie einfügen möchten. Wir wählen ein Bild aus der *iPhoto*-Mediathek.

③ Ziehen Sie das Bild auf den Platzhalter.

④ Das Platzhalterbild wird durch Ihr eigenes ersetzt.

⑤ Mit den Maskenwerkzeugen können Sie die Größe und den Ausschnitt des angezeigten Bildes einstellen.

⑥ Sie können Bilder auch an eine beliebige Stelle der Folie ziehen, um sie einzusetzen.

Mehr zur Arbeit mit der Medienübersicht und zum Einfügen von Bildern und Grafiken finden Sie im Abschnitt 3 *Gemeinsame Aufgaben in iWork* unter *Bilder hinzufügen und bearbeiten*.

Wählen Sie Fotos in hoher Auflösung. Vergrößern Sie nie kleine Bilder, um Sie an Ihr Layout anzupassen. Wird Ihre Datei zu groß, können Sie für Ihre finale Version die Bilddateien verkleinern. Wählen Sie dazu aus dem Menü *Ablage | Dateigröße reduzieren*.

Text und Grafik einfügen

Bei allen Inhalten auf Ihrer Seite gilt: So wenig wie möglich und so viel wie nötig. Sie können auf eine *Keynote*-Folie so viel Text und Grafik packen, wie Sie mögen; aber überlegen Sie vorher gut, wie viel Sie brauchen. Verwenden Sie im Zweifel von allem weniger und machen Sie es größer. Experimentieren Sie ruhig. *Keynote* macht es einfach.

Grafik und Text in eine Folie einfügen

1. Klicken Sie auf die Taste *Formen* und fügen Sie ein grafisches Element ein. Wir wählen einen Stern.

2. Verschieben und Bearbeiten Sie die Form, bis sie Ihren Wünschen entspricht. Ändern Sie die Anzahl der Arme beim Stern mit dem Schieberegler. Vergrößern oder verkleinern Sie die Spitzen mit dem blauen Aktivpunkt.

3. Klicken Sie auf die Taste Textfeld. *Keynote* fügt ein Textfeld in der Mitte der Folie ein.

4. Verändern Sie den Text und verschieben Sie das Textfeld auf der Folie. *Keynote* blendet Hilfslinien ein, die Ihnen dabei helfen, Ihr Objekt an den anderen Folieninhalten auszurichten.

Damit Ihre Folien nicht springen, sollten Sie Ihre Elemente gleichmäßig anordnen. Am einfachsten gelingt dies mit zentrierten Objekten. Die Hilfslinien in *Keynote* helfen Ihnen dabei.

Die Werkzeuge und Möglichkeiten für Grafik- und Textobjekte sind in allen *iWork*-Programmen gleich. Deshalb haben wir ihnen ein eigenes Kapitel gewidmet. Schauen Sie mal unter 3 *Gemeinsame Aufgaben in iWork*. Dort zeigen wir Ihnen, wie Sie Formen und andere Objekte bearbeiten können.

Video und Ton einfügen

Treten Sie in einem großen Auditorium auf? Haben Sie Zugriff auf Lautsprecher? Dann überraschen Sie Ihre Zuschauer doch mit einem Film in Ihrer Präsentation. Möchten Sie Ihrem Publikum ein wenig Pausenmusik gönnen, während es auf Ihren Vortrag wartet? Oder soll die Präsentation auch ohne Sie als Film allein ablaufen mit einem Soundtrack zur Untermalung? Alles kein Problem. Sie haben ja *Keynote*.

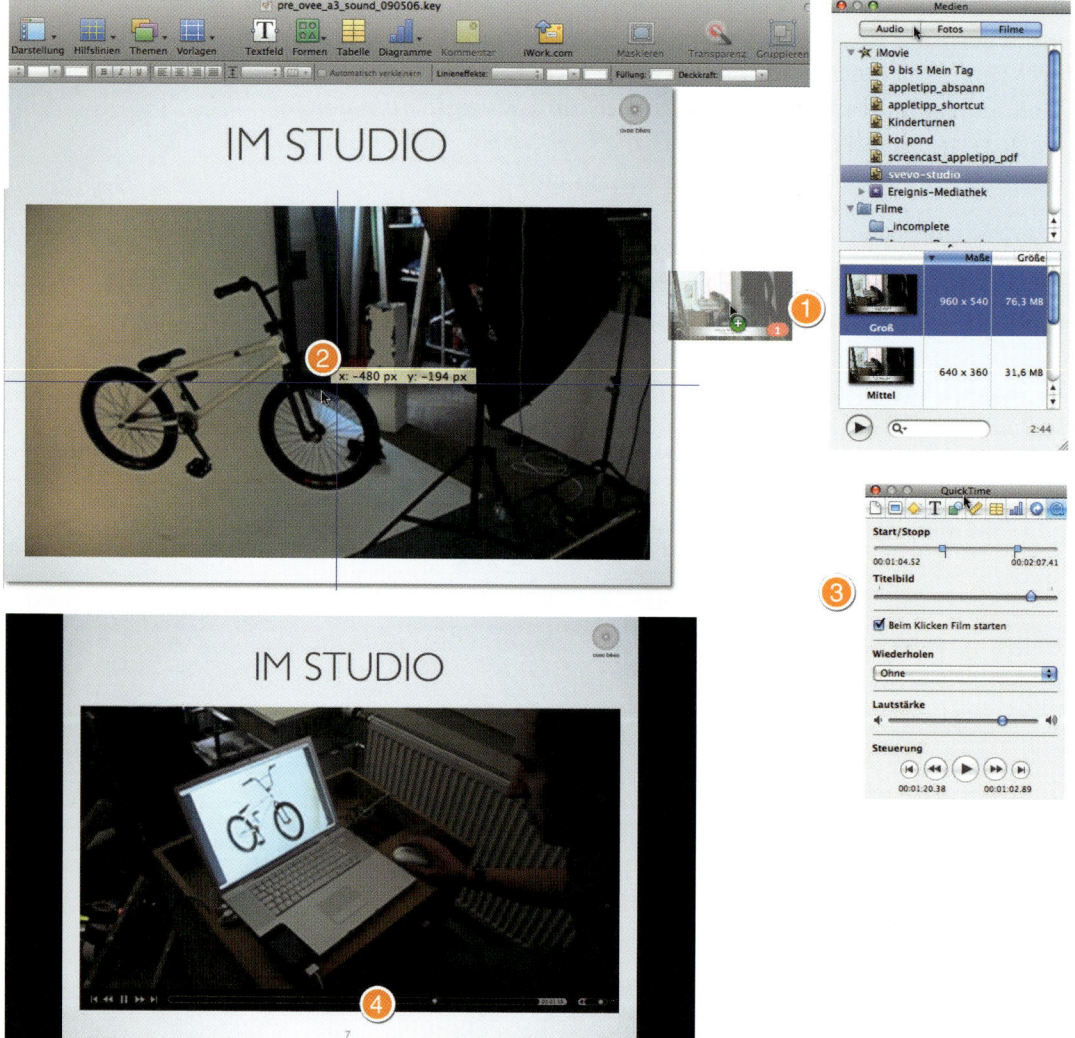

Video einfügen

1 Ziehen Sie eine Videodatei auf die Folie. Entweder aus der Medien-übersicht, aus dem *Finder* oder über *Copy&Paste*. Wir wählen einen Film, den wir in *iMovie* bearbeitet haben, aus der Medienübersicht.

2 Passen Sie die Größe und die Position an Ihre Präsentation an. Beim Anordnen auf der Folie helfen Ihnen die Hilfslinien. Wir zentrieren den Film.

3 Wählen Sie das Informationsfenster *QuickTime*. Setzen Sie dort ein Titelbild fest und stellen Sie ein, ob der Film sofort oder erst beim Klicken starten soll.

4 Bewegen Sie Ihre Maus über den Film, während Sie die Präsentation vorführen, blendet *Keynote* die Steuerungselemente für den Film ein. Sie können ihn bedienen wie gängige Videoplayer.

Soundtrack für die Präsentation einfügen

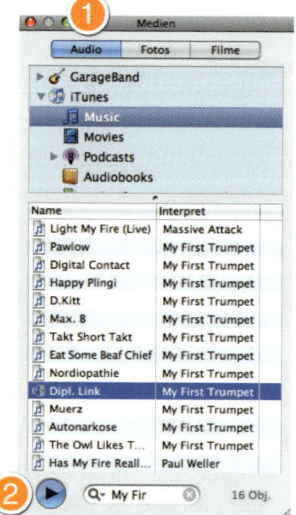

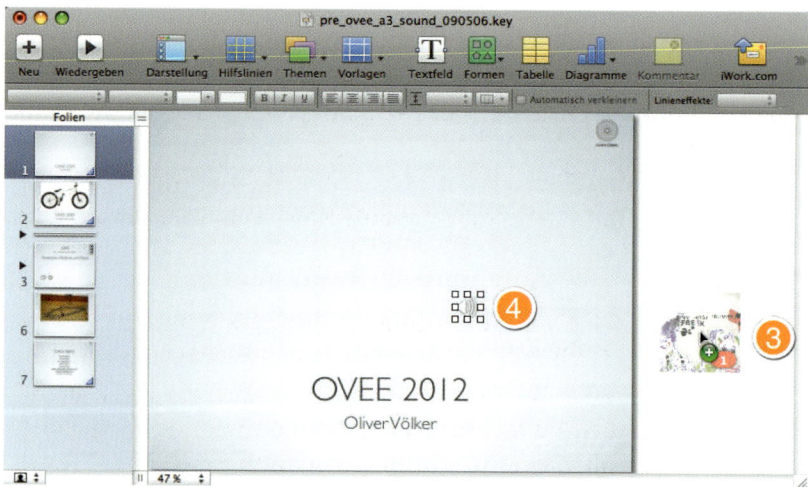

1 Öffnen Sie die Medienübersicht (Taste *Medien* oder Menü *Darstellung | Medienübersicht einblenden*) und klicken Sie auf Audio.

2 Verwenden Sie das Suchfeld, um Ihren Wunschtitel in der *iTunes*-Mediathek zu finden (suchen Sie nach Titel, Album, Interpret und anderen Daten). Klicken Sie auf einen Titel, um ihn anzuhören.

3 Ziehen Sie den gewünschten Titel aus der Medienübersicht auf die Folie.

4 Der Titel wird als Symbol auf der Folie dargestellt. Sie können das Symbol an eine beliebige Stelle bewegen. Es wird in der Präsentation nicht angezeigt.

5 Wählen Sie das Informationsfenster *QuickTime*. Hier können Sie einen Ausschnitt zum Abspielen festlegen, und ob die Datei sofort oder erst beim Klicken starten soll. Sonst startet der Ton automatisch mit der Folie.

6 Fügen Sie einen Soundtrack für die ganze Präsentation hinzu. Wählen Sie das Informationsfenster für *Dokument* und klicken Sie auf *Audio*.

7 Ziehen Sie Ihren Titel aus der Medienübersicht auf das Feld für den *Soundtrack*. Der Titel wird jetzt automatisch mit der Präsentation gestartet.

Kennen Sie noch Gema-freie Musik? Das war jahrelang dieses unerträgliches Gedudel, das in billigen Werbefilmchen im Hintergrund lief. So etwas müssen Sie Ihrem Publikum nicht mehr zumuten. Schauen Sie mal im Web unter www.jamendo.com. **Dort finden Sie Musikstücke für Ihren Anwendungszweck zu fairen Preisen. Damit unterstützen Sie die Musiker und sind aus dem Schneider, wenn ein Kontrolleur im Zuschauerraum sitzt.**

Der Titel Dipl. Link, den wir hier verwenden, ist übrigens von *My First Trumpet* aus dem Album *Frerk*. Sie finden ihn beim hervorragenden Netlabel www.aerotone.net.

Eine Tabelle einfügen

Ein häufiger Anlass für Zusammenkünfte in Firmen, bei Kunden oder in der Öffentlichkeit ist das Vorführen von Zahlen. Und Zahlen, das wissen wir, lassen sich am besten in Tabellen darstellen. Denn dort können Sie in Relation gesetzt, Objekten zugeordnet und übersichtlich dargestellt werden. Aber beachten Sie auch hier die alte Regel: *Weniger ist mehr.*

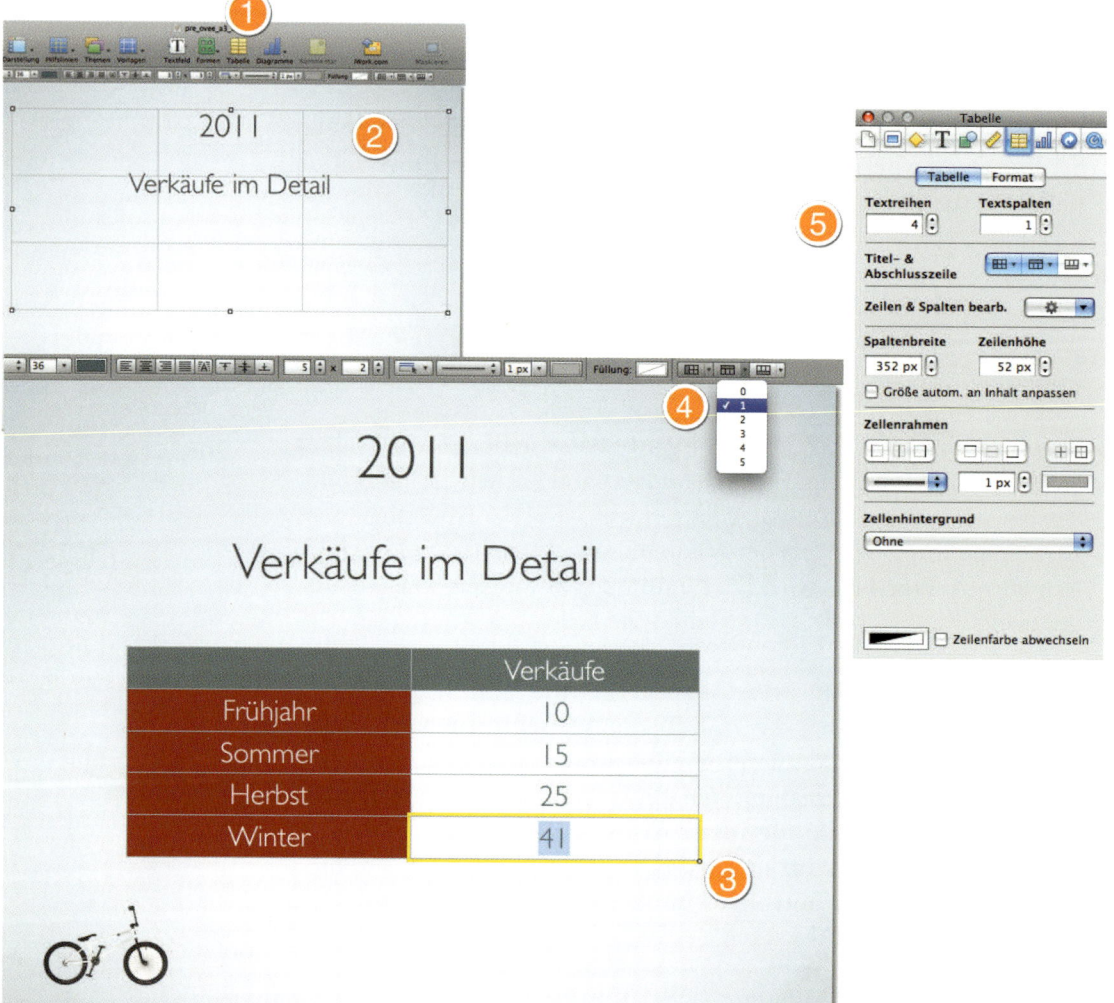

Tabelle mit Werten einfügen

1 Klicken Sie auf die Taste *Tabelle* in der Symbolleiste.

2 *Keynote* fügt eine Tabelle mit drei Zeilen und drei Spalten ein.

3 Verändern Sie die Größe und Position der Tabelle und geben Sie Werte ein.

4 Fügen Sie über die Formatierungsleiste Spalten- und Zeilentitel hinzu (für Text- und Hintergrundfarben sorgt die Vorlage, hier mit lesefreundlichem Text in 36 Punkt).

5 Noch mehr Einstellungen können Sie im Informationsfenster *Tabelle* festlegen, welches übrigens dem in *Pages* entspricht. Wir verändern hier die Anzahl der Spalten.

Wahrscheinlich führen Sie Ihre Berechnungen und Listen eher in *Numbers* als in *Keynote*. Übernehmen Sie die Tabellen einfach mit *Kopieren & Einsetzen*. Mehr dazu im Kapitel 12 *iWork-Anwendungen zusammen nutzen und erweitern*.

Sie können in den *Keynote*-Tabellen auch rechnen. Geben Sie in eine Zelle ein *Ist Gleich*-Zeichen (=) ein. Schon öffnet sich der Formeleditor mit allen Rechenmöglichkeiten, die Sie auch bei den Tabellen von *Pages* finden. Sogar die umfangreiche Funktionsübersicht aus *Numbers* können Sie nutzen.

Tabellen in *Keynote* verhalten sich ziemlich genau so wie in *Pages*. Wenn Sie also noch mehr dazu wissen möchten, sehen Sie sich die Seiten zu Tabellen an im Kapitel 5 *Texte formatieren, strukturieren und gestalten in Pages*.

Ein Diagramm einfügen

Kritiker sagen, Diagramme bieten die beste Möglichkeit, Zahlen zu manipulieren, ohne sie zu verändern. Wir unterstellen Ihnen nicht, dass Sie so etwas vorhaben, sondern, dass Sie Ihre Zahlen dem Publikum in einer anschaulichen und verständlichen Form präsentieren möchten. Dass Sie Ihre Zuschauer damit möglicherweise ein wenig beeindrucken, kann doch nichts Schlimmes sein.

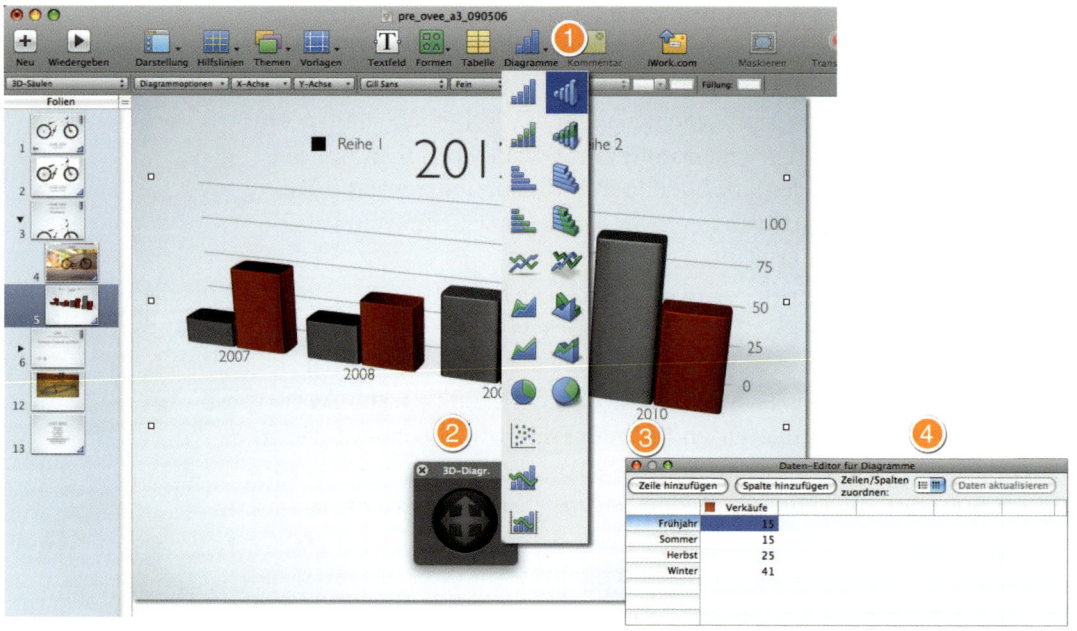

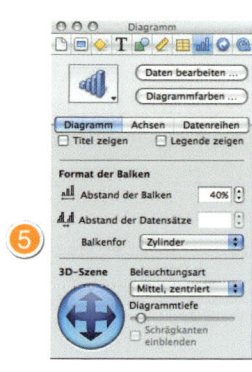

Tabelle mit Werten einfügen

1 Klicken Sie auf die Taste *Diagramme* in der Symbolleiste. Wählen Sie aus den Diagrammstilen einen, der zu Ihrem Zahlenmaterial passt. Wir möchten Verkaufszahlen im Verlauf eines Jahres zeigen und wählen deshalb ein Balkendiagramm. Weil es visuell eindrucksvoll ist, wählen wir die 3D-Variante.

2 *Keynote* fügt ein Diagramm mit Beispielwerten ein und nutzt das Farbschema der Vorlage.

3 Der Daten-Editor öffnet sich ebenfalls automatisch. Geben Sie hier das Datenmaterial für Ihr Diagramm ein. Wir beschränken uns auf eine Spalte für die Verkaufszahlen. In die Zeilen geben wir die Zahlen für die Jahreszeiten ein.

4 Mit den Tasten wählen Sie, ob die Datenreihen aus den Zeilen oder den Spalten in der Tabelle gebildet werden sollen.

5 Im Informationsfenster *Diagramm* (öffnet sich ebenfalls, sobald Sie ein Diagramm einfügen) finden Sie eine Fülle von Einstellmöglichkeiten. In den meisten Fällen müssen Sie hier nicht viel verändern. Wir wählen hier nur eine andere Balkenform, nämlich *Zylinder*.

6 So kann ein einfaches Diagramm aussehen.

Anders als in *PowerPoint* müssen Sie Ihre Tabelle nicht in einer Tabellenkalkulation erstellen. Aber Sie können. Wenn Sie aber Ihr Diagramm schon in *Numbers* erstellt haben, übernehmen Sie es mit Kopieren und Einsetzen. Mehr dazu im Kapitel 12 *iWork-Anwendungen zusammen nutzen und erweitern*.

Anders als in *Numbers* können Sie Werte aus Tabellen nicht für ein Diagramm verwenden. Aber wozu gibt es denn *Copy & Paste*? Kopieren Sie die Werte aus der Tabelle und fügen Sie sie in den Daten-Editor ein.

Die Diagramme in *Keynote* verhalten sich genau wie ihre Pendants in *Numbers*. Wenn Sie Genaueres zu Diagrammen wissen möchten, sehen Sie sich die entsprechenden Seiten im Kapitel 9 *Daten auswerten und visualisieren* an. Zum Einstieg empfehlen wir Ihnen die Seite *Was ist eigentlich ein Diagramm?*

Inhalte formatieren

Alles, was Sie auf einer Folie in *Keynote* sehen, können Sie auch bearbeiten. In den meisten Fällen sogar, ohne das Hauptfenster zu verlassen, mit der *Formatierungsleiste*. Diese passt sich immer dem Objekt an, das gerade ausgewählt ist. Die Unterschiede nimmt man während der Arbeit gar nicht wahr. Wir haben deshalb auf dieser Seite alle auf einmal abgebildet.

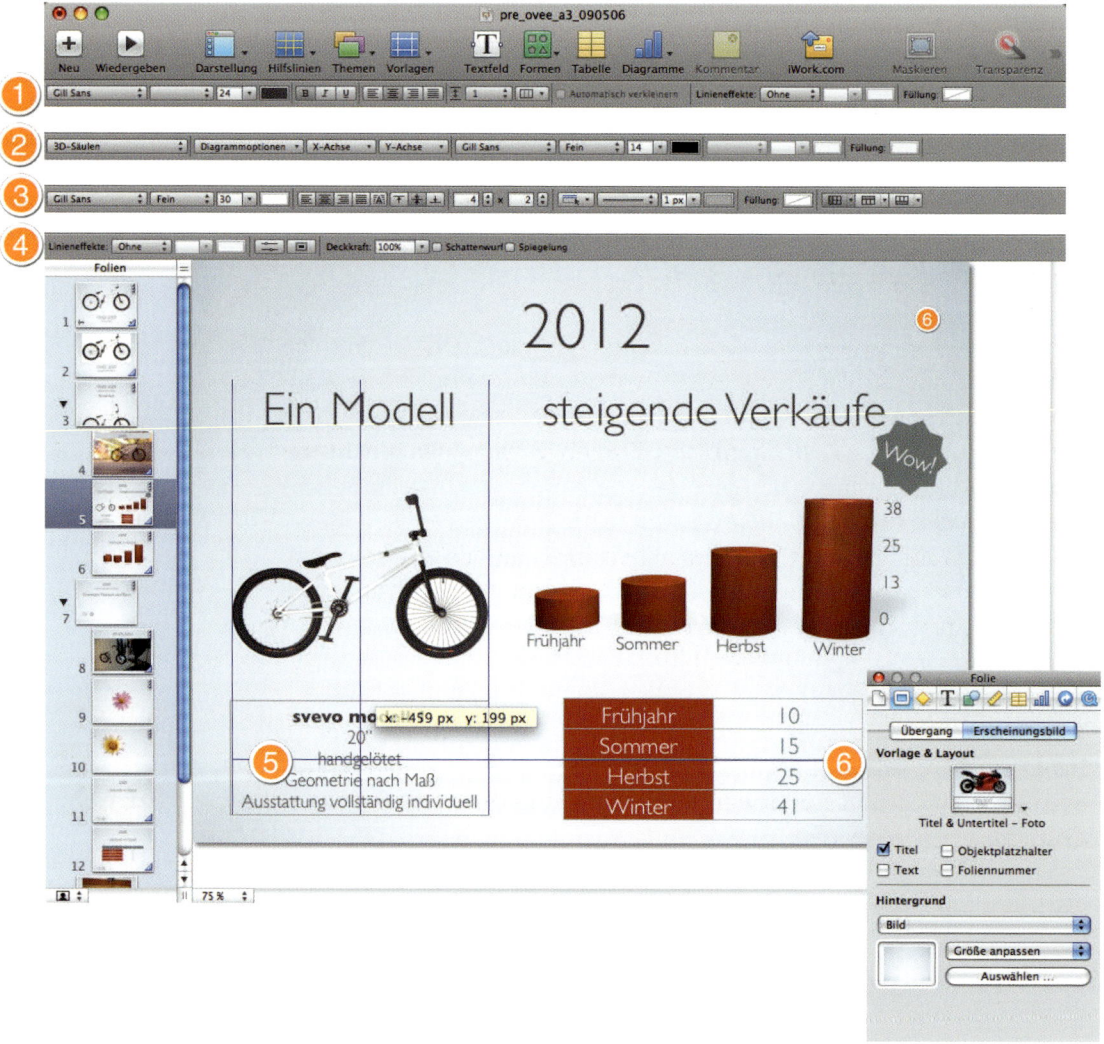

Objekte auf der Folie bearbeiten

1 Dies ist die Formatierungsleiste für Textfelder und Formen: Die Textgröße können Sie sogar ohne Griff zur Maus einstellen – mit den Tasten ⌘-+ und ⌘--.

2 Die Formatierungsleiste für Diagramme: Klicken Sie auf das Diagramm und bearbeiten Sie die Einstellungen.

3 Die Formatierungsleiste für Tabellen reicht für die meisten Anpassungen aus.

4 In der Formatierungsleiste für Bilder finden Sie neben Linien- und Maskenfunktionen sogar die Taste, um die Bildeinstellungen aufzurufen. Mehr brauchen Sie fast gar nicht.

5 Beim Verschieben von Objekten auf der Folie blendet *Keynote* Hilfslinien ein, mit denen Sie die einzelnen Objekte schnell aneinander ausrichten können. Man meint sogar, zu spüren, wie das Objekt unter dem Mauszeiger ein wenig einrastet, wenn es auf einer Linie mit einem anderen steht.

6 Wenn die Möglichkeiten der Formatierungsleiste nicht ausreichen, öffnen Sie das Informationsfenster (⌘-⌥-*I*) mit mehr Einstellmöglichkeiten für *Text*, *Grafik*, *Tabellen* und *Diagrammen*. Im Abschnitt *Folie* stellen Sie den Hintergrund für die Folie ein.

Wir könnten jede einzelne Funktion erklären, raten Ihnen aber lieber zum Experimentieren. Meistens funktioniert etwas in *Keynote* genau so, wie Sie es erwarten. Wenn Sie andere *iWork*-Programme kennen, sowieso.

Übergangseffekte zwischen Folien erstellen

Jede Ihrer Folien sollte einen Punkt Ihrer Präsentation beleuchten. Wenn Sie zum nächsten Punkt wechseln, können Sie dies Ihrem Publikum auch durchaus zeigen – mit einem Übergangseffekt. Vielleicht kennen Sie den Würfeleffekt beim Mac, wenn Sie den Benutzer wechseln. Dieser Effekt ist gewissermaßen das Markenzeichen von *Keynote*. Wir zeigen Ihnen mal, wie Sie ihn einrichten.

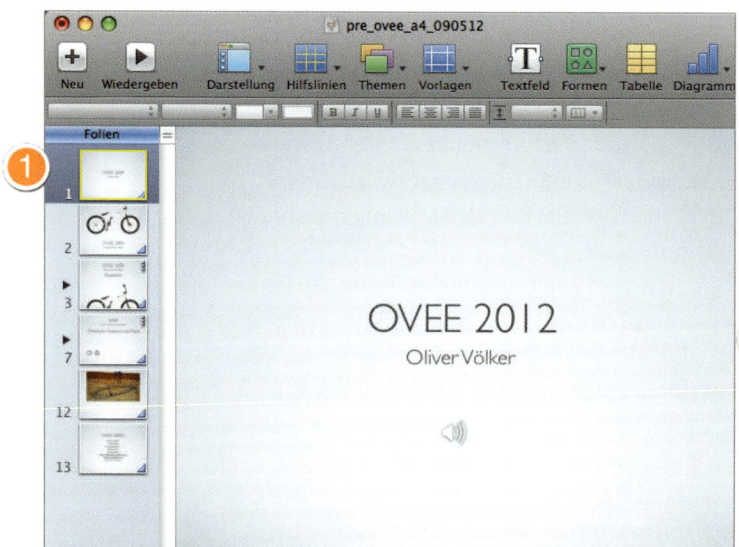

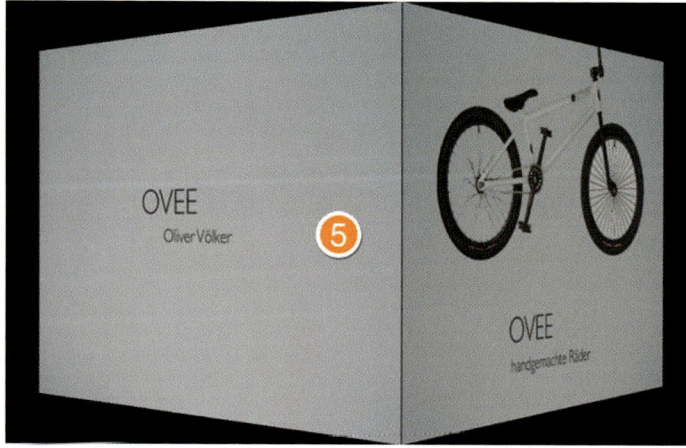

Einen Übergang zwischen zwei Folien einrichten

1 Wählen Sie die Folie aus, die Sie mit einem Übergang versehen möchten. Klicken Sie dazu auf die Miniatur der Seite im Navigator. Wählen Sie alle Folien aus, um einen einheitlichen Übergang festzulegen (⌘-A). Folien, die bereits mit einem Übergang versehen sind, erkennen Sie am kleinen Dreieck in der unteren rechten Ecke.

2 Öffnen Sie das Informationsfenster (⌘-⌥-I) und wählen Sie den Bereich *Folie*.

3 Wählen Sie einen Effekt aus dem Menü. Wir nehmen den Würfel aus den 3D-Effekten. Legen Sie, wenn Sie möchten, noch eine Richtung fest.

4 Das Vorschaubild zeigt den Effekt sofort, wenn Sie ihn auswählen. Klicken Sie in das Miniaturbild, um ihn noch einmal anzuzeigen.

5 Starten Sie die Präsentation mit ⌘-⌥-P oder klicken Sie in der Symbolleiste auf *Wiedergeben*. So sieht der Übergang in der Präsentation aus.

Auch wenn es schwerfällt. Entscheiden Sie sich für einen Übergangseffekt und bleiben Sie dabei, sonst ist es mit Ihrer Glaubwürdigkeit dahin. Varianten eines Effekts oder Kombination zweier ähnlicher Effekte lassen wir dabei gelten (Würfel oder umblättern in unterschiedliche Richtungen).

Elemente zwischen Folien animieren mit Zauberei

Neues Thema, neue Folie. So einfach funktioniert eine Präsentation. Wenn eine Folie Elemente der vorhergehenden übernimmt, können Sie einen bewegten Übergang zwischen beiden schaffen – mit Zauberei. Keine Angst, Sie müssen keinen weißen Anzug mit Pailletten anziehen, um mit *Keynote* zu zaubern – ein leises »Magic!« dürfen Sie zwischendurch aber ruhig sagen.

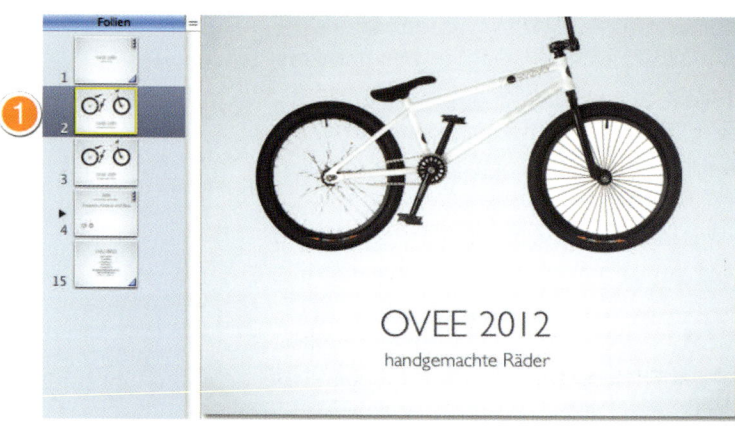

Einen Übergang mit animierten Elementen erzeugen

1 Klicken Sie im Navigator auf die Miniatur der Folie, die Sie animieren möchten. Duplizieren Sie die Folie mit ⌘-*D* oder wählen Sie aus dem Menü *Bearbeiten | Duplizieren*.

2 Bearbeiten Sie die Inhalte der neuen Folie. Wir verschieben das Textfeld und die Grafik und fügen ein neues Textfeld hinzu.

3 Gehen Sie zurück zur Ausgangsfolie und öffnen Sie das Informationsfenster *Folie* (⌘-⌥-*I*). Wählen Sie unter *Übergang* aus dem Menü den Effekt *Zauberei*. Der Effekt wird sofort in der Vorschau angezeigt.

4 Das war's. Klicken Sie auf die Taste *Wiedergeben* in der Symbolleiste und schauen Sie sich den Übergang im Großformat an.

Zum Hintergrund: Der Effekt *Zauberei* trägt in der englischen Version von *Keynote* den Titel *Magic Move*. Dieser beschreibt besser, was passiert. Der Übergangseffekt bewegt alle Elemente der Folie, die sich auf der nächsten Folie wiederfinden. Dabei werden sämtliche Veränderungen animiert: Position, Größe, Ausrichtung und Deckungskraft.

Elemente auf einer Folie animieren

Zeigen Sie nicht immer gleich alles, was Sie haben. Machen Sie Ihren Vortrag spannend für die Zuschauer und entblättern Sie die Inhalte Ihrer Folie nacheinander. Der Trick dabei: Man sieht, dass auf der Folie noch etwas fehlt und wartet nur darauf, dass Sie es zeigen. Besser, Sie zeigen etwas Tolles.

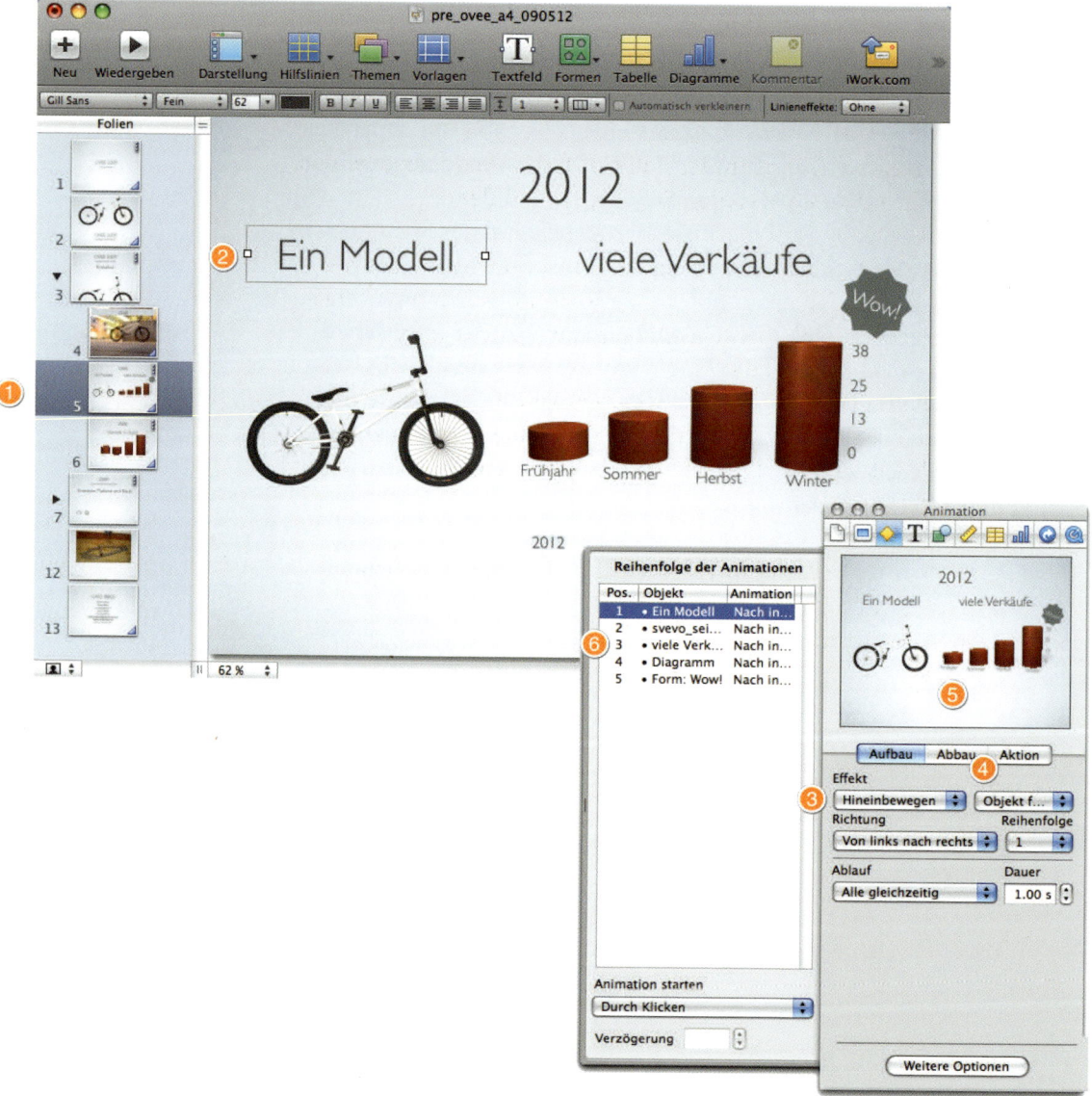

Lassen Sie Objekte auf der Folie erscheinen

1 Wählen Sie eine Folie, bearbeiten Sie die Inhalte und ordnen Sie alle Objekte (Text, Grafik, Diagramm, etc.) darauf an.

2 Klicken Sie auf ein Objekt und wählen Sie im Informationsfenster den Bereich *Animation*.

3 Wählen Sie unter *Aufbau* einen Effekt aus dem Menü. Wir wählen *Hineinbewegen*, um das Objekt von links auf die Folie gleiten zu lassen.

4 Wenn Sie Objekte wieder von der Folie entfernen möchten, wählen Sie den Punkt *Abbau* und wählen Sie dort einen Effekt.

5 Die Animation wird bei jeder Änderung in der Vorschau angezeigt. Klicken Sie in die Vorschau, um die Animation erneut anzuzeigen. Verfahren Sie für alle Elemente nach dem gleichen Schema.

6 In welcher Reihenfolge die Objekte bewegt werden, hängt davon ab, wann sie der Folie hinzugefügt wurden. Sie können die Reihenfolge aber ändern. Klicken Sie dazu auf *Weitere Optionen* unten im Informationsfenster.

Auch wenn wir sonst für Kontinuität sind. Hier bietet es sich an, einen Glanzpunkt mit einem Effekt zu setzen. Deshalb haben wir den »Wow!«-Stern mit einem anderen Effekt versehen (Skalieren). Denn wir möchten den letzten Punkt extra hervorheben.

Ein Diagramm animieren

Während wir dies schreiben ist Frühling – und was sollten wir unserer kleinen Beispielfirma besser ins Diagramm schreiben als wachsende Verkaufszahlen? Damit klar wird, wie gut diese Zahlen sind, stellen wir ihnen die Durchschnittszahlen der Branche zur Seite. Und damit die Zuschauer die Unterschiede auch wirklich gut erkennen können, lassen wir die Balken der Zahlen einen nach dem anderen aus dem Boden unserer Folie wachsen. So stolz sind wir.

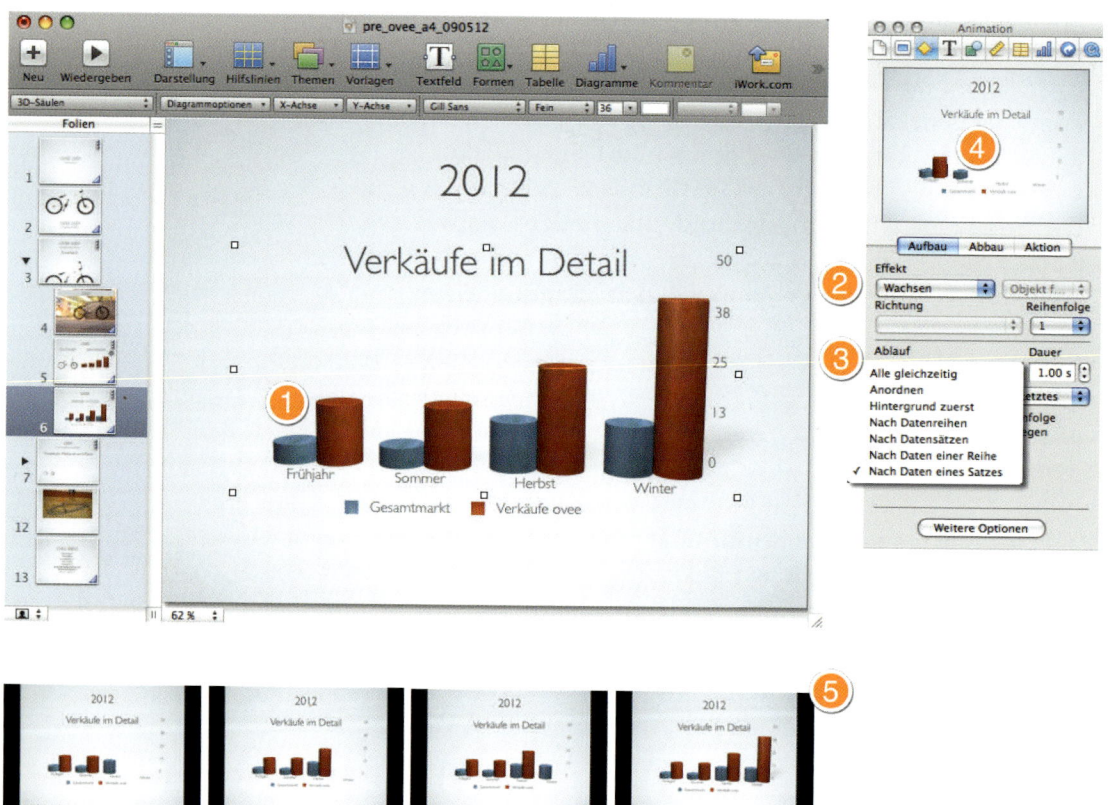

Ein Diagramm mit Effekten animieren

1 Wählen Sie das Diagramm aus, das Sie animieren möchten. Wir wählen ein Diagramm mit 3D-Säulen.

2 Öffnen Sie das Informationsfenster *Animation* und wählen Sie einen Effekt. Wir wählen *Wachsen*.

3 Wählen Sie im Abschnitt *Ablauf*, ob die Säulen des Diagramms gleichzeitig oder nacheinander wachsen sollen. Wir wählen *Nach Daten eines Satzes*. So werden die Säulen für die Daten auf der X-Achse nacheinander eingeblendet.

4 Die Animation wird sofort in der Vorschau sichtbar. Klicken Sie in die Vorschau, um die Animation noch einmal zu sehen.

5 So sieht ein Ausschnitt der Animation in der Präsentation aus.

Welche Animation zu welchen Daten passt, ist nicht leicht zu erklären. *Keynote* macht es Ihnen aber einfach, durch Probieren die richtige herauszufinden. Es lohnt sich.

Elemente über die Folie bewegen

Unter Animation verstehen wir seit unserer Kindheit jene Technik, mit der unsere Lieblingsfiguren im Fernsehen dazu bewegt werden, einander zu verfolgen und sich mit Bratpfannen auf die Köpfe zu schlagen. Wir wollen nicht ausschließen, dass Sie Trickfilme wie *Tom und Jerry* mit *Keynote* erstellen können, empfehlen Ihnen dennoch, ein wenig kleiner anzufangen. Lassen Sie doch ein Objekt in einem schwungvollen Bogen über die Folie fahren.

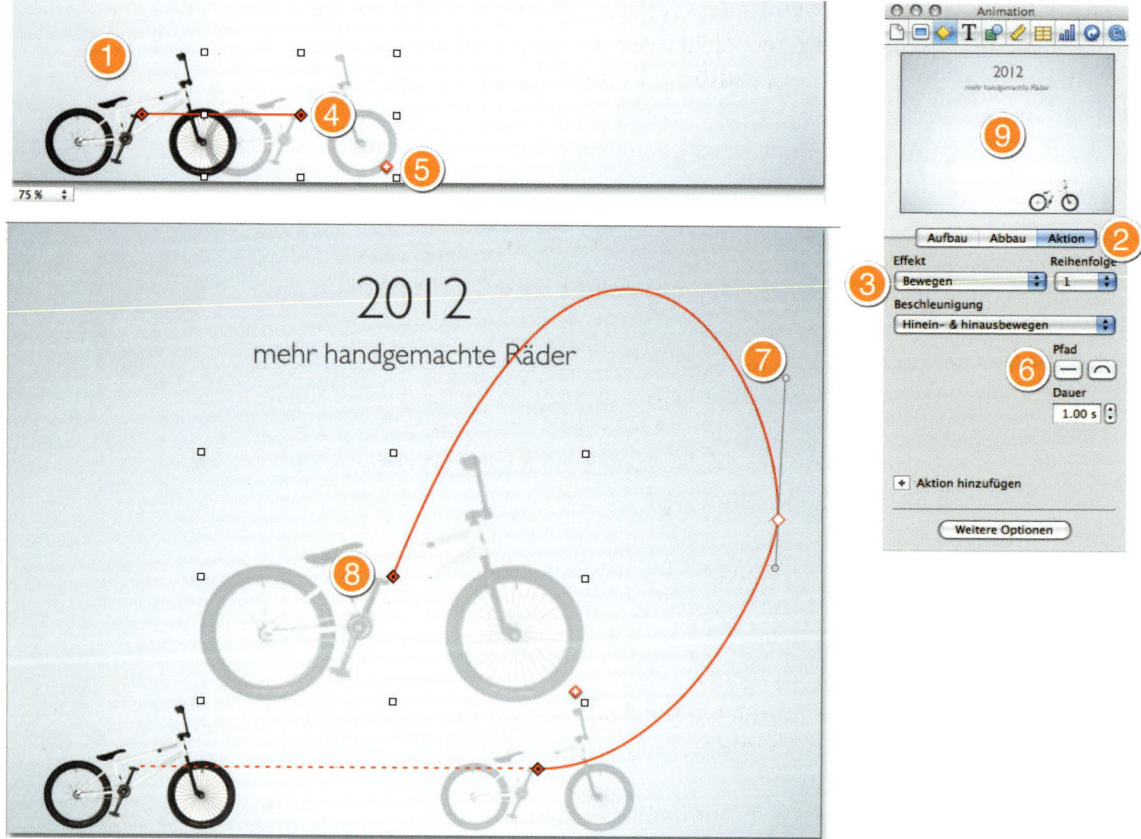

Ein Objekt bewegen

1. Wählen Sie das Objekt aus, das Sie bewegen möchten. Wir möchten ein Fahrrad über die Folie fahren lassen.

2. Öffnen Sie das Informationsfenster *Animation* und wählen Sie den Bereich *Aktion*.

3. Wählen Sie aus dem Menü den Effekt *Bewegen*.

4. *Keynote* erstellt ein *Schattenbild* des Objekts und einen roten Pfad, auf dem die Bewegung stattfindet. Ziehen Sie das Schattenbild oder den Anfasser am Ende des Pfads dorthin, wo Ihre Bewegung enden soll.

5. Klicken Sie auf das »+«-Zeichen, um einen weiteren Animationspunkt hinzuzufügen.

6. Sie können gerade oder geschwungene Pfade verwenden. Klicken Sie auf die Tasten im Informationsfenster, um zwischen den Varianten zu wechseln.

7. Geschwungene Pfade haben immer drei Punkte. Bewegen Sie die Punkte, um die Kurve festzulegen. Klicken Sie auf einen Kurvenpunkt, um die Anfasser für die Bézierkurven anzuzeigen. Verändern Sie mit diesen Hebeln die Krümmung.

8. Sie können die Objekte auf dem Pfad verändern. Wir haben das Fahrrad an der Endposition vergrößert. Auch diese Veränderung wird Teil der Animation.

9. Klicken Sie in das Vorschaubild, um die Animation anzuzeigen. Oder schauen Sie sich Ihre Präsentation doch gleich auf dem Bildschirm an (⌘-⌥-*P*).

Bewegen ist nur eine von mehreren Aktionen, die *Keynote* anbietet. Die weiteren sind *Deckkraft*, *Drehen* und *Skalieren*.

Mehrere Objekte gemeinsam animieren

Lassen Sie doch Ihre Produkte mal Karussell fahren, oder auch rotieren und durcheinanderwirbeln, bis ihnen schwindelig wird. Mit den *intelligenten Animationen* erstellen Sie Effekte, für die sonst professionelle Trickexperten mehrere Tage programmieren müssen.

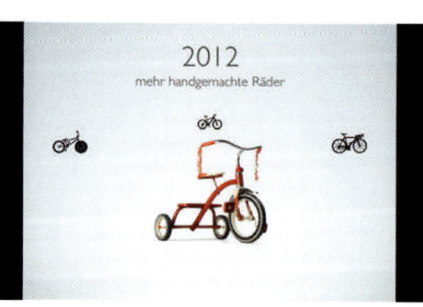

Mehrere Bilder auf einem Plattenteller bewegen

1 Ziehen Sie alle Bilder auf die Folie, die Sie animieren möchten. Es spielt keine Rolle, wo sie liegen. Wählen Sie alle aus.

2 Öffnen Sie das Informationsfenster *Animation* mit dem Bereich *Aktion*. Wählen Sie aus dem Menü den Effekt *Plattenteller*.

3 *Keynote* ordnet die Objekte der Animation automatisch auf der Folie an. Bewegen Sie den Schieberegler, um die Perspektive anzupassen. Die Veränderung ist sofort sichtbar.

4 Verwenden Sie das Einstellungsfenster für den Plattenteller, um die Reihenfolge und Größe der Bilder zu ändern. Ziehen Sie weitere Bilder darauf, um die Animation zu erweitern.

5 Klicken Sie in das Vorschaubild, um die Animation anzuzeigen.

6 So sieht die Präsentation auf dem Bildschirm aus.

Dieser Effekt gehört in die Kategorie *Intelligente Animation*. Nur für den Fall, dass Sie in der *Hilfe* nachschlagen wollen.

Hintergrundelemente für Folien erstellen

Auch wenn Ihr Publikum weiß, mit wem es die Ehre hat, häufig fordern die Firmenvorgaben (Stichwort: »Corporate Identity / Corporate Design«, kurz CI/CD), dass bestimmte Elemente auf jeder Präsentation zu finden sind. Das eigene Firmenlogo als Wasserzeichen ist eines der elegantesten Mittel, der Präsentation einen eigenen Stempel aufzudrücken.

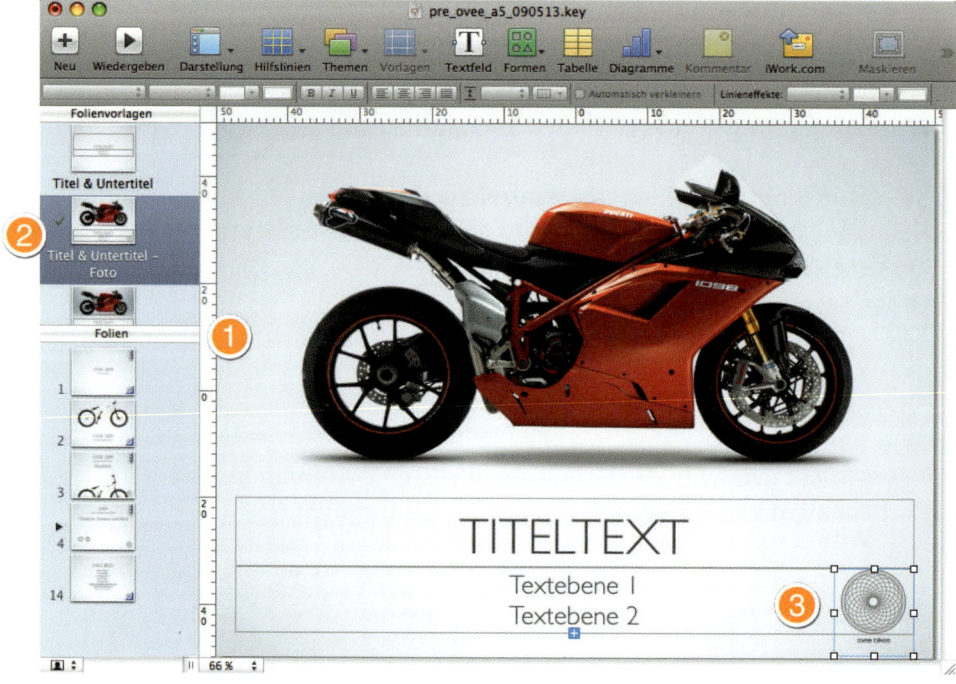

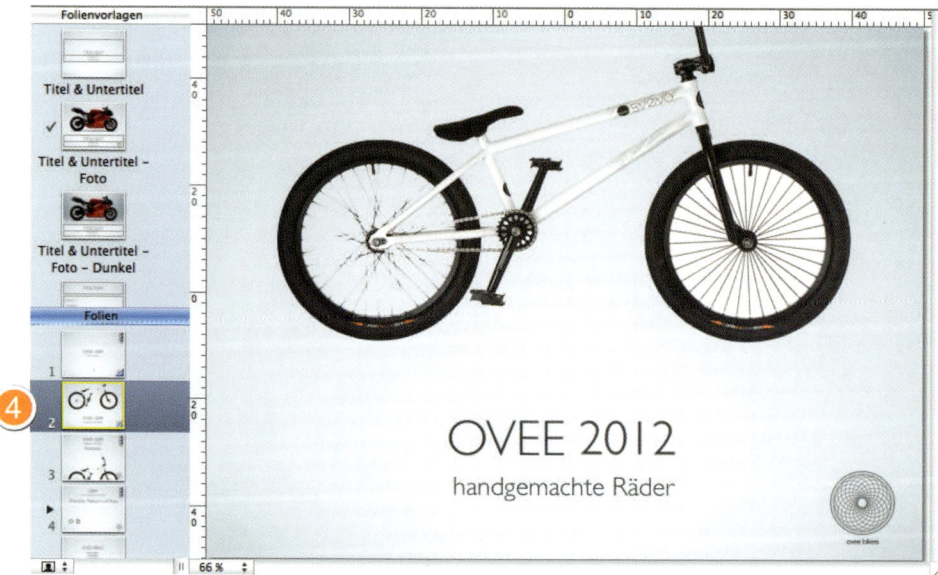

Grafik als Hintergrundelement in Vorlage einfügen

1 Zeigen Sie die Folienvorlagen im Navigator an. Ziehen Sie dazu die Titelleiste der Folien nach unten oder wählen Sie unter der Taste *Darstellung | Folienvorlagen einblenden*.

2 Wählen Sie die Vorlage aus, die Sie bearbeiten wollen. Sie erkennen die Vorlage zu einer bestimmten Folie am Haken vor dem Miniaturbild.

3 Bewegen Sie das Element, das auf allen Seiten angezeigt werden soll, auf die Folienvorlage und platzieren Sie es. Wir wählen ein Firmenlogo.

4 Wechseln Sie zur Folie, um die Änderung anzuzeigen.

Für Umsteiger: Bei *PowerPoint* **bearbeiten Sie solche übergreifenden Objekte in den Masterfolien.**

Thema verändern und speichern

So einfach lassen sich in *Keynote* Folien erstellen und Vorlagen anpassen. Aber Sie sollen sicher nicht bei jeder neuen Präsentation von vorne anfangen. Speichern Sie deshalb Ihre Folienvorlagen als eigenes Thema ab. So können Sie und andere es jederzeit neu nutzen.

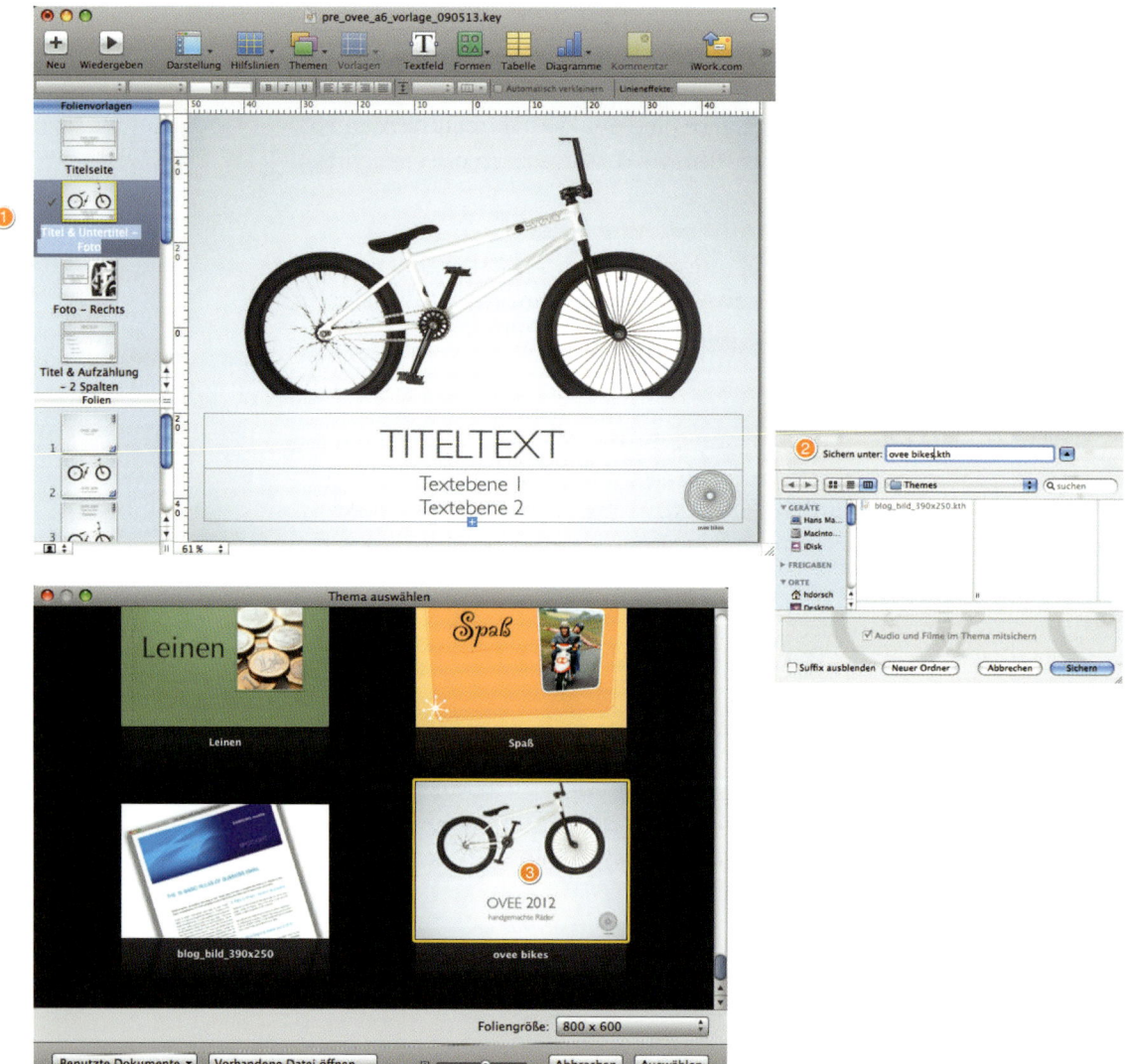

Vorlagen als Thema speichern

1. Bearbeiten Sie die Vorlagen in Ihrer Präsentation. Doppelklicken Sie auf Vorlagentitel, um sie durch eigene zu ersetzen. Löschen Sie Vorlagen, die Sie nicht benötigen.

② Wählen Sie aus dem Menü *Ablage | Thema sichern*. Geben Sie im folgenden Dialog einen Titel ein, unter dem das Thema gespeichert werden soll.

③ Wählen Sie aus dem Menü *Ablage | Neu aus der Themenauswahl ….* Sie finden Ihre neue Vorlage am Ende der Liste.

Keynote erstellt beim Speichern des Themas Vorschaubilder für die Themenauswahl aus den Folien der aktuellen Präsentation. Das ist sehr praktisch und schön. Achten Sie aber darauf, vertrauliche Inhalte vorher durch Blindtext zu ersetzen oder die entsprechenden Folien zu löschen.

Sie können so gut wie alle Elemente einer Präsentation als Vorlage speichern. Sogar Übergänge und Animationen lassen sich in Vorlagen speichern. Damit Sie Ihren brillanten Vortrag leicht wiederholen können.

Weil sich die Vorlagen so hervorragend bearbeiten und speichern lassen, gibt es schon lange Anbieter, die eigene Themen zum Kauf oder auch kostenlos anbieten. Schauen Sie im Web unter `www.jumsoft.com`, `www.Keynotethemepark.com` und `www.Keynotepro.com`.

Alle Themen werden in Ihrer *Library* gespeichert, den Sie bei gedrückter ⌥-Taste im Finder über das Menü *Gehe zu* aufrufen können. Sie finden sie dann im Ordner *~/Library/Application Support/iWork/Keynote/Themes/*. Dabei ist »~« Ihr Benutzerordner am Mac. Geben Sie diese Datei an andere Benutzer weiter. Diese können Sie entweder per Doppelklick öffnen und dann als eigenes Thema speichern oder direkt in den entsprechenden Ordner auf Ihrem Mac legen.

Präsentation gemeinsam bearbeiten

Oft ist eine Präsentation keine Einzelleistung, sondern das Werk mehrerer Autoren. Damit Sie nicht alle Änderungen erklären müssen, können Sie Notizen auf die Folie kleben. Ganz wie im richtigen Leben außerhalb des Bildschirms.

Präsentation mit Notizen kommentieren

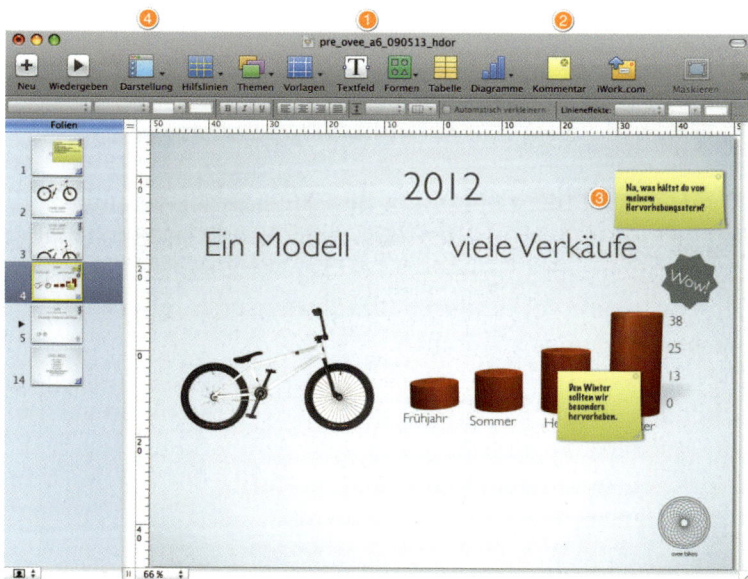

❶ Öffnen Sie eine Präsentation und sichern Sie sie unter einem anderen Namen. Klicken Sie dazu auf den Dokumentennamen in der Symbolleiste und wählen Sie aus dem Menü *Duplizieren*. (Den Befehl finden Sie auch im Menü *Ablage*.)

❷ Führen Sie Ihre Änderungen im neuen Dokument durch.

❸ Klicken Sie auf die Taste *Kommentar* in der Symbolleiste, um einen neuen Notizzettel einzufügen.

❹ Schreiben Sie Ihre Anmerkungen und platzieren Sie die Zettel an beliebigen Stellen auf der Folie.

❺ Kommentare werden auch in den Miniaturen angezeigt. So können Sie die Anmerkungen schnell finden. Sehen Sie keine Kommentare? Dann klicken Sie auf die Taste *Darstellung* und wählen *Kommentare einblenden*.

Mit der *iCloud* lassen sich *iWork*-Dokumente auch online austauschen und kommentieren. Mehr dazu lesen Sie im Kapitel 12 *iWork-Anwendungen zusammen nutzen und erweitern*.

Präsentieren mit Keynote – Überzeugen in der Praxis

11

Keynote hilft Ihnen, überzeugende Folien für Ihre Präsentation zu gestalten. Aber letztendlich zählt Ihr Vortrag. Auch hier hat das Programm einige schöne Funktionen, die Ihnen helfen, wenn Sie vor dem Publikum stehen.

In diesem Kapitel zeigen wir, wie Sie Ihre Präsentation perfekt vorbereiten, zu Ihren Folien Notizen erstellen, um keinen wichtigen Punkt des Vortrags zu vergessen, wie Sie mit zwei Monitoren souverän durch Ihre Folien navigieren und wie Sie Ihre Präsentation verteilen können. Damit Sie auch ohne Ihren Mac nicht verloren sind, haben wir noch einige Möglichkeiten zusammengestellt, mit denen Sie Ihre Präsentation garantiert vortragen und verbreiten können.

Auf der nächsten Seite haben wir eine kleine Checkliste für die Vorbereitung der Präsentation zusammengestellt.

Präsentation vorbereiten

Es ist wie mit Klassenarbeiten. Ihre Präsentation kann noch so gut sein – wenn sie nicht richtig vorbereitet ist, stehen Sie schwitzend vor Ihrem Publikum, und schaffen nur die Hälfte des Vortrags in der Zeit. Diese Checkliste hilft Ihnen bei der Vorbereitung.

Checkliste für die Vorbereitung

- **Präsentation testen.** Üben Sie Ihre Präsentation zuhause. Der Moderatormonitor zeigt den Fortschritt Ihrer Folien, Ihre Notizen und – das ist besonders wichtig – die Zeit, die Sie brauchen. Nutzen Sie die Testfunktion (Menü *Vorführen | Präsentation testen*) und halten Sie Ihre Präsentation laut. Alleine oder, am besten, vor Publikum. Und stehen Sie dazu auf.

- **Moderatornotizen anpassen.** Steve Jobs verwendete keine Notizen, Tim Cook setzt diese Tradition fort. Viele andere Redner tun es ebenso nicht. Richten Sie Ihre Notizen so ein, dass Sie sie auf dem Monitor lesen können.

- **Handouts nicht vorher verteilen.** Die Aufmerksamkeit des Publikums sollte Ihnen gelten und nicht den Papieren auf dem Tisch.

- **Schreibtisch aufräumen.** Räumen Sie Ihren Schreibtisch auf (packen Sie alle Inhalte in einen Ordner (nennen Sie ihn *Schreibtisch_110506* oder ähnlich). Legen Sie auf den Schreibtisch nichts ab – außer einem Alias zur Präsentation oder zu einem Ordner, der nur die finale Version Ihrer Präsentation enthält.

- **Alle Kabel mitnehmen.** Gehen Sie davon aus, dass immer genau das Teil fehlt, dass Sie brauchen. Folgende Kabel und Adapter sollten Sie trotz des Gewichts mitnehmen: Netzteil (mit langem Kabel), Monitoradapter für Ihr Gerät (ein VGA-Adapter funktioniert so gut wie immer, abhängig vom Ausgabegerät auch DVI oder HDMI), Fernbedienung. Enthält Ihre Präsentation Ton? Dann nehmen Sie sicherheitshalber auch ein Kabel für die Audioübertragung mit.

Auf dem iPad können Sie Präsentationen ja ebenso auf einem Flachbild-Fernseher ablaufen lassen. Wie das geht, erfahren Sie im Kapitel 13 im Abschnitt *Präsentationen vorführen mit dem iPad*.

- **Computereinstellungen überprüfen.**
  - Beenden Sie alle Programme, die im Hintergrund laufen. Oder möchten Sie E-Mail-Benachrichtigungen während des Vortrags?

  - Schalten Sie den Bildschirmschoner aus und verhindern Sie, dass Ihr Monitor sich abschaltet. Gehen Sie in die *Systemeinstellungen* Ihres Mac: Wählen Sie *Energie sparen*, und legen Sie eigene Einstellungen fest. Gehen Sie in *Schreibtisch & Bildschirmschoner* und schieben Sie den Regler für die Zeit bis zum Aktivieren auf *Nie*.

  - Richten Sie den Beamer als zweiten Monitor ein. Die Taste *F7* (falls nötig *fn*-Taste zusätzlich drücken) am MacBook wechselt zwischen der gespiegelten und der erweiterten Ansicht.

- **Fernbedienung testen.** Wenn Sie die Apple Remote-Fernbedienung verwenden, achten Sie darauf, dass der Infrarotempfänger am Mac nicht deaktiviert ist, und am besten Ihre eigene Fernbedienung mit Ihrem Mac gekoppelt ist. Die Einstellungen finden Sie in *Systemeinstellungen | Sicherheit | Allgemein*. Manche aktuelle MacBooks – auch das beliebte MacBook Air – besitzen leider keine Infrarot-Schnittstelle.

- Möchten Sie Ihr iPhone oder Ihren iPod touch mit der Remote App zum Präsentieren nutzen, muss er sich im gleichen WLAN-Netz befinden wie Ihr Mac. Achten Sie also darauf, dass Ihr Netzzugang funktioniert.

- **Verschiedene Versionen der Präsentation erstellen.** Speichern Sie unterschiedliche Versionen Ihrer Präsentation auf einen USB-Stick und nehmen Sie diesen mit. Falls Ihr Computer den Geist aufgibt oder der Veranstalter darauf besteht, dass nur ein Präsentationscomputer verwendet werden darf, auf dem unter Umständen *Keynote* nicht installiert ist, sollten Sie vorbereitet sein.

  Speichern Sie dabei Ihre Präsentation im Originalformat *(.key)*, als *PowerPoint*-Datei *(.ppt)* und für alle Fälle als *PDF (.pdf)*. Wollen Sie ganz sicher gehen, drucken Sie alle Folien noch einmal aus, falls Sie einen Ad-hoc-Vortrag ohne Technik halten müssen.

- **Online-Backup erstellen.** Wenn Sie nicht gerade zu einer Klausurtagung auf einer Sennhütte geladen sind, haben Sie mittlerweile so gut wie überall Internet-Zugang (selbst viele Alpenvereinshütten bieten WLAN-Hotspots). Schicken Sie sich selbst die Präsentation per E-Mail an ein Postfach, das Sie auch von einem anderen Rechner abholen können, oder legen Sie sie anderweitig online bereit, zum Beispiel in die *iCloud*.

- **Checkliste anlegen.** Legen Sie eine Liste (zum Beispiel diese) als Kommentar auf die erste Seite Ihrer Präsentation (wir erstellen grundsätzlich eine Einführungsseite mit Wartemusik). Haken Sie die Punkte ab und beginnen Sie dann mit Ihrem Vortrag.

- **Visitenkarten bereithalten.** Nach dem Vortrag kommt vielleicht jemand mit Fragen auf Sie zu. Legen Sie einfach einen Pack Visitenkarten auf den Tisch. Dann kann sich jeder bedienen.

Moderatornotizen hinzufügen

Ok, Sie sind gut vorbereitetet, aber Sie können sich nichts merken »von zwölf Uhr bis es läutet«? Dann schreiben Sie sich Ihren Vortrag auf. Aber nicht alles, nur Stichpunkte, denn Ablesen gilt nicht. Nehmen Sie dazu die Moderatornotizen von *Keynote*. Die können Sie während der Präsentation sehen, aber nicht Ihr Publikum.

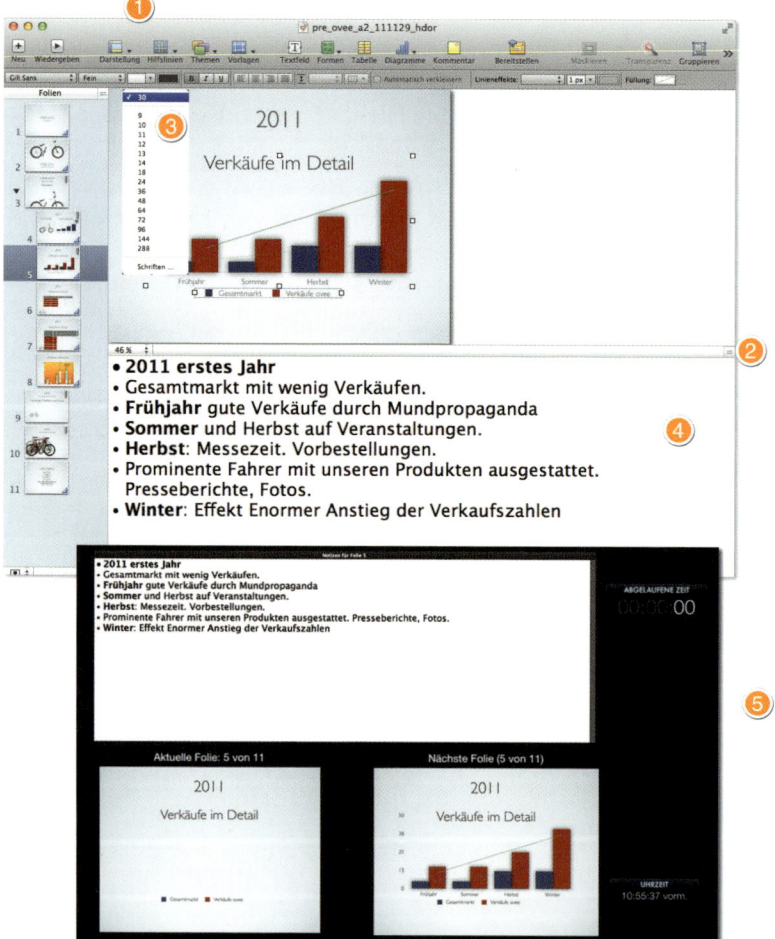

Moderatornotizen anzeigen und bearbeiten

1 Öffnen Sie Ihre Präsentation, klicken Sie auf die Taste *Darstellung* in der Symbolleiste und wählen Sie *Moderatornotizen einblenden*.

2 Vergrößern Sie den Eingabebereich für die Notizen. Ziehen Sie dazu die Leiste nach oben. Wählen Sie aus dem Darstellungsmenü *An Fenstergröße anpassen*, um die Folie vollständig zu sehen.

3 Passen Sie die Schriftgröße der Notizen an. Denken Sie daran, dass Sie möglicherweise nicht direkt vor Ihrem Computer stehen, sondern ein bis zwei Meter davon entfernt – besonders, wenn Sie eine Fernbedienung nutzen. Wählen Sie den Text aus und drücken Sie ⌘-+ um den Schriftgrad zu vergrößern oder wählen Sie die Schriftgröße in der *Formatierungsleiste*. 30 Punkt ist ein guter Wert.

4 Formatieren Sie Ihren Text, z. B. mit Gliederungspunkten. Sie können alle Textoptionen nutzen, die *Keynote* bietet (bis auf Spaltensatz).

5 Testen Sie Ihre Notizen in der Moderatoransicht. Wählen Sie dazu im Menü *Vorführen | Präsentation testen*. So sehen Ihre Notizen auf dem Moderatormonitor aus.

Moderatornotizen sehen Sie nur, wenn Sie zwei Monitore zur Verfügung haben (Beamer zeigt Präsentation, Computer steht am Pult). Wenn dies nicht der Fall ist, können Sie sich die Notizen auch ausdrucken.

Diese Ansicht des Moderatormonitors ist nicht die Standardansicht. Wie Sie den Monitor anpassen, lesen Sie auf der Seite *Eine Präsentation mit zwei Monitoren halten*.

Eine Präsentation vortragen

Eine Präsentation vortragen ist so einfach wie der Klick auf die Taste *Wiedergeben*. Aber was ist, wenn Sie unterbrochen werden, eine bestimmte Folie noch einmal aufrufen oder die Maus einblenden möchten? Für ganz viele Fälle hat *Keynote* eine Lösung – und einen Tastaturbefehl dazu. Viel Spaß beim Vortrag.

Folien präsentieren

1️⃣ Öffnen Sie die Präsentation mit *Keynote*. Klicken Sie in der Symbolleiste auf die Taste *Wiedergeben*.

2️⃣ Drücken Sie die Leertaste oder bewegen Sie sich mit den Pfeiltasten vorwärts (→) und zurück (←).

3️⃣ Möchten Sie die Präsentation unterbrechen, drücken Sie die Taste »B« für einen schwarzen Hintergrund und »W« für eine weißen Hintergrund.

4️⃣ Blenden Sie den Folienwechsler ein, um während der Präsentation zu einer anderen Folie zu springen. Drücken Sie dazu die Taste »+«.

5️⃣ Blenden Sie alle Tastaturkürzel mit der Taste »?« ein.

Wenn Sie eine Einzelheit auf einer Folie zeigen möchten, können Sie dazu einen Zeigestock nehmen, einen Laserpointer oder den Mauszeiger einblenden (drücken Sie dazu die Taste C). Man sieht den Zeiger aber nicht sehr gut, weil er ziemlich klein ist. Nutzen Sie doch einen Spezialeffekt, der zum Beispiel einen Bereich wie mit einer Taschenlampe anleuchtet. Dazu können Sie das kostenlose Programm *OmniDazzle* verwenden (`www.omnigroup.com/omnidazzle`). Da werden Ihre Zuschauer Augen machen.

Wenn Sie die Möglichkeit haben, dann nutzen Sie zwei Monitore. Dann können Sie sich mindestens zwei Dinge sparen: Einen Wecker und Ihre Notizzettel. Auf den nächsten Seiten zeigen wir Ihnen, wie Sie den Moderatormonitor nutzen.

Tastaturbefehle bei der Präsentation (Moderationsmodus)

Präsentation vorführen	⌘-⌥-P oder Klick auf Wiedergabetaste in der Symbolleiste
Wiedergeben der Präsentation vom Anfang	Wahl(⌥)-Klick auf Taste Wiedergeben
Zur nächsten Animation	Klicken, N, Leertaste, Zeilenschalter, Bild ab (⬍), Rechtspfeil, Abwärtspfeil oder Umschalt-Rechtspfeil (→ ↓ ⇧-→)
Zurück zur vorherigen Animation	Umschalt-Linkspfeil (⇧-←), Umschalt-Bild auf (⇧-⬍)
Zur nächsten Folie	Umschalt-Bild ab (⇧-⬍), Umschalt-Abwärtspfeil (⇧-↓)
Zurück zur vorherigen Folie	P, Rückschritt, Bild auf, Linkspfeil, Aufwärtspfeil oder Umschalt-Aufwärtspfeil (⇧-↑)
Zur ersten Folie	Anfang (↖ oder fn-↑)
Zur letzten Folie	Ende (↘ oder fn-↓)
Zuvor angezeigte Folien erneut anzeigen	Z
Präsentation ausblenden und zuletzt verwendetes Programm anzeigen	H
Anhalten der Präsentation und Anzeigen der aktuellen Folie	F (weiter mit beliebiger Taste)
Präsentation anhalten und schwarzen Bildschirm anzeigen	B (weiter mit beliebiger Taste)
Präsentation anhalten und weißen Bildschirm anzeigen	W
Mauszeiger ein- oder ausblenden	C
Zu einer bestimmten Folie im Folienwechsler wechseln	Foliennummer eingeben
Zur nächsten Folie im Folienwechsler wechseln	Pluszeichen (+) oder Gleichheitszeichen (=)
Zur vorherigen Folie im Folienwechsler wechseln	Minuszeichen (–)
Zur aktuellen Folie wechseln und Folienwechsler schließen	Zeilenschalter (↩) oder Eingabetaste (⌤)
Folienwechsler schließen	esc
Präsentation beenden	Tasten esc, Q, . oder Befehl ⌘-.

Tastaturbefehle für den Moderatorbildschirm

Präsentieren Sie auf zwei Monitoren, können Sie auf dem Moderator-monitor folgende Kurzbefehle nutzen:

Zurücksetzen des Timer auf dem Bildschirm des Moderators	R
Aufwärtsblättern in den Notizen auf dem Bildschirm des Moderators	U
Abwärtsblättern in den Notizen auf dem Bildschirm des Moderators	D
Abwechseln zwischen primärem Bildschirm und Moderatorbildschirm	X

Wischgesten zum Seitenwechsel können Sie nur an iPhone oder iPad nutzen. Nicht so schlimm. Am Mac gibt es ja eine Tastatur.

Präsentieren mit zwei Monitoren

Wenn Sie die Möglichkeit haben, zwei Monitore zu benutzen, sollten Sie dies tun. Denn dann können Sie auf einem Monitor (dem Projektor) die Präsentation zeigen und auf dem zweiten Monitor (z. B. auf Ihrem MacBook) nicht nur die aktuelle Folie sehen, sondern auch, welche als nächste kommt. Wenn Sie Notizen zu Ihren Folien haben, können Sie diese dort anzeigen – und vieles mehr. Sie können diesen Bildschirm ganz leicht anpassen.

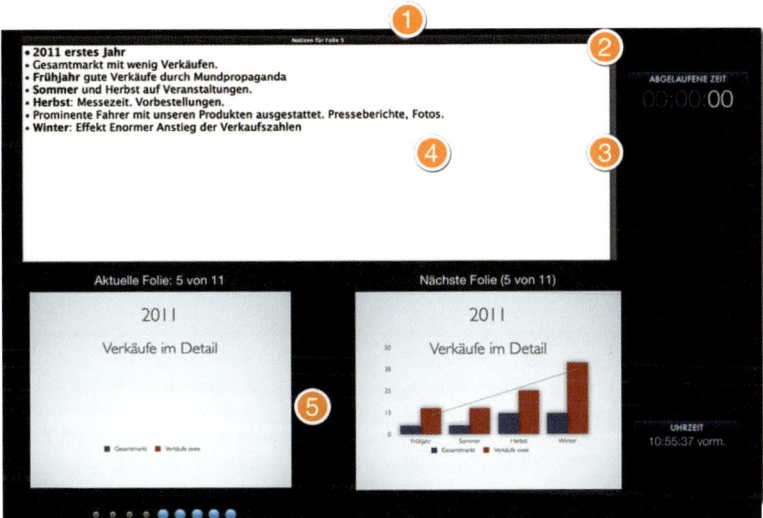

Verwenden Sie den Moderatormonitor

① Starten Sie die Präsentation. Der Moderator wird automatisch auf dem Zweitmonitor angezeigt. Fahren Sie mit der Maus an den oberen Bildschirmrand um die Optionen einzublenden. Hier können Sie auch die Anzeige der Monitore tauschen.

② Der Balken am oberen Rand wechselt auf Rot, wenn eine Folie oder eine Animation geladen wird. Sobald Sie fortfahren können, wechselt er zur Farbe Grün zurück.

③ Statt eines Weckers können Sie einen *Timer* auf dem Bildschirm platzieren. Dieser startet automatisch mit Ihrer Präsentation. Sie können auch eine Zeit vorgeben, die dann heruntergezählt wird.

④ Lassen Sie Moderatornotizen anzeigen, wenn Sie diese verwenden. Am besten wählen Sie einen großen Schriftgrad (hier 30 Punkt).

⑤ Lassen Sie sich die aktuelle und die nächste Folie anzeigen. In diesem Fall sind die Foliennummern gleich, da sich auf der Folie eine

Animation befindet. Die Punkte unter der aktuellen Folie zeigen den Verlauf von Animationen auf der Folie an. Am Ende der Animation sehen Sie die nächste Folie.

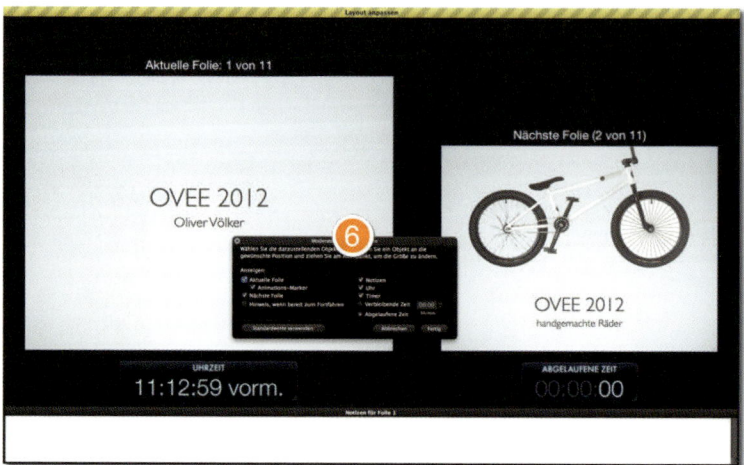

6 Alle Elemente des Monitors lassen sich anpassen. Bearbeiten Sie die Darstellung so, wie Sie Ihnen am angenehmsten ist. Die Darstellung zeigt die unveränderte Standardansicht. Wählen sie aus dem Menü *Vorführen | Moderatormonitor anpassen ....* Im Einstellungsfenster können Sie Elemente ein- und ausblenden. Auf dem Bildschirm lassen sich die Objekte frei bewegen, sowie in der Größe anpassen (Vergrößerungsfelder unten rechts).

Für den Moderatormonitor gibt es eigene Kurzbefehle, mit denen Sie zum Beispiel den Timer zurücksetzen können. Diese und viele weitere Befehle, die Sie während des Vortrags nutzen können, finden Sie auf der vorherigen Seite.

Eine Präsentation mit der Fernbedienung steuern

Früher nickten manche Redner mit dem Kopf in eine Ecke des Raumes und kurz darauf erschien das neue Dia an der Wand. Das war keine Fernsteuerung mit Gestenerkennung, sondern ein Zeichen an den Assistenten, der den Diaprojektor oder den Computer bediente. Heute müssen Sie meist alles selbst machen – auch Ihre Folien wechseln. Das geht prima mit der Tastatur, aber noch besser mit einer Fernbedienung. Mit der haben Sie nämlich die Möglichkeit, sich frei auf der Bühne zu bewegen und per Knopfdruck Ihre Folien dann zu wechseln, wann Sie es möchten. Die einfachste Variante ist die Apple Remote-Fernbedienung, die modernste ist die über das iPhone. Wir zeigen Ihnen beide.

Präsentation mit der Apple Remote-Fernbedienung

① Öffnen Sie ein *Keynote*-Dokument und drücken Sie die Taste *Start/ Pause* auf der Apple Remote.

② Drücken Sie links und rechts auf der Ringtaste, um zur vorherigen und nächsten Folie zu wechseln.

③ Drücken Sie nach oben oder unten auf der Ringtaste und stellen Sie die Lautstärke laut und leise.

④ Mit der Taste *Menü* blenden Sie den Folienwechsler ein und aus.

Die Apple Remote-Fernbedienung können Sie für 19 EUR kaufen. Bis vor einiger Zeit lag sie auch bei MacBooks und iMacs mit im Paket. Wir haben mehrere davon herumliegen.

Markieren Sie Ihre Fernbedienung und koppeln Sie sie mit Ihrem Mac. Lesen Sie dazu die Seite *Präsentation vorbereiten*.

Steuern von Keynote mit der Apple Remote

Die Apple Remote wird von so gut wie allen Apple-Programmen unterstützt. In *Keynote* hat sie folgende Funktionen.

TASTE	AKTION
Start/Pause	Präsentation starten, Präsentation anhalten/fortsetzen
Menü	Präsentation anhalten und Folienwechsler öffnen
Menü drücken und halten	Präsentation beenden
Vorwärts	Weiter zur nächsten Folie oder Animation
Zurück	Zurück zur vorherigen Folie oder Animation
Vorwärts drücken und halten	Zur letzten Folie
Zurück drücken und halten	Zur ersten Folie
Plus (+)	Ton lauter
Minus (-)	Ton leiser

Wenn auf Ihrem Mac noch nicht *Mountain Lion* oder *Lion* läuft, startet die Taste *Menü* auf der Apple Remote möglicherweise statt des Folienwechslers – wie es sich gehört – das Programm *Front Row* zum Abspielen von Medien. Das ist leider nicht zu ändern. Probieren Sie es also besser vorher aus. Nochmals: Bei den aktuellen Betriebssystemen gibt es aber *Front Row* nicht mehr.

Präsentation mit iPhone oder iPod touch vorführen

❶ Öffnen Sie ein *Keynote*-Dokument auf dem Mac. Öffnen Sie dann *Keynote Remote* auf dem iPhone. Tippen Sie auf *Einstellungen*, um das

Hoch- oder Querformat zu wählen und – falls noch nicht geschehen – Ihr iPhone mit *Keynote* auf dem Mac zu verbinden.

② Tippen Sie jetzt auf die Taste *Präsentation vorführen*.

③ Im Hochformat sehen Sie die aktuelle Folie und die Moderatornotizen. Wischen Sie mit dem Finger über das Display, um die nächste Folie anzuzeigen, genau, wie Sie es von den Fotos kennen.

④ Tippen Sie auf *Optionen* um zur ersten Folie zu wechseln, die Präsentation zu beenden oder die Einstellungen zu verändern.

⑤ Im Querformat sehen Sie die aktuelle und die nächste Folie (oder den nächsten Animationsschritt) ohne Moderatornotizen.

Die Remote App können Sie zum eher symbolischen Preis von 0,79 EUR im App Store kaufen. Entweder über *iTunes* oder direkt am iPhone/iPod touch.

Damit Sie die *Keynote*-Präsentation über das iPhone steuern können, müssen sich Ihr iPhone/iPod touch und Ihr Mac im gleichen WLAN-Netz befinden. Das ist bei Konferenzen manchmal nicht möglich. Informieren Sie sich vorher, ob es drahtloses Internet gibt oder – noch besser, richten Sie an Ihrem Mac ein eigenes Netzwerk ein. Hierzu hilft Ihnen auch das bereits erwähnte *Grundlagenbuch zu OS X Mountain Lion* von Daniel Mandl.

Die Präsentation aufzeichnen

Wenn Sie schon einen Vortrag halten und wenn Sie ihn, wie wir empfehlen, schon vorher zu Hause oder im Büro in Ruhe üben, können Sie
ihn auch gleich aufnehmen. Theoretisch müssten Sie die Präsentation
gar nicht mehr selbst halten, denn sie läuft ja ganz alleine ab. Aber selbst
wenn Sie es doch tun, können die, die nicht live dabei waren, Ihren Vortrag auch sehen und hören – am eigenen Computer.

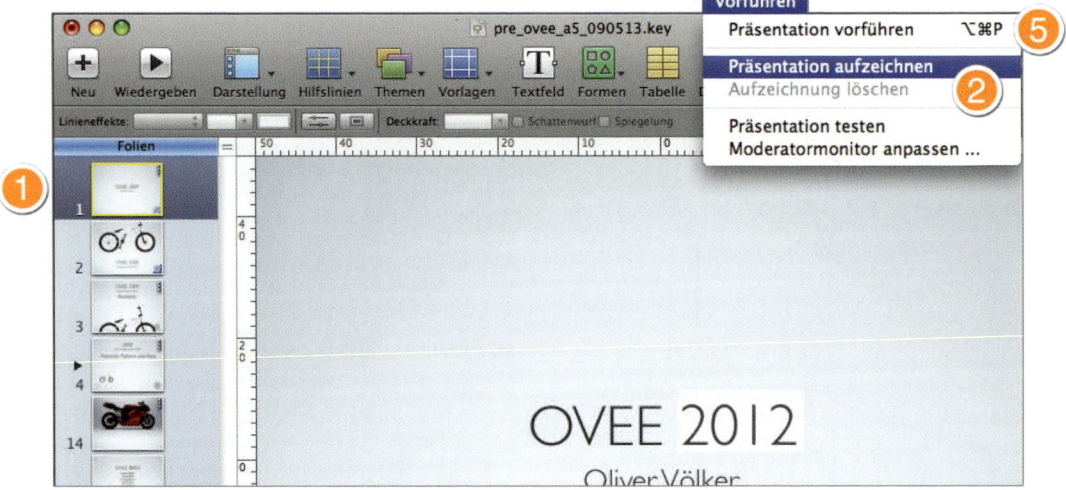

Präsentation aufnehmen und sichern

1 Öffnen Sie eine Präsentation in *Keynote* und klicken Sie auf die erste Folie.

2 Wählen Sie aus dem Menü *Vorführen | Präsentation aufzeichnen.*

3 Die Präsentation startet. Halten Sie Ihren Vortrag ganz normal. Wechseln Sie die Folien und klicken Sie durch Animationen. Beenden Sie die Präsentation mit der Taste *esc.*

4 Oben links sehen Sie die Aufnahmetaste. Sie leuchtet rot, während die Aufnahme läuft. Die Pegelanzeige zeigt die Eingangslautstärke an. Sie können die Präsentation jederzeit unterbrechen. Klicken Sie dazu auf die Aufnahmetaste. Sie wechselt zu grau. Klicken Sie erneut, um weiter aufzunehmen.

5 Wählen Sie aus dem Menü *Vorführen | Präsentation vorführen* (⌘-⌥-P). *Keynote* spielt die Präsentation so ab, wie Sie sie aufgenommen haben.

Wie Sie Ihre Präsentation als Film bei *YouTube* veröffentlichen, sehen Sie auf der Seite *Präsentation online verteilen*.

Natürlich brauchen Sie ein Mikrofon, um Ihre Sprache aufzunehmen. Alle MacBooks und iMacs der letzten Jahre haben ein eingebautes Mikrofon. Es ist erstaunlich gut und genügt meist, wenn Sie keine Hintergrundgeräusche haben. Sie können natürlich auch ein externes Mikrofon an Ihren Mac anschließen.

Interaktive Präsentation mit Hyperlinks erstellen

Haben Sie Ihren Mac in einem Laden gekauft? Dann liefen auf den Vorführgeräten möglicherweise Demos, die Ihnen zeigten, was Sie mit Ihrem Mac machen können. Was diese Demos Ihnen wahrscheinlich nicht zeigten, war, dass Sie solche Präsentation auch ganz einfach selbst machen können. Wie das geht, zeigen wir Ihnen.

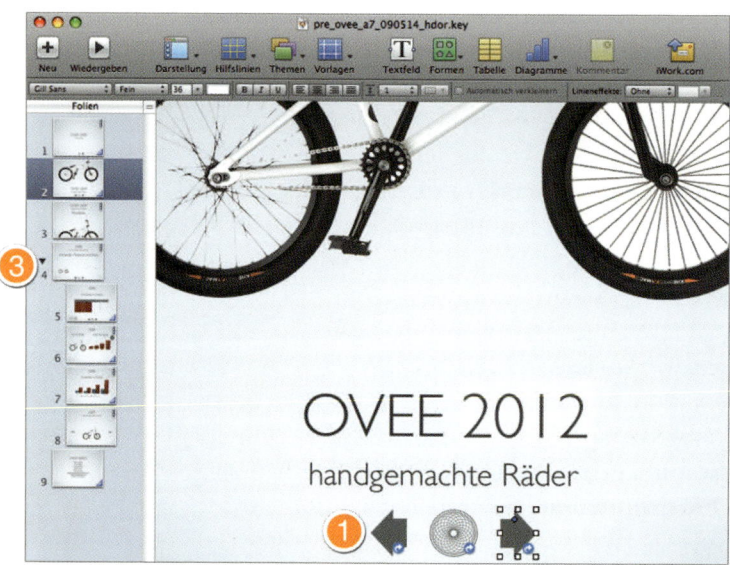

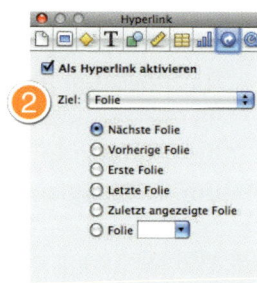

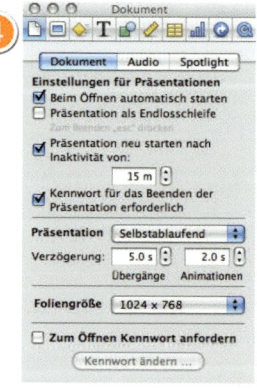

Navigationslinks einfügen und Präsentation vorbereiten

1 Fügen Sie Elemente als Tasten für die Navigation ein. Wir erstellen Vor- und Rückwärtspfeile mit der Taste *Formen*. Das Firmenlogo in der Mitte führt immer zur Startseite.

2 Öffnen Sie das *Informationsfenster Hyperlink*. Wählen Sie ein Objekt aus, klicken Sie *Als Hyperlink aktivieren* und wählen Sie ein Ziel für den Link. Für den Vorwärtspfeil geben wir als Ziel die *Nächste Folie* an.

3 Kopieren Sie die Links und fügen Sie sie auf allen Folien ein.

4 Legen Sie im Informationsfenster *Dokument* die Einstellungen für die Präsentation fest.

5 Ist die Präsentation gestartet, können Sie die erstellten Hyperlinks klicken und so zwischen den Folien wechseln. Zusätzlich können Sie festlegen, ob die Präsentation selbstständig abläuft.

6 Markieren Sie die Option *Kennwort für das Beenden der Präsentation erforderlich:* Keynote verlangt beim Beenden den Namen und das Kennwort des angemeldeten Benutzers oder eines anderen Benutzers, der den Computer verwalten darf (Admin).

Richten Sie einen speziellen Präsentationsbenutzer ein. Wenn Sie für eine Veranstaltung einen Computer zur Präsentation verwenden, richten Sie auf diesem einen neuen Benutzer-Account ein. Nennen Sie ihn zum Beispiel »Präsentation«. Kopieren Sie dann die *Keynote*-Präsentation im *Finder* in den Ordner »Öffentlich« des Benutzers. Mehr zum Thema Benutzer finden Sie im Hilfe-Menü des *Finders* und *Grundlagenbuch zu OS X Mountain Lion*: www.mandl-schwarz.com/12/mountainlion/.

Folien in der Präsentation überspringen

Wenn Sie einen Vortrag vorbereitet und einstudiert haben, werden Sie möglicherweise feststellen, dass er zu lang ist. Aber manchmal können Sie eine Folie weglassen, die für ein bestimmtes Publikum nicht interessant ist. Manchmal sind bestimmte Folien auch nur für ein bestimmtes Publikum gedacht. Wenn Sie Ihren Geldgebern Ihren Businessplan präsentieren, werden Sie möglicherweise ein oder zwei Folien mit detailliertem Zahlenmaterial vorbereitet haben. Wollen Sie zukünftigen Kunden Ihre fantastischen Ideen vorführen, können Sie diese Folien weglassen – oder überspringen.

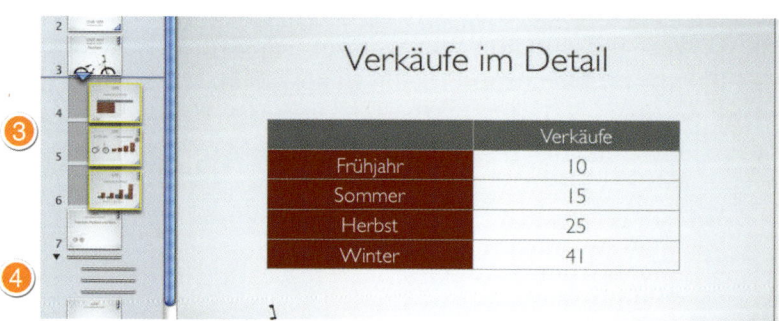

Folien ausblenden und überspringen

1 Klicken Sie im Navigator mit der *rechten Maustaste* auf eine Folie. Wählen Sie aus dem Menü *Folie überspringen*.

2 Alle Folien, die bei der Präsentation übersprungen werden, werden nicht mehr als Miniaturen, sondern als schmale Linien dargestellt. Klicken Sie wieder rechts darauf und wählen Sie *Folie nicht überspringen*, um sie wieder einzublenden.

3 Gliedern Sie Ihre Folien, um Sie im Navigator übersichtlicher darzustellen. Wählen Sie eine oder mehrere aus und ziehen Sie sie nach rechts, um sie einzurücken.

4 Eingerückte Folien lassen sich mit dem Erweiterungspfeil auf- und zuklappen.

Sie können Folien auch in anderen Ansichten auswählen und ausblenden. Auch auf dem Leuchttisch werden die Folien, die Sie überspringen wollen, als schmale Striche dargestellt.

Achtung: Ausgeblendete Folien sind selbstverständlich noch in Ihrer Präsentation vorhanden. Achten Sie beim Weitergeben darauf. Sichern Sie im Zweifel eine *gesäuberte* Exportversion.

Die Präsentation exportieren

Auch wenn Sie Ihren eigenen Haushalt und Ihr Büro komplett auf Apple-Computer, -Telefone und -Abspielgeräte umgestellt haben, gibt es doch eine Welt da draußen, in der nicht jeder deren Sprache versteht. Das wissen auch die Produktmanager von Apple. Deshalb verkriechen Sie sich auch nicht als schmollende Underdogs in Ihren Büros, sondern bieten eine ganze Menge Wege an, die Produkte der Arbeit auch in anderen Umgebungen zu nutzen. Das funktioniert in den meisten Fällen hervorragend.

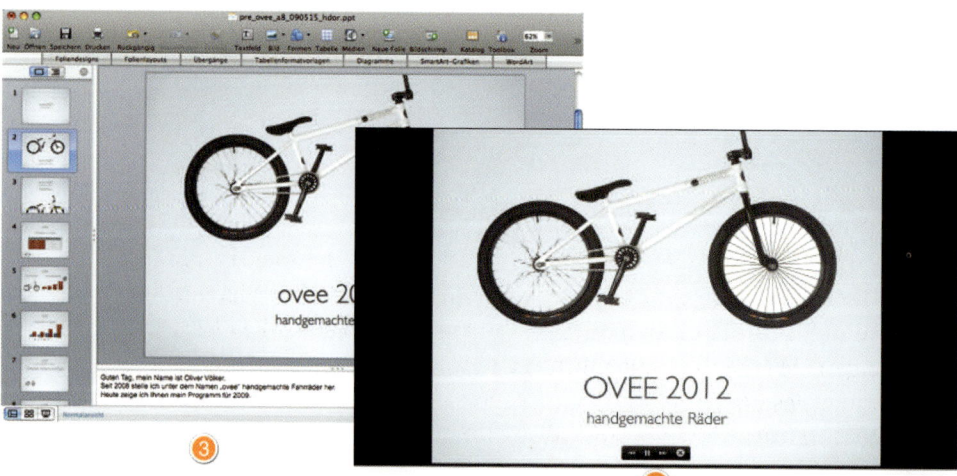

Präsentation in unterschiedliche Formate exportieren

1 Alle Exportmöglichkeiten finden Sie bei den *iWork*-Programmen im Menü *Bereitstellen*. Wählen Sie *Exportieren …* aus dem Menü.

2 Für den Export als *PowerPoint*-Datei *(PPT)* gibt es keine Optionen. Klicken Sie auf *Weiter*, und speichern Sie die Datei auf dem Computer.

3 So sieht die Datei in *PowerPoint 2008* am Mac aus. Unter Windows ist es nicht anders.

4 Exportierte PDF-Dateien können Sie am Mac hervorragend mit *Vorschau* präsentieren. Öffnen Sie die Datei und wählen Sie *Darstellung | Diashow*.

Bei aller Anstrengung: Was *Keynote* kann, kann eben nur *Keynote*. Die beeindruckendsten Spezialeffekte lassen sich nicht immer in *Power-Point* übersetzen. Animierte Diagramme und intelligente Übergangs-effekte werden beim Export durch frugale Grafiken ersetzt. Bei PDFs können Sie für jeden Animationsschritt eine eigene Folie erzeugen lassen. Das sieht in den meisten Fällen ziemlich gut aus.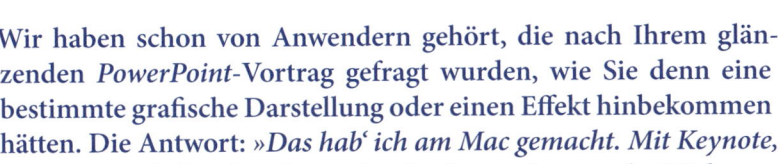

Wir haben schon von Anwendern gehört, die nach Ihrem glän-zenden *PowerPoint*-Vortrag gefragt wurden, wie Sie denn eine bestimmte grafische Darstellung oder einen Effekt hinbekommen hätten. Die Antwort: »*Das hab' ich am Mac gemacht. Mit Keynote, war ganz einfach.*«, brachte mehr als ein anerkennendes Nicken.

Ein USB-Stick ist heute essenziell. Selbst, wenn Sie planen, Ihren Vortrag auf Ihrem eigenen MacBook vorzuführen, rechnen Sie besser mit dem Schlimmsten und sichern Sie Ihre Präsentation in den wichtigsten Formaten auf einem universellen externen Speicher – einem USB-Stick.

Präsentation online verteilen

Handouts sind »so was von von gestern«. Ein Medium wie Papier ist für *Digital Natives* nicht beachtenswert. Menschen, die mit dem Internet auf-gewachsen sind, informieren sich dort. Die suchen Vorträge bei *YouTube* und laden eigene Werke in Communities wie *SlideShare,* damit sie nicht auf der eigenen Festplatte verstauben. *Keynote*-Präsentationen können Sie direkt zu *YouTube* schicken und *SlideShare* akzeptiert klaglos auch große *Keynote*-Dateien. Auf dieser und der nächsten Seite zeigen wir, wie Sie Ihre Präsentation online kriegen.

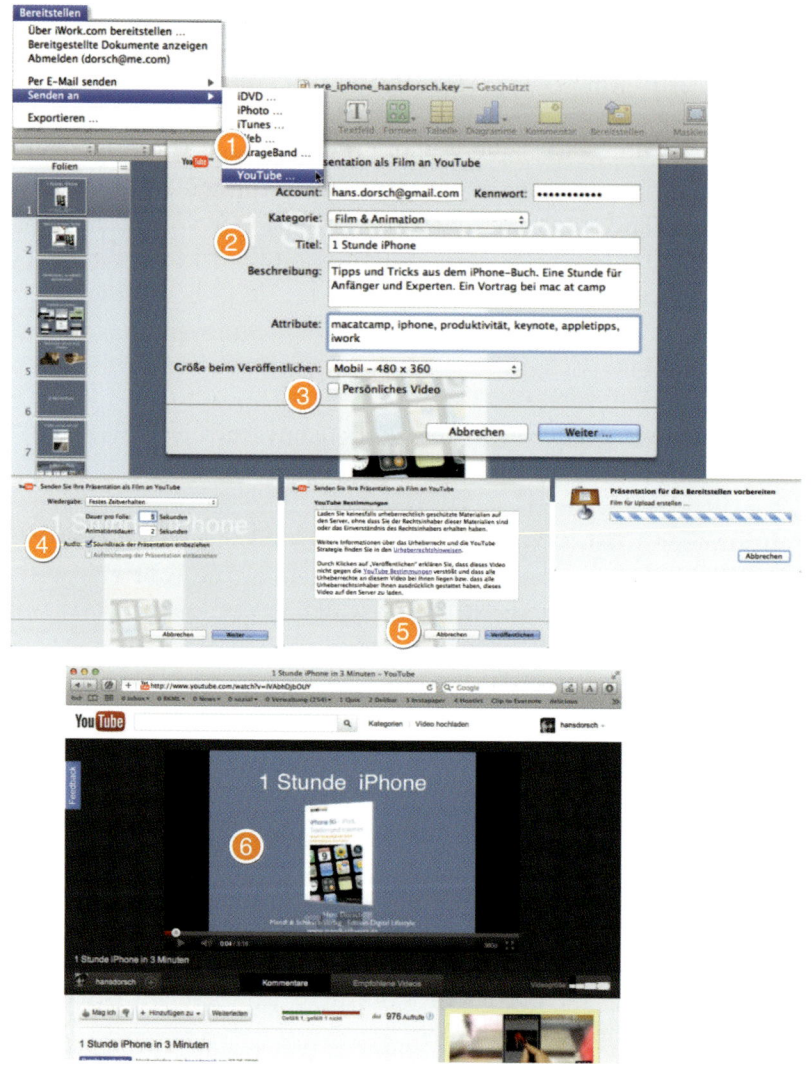

Präsentation bei YouTube veröffentlichen

1 Öffnen Sie die Präsentation und wählen Sie aus dem Menü *Bereitstellen* | *Senden an* | *YouTube ….*

2 Geben Sie im Dialogfeld Titel, Kategorie, Beschreibung und Schlagworte (Attribute) ein. Wählen Sie das größte verfügbare Videoformat. Geben Sie unter *Account* das *YouTube*-Konto an, das Sie zum Hochladen verwenden möchten.

3 Wählen Sie *Persönliches Video*, um die Präsentation nur für sich und ausgewählte Freunde anzuzeigen (Sie können das später online wieder ändern). Klicken Sie auf *Weiter*.

4 Stellen Sie ein, in welchem Zeitabstand die Folien angezeigt werden sollen. Wir verwenden die Standardeinstellung mit 5 Sekunden pro Folie und 2 Sekunden für jede Animation. Haben Sie einen Soundtrack für Ihre Präsentation ausgewählt, wird er in den exportierten Film eingebunden.

5 Klicken Sie im nächsten Schritt auf *Veröffentlichen*. *Keynote* erstellt jetzt einen Film und lädt ihn anschließend auf den *YouTube*-Server. Das kann eine Weile dauern; Sie können aber in der Zwischenzeit an anderen Dokumenten weiterarbeiten.

6 Ist Ihr Film online, wird er auf der Website von youtube.com angezeigt.

Ihr *YouTube*-Konto müssen Sie natürlich vorher eingerichtet haben. Das geht ganz schnell bei www.youtube.de. Wählen Sie Ihren Nutzernamen mit Bedacht. Sie können ihn nachträglich nicht mehr ändern.

Präsentation bei SlideShare veröffentlichen

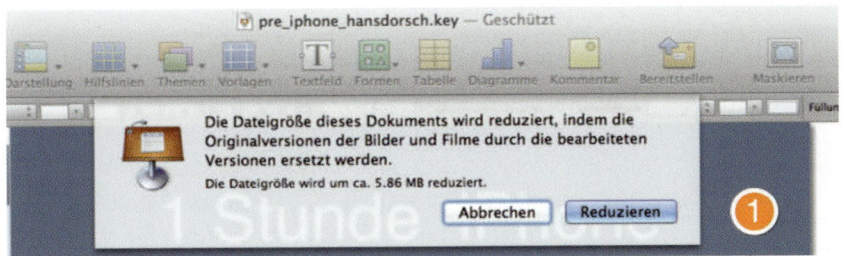

1 Speichern Sie Ihre Präsentation. Wählen Sie vorher aus dem Menü *Ablage | Dateigröße reduzieren*.

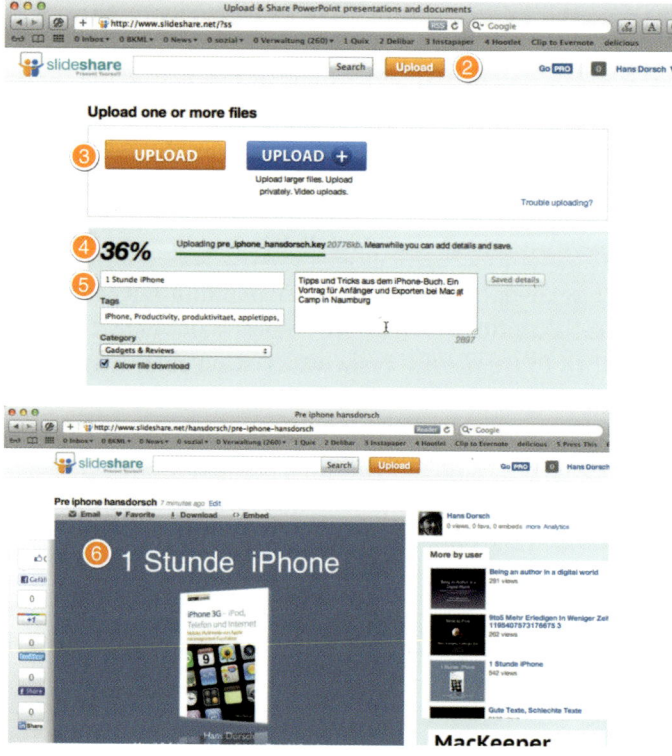

2 Gehen Sie im Webbrowser zu `www.slideshare.net` und klicken Sie auf *Upload* auf der Startseite. Wenn Sie noch nicht angemeldet sind, loggen Sie sich ein (Sie können Ihr Konto auch später erstellen).

3 Klicken Sie jetzt auf die große *Upload*-Taste. Wählen Sie aus dem Fenster, das sich öffnet, Ihre Datei und bestätigen Sie mit *Öffnen*.

4 Ihre Datei wird sofort im Anschluss hochgeladen. Sie sehen den Verlauf der Übertragung im Fenster.

5 Schon während die Datei hochlädt, können Sie noch Informationen zu Ihrer Präsentation eingeben – praktisch, oder? Geben Sie einen Titel, Schlagworte (Tags) und eine Beschreibung ein. Wählen Sie auch eine Kategorie aus und ob die Datei auch als Download verfügbar sein soll.

6 Nach kurzer Zeit ist Ihre Präsentation online. Sie können sie im Browser anzeigen, Links versenden und sie in Ihre eigenen Webseiten einbinden.

Anders als bei *YouTube* können Sie mit dem kostenlosen Konto bei *SlideShare* keine *privaten* Dateien uploaden. Wenn Sie also Präsentationen nur mit einer ausgewählten Fangemeinde teilen wollen, müssen Sie auf ein *Pro*-Konto aufstocken.

Wichtig: Vor dem Veröffentlichen Ihrer Präsentation im Web sollten Sie sich vergewissern, dass keine privaten oder vertraulichen Inhalte im Dokument vorhanden sind. Sehen Sie sich Ihre Folien und die Notizen noch einmal an. Speichern Sie eventuell eine gesonderte öffentliche Version unter einem anderen Namen. Im Informationsfenster *Dokument* sollten Sie außerdem den Bereich *Spotlight* untersuchen. Geben Sie dort die Daten ein, die Sie veröffentlicht sehen möchten, oder leeren Sie alle Felder. Wir haben in solchen Feldern schon teilweise entlarvende Einträge gefunden (peinlich).

Ebenso wichtig: *SlideShare* macht tolle Sachen mit Ihren Dateien. So zieht die Anwendung Ihre Notizen aus der Präsentation und veröffentlicht sie mit auf der Seite. Das ist prima für Suchmaschinen, aber auch ein Grund mehr, die Präsentation vor dem Hochladen genau anzusehen.

Handouts und Notizen drucken

Keynote ist hauptsächlich dazu da, Live-Vorträge zu unterstützen (obwohl wir auch Anwender kennen, die damit Layouts für Glückwunschkarten erstellt haben – bevor es *Pages* gab). Dennoch werden die Informationen aus dem Vortrag häufig auch gedruckt oder digital zum Nachlesen verlangt.

Präsentation anpassen und drucken

1. Öffnen Sie eine *Keynote*-Datei und wählen Sie aus dem Menü *Ablage | Drucken* (⌘-P).

2. (siehe nachfolgende Seite:) Der Druckdialog mit allen Optionen wird eingeblendet. Sollten Sie nur ein Feld ohne Optionen sehen, klicken Sie auf die Erweiterungstaste *Details einblenden* am linken unteren Rand.

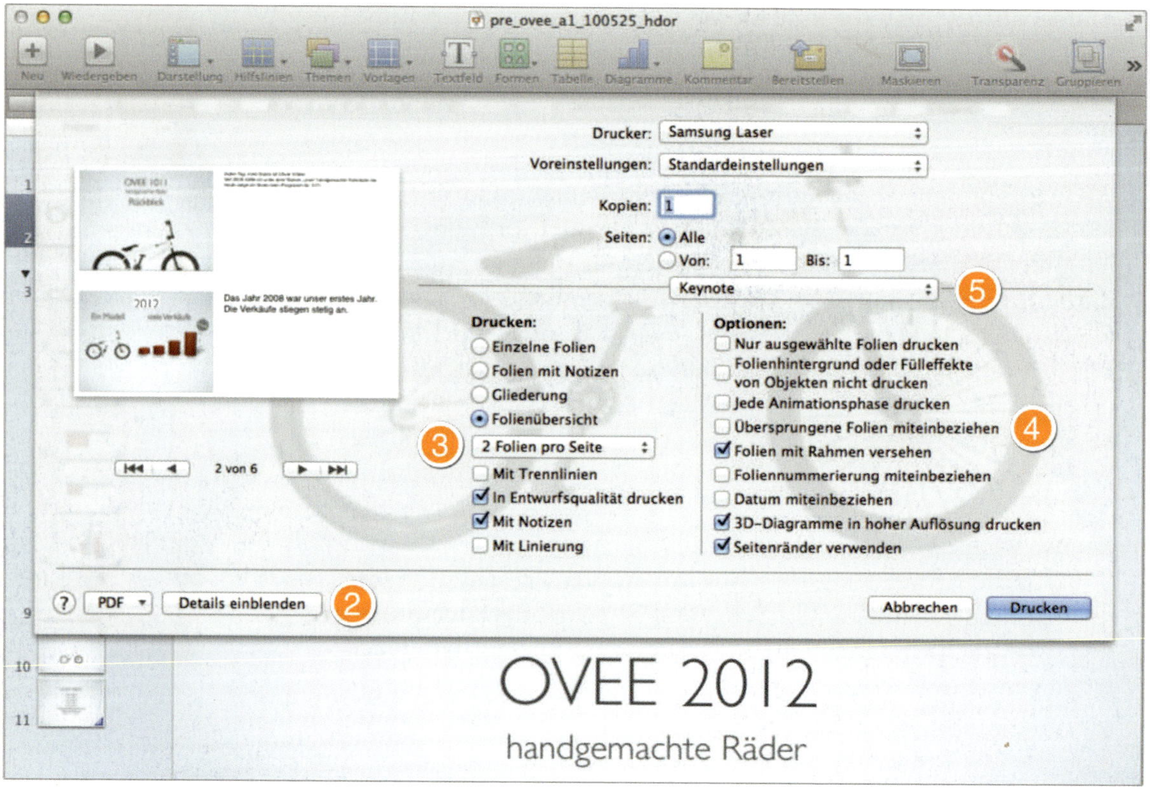

OVEE 2012

handgemachte Räder

3 Wählen Sie aus, wie Sie die Folien ausdrucken möchten. Wir wählen die Variante *Folienübersicht* mit *2 Folien pro Seite mit Notizen.*

4 Folien, die im Dokument als übersprungen ausgeblendet sind, werden nicht gedruckt.

5 *Keynote* bietet das praktische Querformat an. Um auf das Hochformat umzustellen, wählen Sie aus dem Menü den Punkt *Seiteneinstellungen.*

Wir haben schon viele Agenturbriefings in Form gesammelter *PowerPoint*-Folien bekommen. In vielen Fällen waren wir froh, bei der Präsentation nicht dabei gewesen zu sein. Packen Sie also nicht alle Informationen auf die Folien, sondern nutzen Sie die Moderatornotizen für Erläuterungen. Ihre Zuhörer und Leser werden dankbar sein.

Sie können auch die Folienübersicht als PDF-Datei speichern und weitergeben. Klicken Sie dazu auf die Taste *PDF* und wählen Sie *Als PDF sichern ….*

iWork-Anwendungen zusammen nutzen und erweitern 12

Obwohl die Programme im *iWork*-Paket nicht unter einer *Open Source*-Lizenz veröffentlicht sind, und Apple auch (leider) kein universelles Dateiformat unterstützt, lässt sich mit den Programmen doch sehr gut und in den meisten Fällen auch ohne Einschränkungen arbeiten.

Abgesehen von den Werkzeugen und Funktionen, die *Pages, Numbers* und *Keynote* gemeinsam haben, und die Sie in allen Programmen nutzen können, gibt es noch viele Gelegenheiten, in denen Sie merken werden, dass die Programme einfach gut zusammenarbeiten.

Probieren Sie es einfach aus. Kopieren Sie Tabellen aus *Pages* in *Numbers* und bearbeiten Sie diese dort weiter. Nutzen Sie Diagramme aus *Numbers* in *Keynote* und lassen Sie die Werte automatisch aktualisieren.

Einschränkungen gibt es nur, wenn Sie diese wollen – zum Beispiel mit einem Kennwortschutz für geheime Verschlusssachen.

Numbers-Diagramm in Keynote oder Pages verwenden

So macht Zusammenarbeit Spaß. Die Buchhaltung verfolgt die Verkaufszahlen in einer Tabelle in *Numbers*. Der Planer und Stratege holt sich die interessanten Daten heraus und erstellt daraus ein ausdrucksstarkes und grafisch einmaliges Diagramm. Der Firmenchef nimmt das Diagramm und setzt es in seine Präsentation ein – und zwar immer mit den letzten Daten. Denn sein Diagramm hat einen unsichtbaren Draht zum *Numbers*-Dokument. »Das ist nicht neu«, werden Sie sagen. »das macht doch *MS Office* schon lange« und »das hat Apple doch schon vor 15 Jahren versucht«. Stimmt, und Apple hat dazugelernt. Zum Beispiel, sich erst einmal auf das Wichtigste zu beschränken. Schauen Sie mal, wie das in *iWork* geht.

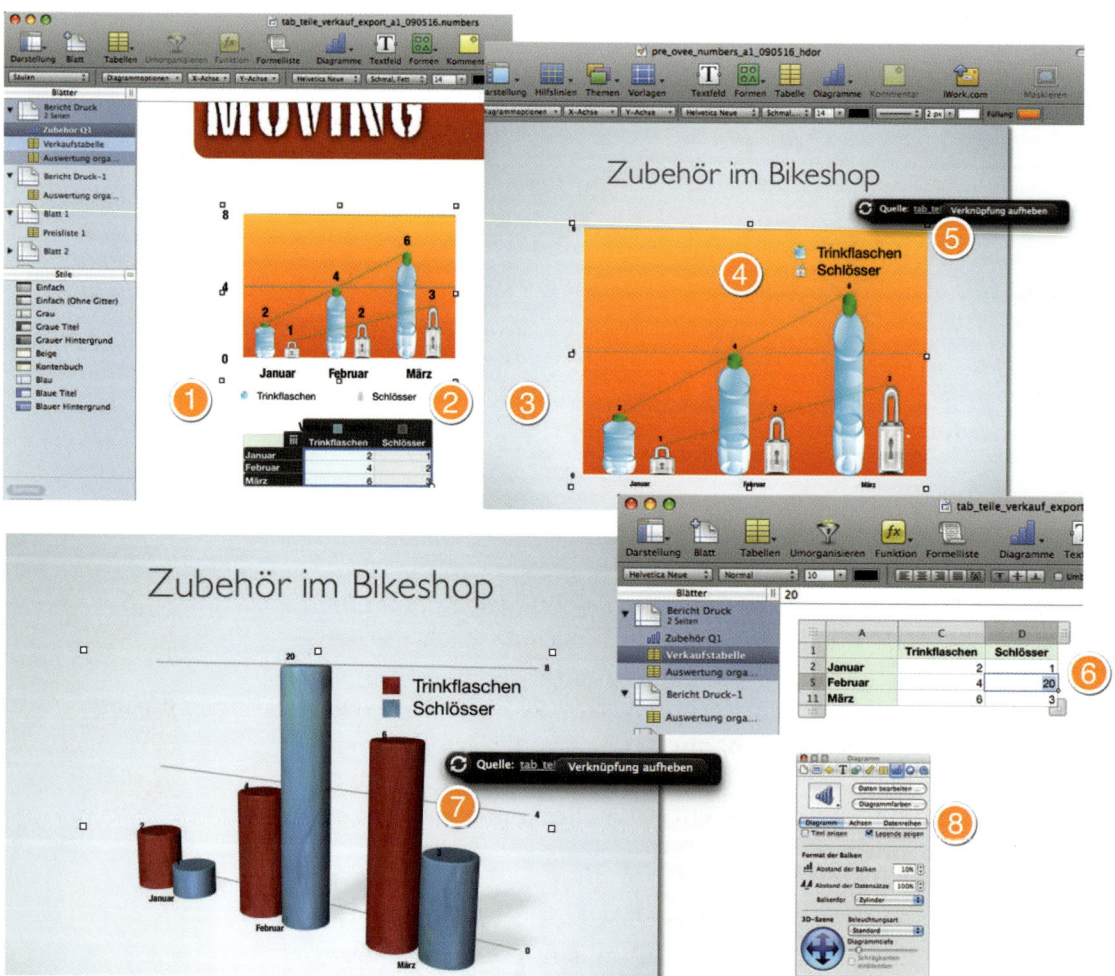

Diagramm aus Numbers verknüpft einfügen

① Öffnen Sie ein Dokument in *Numbers* und klicken Sie auf ein Diagramm. Das Diagramm und die Tabelle mit den Werten wird aktiviert.

② Kopieren Sie das Diagramm mit ⌘-C oder über das Menü *Bearbeiten | Kopieren.*

③ Öffnen Sie eine *Keynote*-Präsentation und klicken Sie auf die Folie, in die Sie das Diagramm einsetzen möchten.

④ Das Diagramm wird eingefügt zusammen mit der schwebenden Verknüpfungstaste.

⑤ Klicken Sie auf den Link in der Verknüpfungstaste (Quelle), um die Tabelle mit den Daten zu öffnen.

⑥ Ändern Sie die Daten in der Ursprungstabelle und sichern Sie das Dokument (⌘-S).

⑦ Wechseln Sie zu *Keynote* und klicken Sie auf der Verknüpfungstaste das Feld *Aktualisieren*. Das Diagramm zeigt die geänderten Werte an.

⑧ Bearbeiten Sie die Einstellungen für das Diagramm. Die Verknüpfung zu den Daten bleibt erhalten.

Sie können das Diagramm auf diese Weise auch in *Pages* einsetzen.

Wie Sie Bilder und andere Medien in Ihr Dokument einfügen, zeigen wir Ihnen in Abschnitt 2 auf der Seite *Bilder, Sounds und Filme aus den iLife-Programmen mit der Medienübersicht nutzen.*

Zum Hintergrund: Microsoft verbindet seit 1994 über *OLE (Object Linking and Embedding)* Inhalte der dazugehörigen Programme. Genau zu dieser Zeit versuchte Apple, die Arbeit am Computer weg von der Arbeit mit einzelnen Programmen hin zur Arbeit an Dokumenten zu lenken. Das Konzept und die Technik dazu nannte man »OpenDoc« und es scheiterte schon nach kurzer Zeit. Dokumente mit verknüpften Inhalten können viele Probleme und Kopfzerbrechen bei Anwendern und Entwicklern verursachen. Deshalb bietet *iWork* zur Zeit eine Möglichkeit der Verknüpfung für eine Art von Inhalt. Das funktioniert einfach und zuverlässig. Wer weiß, vielleicht kommt ja noch mehr.

Serienbrief erstellen mit Pages

Man möchte meinen, heute, wo alle Menschen per E-Mail über das Internet kommunizieren, seien Briefe aus Papier überflüssig. Stimmt aber nicht. Gerade, wenn alles digital ist, fällt eine Einladung auf echtem Papier im Briefkasten auf. Und so wird auch die alte Kunst der Serienbrief-Erstellung weiterhin etwas sein, mit dem Seminaranbieter Ihre potentiellen Schüler in die Office-Kurse locken – mit dem Versprechen, danach zum verschworenen Kreis der Eingeweihten zu gehören. Aber wissen Sie was? Überlassen Sie das den anderen. Nutzen Sie lieber die Magie von *iWork* um Ihre Adressdaten mit Ihren Textdokumenten zu verschmelzen. So geht's.

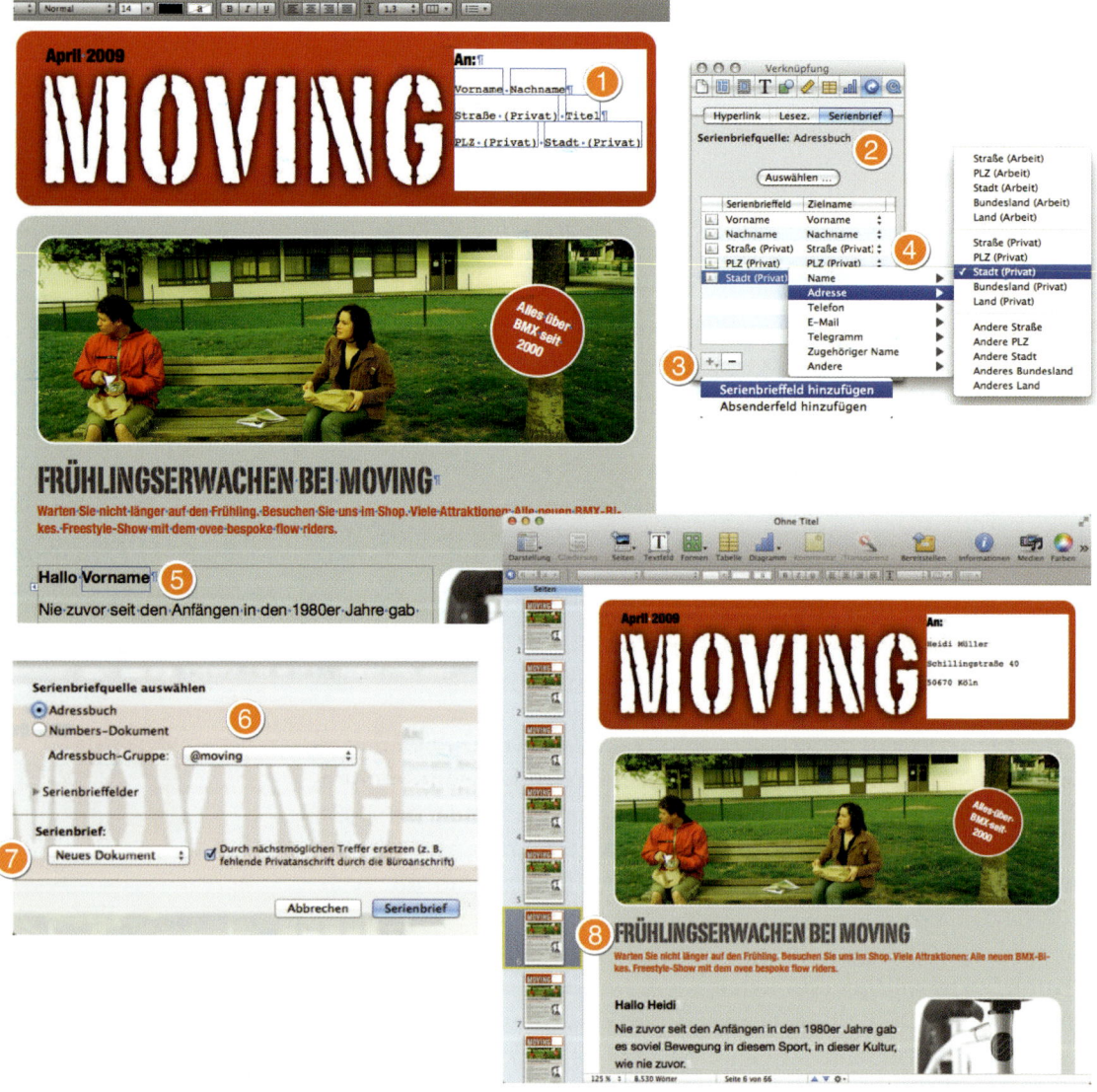

Dokument in Pages als Serienbrief anlegen

1 Erstellen Sie ein Dokument in *Pages,* das Sie als Serienbrief verwenden möchten. Setzen Sie die Einfügemarke an jene Stelle, an der Ihr Text dann automatisch eingesetzt werden soll. Wir erstellen ein Adressfeld mit der Anschrift des Empfängers.

2 Öffnen Sie das Informationsfenster *Verknüpfung* und wählen Sie *Serienbrief.* Wählen Sie als Quelle das Adressbuch (Kontakte).

3 Klicken Sie auf das Plus-Zeichen (+) am unteren Fensterrand und wählen Sie *Serienbrieffeld hinzufügen.* Das neue Platzhalterfeld wird sofort in das Dokument eingesetzt.

4 Klicken Sie auf das neu erstellte Feld in der Liste und wählen Sie aus dem Menü, welches Feld genau eingesetzt werden soll.

5 Sie können ein Feld mehrere Male verwenden. Für eine persönliche Anrede setzen wir den Vornamen in unseren Brieftext ein.

6 Wählen Sie aus dem Menü *Bearbeiten | Serienbrief.* Wählen Sie als Serienbriefquelle das Adressbuch. Wählen Sie die Adressbuchgruppe, an deren Kontakte Sie den Brief schicken möchten.

7 Wählen Sie *Neues Dokument* aus dem Menü *Serienbrief* und klicken Sie anschließend die Taste *Serienbrief.*

8 *Pages* erstellt jetzt ein Dokument mit einer Seite für jeden Empfänger und ersetzt die Platzhalter durch die Einträge im Adressbuch (Kontakte). Speichern Sie dieses Dokument unter einem anderen Namen und drucken Sie es aus.

Wichtig: Die Gruppe müssen Sie vorher erstellen. Dabei kann es sich um eine »normale« Gruppe handeln, in die Sie bestimmte Kontakte von Hand bewegen – oder eine »intelligente Gruppe«, die auf bestimmten Kriterien beruht, zum Beispiel Einträgen in den Notizen.

Auf der nächsten Seite zeigen wir, wie Sie die Adressen für Ihren Serienbrief aus *Numbers* holen.

Pages-Serienbrief mit Adressdaten aus Numbers füllen

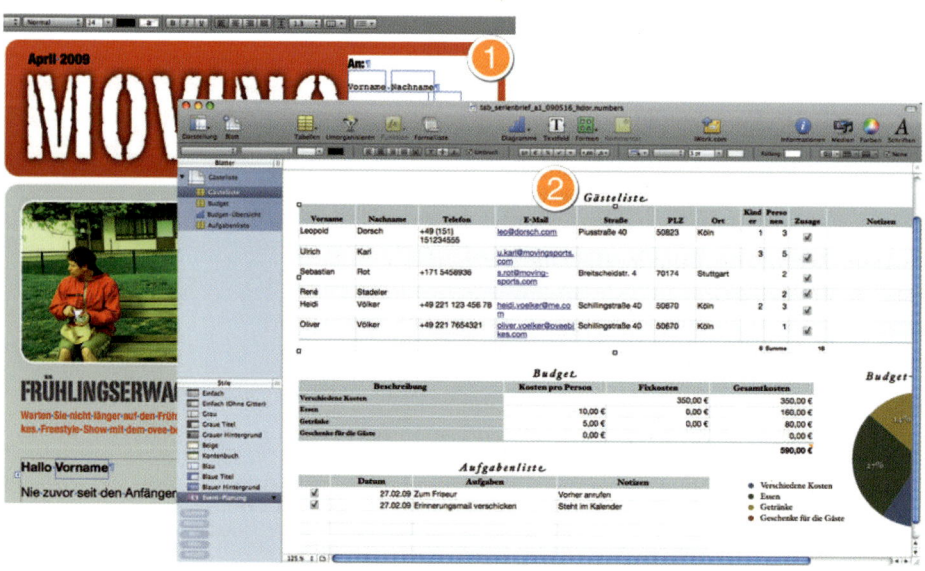

1. Erstellen Sie Ihr Dokument, wie auf der vorherigen Seite beschrieben.

2. Erstellen Sie in *Numbers* eine Tabelle mit Adressdaten. Sie sollte eine Titelzeile mit Feldnamen haben. Wir nennen unsere Tabelle »Gästeliste«.

3. Wechseln Sie zu *Pages* und wählen Sie aus dem Menü *Bearbeiten | Serienbrief*. Klicken Sie auf *Numbers*-Dokument als Serienbriefquelle. Wählen Sie aus dem folgenden Dialogfeld die Datei mit der Tabelle.

4. Wählen Sie aus dem Menü die Tabelle, die die Adressdaten enthält. In unserem Fall die »Gästeliste«.

5. *Pages* zeigt die Serienbrieffelder und die zugeordneten Felder aus der Tabelle in *Numbers*. Entsprechen die Spaltennamen in *Numbers* (Zielnamen) denen der Felder im Dokument (Serienbrieffeld), werden sie automatisch zugeordnet.

6. Ordnen Sie die restlichen (rot markierten) Felder über die Menüs der Zielnamen zu. Wir ordnen dem Serienbrieffeld »Straße (Privat)« den Eintrag in der Spalte »Straße« zu.

7. Klicken Sie, sobald Sie die Felder zugeordnet haben, auf *Serienbrief*. (Die Taste ist erst aktiv, wenn alle Felder zugeordnet sind,)

8. *Pages* erstellt jetzt ein Dokument mit einer Seite für jeden Empfänger und ersetzt die Serienbrieffelder durch die Einträge aus der Tabelle in *Numbers*.

Dokumente mit Kennwort schützen

Bei aller Offenheit: nicht alle Dokumente auf Ihrem Computer sind für die Augen aller Benutzer gedacht. Ob es sich um die Liste mit Geburtstagsgeschenken auf dem Familien-Mac handelt oder das Konzept für Ihre nächste Startup-Firma. Wenn Sie so ein Dokument auch noch per E-Mail verschicken, sollten Sie vielleicht überlegen, ob sie es mit einem Kennwort schützen. Das können Sie bei allen *iWork*-Dokumenten einrichten. Versteht sich doch von selbst für ein ausgewachsenes *Office*-Programm.

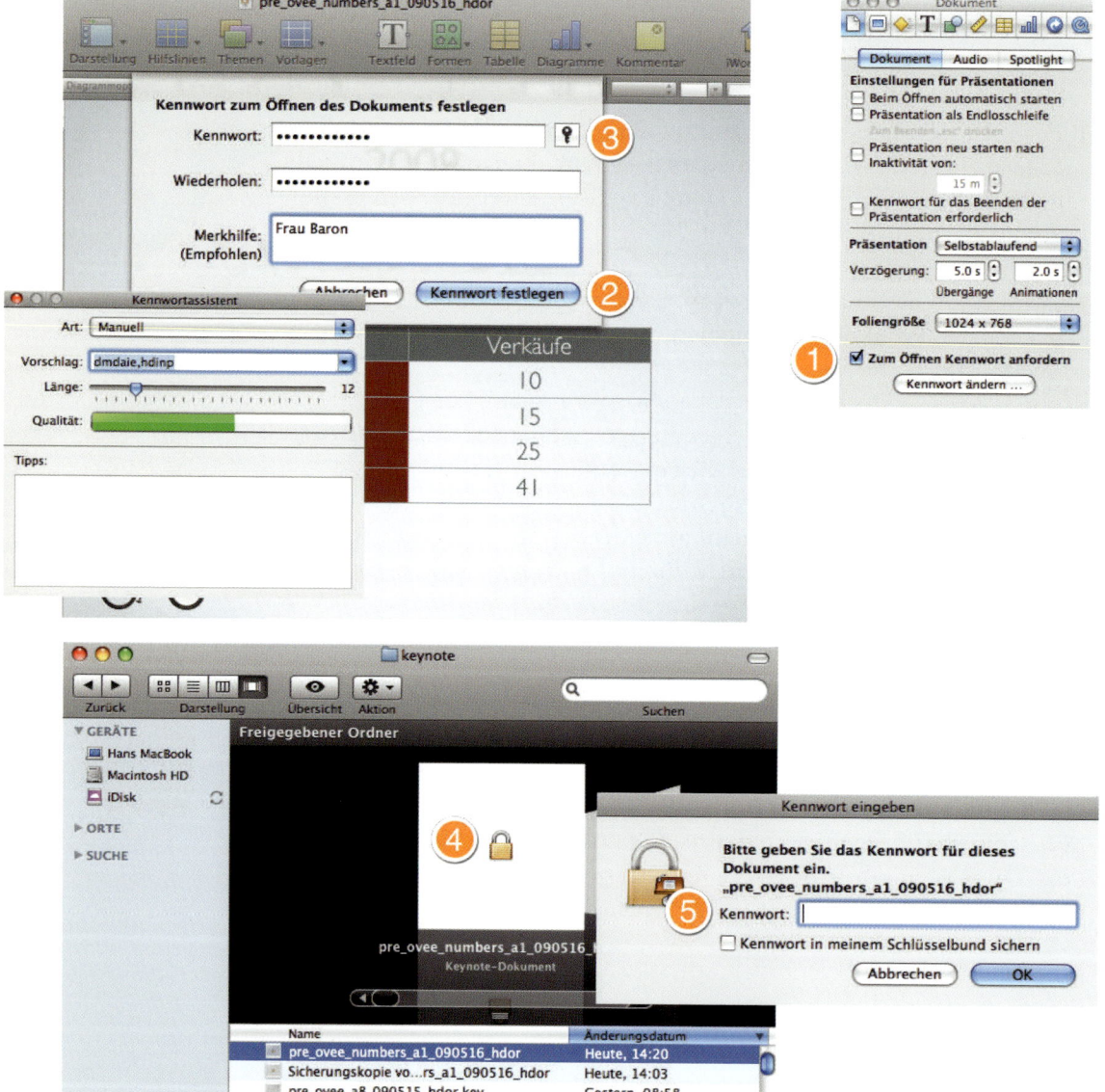

Keynote-Dokument mit Kennwort sichern

1 Öffnen Sie das Informationsfenster *Dokument*. Es sieht in allen *iWork*-Programmen ähnlich aus. Markieren Sie ganz unten die Option *Zum Öffnen Kennwort anfordern.*

2 Geben Sie ein sicheres Kennwort ein und klicken Sie auf *Kennwort festlegen.*

3 Klicken Sie auf den Schlüssel, um den Kennwortassistenten einzublenden. Er erstellt automatisch ein Kennwort und zeigt an, wie sicher Ihr selbstgewähltes ist.

4 Im Finder ist das Dokument nun als geschützt gekennzeichnet. Es gibt keine Übersicht oder Vorschau. Die Inhalte tauchen nicht in der Spotlight-Suche auf.

5 Wenn Sie das Dokument öffnen möchten – zum Beispiel mit Doppelklick –, werden Sie aufgefordert, das Kennwort einzugeben.

Das mit den Kennwörtern ist gar nicht so schwer. Es gibt ja viele Regeln und Ratschläge. Hier ist einer von uns: Nehmen Sie den Titel eines Musikstückes oder Albums, das Ihnen gut gefällt und verwenden Sie die Anfangsbuchstaben der Worte. Wir mögen ein Album von Jens Friebe sehr gern; es heißt »Das mit dem Auto ist egal, Hauptsache dir ist nichts passiert«. Ein etwas sperriger Titel, aber gut zu merken. Abgekürzt ergibt er »dmdaie,hdinp« (schreiben Sie das Komma mit). Da kommt niemand drauf.

Achtung: Wenn Sie ein Dokument in einem anderen Format – zum Beispiel als *PowerPoint*- oder *Word*-Dokument – per E-Mail verschicken, wird der Kennwortschutz aufgehoben. Exportieren Sie für solche Fälle Ihr Dokument in das PDF-Format. PDF-Dokumente besitzen einen eigenen Kennwortschutz (wobei dazu im Internet diskutiert wird, ob PDF-Daten überhaupt geschützt werden können – wir bitten um entsprechende Umsicht).

PDFs erstellen aus iWork-Dokumenten

Wenn Sie irgendjemandem irgendwo ein Dokument schicken möchten, das dieser sicher öffnen kann, selbst wenn er das Programm, mit dem es erstellt wurde, nicht besitzt, ist seit nunmehr über 15 Jahren das *Portable Document Format (PDF)* das Format der Wahl. PDF-Dokumente speichern den Inhalt und die Darstellung der Dokumente originalgetreu – so wie im Original. Ob es sich dabei um ein *Pages*-Textdokument, eine *Numbers*-Tabelle oder ein Bildschirmfoto Ihres Mac handelt. Genau genommen arbeiten Sie am Mac permanent mit PDF, denn *OS X* nutzt dieses Format für die Bildschirm- und Druckausgabe. Deshalb können Sie alles, was Sie am Mac drucken können, auch als PDF drucken. In *iWork* nutzen Sie dazu am besten die Exportfunktion.

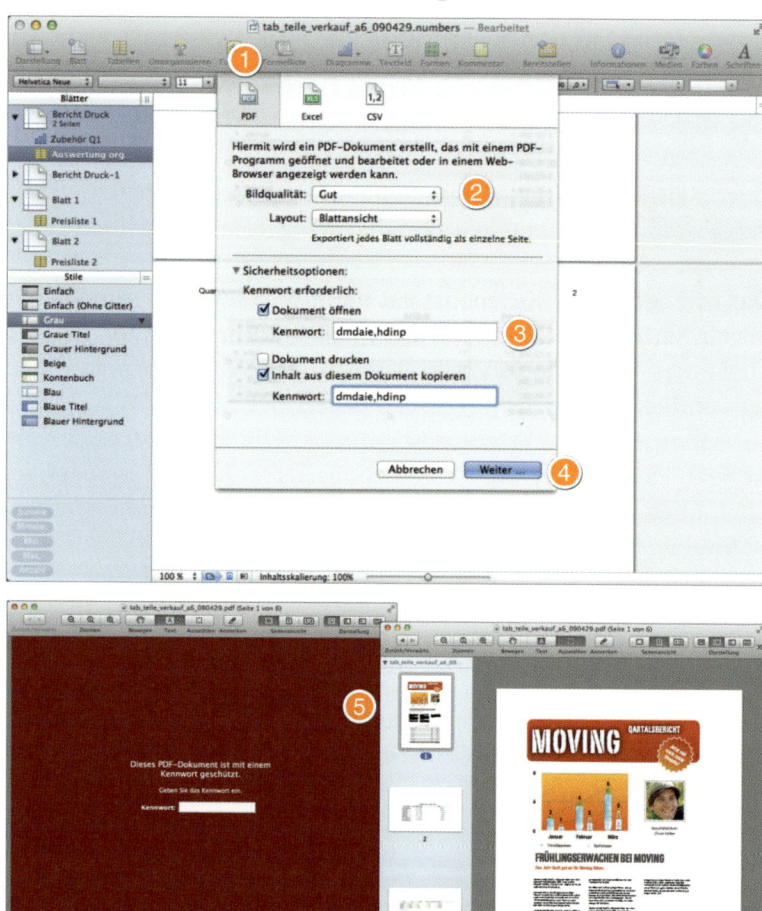

Keynote-Dokument mit Kennwort sichern

1. Öffnen Sie eine *iWork*-Datei (hier ein *Numbers*-Dokument). Wählen Sie aus dem Menü *Bereitstellen | Exportieren ....* Klicken Sie auf das Symbol *PDF*.

2. Die Optionen sind unterschiedlich. Die Bildqualität können Sie allerdings immer auswählen. Wir wählen die niedrigste Qualitätsstufe *Gut*.

3. Sie haben die Möglichkeit, Ihr Dokument mit einem Kennwort zu versehen. Dabei können Sie sogar festlegen, ob Sie das Drucken und Kopieren von Inhalten zulassen wollen.

4. Klicken Sie auf *Weiter*, um das Dokument auf Ihrem Computer zu speichern.

5. Das exportierte Dokument können Sie mit jedem Programm öffnen, das mit PDFs umgehen kann. Am Mac natürlich *Vorschau*, auf anderen Computern vor allem der *Adobe Reader*.

Wie wir auf dieses Kennwort gekommen sind, erklären wir auf der vorherigen Seite *Dokumente mit Kennwort schützen*.

iWork – das iOS-Office auch für iPad und iPhone / Datentausch (nicht nur) per iCloud

13

Mit *iWork* können Sie nicht nur auf dem Mac arbeiten, sondern auch auf Geräten mit *iOS*. Das sind das iPhone, der iPod touch und das iPad. Letzteres ist sogar ganz besonders gut zum Erstellen und Bearbeiten von Dokumenten geeignet. Deshalb gehen wir in diesem Abschnitt vor allem auf die Arbeit mit dem iPad ein. Wo sich das iPhone wirklich gravierend unterscheidet, weisen wir Sie darauf hin.

Ganz wichtig ist der Austausch zwischen den Geräten – schließlich möchten Sie Dokumente, die Sie an einem Gerät bearbeitet haben, auch am anderen anzeigen oder bearbeiten.

Mit *iCloud* geht Apple einen großen Schritt in Richtung des »Allgegenwärtigen Computers«. Der kostenlose Dienst, der ab *iOS 5* Bestandteil des Systems ist, sorgt dafür, dass alle Dokumente, die Sie bearbeiten, auf allen Geräten immer auf dem gleichen Stand sind. Einfach so, über das Internet.

Alle *iWork*-Apps finden Sie im App Store auf Ihrem iPad oder iPhone. Suchen Sie nach *Pages*, *Numbers* und *Keynote*. Jede App kostet 7,99 €. Einmal gekauft, können Sie sie auf allen Ihren *iOS*-Geräten installieren und nutzen.

Die Anatomie eines iWork-Dokuments

Die *iWork*-Apps auf dem iPad sehen anders aus als die auf dem Mac. Am markantesten ist dies sicher bei *Pages* mit der antiken Anmutung edler Materialien wie Leder und Messing. Leider kann man die Strukturen auf dem Glas nicht fühlen.

iWork-Symbolleiste

Über die Symbolleiste erreichen Sie die wichtigsten Funktionen. Mit drei kleinen Symbole greifen Sie auf eine Vielzahl von Einstellungen und Funktionen zu.

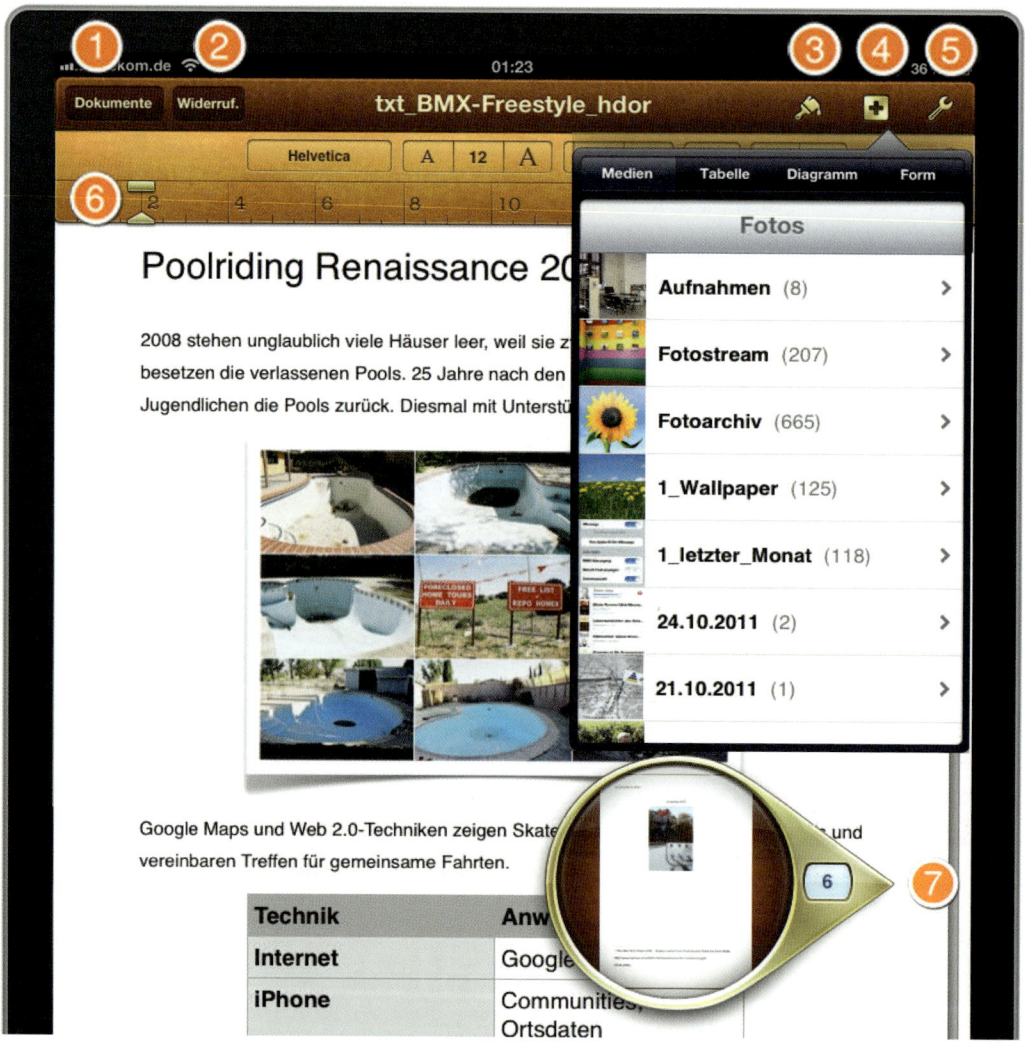

❶ Dokumente: Öffnet die *Dokumentenübersicht*. Hier finden Sie bestehende und erstellen neue Dokumente.

❷ Widerrufen: Ein Tipp auf die Taste macht jede Aktion seit dem letzten Öffnen rückgängig. Ein langer Druck öffnet ein Menü. Wählen Sie *Wiederholen*, um die letzte Aktion wiederherzustellen. (Am iPhone gibt es die Taste nicht. Dort müssen Sie schütteln; siehe auch nächste Seite.)

❸ Format: Diese Taste öffnet eine Palette, mit der Sie die Eigenschaften der Elemente in Ihrem Dokument verändern können. Die Tasten und Inhalte sind kontextabhängig. Befindet sich die Einfügemarke im Text, können Sie Textstile oder Listenformate ändern; haben Sie ein Bildelement ausgewählt, können Sie Rahmen festlegen oder die Deckkraft (Transparenz) einstellen. Die Änderungen sehen Sie, schon während Sie sie bearbeiten.

❹ Einfügen: Alle *iWork*-Apps können mit praktisch allen Medienarten umgehen. Die Einfügetaste lässt Sie alle Fotos und Filme aus der »Fotos«-Mediathek sehen und einfügen; auch Tabellen und Diagramme finden Sie in unterschiedlichen Stilen, passend zu Ihrem Dokument. Unter den Formen finden sich Pfeile, Sprechblasen und Polygone – alles, was Sie für visuell ansprechende Dokumente brauchen.

❺ Werkzeuge: Hier verstecken sich die Werkzeuge zum Suchen und die Funktion *Drucken*. Seitenränder, Kopf- und Fußzeilen legen Sie in der *Dokumentenkonfiguration* fest, in den *Einstellungen* finden Sie die Korrekturfunktion, die *Wortzählung* (leider keine Zeichen) sowie die *Hilfslinien* zum Ausrichten der Elemente. Die *Hilfe*-Taste öffnet die umfangreiche Hilfe in einem eigenen Fenster.

❻ Lineal: *Pages* besitzt ein wunderschön gestaltetes Lineal für die wichtigsten Texteinstellungen. Mit dem kleinen »x« ganz rechts blenden Sie es aus. Ist es ausgeblendet, bleibt ein kleiner Streifen zurück. Tippen Sie darauf, um es wieder zu anzuzeigen.

❼ Navigator: Legen Sie in *Pages* den Finger an den rechten Rand des Bildschirms. Eine Linse erscheint. Fahren Sie auf und ab, um die Seiten Ihres Dokuments zu überfliegen.

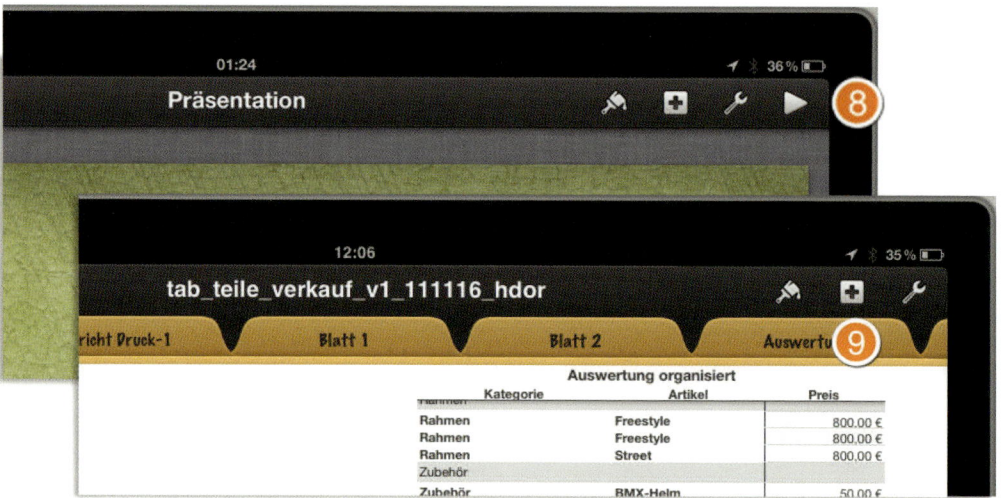

8 Präsentation starten: Tippen Sie auf diese Taste, um in *Keynote* Ihre Präsentation zu starten. Mit der »Kneifgeste« kommen Sie wieder auf die Bearbeitungsoberfläche.

9 Tabs: Hinter den Ordnerreitern in *Numbers* finden Sie die einzelnen Blätter und Formulare Ihres Dokuments (letztere gibt es nur in *iOS*). Das ist hübsch und fingerfreundlich. Tippen Sie auf den »+«-Tab, um einen neuen Reiter zu erzeugen.

Was auf den mobilen Apple-Geräten zusätzlich angenehm erscheint:

- Alle Inhalte Ihrer Dokumente lassen sich direkt anfassen und bearbeiten.

- Bilder und andere Objekte lassen sich in der Größe bearbeiten und mit zwei Fingern drehen. Der Text fließt automatisch darum.

- Sobald Sie Inhalte bewegen, erscheinen Hilfslinien, die anzeigen, wie Objekte im Verhältnis zur Seite und zu anderen stehen. So platzieren Sie ein Bild schnell in der Mitte und sorgen dafür, dass Foto und Tabelle auf einer Ebene sind.

Dokumente verwalten, erstellen und bearbeiten mit Pages

Die Oberfläche von *Pages* am Mac ist schon ziemlich aufgeräumt. Das ist schön. *Pages* am iPad geht aber noch einen Schritt weiter: Die meisten

Möglichkeiten sind so lange versteckt, bis Sie sie brauchen. Wir zeigen Ihnen mal kurz, wie das aussieht.

Wir sind im Urlaub und möchten unsere Eindrücke festhalten. Abends erstellen wir unser Tagebuch am iPad.

Ein Dokument mit einer »Pages«-Vorlage erstellen

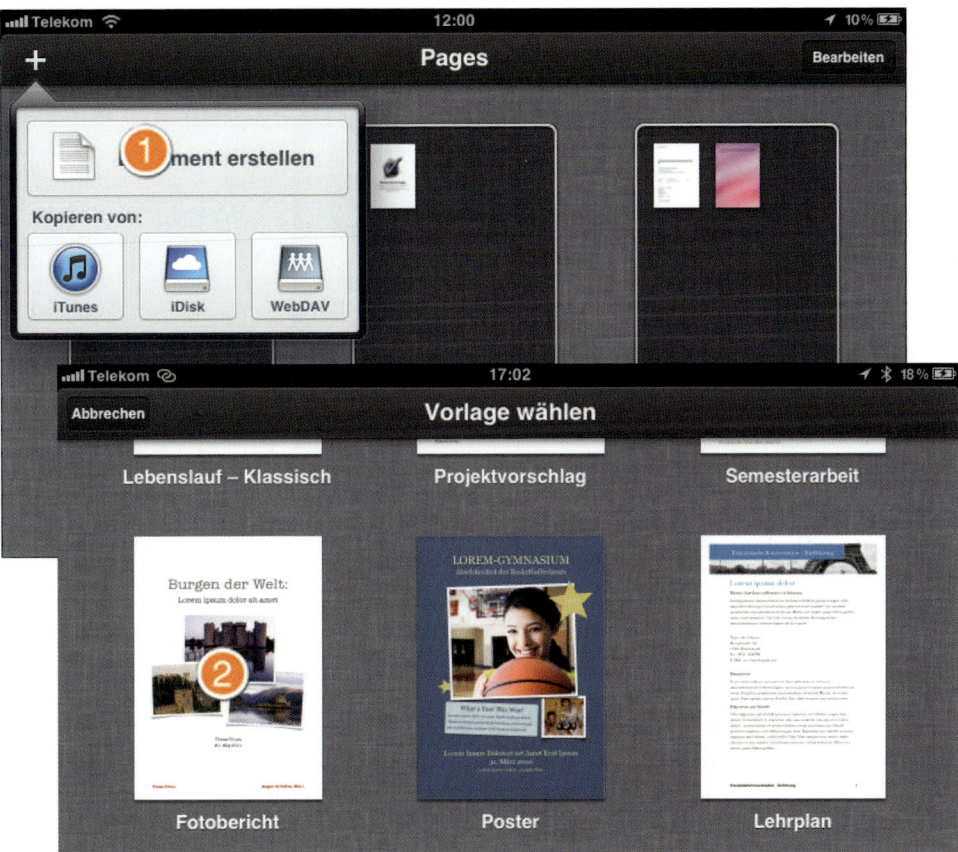

1. Öffnen Sie *Pages* und tippen Sie in der *Dokumentenübersicht* oben links auf das *+*-Zeichen. (Dann auf *Dokument erstellen.*)

2. Wählen Sie eine Vorlage, die zu Ihrem Vorhaben passt. Wir wählen »Fotobericht«. Geben Sie dem Dokument einen neuen Namen. Wir haben ein System dafür, dass wir Ihnen im Abschnitt iWork-Dokumente austauschen genauer beschreiben.

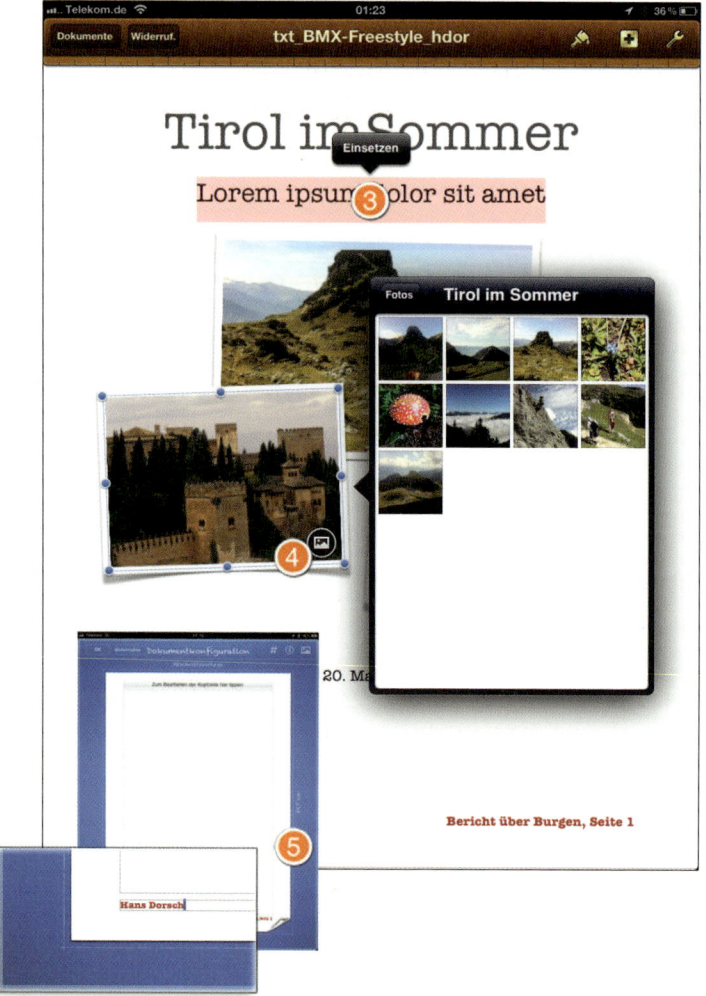

③ Pages-Vorlagen sind mit Platzhaltern gefüllt. Das macht den Start einfacher. Ein Tipp auf ein Textelement mit Blindtext wählt es komplett aus. Schreiben Sie jetzt Ihren eigenen Text.

④ Auch die Bilder sind Platzhalter. Ein Tipp auf das Medien-Symbol am unteren Bildrand öffnet ein Fenster mit Ihren Fotoalben. Wir haben alle Urlaubsbilder in der Foto-App in einem eigenen Album gesammelt. Wählen Sie das Foto aus, das Sie einsetzen möchten.

⑤ Auch Kopf- und Fußzeilen sind Teil dieser Vorlage. Ein Tipp auf die Fußzeile öffnet die Dokumentkonfiguration. Ersetzen Sie auch hier die Platzhalter durch Ihre eigenen Eingaben. (Sie finden sie auch in den Werkzeugen in der Symbolleiste.)

Inhalte erstellen und bearbeiten

Ach so, wir wollten ja noch Text bearbeiten. *Pages* unterstützt »Stile« (Formatvorlagen), um Text mit Struktur und einheitlichem Aussehen zu erstellen. Wenn einfache Listen nicht genügen, sorgen Tabellen für Ordnung.

❶ Nutzen Sie das Lineal, um auf die wichtigsten Texteinstellungen zuzugreifen. Tippen Sie auf die Taste ganz links, um den Stil für den aktuellen Absatz festzulegen.

❷ Fassen Sie die Tabulatoren im Lineal an. Verschieben Sie sie, um den Zeileneinzug zu verändern. Tippen Sie an eine andere Stelle im Lineal: und schon ist ein neuer Tab erstellt. Ziehen Sie den Tabulator nach unten aus dem Lineal: genauso flink ist er verschwunden.

❸ Bilder lassen sich selbstverständlich drehen. Fassen Sie sie mit zwei Fingern an und drehen Sie sie in die gewünschte Richtung. Das funktioniert sogar innerhalb einer Maske. Mit Doppeltipp wählen Sie das eingefügte Bild aus; drehen und vergrößern Sie es dann.

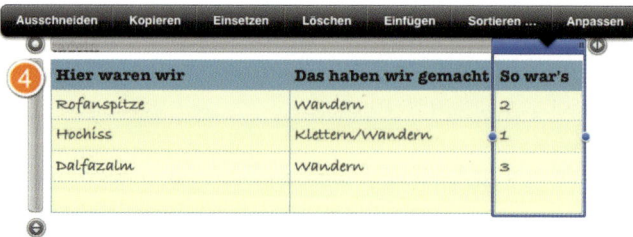

④ Tabellen lassen Sie wie Bilder über die *Einfügen*-Taste an jede Stelle des Dokuments einsetzen. Sie lassen sich ebenfalls durch Anfassen bearbeiten. Sie können Inhalte einfügen, sie vergrößern und verkleinern. Auch das Sortieren der Inhalte ist möglich. Probieren Sie Möglichkeiten aus. Nur Drehen ist leider nicht möglich.

Schlauer und schöner arbeiten mit den Fingern

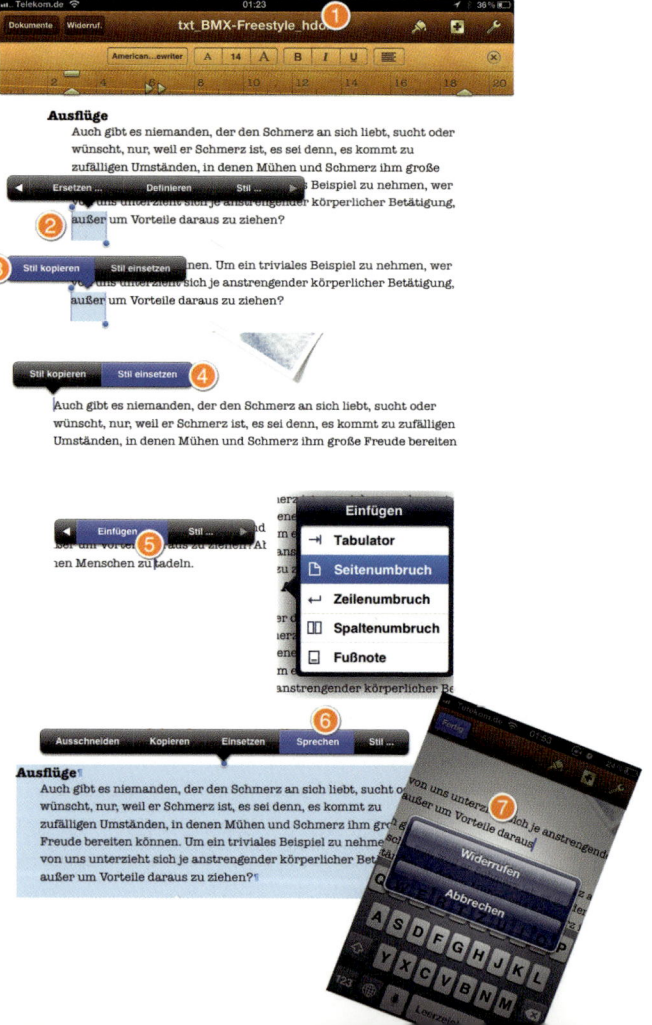

Alles am iPad können Sie anfassen. Deshalb müssen Sie sich auch nicht viel mit der Maus bewegen, und kommen auch ohne Tastaturkurzbefehle aus. Und die Sensoren helfen mit.

❶ **Schnell zur ersten Seite mit der Statusleiste**: Möchten Sie auf kürzestem Weg zurück zum Anfang Ihres Dokuments? Ein Tipp auf die Statusleiste (wo die Uhrzeit steht) genügt. Schon kommen Sie mit Schwung wieder nach oben. Das funktioniert nicht nur in *Pages,* sondern auch im Browser *Safari,* in Listen und überall dort, wo Sie auf Seiten nach unten blättern können.

❷ **Bearbeitungsmenüs für alles**: Tippen Sie auf ein Objekt in Ihrem Dokument. Ein kleines Menü erscheint. Es enthält genau die Möglichkeiten, die Sie gerade haben. Das können so viele sein, dass Sie mit den kleinen Pfeilen links und rechts im Menü blättern müssen.

❸ **Stil kopieren**: Tippen Sie auf ein Wort oder einen Absatz, dessen Formatierung Sie übernehmen möchten. Wählen Sie dann im Bearbeitungsmenü den Punkt *Stil.* Tippen Sie im folgenden Menü auf *Stil kopieren.*

❹ **Stil übertragen**: Tippen Sie jetzt auf das Wort oder den Absatz, auf den Sie die Formatierung übertragen möchten. Wählen Sie wieder aus dem Menü den Punkt *Stil.* Tippen Sie jetzt auf *Stil einsetzen.*

❺ Anders als am Mac können Sie mit der *iOS*-Tastatur keine Tabulatoren (→|) und weiche Zeilenumbrüche (⇧-↵) eingeben. Tippen Sie im Bearbeitungsmenü auf

❻ **Text vorlesen**: Möchten Sie hören, wie sich Ihr Werk anhört? Dann lassen Sie sich den Text einfach vorlesen. Wählen Sie einen Textbereich aus (oder das ganze Dokument mit Alles). Tippen Sie jetzt im Bearbeitungsmenü auf Lesen. Ein professioneller Sprecher hört sich anders an. Wir finden es dennoch äußerst praktisch.

❼ **Schütteln zum Widerrufen**: Weil in der Menüleiste des iPhone so wenig Platz ist, finden Sie dort keine Taste zum Widerrufen. Sie können es trotzdem: Schütteln Sie das iPhone kurz (die Richtung ist egal). Ein Hinweisfenster mit der Taste *Widerrufen* erscheint. Tippen Sie darauf und Ihr gelöschter Text ist wieder da. Schütteln Sie noch einmal, und Sie finden zusätzlich die Taste *Wiederholen.* (Das Ganze funktioniert natürlich auch am iPad.)

Keynote: Präsentationen unterwegs zeigen und bearbeiten

Planen, Erstellen und Vorführen von Präsentationen – mit *Keynote* am iPad arbeitet es sich angenehm anders als mit der Mac-Variante.

Das iPad ist ja nicht unbedingt zum Erstellen großer Mengen Text gemacht. Da kommt Ihnen die 10-20-30-Regel gerade recht? Nicht mehr als 10 Folien, nicht länger als 20 Minuten, Schriftgröße nicht weniger als 30 Punkt. So unterstützt Sie Ihr iPad bei mitreißenden Vorträgen.

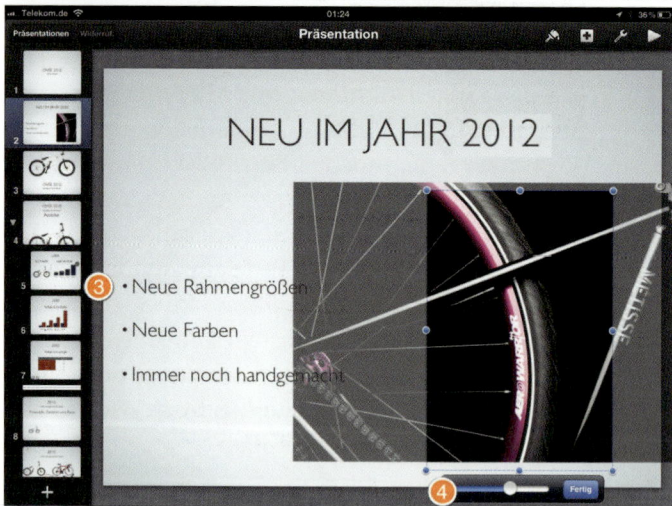

Neue Präsentation aus einer Vorlage erstellen

1 Öffnen Sie *Keynote* und wählen Sie dort bei *Neue Präsentation* eine neue Vorlage. Wir entscheiden uns für das Thema *Ausstellung*.

2 Sie sehen die erste Folie der Präsentation. Erstellen Sie eine neue Folie mit dem »+« am linken unteren Bildrand.

3 Bearbeiten Sie die Textfelder mit Ihren Inhalten. Ersetzen die Vorlagentexte durch eigene. *Keynote* passt die Schriftgröße automatisch an.

4 Ersetzen Sie die Bilder aus der Vorlage durch Ihre eigenen. Mit Doppeltipp aktivieren Sie die Maske und bearbeiten den Inhalt.

Folieninhalte animieren

Sie können alle Elemente auf einer Folie animieren – so werden sie bei der Präsentation schrittweise sichtbar. Verwenden Sie Effekte, aber nicht zu viele unterschiedliche. Animierte Elemente erkennen Sie an den daran befindlichen Zahlen.

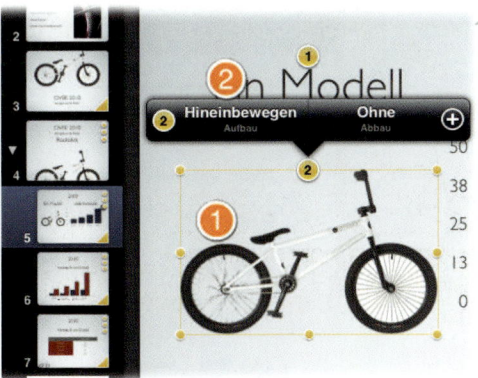

1 Arrangieren Sie Text und Grafik auf der Folie. Wir haben ein Fahrrad eingefügt. Wählen Sie ein Objekt aus – wir nehmen das Fahrrad – und tippen Sie auf die Werkzeugtaste in der Symbolleiste und wählen Sie dann *Übergänge & Animationen*. Die Animationsoptionen werden sichtbar.

2 Wählen Sie nur eine Animation für den Aufbau – dann bleibt das Element im nächsten Schritt auf der Folie stehen. Die Zahl zeigt die Position im Ablauf auf der Folie.

3 Wählen Sie den Effekt aus der Palette; er wird sofort nach dem Tipp angezeigt. Wir verwenden *Hineinbewegen* für alle Inhalte außer dem Stern.

4 Tippen Sie in der Animationspalette auf Abfolge, um die Reihenfolge,
in der die Elemente erscheinen, zu ändern. Die Elemente werden normalerweise in der Reihenfolge animiert, in der sie angelegt wurden.
Mit den Anfassern an der rechten Seite können Sie diese verschieben.

5 Tippen Sie auf die Abspieltaste, um Ihre Animation zu testen. Tippen Sie *Fertig,* um die Bearbeitung abzuschließen.

Schnelle Übergänge mit »Zauberei«

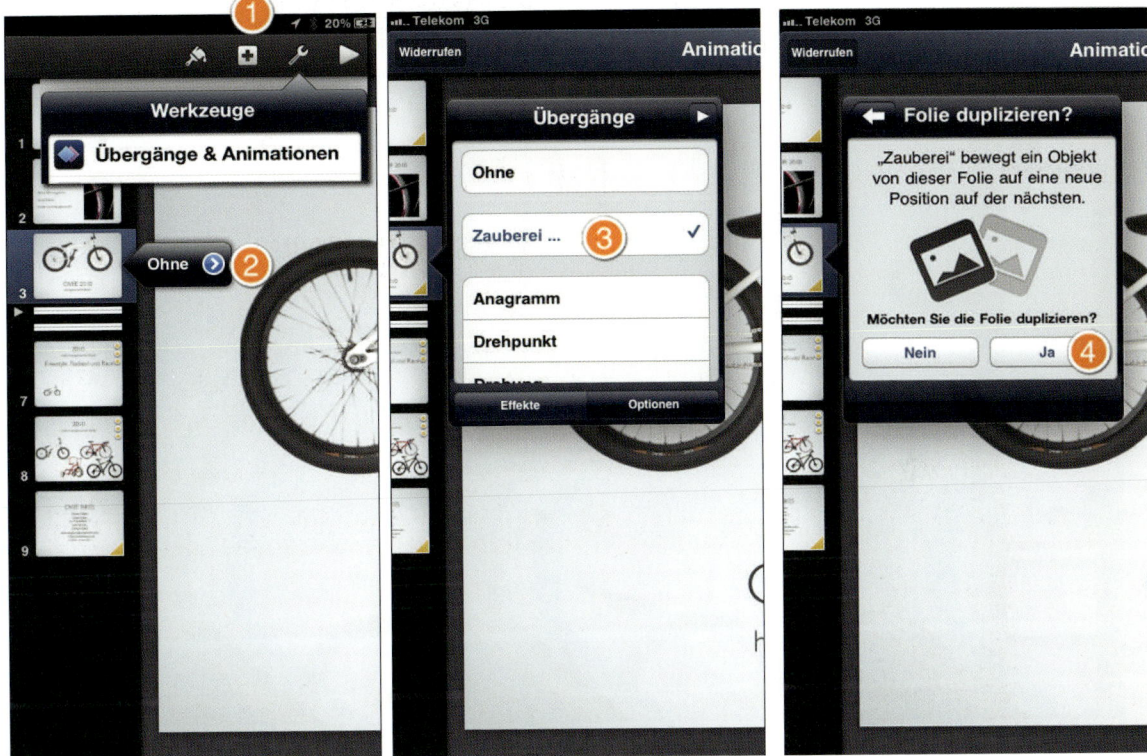

Der Übergang zwischen Folien ist die Schnur, auf der Ihre Perlen aufgereiht sind. Setzen Sie Übergänge gleichmäßig ein und zurückhaltend. Wir setzen meist auf einfaches Überblenden. Wenn eine Folie Elemente der vorhergehenden übernehmen soll, machen wir aber gerne eine Ausnahme und erzielen einen spektakulären Effekt mit der Zauberei.

① Tippen Sie in der Symbolleiste auf die Taste *Werkzeuge* und dann *Übergänge & Animationen*.

② Wählen Sie dann links im Navigator eine Folie aus. Tippen Sie auf den Pfeil, um einen neuen Übergang zu erstellen.

③ Wählen Sie aus der Palette die Option *Zauberei*.

④ Tippen Sie im nächsten Schritt *Ja;* jetzt wird die Folie mit allen Elementen dupliziert.

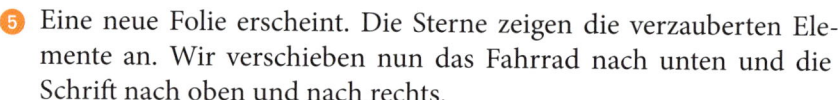

5 Eine neue Folie erscheint. Die Sterne zeigen die verzauberten Elemente an. Wir verschieben nun das Fahrrad nach unten und die Schrift nach oben und nach rechts.

6 Ein Tipp auf den Rechtspfeil spielt die Animation dann ab. Mit *Fertig* schließen wir ab.

Kombinieren erlaubt: Auf der Folie fügen wir noch einen zusätzlichen Text hinzu, den wir mit Blitzlichtern animieren. Das funktioniert wie oben beschrieben.

Wie Sie diesen Effekt am Mac verwenden, lesen Sie in Abschnitt 10 *Präsentationen erstellen mit Keynote*.

Keynote-Präsentation am Mac und am iPad optimal bearbeiten

Wenn Sie eine *Keynote*-Präsentation auf Ihrem Mac erstellen, die Sie auch auf einem iPad verwenden möchten, erzielen Sie die besten Ergebnisse, wenn Sie sich so weit wie möglich an den Möglichkeiten des iPad orientieren – die denen der Mac-Version kaum nachstehen.

So bereiten Sie Ihre Präsentation am Mac vor

- Verwenden Sie beim Erstellen einer neuen Präsentation auf Ihrem Mac eines der zwölf Themen, die auch auf dem iPad vorhanden sind.

- Setzen im Fenster *Thema auswählen* die Foliengröße auf »1024 x 768« oder ändern Sie diese im Informationsfenster unter Dokument.

- Verwenden Sie Schriften, die sowohl auf der Mac- als auch auf der iPad-Plattform unterstützt werden. Schauen Sie in der Liste am iPad nach.

- Wählen Sie einfache Folienvorlagen. Das iPad kennt acht Stück: *Leer, Titel, Titel & Untertitel, Titel & Aufzählung, Aufzählung & Foto, Aufzählung, Foto, Foto – Horizontal.*

- Verwenden Sie Bilder im Format *PNG* und passen Sie die Größe vor dem Hinzufügen an.

- Reduzieren Sie die Größe der eingebetteten Bilder. Wählen Sie dazu am Mac *Ablage | Dateigröße reduzieren.*

Fotos, Grafiken und Videos am iPad nutzen

- Nutzen Sie die Fotos-App als Bilddatenbank. Über die *Einfügen*-Taste holen Sie alle Fotos, die sich darin befinden, in Ihre Präsentation.

- Fotos, die Sie mit dem iPad aufgenommen haben, finden Sie im Album *Aufnahmen.*

- Schießen Sie Fotos lieber mit Ihrem iPhone? Wenn Sie *iCloud* aktiviert haben und beide Geräte über WLAN angemeldet sind, haben Sie über den *Fotostream* immer Zugriff auf die letzten Aufnahmen.

- Legen Sie sich ein Album an mit Stockfotos, Firmenlogos und Fotos sowie Filmen zu aktuellen Projekten und synchronisieren diese.

- Auch Videos lassen sich in die Präsentation einfügen. Sie werden beim Einfügen komprimiert und für die Präsentation optimiert. (Sie werden dadurch wesentlich kleiner.)

- Präsentationen mit Videos, die Sie am Mac erstellt haben, können Sie ebenfalls abspielen und weiter bearbeiten.

Präsentation vorführen mit dem iPad

Bei Ihrer nächsten Präsentation können Sie den Computer zu Hause lassen. Denn mit dem iPad können Sie diese auch präsentieren. Entweder direkt am Gerät – so wie früher, als es noch Pappen gab – oder am Monitor oder Beamer mit dem *iPad-Connector-zu-VGA*-Adapter.

Präsentation am iPad steuern

Präsentieren ist einfach: Was Sie auf dem iPad sehen, ist genau das, was Sie auf dem Bildschirm sehen. Mit ein paar Gesten bewegen Sie sich durch Ihren Vortrag:

1 Tippen auf den Abspielpfeil startet die Präsentation.

2 Ein Tipp auf die Folie oder Streichen nach links (Sie schieben die Folie aus dem Bild) wechselt zur nächsten Folie.

3 Streichen nach rechts (Sie holen die Folie wieder zurück) wechselt zur vorherigen Folie.

4 Tippen am linken Rand öffnet den Foliennavigator, wenn Sie zu einer bestimmten Folie wechseln möchten.

5 Tippen Sie lange auf das Display. So aktivieren Sie den Laserpointer, mit dem Sie bestimmte Stellen in der Präsentation zeigen können.

6 Kneifen Sie die Folie mit den Fingern zum Beenden der Präsentation. Sie gelangen zurück zur Bearbeitung.

Keynote **am iPad und iPhone unterstützt auch Moderatornotizen. Damit sieht das Publikum Ihre Präsentation auf dem Beamer und Sie sehen die Präsentation und Ihre Notizen dazu auf dem iPad. So können Sie nichts mehr vergessen.**

Numbers – Tabellenkalkulation von Hand

Mit Tabellen können Sie viel Freude haben. Wir jedenfalls lieben strukturierte Daten. Auch in diesem Buch unterwirft sich alles dem Streben nach Ordnung: Schlagworte, Stile, Listen und alle möglichen anderen Daten.

Ob Sie eine einfache Liste führen möchten oder eine mit vielen Feldern, nach denen Sie auch sortieren oder filtern möchten, oder ob Sie Berechnungen durchführen möchten (einfache oder komplexe) – eine Tabellenkalkulation ist dafür die App der Wahl. Am iPad heißt sie *Numbers* und kann, wie am Mac, auch noch hervorragend mit Text und Grafik umgehen.

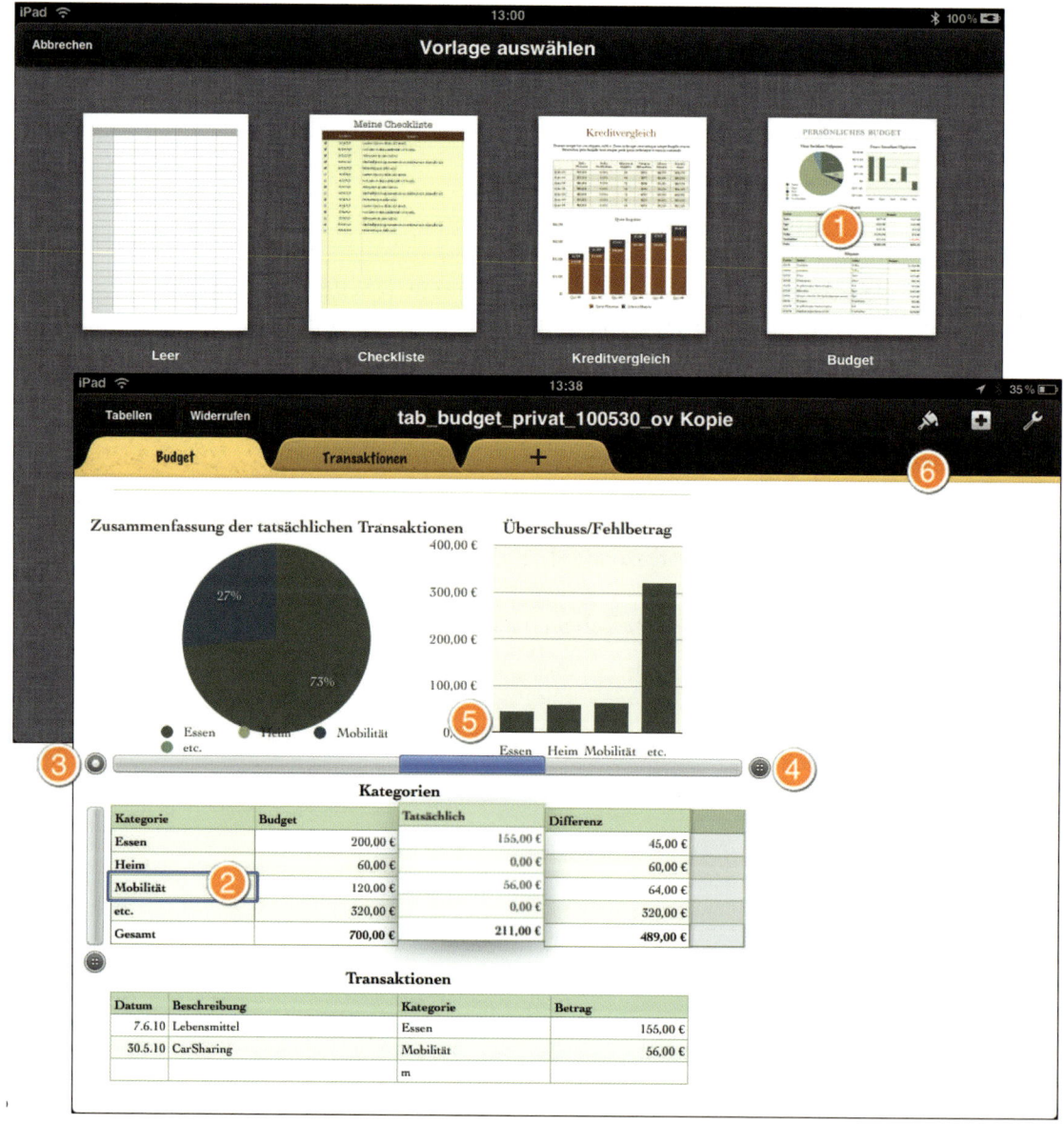

Haushaltsbuch in Numbers erstellen und pflegen

Numbers am iPad kommt – genau wie die Mac-Version – mit einer Auswahl vorgefertigter Tabellen (16, um genau zu sein). Im Gegensatz zu den meisten anderen Tabellenkalkulationen setzt Apple das Arbeitsblatt bei *Numbers* auch visuell um. Sie bekommen ein Blatt, auf dem Sie Tabellen frei platzieren können – und Diagramme und Text und Bilder und Filme und vieles mehr.

Uns genügt es zuerst, unsere Ausgaben übersichtlich verwalten. Dazu starten wir mit einer Vorlage.

1 Erstellen Sie ein neues Dokument. Öffnen Sie dazu *Numbers* und tippen Sie in der Übersicht *Tabellen* auf die +-Taste. Wählen Sie dann die Vorlage *Budget*.

2 Tippen Sie in eine Zelle, um diese zu bearbeiten. Wir setzen eigene Werte ein und passen die Kategorien an.

3 Mit dem Tabellen-Aktivpunkt wählen Sie die gesamte Tabelle aus: Zum Bewegen oder um Eigenschaften für die gesamte Tabelle einzustellen über die *Format*-Taste.

4 Mit den Spalten- und Zeilen-Aktivpunkten fügen Sie Spalten und Zeilen hinzu. Ziehen Sie einfach daran.

5 Tippen Sie auf die Leisten oberhalb und links der Tabelle, um Spalten oder Zeilen auszuwählen und zu verschieben.

6 Tippen Sie auf *Einfügen*, um weitere Tabellen auf dem gleichen Blatt zu erstellen.

Funktionen für Berechnungen auswählen

Wir nutzen zwei Tabellen: In der ersten Tabelle – Kategorien – geben wir an, wofür wir unser Geld ausgeben und wie viel wir dafür jeweils zur Verfügung haben. Wir legen *Kategorien* und *Budget* fest. Die Werte *Tatsächlich* und *Differenz* werden aus den Werten berechnet, die wir in der zweiten Tabelle – Transaktionen – eintragen.

1 In Zeile 2 der Tabelle *Kategorien* möchten wir die Ausgaben für Essen auswerten. In der Spalte *Tatsächlich* sollen alle Ausgaben für Essen erscheinen. Wir tippen in die Zelle. Die Tastatur erscheint.

2 In der zweiten Tabelle tragen wir unsere Ausgaben aus und eine der Kategorien aus der ersten Tabelle.

3 Über der Tastatur befindet sich die Funktionsleiste. Tippen Sie dort auf die Taste »=« (ist gleich), um zur Rechentastatur umzuschalten.

4 Über die Taste *Funktionen* rufen wir die eingebaute Funktionssammlung aus und wählen eine passende Funktion für unsere Aufgabe. (Selbstverständlich können Sie Funktionen auch selbst schreiben.)

5 Für diese Auswertung verwenden wir eine Funktion mit Namen *SUMMEWENN* aus der Kategorie *Numerisch*. Tippen Sie auf den Namen, um die Funktion in die Zelle einzusetzen; tippen Sie auf den blauen Rechtspfeil, um mehr Informationen und Beispiel zur Handhabung zu sehen.

6 Die Funktion und die erforderlichen Werte als Platzhalter werden in die Bearbeitungszeile eingesetzt.

SUMMEWENN(Testwerte;Bedingung;Summe_Wertung)

Die Werte in Klammern sind die Parameter, die die Funktion braucht. Im nächsten Schritt ersetzen wir die Platzhalter durch unsere eigenen Angaben.

Funktion mit Zellbereichen verbinden

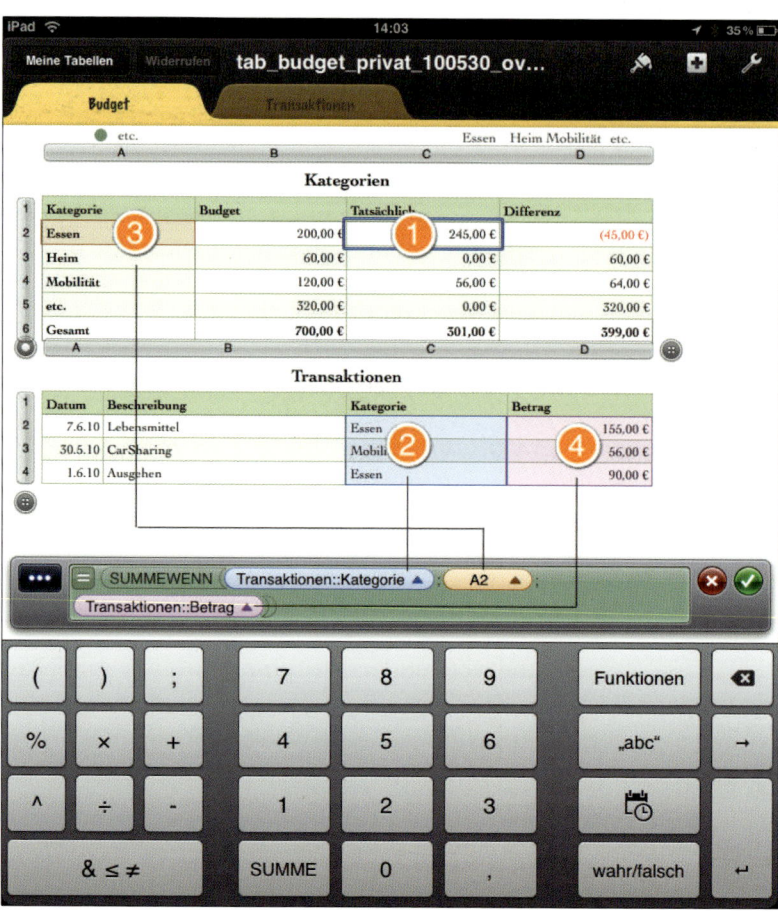

Damit die ausgewählte Funktion das tut, was wir möchten, müssen die Platzhalter durch echte Werte ersetzt werden. Tippen Sie auf den Platzhalter und wählen Sie dann, welcher Zellbereich verwendet werden soll.

❶ *Zielzelle:* In dieser Tabellenzelle soll das Ergebnis der Berechnung stehen. Deshalb steht in dieser Zelle die Funktion.

❷ *Testwerte:* Die Funktion überprüft alle Einträge in der Spalte *Kategorie*. Wir ziehen mit den Fingern über die Spalte in der Transaktionstabelle, um sie auszuwählen.

❸ *Bedingung:* Es werden nur die Zeilen ausgewählt, die den Wert »Essen« eingetragen haben –w also dem Wert, der auch in der Zelle *A2* der Tabelle *Kategorien* eintragen ist. Wir tippen auf die Zelle, um sie zu übernehmen.

❹ *Summe_Werte:* Alle Ausgaben, die die Bedingung erfüllen, sollen addiert werden. Die Ausgaben stehen in der Spalte *Betrag*. Wir ziehen mit dem Finger über die Zellen der Spalte, um sie auszuwählen.

Alle Platzhalter sind ersetzt, wir können munter drauflos rechnen.

Mit Formularen Daten schnell eingeben

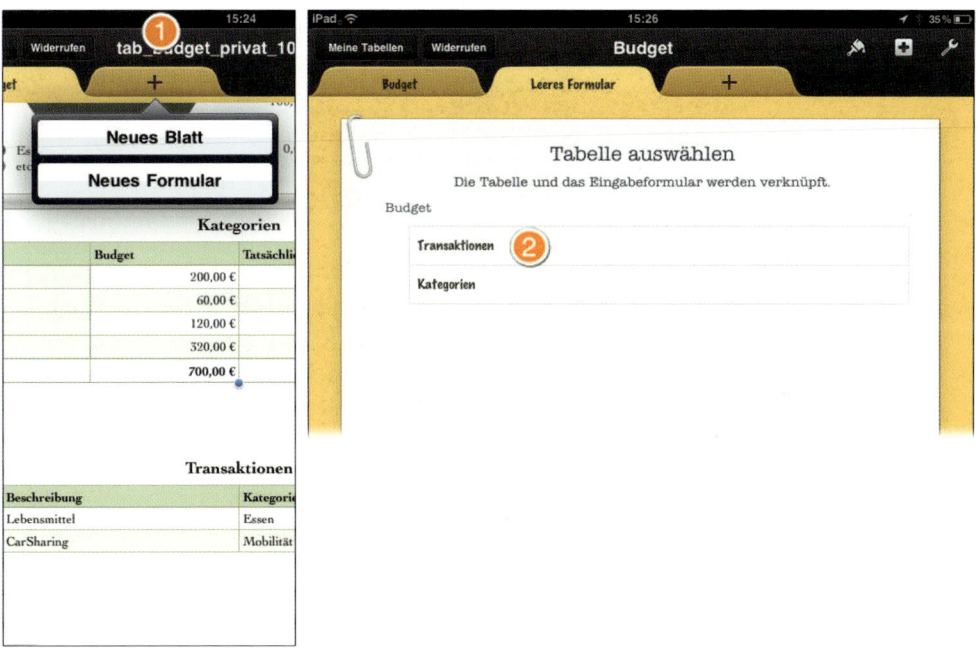

So macht Datensammeln Spaß: Statt die Werte Zeile für Zeile in eine Tabelle einzutragen, können Sie in Numbers aus jeder Tabelle einen Formularblock machen. Mit ein paar Tipps haben Sie Ihre persönlichen Ausgaben notiert.

❶ Tippen Sie auf den letzten Tabellenreiter mit dem »+«. Wählen Sie aus dem Menü *Neues Formular.*

❷ Wählen Sie auf der nächsten Seite jene Tabelle, in die die Werte eingetragen werden sollen. Wir wählen *Transaktionen.*

3 Jede Seite des Formulars entspricht einer Tabellenzeile. Wechseln Sie zurück zum Blatt Budget, um alle Einträge in der Liste zu sehen.

4 Mit dem »+«-Zeichen legen Sie einen neuen Eintrag an. Die Felder können Sie dann eins nach dem anderen schnell ausfüllen. Wir waren essen und haben dafür 90 € ausgegeben. Das tippen wir ganz schnell über die Zifferntastatur ein.

5 So sieht das Formular am iPhone aus – ideal, um schnell einen Eintrag hinzuzufügen.

Daten als Diagramm ausgeben.

Noch anschaulicher als Zahlenreihen sind Diagramme, wenn Sie etwa die Verteilung Ihres Budgets sehen möchten.

1 Tippen Sie auf die Einfügetaste und wählen Sie ein Diagramm. Wir wählen ein Tortendiagramm, weil wir die Verteilung des Budgets darstellen möchten (auch 3D ist möglich). Es wird sogleich in das Blatt eingefügt.

2 Mit einem Doppeltipp aktivieren Sie das neue Diagramm. Die Daten, die dargestellt werden sollen, kommen aus der Tabelle *Kategorien*.

③ Fahren Sie jetzt mit dem Finger über die Werte, die Sie darstellen möchten. Wir wählen die *tatsächlichen Ausgaben*.

④ Damit die Ausgaben nach Kategorien gegliedert werden, tippen Sie in der Kopfleiste auf die Einstellungs-Taste – das Zahnrad. Dort wählen Sie *Zeilen als Datenreihe darst*. Jetzt werden die Kategorien dargestellt.

Inhalte zwischen iWork-Apps austauschen

Mit *iWork* können Sie das, was Sie zu sagen haben, auf unterschiedliche Arten darstellen:

- zum Lesen und Ausdrucken am Computer als *Pages*-Dokument,
- für einen Vortrag als *Keynote*-Präsentation sowie
- zum Nachrechnen und Auswerten als *Numbers*-Tabelle.

Verwenden Sie Ihre Inhalte mehrfach und kopieren Sie die Inhalte einfach über die Zwischenablage von einer Anwendung in die andere. So müssen Sie nicht jedes Mal das Rad neu erfinden und erstellen schnell aussagekräftige Dokumente.

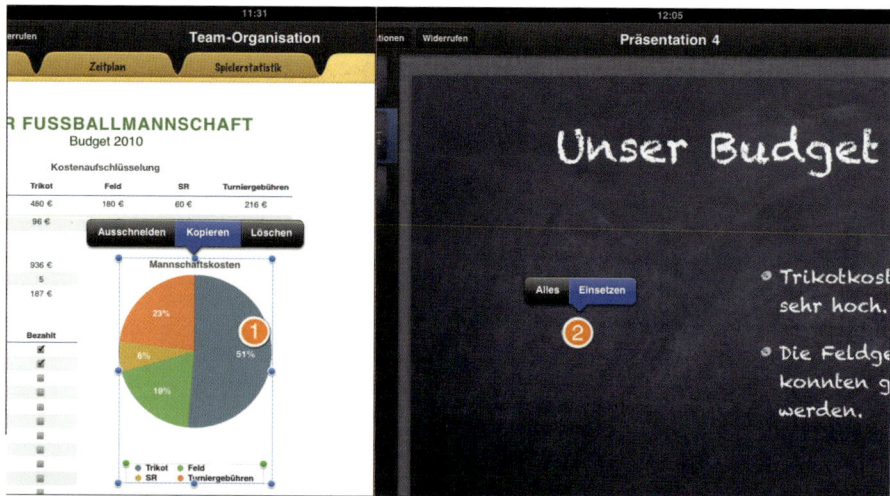

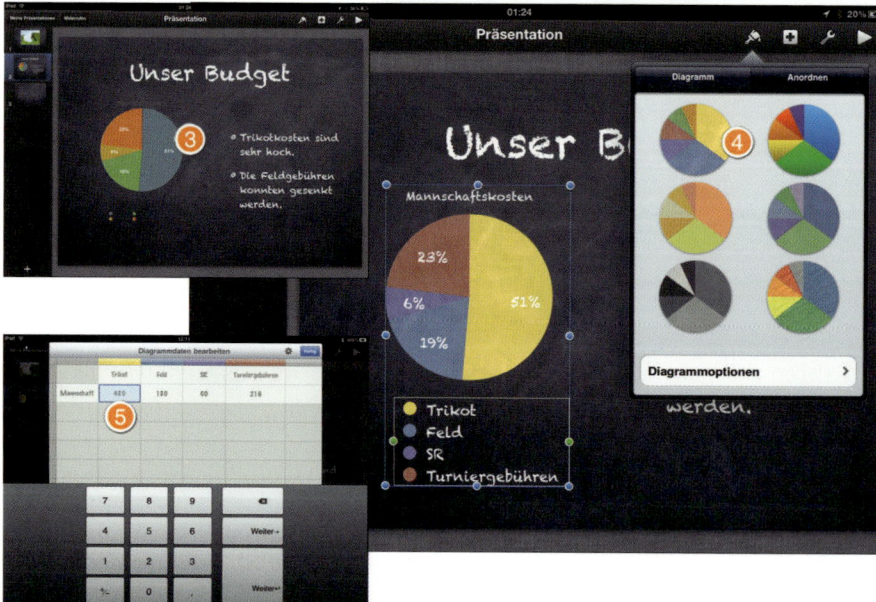

Diagramme aus Numbers in Keynote-Präsentation einfügen

1 Öffnen Sie ein *Numbers*-Dokument, tippen Sie auf ein Diagramm und wählen Sie *Kopieren*.

2 Öffnen Sie *Keynote* und gehen Sie zur Folie, in die Sie Ihr Diagramm einsetzen möchten. Tippen Sie in eine leere Fläche und wählen Sie *Einsetzen*.

3 Das Diagramm wird eingesetzt, die Darstellung passt allerdings noch nicht zum Dokumentenstil.

4 Passen Sie das Diagramm an Ihre Präsentation an. Wählen Sie das Diagramm aus und tippen Sie auf die *Format*-Taste. Wählen Sie einen der Farbvorschläge für das ausgewählte Thema. Mit einem Tipp werden Grafik- und Schriftstil angepasst.

5 Ein Doppeltipp auf das Diagramm öffnet die Tabelle mit den zugehörigen Werten. Wenn Sie noch etwas an den Zahlen ändern möchten, können Sie es hier tun.

Schneller zwischen Apps wechseln mit Multitasking

Das iPad (genau wie das iPhone) ist immer auf einen Bildschirm zentriert. Wenn Sie – wie wir übrigens auch – öfter zwischen verschiedenen Apps wechseln, haben wir einen Tipp für Sie: Nutzen Sie die Möglichkeiten des integrierten Multitaskings.

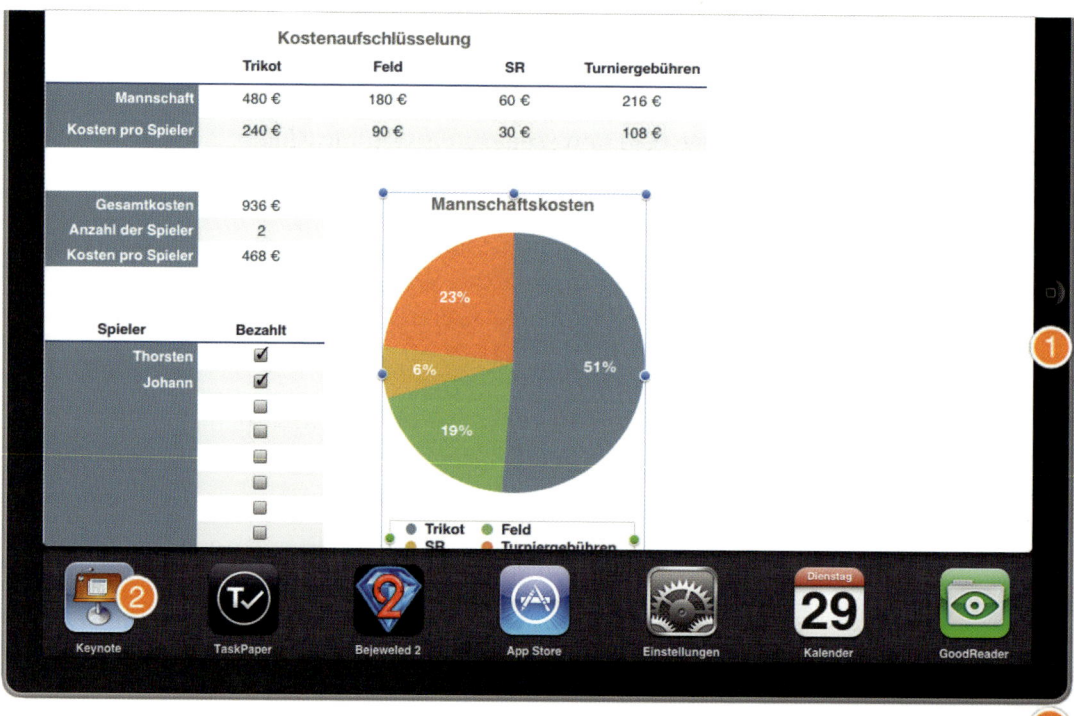

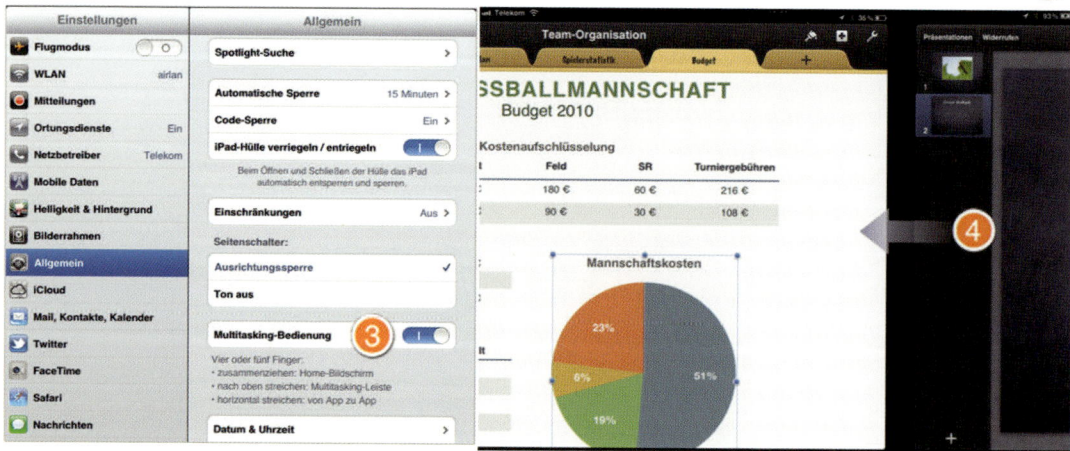

① Machen Sie einen Doppelklick auf die *Home*-Taste. Eine kleine Schublade öffnet sich, die *Multitasking*-Leiste.

② In der *Multitasking*-Leiste finden Sie alle Apps, die Sie zuletzt genutzt haben. Ein Tipp auf die App – zum Beispiel *Keynote* – bringt diese mit elegantem Schwung wieder nach vorne.

Am iPad können Sie auch mit Fingergesten zwischen den Apps wechseln.

③ Öffnen Sie *Einstellungen | Allgemein* und schalten Sie dort die *Multitasking*-Bedienung ein. Jetzt können Sie Ihr iPad mit Gesten steuern.

④ Streichen Sie jetzt mit vier Fingern nach links über den Bildschirm. In diesem Fall erscheint *Keynote* im Bildschirm. Streichen Sie zurück (nach rechts), um zurück zur vorherigen App zu gelangen.

Mit aktivierter *Multitasking*-Bedienung holen Sie sich die *Multitasking*-Leiste mit einem Wisch von unten nach oben auf den Bildschirm.

iWork-Dokumente mit dem Computer und mit anderen austauschen

Wenn Sie *iWork* auf verschiedenen Geräten einsetzen, müssen Sie sich auch darum kümmern, wie die Dateien von einem Gerät auf das andere kommen. Am Mac können Sie mit dem Finder alle Dateien in Ordnern verwalten. Dabei können Sie Textdateien, Grafiken und *iWork*-Dateien bunt mischen. An *iOS*-Geräten geht das nicht: iPad, iPhone und iPod touch besitzen keine übergreifende Dateiverwaltung – zumindest nicht so, wie Sie sie vom Finder am Mac kennen.

Die Apps (Programme) verwalten ihre Daten selbst in ihren eigenen Formaten. Mit *iOS 5* hat Apple *iCloud* eingeführt und bei den eigenen *iWork*-Apps gleich eingebaut. Das funktioniert zwischen *iOS*-Geräten beinahe erschreckend gut; für den Austausch mit dem Mac und mit anderen Computern gibt es mehrere Methoden, die allerdings alle noch nicht nahtlos funktionieren. Wir mögen *iCloud* am liebsten, aber vielleicht gefällt Ihnen eine andere Methode besser. Diese stehen zur Auswahl:

- *iWork*-Dokumente in der *iCloud* speichern und bearbeiten
- *iWork*-Dokumente über *iTunes* und USB austauschen
- Austausch über *WebDAV*
- Austausch über E-Mail

Dateiaustausch mit iCloud

Mit *iOS 5* und *Mountain Lion* lassen sich Dokumente – schnelles Internet vorausgesetzt – über alle Ihre Apple-Geräte hinweg beinahe nahtlos bearbeiten. Für ältere Mac-Versionen und Windows-Rechner gibt es *iCloud* im Webbrowser. Nicht ganz so elegant, aber zuverlässig und universal einsetzbar ist dies unserer Meinung nach die einfachste Art, *iWork*-Dokumente auszutauschen. Bearbeiten Sie Dokumente an *iOS*-Geräten, geschieht der Abgleich der Änderungen automatisch. Der Austausch mit dem Mac funktioniert nicht automatisch, aber – ein schnelles Internet vorausgesetzt – transparenter als mit der *iTunes*-Lösung, die wir ebenso nachfolgend beschreiben.

Ach ja, *iCloud* ist kostenlos, setzt allerdings *iOS 5* auf iPad und iPhone voraus und *OS X Mountain Lion* auf dem Mac.

iCloud unter iOS aktivieren und Dokumente abgleichen

❶ Öffnen Sie die *Einstellungen | iCloud*. Melden Sie sich mit Ihrem *iCloud*-Account (Apple-ID) an. Sollten Sie noch kein *iCloud*-Konto (Account) besitzen, können Sie es an dieser Stelle kostenlos anlegen.

❷ Schalten Sie dann den Eintrag *Dokumente und Daten* ein.

❸ Falls noch nicht geschehen, schalten Sie ebenfalls in den Einstellungen die *iWork*-Apps für *iCloud* frei. Aktivieren Sie dazu bei der jeweiligen App (hier *Pages*) die Option *iCloud verwenden*. (Bei der Neuinstallation der *iWork*-Apps werden Sie ebenfalls gefragt, ob Sie *iCloud* verwenden möchten.)

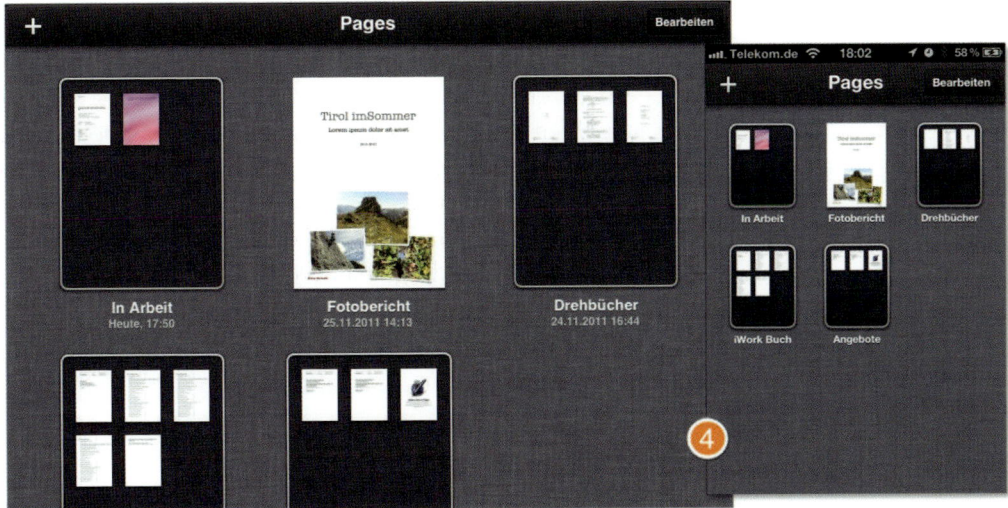

❹ *iCloud* überwacht jetzt Ihre Dokumente auf Änderungen und gleicht alle *iOS*-Geräte automatisch ab. Alle Dokumente sind auf allen Geräten verfügbar (hier am iPad und am iPhone).

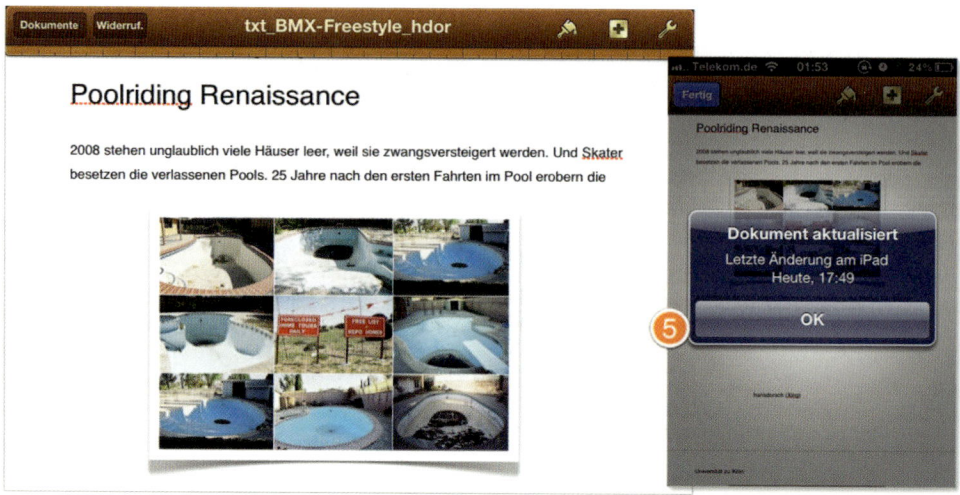

⑤ Änderungen lassen sich sogar durchführen, wenn ein Dokument auf verschiedenen Geräten geöffnet ist. Ändern Sie den Text eines *Pages*-Dokuments am iPad, wird das Dokument am iPhone wenige Sekunden später aktualisiert. Sie erhalten eine Änderungsmeldung.

⑥ Auch Konflikte bei Änderungen lassen sich lösen. Haben Sie ein Dokument an mehreren Geräten bearbeitet, können Sie entscheiden, welche Version Sie behalten möchten.

iCloud am Mac nutzen und Dokumente bearbeiten

Mit *OS X Mountain Lion* können Sie iWork-Dokumente nicht nur auf der Festplatte speichern, sondern auch in der *iCloud*. Und auf diesen Speicher können Sie direkt aus den Apps zugreifen. So können Sie Ihre Dokumente bearbeiten, wo Sie wollen: am Mac, am iPad oder iPhone. Sie sind immer auf dem aktuellen Stand. So greifen Sie mit *Pages* auf die *iCloud* zu:

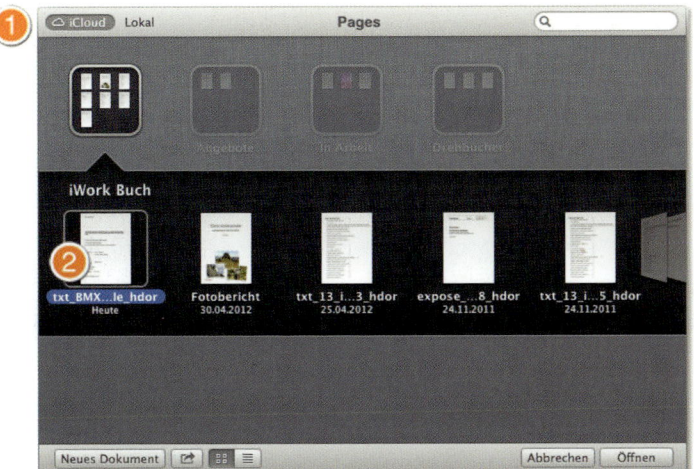

① Starten Sie *Pages* am Mac und wählen *Öffnen* aus dem Menü *Ablage*. Ein Fenster öffnet sich; klicken Sie auf die Taste *iCloud* oben links. Sie sehen die Bibliothek Ihrer *Pages*-Dokumente.

② Wählen Sie ein Dokument aus der Bibliothek und öffnen Sie es.

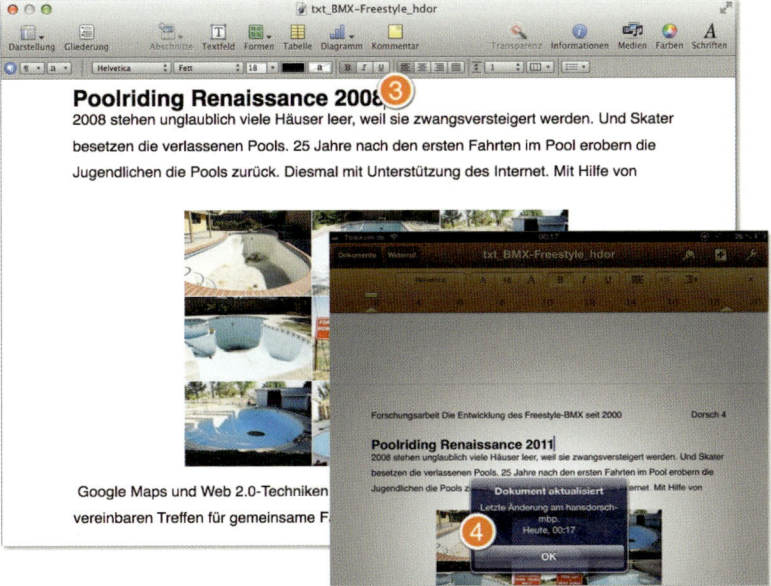

③ Sie können das Dokument am Mac bearbeiten. Das Sichern geschieht automatisch und auch die praktischen Versionen lassen sich nutzen.

④ Änderungen, die Sie am Mac durchführen, werden beinahe sofort auf allen angemeldeten Geräten aktualisiert.

iCloud im Web zum Austausch mit dem Mac nutzen

Läuft auf Ihrem Mac noch *OS X Lion (10.7),* können Sie die *iCloud* nicht direkt aus den *iWork*-Apps nutzen. Speichern Sie hier Ihre Dateien weiterhin lokal und tauschen Sie sie über den Browser mit Ihren *iOS*-Geräten aus.

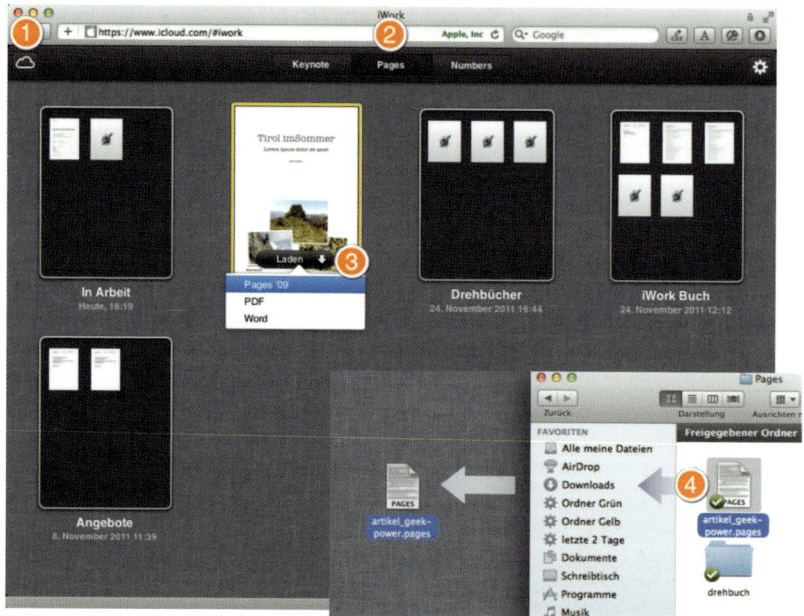

❶ Am Mac greifen Sie auf *iCloud* über den Browser zu. Wir verwenden *Safari,* aber auch andere moderne Browser sind geeignet. Gehen Sie zu www.icloud.com und melden Sie sich mit Ihrem *iCloud*-Account an. Klicken Sie dann auf *iWork.*

❷ Wählen Sie aus den Reitern am oberen Rand die App, mit der Sie Dokumente austauschen möchten. Wir wählen *Pages.*

❸ Klicken Sie auf eine Datei, um Sie auf den Computer zu laden. Sie können wählen, welches Format Sie verwenden möchten. Wir wählen *Pages.*

❹ Das Hochladen funktioniert per *Drag & Drop:* Ziehen Sie eine Datei aus dem Finder in das Browserfenster. An der gelben Linie erkennen Sie, dass der Browser die Datei erkennt. Jetzt startet der Upload und die Datei steht auf allen *iOS*-Geräten und im Web zur Verfügung.

Diese Methode funktioniert auch unter Windows. Sie können Ihre Dokumente auch am PC bearbeiten. Dann allerdings mit den *Office*-Programmen von Microsoft.

iWork-Dokumente über iTunes und USB mit dem Computer austauschen

Beim Abgleich über *iTunes* werden die Dateien in den *iWork*-Programmen nicht direkt abgeglichen, sondern über immer über eine Art Zwischenablage kopiert. Diese Zwischenablage ist *iTunes* auf dem Mac. Wenn man sich mal mit dem Verfahren abgefunden hat, funktioniert es ausgezeichnet, denn es zwingt zu einer überlegten Arbeitsweise. Wir haben das mal beispielhaft für Sie vorgemacht.

Wir haben am Mac eine Präsentation in *Keynote* erstellt, die wir unterwegs bearbeiten möchten. Wenn wir wieder am Arbeitsplatz sind, möchten wir sie auf dem Mac nutzen.

Keynote-Dokument in iTunes laden ...

➊ Schließen Sie das iPad an den Computer an und wählen Sie es aus. Wählen Sie in der oberen Leiste den Reiter »Apps« aus. Suchen Sie im unteren Bereich des Fensters den Punkt *Dateifreigabe*. Hier sehen Sie alle Apps, mit denen Sie Daten austauschen können.

➋ Wählen Sie in der linken Spalte *Keynote* – und klicken Sie in der rechten Spalte auf *Hinzufügen*.

➌ (siehe vorige Seite): Wählen Sie ein Dokument von Ihrer Festplatte aus. Es erscheint in der Liste und wird sofort mit dem iPad abgeglichen. Sie müssen das iPad nicht synchronisieren.

… und am iPad bearbeiten

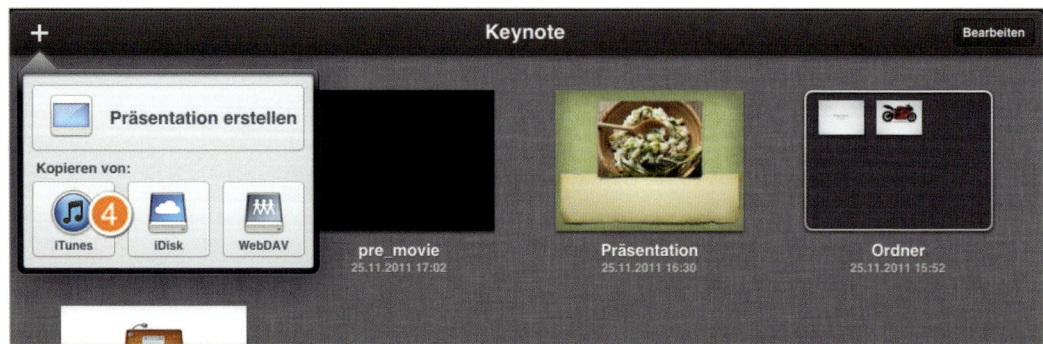

4 Wechseln Sie zum iPad und starten Sie *Keynote*. Tippen Sie in der Übersicht Ihrer Präsentation links oben die +-Taste. Tippen Sie im Auswahlmenü *Kopieren von: iTunes*.

5 Das Fenster Von *iTunes* kopieren öffnet sich. Tippen Sie auf die Datei, die Sie auf dem iPad bearbeiten möchten. (Falls Sie eine *Keynote*-Vorlage verwenden, müssen jetzt möglicherweise Bilder nachgeladen werden.)

6 Sie können jetzt mit dem Dokument arbeiten. Tippen Sie auf den Dateinamen, um ihn zu ändern.

7 Tippen Sie lang auf das Dokument, bis es wackelt. Die Bearbeitungsoptionen erscheinen.

8 Tippen Sie auf die Aktionstaste oben links. Wählen Sie aus dem Menü *Kopieren auf: iTunes*. Wählen Sie im nächsten Schritt das Dokumentenformat, z. B. *Keynote*. Das Dokument wird jetzt an *iTunes* gesendet. Sie finden es, wie oben beschrieben, in der Dateiliste in *iTunes* am Mac.

Wichtig: Das Kopieren zu *iTunes* funktioniert auch, wenn das iPad nicht mit dem Computer verbunden ist. Sie schicken dann praktisch Ihr Dokument zum Austausch in die *iTunes*-Ablage. Sobald Sie es am Mac anschließen, können Sie es in *iTunes* sehen und auf den Mac laden.

iWork-Dokumente über WebDAV kopieren

Wenn Sie Dokumente mit mehreren Leuten gemeinsam bearbeiten, ist es am besten, wenn diese an einem zentralen Ort liegen. Dieser Ort liegt heute meist im Internet – als »virtuelle Festplatte«. Virtuelle Festplatten, die das *WebDAV*-Protokoll unterstützen, können Sie vom iPad und iPhone aus erreichen. Der Austausch funktioniert genau wie mit *iTunes*, nur dass statt *iTunes* die Online-Platte als Austauschplattform dient.

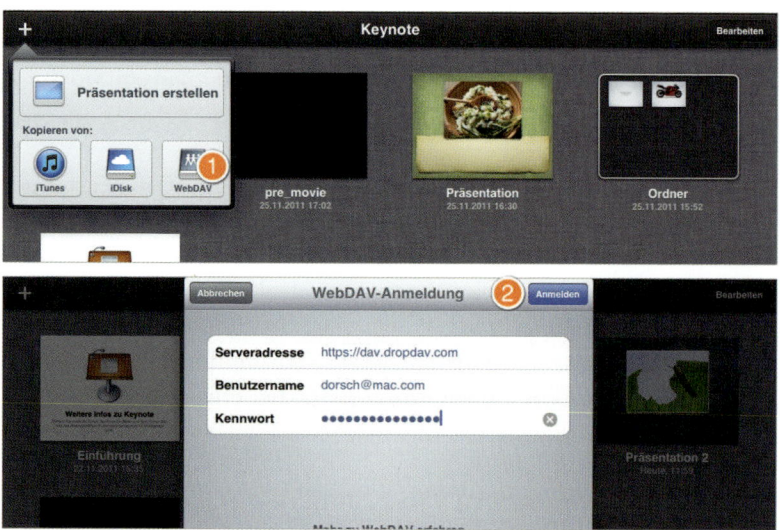

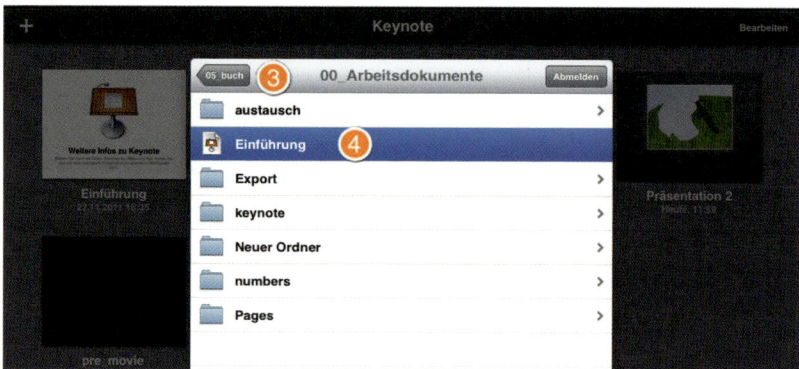

Keynote-Dokument von Online-Festplatte laden

1 Tippen Sie in der Übersicht Ihrer Präsentation links oben die +-Taste. Tippen Sie im Auswahlmenü Kopieren von: *WebDAV*.

2 Melden Sie sich bei der Online-Platte an (das müssen Sie nur einmal tun). Geben Sie die Adresse des Servers, Ihren Benutzernamen und Ihr Passwort ein und tippen Sie dann *Anmelden*.

3 Sie können sich auf Ihrer Online-Platte wie am Computer bewegen, indem Sie auf den Ordner klicken, den Sie öffnen möchten. Mit der Taste oben links kommen Sie immer eine Ebene höher.

4 Tippen Sie dann auf die Datei, die Sie laden wollen.

WebDAV mit der Dropbox verbinden

Nutzen Sie *Dropbox* (www.dropbox.com)? Wir schon lange – und mit uns Millionen weitere zufriedene Nutzer.

Dropbox ist eine Festplatte im Netz, die Dateien zwischen Macs, Windows-Computern, iPhones und allen möglichen anderen Computern austauscht: zuverlässig und einfach – über ein eigenes Programm werden alle Inhalte des speziellen Ordner auf Ihrem Mac ins Netz geladen

Tatsächlich hat Apple im Jahr 2009 versucht, die Anbieter des Dienstes zu übernehmen und den Dienst als Nachfolger für die eigene Online-Lösung *iDisk* anzubieten. Diese lehnten das Angebot aber damals ab – und Apple ist seitdem nicht gut auf sie zu sprechen. Anders ist es nicht zu erklären, dass Apple keine direkte Möglichkeit anbietet, auf eine *Dropbox* zuzugreifen.

Zum Glück gibt es eine Lösung. Sie heißt *DropDAV* (www.dropdav.com). Dieser kleine Dienst verbindet sich mit Ihrer *Dropbox* und stellt diese als *WebDAV*-Server zur Verfügung. Jetzt geben Sie beim Verbinden aus *iWork* die Adresse von *DropDAV* und Ihre Zugangsdaten an, schon können Sie Dateien von Ihrer *Dropbox* laden und auch wieder zurückspielen. Der Zugang kostet 5 € im Monat; Sie können den Dienst aber zwei Wochen kostenlos testen.

WebDAV bei Apple, GMX und Telekom

Wenn Sie *OS X Server* in Ihrem Netzwerk verwenden, können Sie dort Verzeichnisse über *WebDAV* zugänglich machen. *WebDAV*-Speicher gibt es aber nicht nur im Eigenbau; auch bei GMX zum Beispiel können Sie Ihre Dateien im Mediacenter speichern (`www.bit.ly/gmxmediacenter`) und mit dem Mediencenter der Telekom können Sie sogar 25GB Online-Speicher kostenlos nutzen (`www.telekom.de/mediencenter`). Alles, was Sie brauchen, um Ihre Daten mit diesen Diensten auszutauschen, ist die Serveradresse, Benutzername und Passwort.

Dokumente per E-Mail mit anderen austauschen

Mit dem iPad müssen Sie sich nicht umgewöhnen. *iWork*-Dokumente können Sie mit anderen Menschen weiterhin einfach per E-Mail austauschen. Und auch *MS-Office*-Dokumente können Sie bearbeiten und exportieren.

Keynote-Dokument per E-Mail austauschen

❶ **Dokument senden**: Bearbeiten Sie Ihre Präsentation mit *Keynote*. Wechseln Sie dann zum Überblick *Präsentationen*. Tippen Sie so lange auf das Dokument, das Sie verschicken möchten, bis es wackelt und die Bearbeitungsoptionen in der Titelzeile erscheinen.

❷ Tippen Sie auf die Aktionstaste oben links und wählen Sie *Bereitstellen mit: E-Mail*. Wählen Sie im folgenden Dialog das Format aus. Wenn

Sie mit PC-Nutzern zusammenarbeiten, bietet sich *PPT (Microsoft PowerPoint)* an. Senden Sie die E-Mail ab.

③ **Dokument empfangen**: Wenn Sie ein Dokument als Anhang erhalten, können Sie es direkt in *Mail* ansehen. Tippen Sie auf das Dateisymbol in der Nachricht, hier ist es eine *PowerPoint*-Datei. Das Dokument wird geladen und in der *Vorschau* angezeigt.

④ Betrachten Sie das Dokument in der Vorschau. *iOS* stellt es dann immer vollständig dar.

⑤ Zum Bearbeiten tippen Sie die Aktionstaste oben rechts. Tippen Sie im Menü *In Keynote öffnen*. Schon wird das Dokument in *Keynote* importiert und steht dort zum Bearbeiten zur Verfügung.

Dieses Verfahren können Sie natürlich nicht nur mit anderen praktizieren. Sie können auch Mails an sich selbst schicken. Auch ein sehr praktisches Verfahren.

Hinweise zum reibungslosen Austausch zwischen Mac, Windows-PC und iOS

Die *iWork*-Apps arbeiten mit den Pendants am Mac zusammen und auch mit denen unter Windows. Dort heißen sie meist *PowerPoint, Word* und *Excel*. Die *iWork*-Apps können diese Dokumente öffnen und erzeugen. Da fällt der Austausch nicht mehr schwer. Für alle Fälle können die Apps am iPad auch PDFs erzeugen. Mit denen kann wirklich jeder etwas anfangen – egal, mit welchem System er arbeitet.

Formate importieren und exportieren

iWork-App	MS Office	Importformate									Exportformate		
Keynote	**PowerPoint**	.key	.ppt	.pptx	.pps	.ppsx	---	---	---	---	.key	.pdf	.ppt
Pages	**Word**	.pages	.docx	.doc	.dotx	.dot	---	---	---	---	.pages	.pdf	.doc
Numbers	**Excel**	.numbers	.xls	.xlsx	.xlt	.xltx	.xlsm	.xla	.csv	.txt	.numbers	.pdf	.ppt

Wir haben nun für Sie eine Liste mit Punkten erstellt, die beim Import zu beachten sind. Manche scheinen gravierender, als sie sind. In vielen Fällen können Sie Ihre Dokumente mit überschaubarem Aufwand fit für das iPad machen. Also, auch die letzten Seiten dieses Buches lohnen die Lektüre! ;-)

Folgende Probleme können beim Austausch auftreten

Alle iWork-Apps
- Alle Links, die keine Weblinks sind, werden entfernt.
- Kommentare und Notizen (außer *Keynote*-Moderatornotizen) werden entfernt.
- 3D-Diagramme werden in 2D-Diagramme umgewandelt. Diagrammdaten bleiben erhalten und sind editierbar.
- Nicht vorhandene Schriften werden ersetzt.

Das können Sie tun:
- Verwenden Sie Schriften, die sowohl auf der Mac- als auch auf der iPad-Plattform unterstützt werden. Schauen Sie in der Schriftenliste der Apps am iPad nach.
- Verwenden Sie Stile, wo immer es geht. Steht eine Schrift, die Sie am Mac verwenden, unter *iOS* nicht zur Verfügung, wird sie durch eine

andere ersetzt. Die Stilzuweisung bleibt jedoch erhalten. Zurück am Mac sollte alles wieder so aussehen, wie Sie es erwarten.

Pages

- Seitenlayoutdokumente werden in Textverarbeitungsdokumente umgewandelt.
- Verfolgte Änderungen in einem Dokument werden angenommen. Am iPad ist kein Protokollieren möglich.
- Kommentare werden nicht importiert.
- Inhaltsverzeichnisse werden angezeigt, können aber weder erzeugt, noch bearbeitet werden.

Das können Sie tun:

- Verzichten Sie auf die Nachverfolgungs-Funktionen beim Austausch von Dokumenten. Schreiben Sie Anmerkungen zum Beispiel in einer anderen Farbe in das Dokument.

Keynote

- Nicht alle Animationen werden unterstützt.

Das können Sie tun:

- Testen Sie die Animation, bevor Sie Ihre Präsentation für den Vortrag exportieren. Ersetzen Sie die Animation durch eine kompatible Variante.

Numbers

- Bedingte Formatierungen werden entfernt. Der Zellinhalt bleibt erhalten
- Verbundene Zellen werden getrennt.
- Kategorien in Tabellen werden entfernt. Sortierung und Kategorienamen bleiben erhalten.

Das können Sie tun:

- Achten Sie beim Austausch Ihrer Dokumente darauf, die oben genannten Funktionen nicht zu verwenden.

(Mehr können wir leider nicht raten. Wir warten darauf, dass Apple diese Funktionen nachrüstet, denn es handelt sich ausgerechnet um unsere Lieblingsfunktionen.)

Übrigens ist ein richtiges *Office*-Format nicht immer notwendig. Eine Gliederung oder ein kurzer Text braucht kein Layout und keine Bilder. Er lässt sich hervorragend mit einem Notizblock verfassen. Für uns ist *iWork* ein wichtiger Teil unserer Arbeitsumgebung, aber nicht der einzige.

An dieser Stelle danken wir für Ihre Aufmerksamkeit. Zwei Tipps möchten wir Ihnen noch mit auf den Weg geben:

Abonnieren Sie den kostenfreien Newsletter des *Mandl & Schwarz*-Verlages. In diesem erfahren Sie mehr, sobald es Aktualisierungen zu *iWork* und zu diesem Buch gibt (auch wenn der Verlag selbst aus naheliegenden Gründen keinen Einzelsupport leisten kann).

Darüber hinaus empfiehlt sich immer wieder ein Besuch der Website – speziell um auf der *Support*-Seite (nach erfolgreicher, ebenfalls kostenloser Registrierung) allfällige Zusatzkapitel herunterzuladen: `www.mandl-schwarz.com/support/`

Schicken Sie uns Ihr Feedback zum Buch per E-Mail an *iwork12@mandl-schwarz.de* Wir freuen uns über Lob und Kritik, schließlich lernen auch wir gerne dazu. Hans Dorsch und der *Mandl & Schwarz*-Verlag

»Gesucht – gefunden«: Das Stichwortverzeichnis

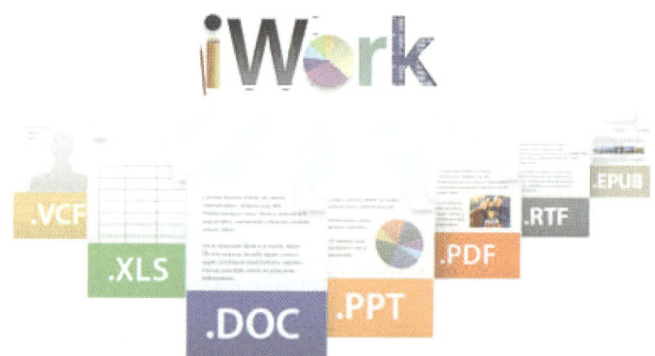

Aktuelle Informationen zum Buch:

www.mandl-schwarz.com/12/iwork/

jetzt [in D] versandkostenfrei bestellen:
www.mandl-schwarz.com/12/mountainlion/

Daniel Mandl
OS X 10.8 Mountain Lion –
das Grundlagenbuch zum
Betriebssystem am Mac
mit Infos zur iCloud, iMessage und
den sozialen Netzwerk-Funktionen

ca. 600 vierfarbige Seiten
Hardcover
ISBN 978-3-939685-44-9
EUR 34,80 (D)

Einen Mac zu bedienen heisst, sich an einem sicheren und stabilen Betriebssystem zu
erfreuen. Viele Funktionen sind intuitiv erlernbar. Doch liegt die Stärke von Apple darin,
dem Nutzer problemlos weitaus mehr Möglichkeiten zu bieten, als er es eigentlich
erwarten mag. Für alle "digitalen Lebenslagen" am Apple-Rechner bietet das
Grundlagenbuch von Daniel Mandl umfassende Tipps und Tricks. Das Werk vom
Mac-Experten ist daher für all jene die richtige Lektüre, die kompetent und unterhaltsam
erfahren wollen, welche Vorteile das Betriebssystem "Mountain Lion" für sie ganz
persönlich im Detail bringen kann.

Das Buch wendet sich an alle Apple-Einsteiger, die ein stabiles und sicheres
Betriebssystem wünschen und dabei von den zahlreichen Vorteilen und Möglichkeiten
profitieren wollen. Aber auch Profis finden hier noch so manchen hilfreichen Hinweis.

Daniel Mandl ist ausgewiesener Mac-Experte. Seine Bücher rund um das Apple-
Betriebssystem und die iLife-Anwendungen zählen zu den hilfreichen Standardwerken
zu Apples neuesten Innovationen. So schreibt die F.A.Z. zum Autor: *Die Bücher von
Daniel Mandl heben sich wohltuend ab vom sonst üblichen Mittelmaß der
Computerbücher. Gut geschrieben und reich bebildert finden so nicht nur Einsteiger
noch manchen Kniff.* Redaktion »Technik & Motor«

Beate Forsbach
Wissenschaftliches Arbeiten am Mac:
Von der Idee zur Publikation – einfach und
effektiv mit dem Mac
ISBN 978-3-939685-32-6
288 Seiten | vierfarbig
EUR 24,80 (D)

Studierende, die mit einem iMac oder MacBook
ausgestattet sind, erwarten zu Recht, dass sie
damit alle notwendigen Werkzeuge an Bord haben.
Dieses Buch zeigt Möglichkeiten auf, wie Schüler
und Studenten, aber auch Lehrende mit dem
Mac ihre besten Gedanken kommunizieren
können. Über die vorhandenen Programme hinaus
werden auch Word 2011 und weitere nützliche
Programme für die Projektplanung, Recherche,
Literaturverwaltung und das Schreiben der
wissenschaftlichen Arbeit vorgestellt – auch im
Zusammenspiel mit iPad und iPhone.

Horst Grossmann
Office:mac 2011
Word, Excel, PowerPoint und Outlook
Das Grundlagenbuch
ISBN 978-3-939685-30-2
544 Seiten (Graustufen) | Hardcover
EUR 24,80 (D)

Die »Office-Suite« von Microsoft hat sich zum
Quasi-Standard heutiger Büroumgebungen
entwickelt. Das Paket umfasst dabei
Anwendungen, mit deren Hilfe sich die meisten
Aufgaben im Büroalltag erledigen lassen.

Dieses Grundlagenbuch macht den Leser mit
den wesentlichen Funktionen von Office
vertraut und versetzt ihn in die Lage, schnell
und effizient eigene – und vor allem
zufriedenstellende – Lösungen zu entwickeln.

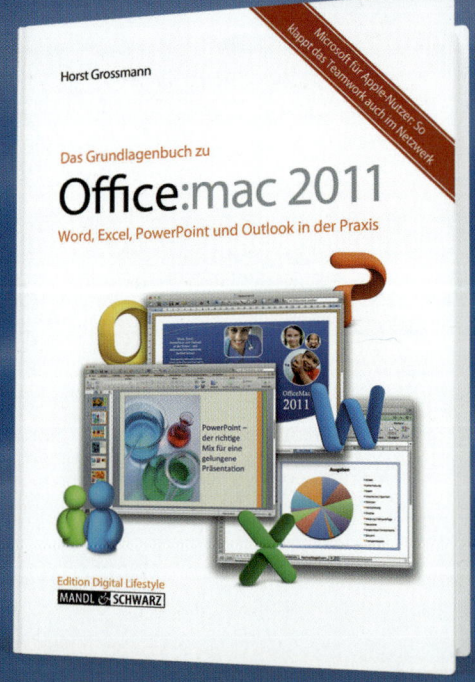